\智库文集\

新时代江苏经济社会高质量发展研究

夏锦文 吴先满 主编

Xinshidai jiangsu jingjishehui gaozhiliangfazhan yanjiu

社科文库

江苏人民出版社

图书在版编目(CIP)数据

新时代江苏经济社会高质量发展研究 / 夏锦文,吴先满主编. — 南京:江苏人民出版社,2020.3
 ISBN 978-7-214-24689-9

Ⅰ.①新… Ⅱ.①夏… ②吴… Ⅲ.①区域经济发展—研究—江苏②社会发展—研究—江苏 Ⅳ.①F127.53

中国版本图书馆 CIP 数据核字(2020)第 029381 号

书　　　名	新时代江苏经济社会高质量发展研究
主　　　编	夏锦文　吴先满
副 主 编	吕永刚
责 任 编 辑	鲁从阳
装 帧 设 计	许文菲
出 版 发 行	江苏人民出版社
出 版 社 地 址	南京市湖南路 1 号 A 楼,邮编:210009
出 版 社 网 址	http://www.jspph.com
照　　　排	江苏凤凰制版有限公司
印　　　刷	江苏凤凰数码印务有限公司
开　　　本	652 毫米×960 毫米　1/16
印　　　张	27.5　插页 3
字　　　数	400 千字
版　　　次	2020 年 3 月第 1 版　2020 年 3 月第 1 次印刷
标 准 书 号	ISBN 978-7-214-24689-9
定　　　价	56.00 元

(江苏人民出版社图书凡印装错误可向承印厂调换)

前　言

2017年召开的党的十九大，全面系统深入地阐述了习近平新时代中国特色社会主义思想，这一思想成为我们党和国家的指导思想、行动指南。习近平总书记在这一报告中对我国经济社会发展作出一系列重大战略研判：中国特色社会主义进入新时代。在新时代，我国社会主要矛盾转化为人民日益增长的美好生活需要和不平衡不充分的发展之间的矛盾。新时代，我国经济已由高速增长阶段转向高质量发展阶段。根据党的十九大精神，分析国内外经济形势，2017年底召开的中央经济工作会议，对我国推动经济高质量发展作出了系统战略部署。

以习近平新时代中国特色社会主义思想为指导，深入学习贯彻落实党的十九大和2017年底中央经济工作会议精神，结合江苏省情，中共江苏省委于2018年初提出推进江苏经济社会"六个高质量"发展的战略思路，这就是在新时代着力推动江苏经济发展高质量，改革开放高质量，城乡建设高质量，文化建设高质量，生态环境高质量，人民生活高质量。之后，又制定了评价考核指标体系。经过一段时间的努力，这一战略思路在江苏省的各个部门各个地区得以实施，转化为实际行动。

贯彻落实党中央和江苏省委的战略决策，发挥江苏省委省政府决策的智囊团、思想库的作用，江苏省社会科学院根据2018年工作计划，开展了重大课题"新时代江苏经济社会高质量发展研究"工作,由江苏省社会科学院党委书记、院长、博士生导师夏锦文教授担任课题负责人;由江苏省社会科学院原党委委员、副院长、博士生导师、江苏省金融研究院院长吴先满研究员担任课题执行负责人;约请江苏省社会科学院经济学科片、法政社学科片、文史哲学科片的多位专家学者参加协作攻关。

本课题研究的基本思路和框架结构由课题负责人和课题执行负责人研究提出,经过课题组同志讨论而具体化。课题研究突出为江苏省委、省政府的决策咨询服务,为更好地推进新时代江苏经济社会高质量发展提供理论支持和参考意见。

课题研究分两个阶段进行:第一阶段,2018年初至同年10月以前,主要任务是为省领导提供决策咨询研究报告。为了作出具体、深入的研究,我们把课题研究内容分成总体研究和专题研究两大板块,总体研究板块作为1个子课题,专题研究板块,我们把经济发展高质量分解为国民经济发展高质量、产业发展高质量、企业发展高质量、品牌和质量建设深化推进、新经济发展高质量、区域发展高质量,把改革开放高质量分解为改革高质量、开放高质量,连同城乡建设高质量、文化建设高质量、生态环境高质量、人民生活高质量等,共13个子课题。课题组通过大半年的调查研究,形成系列研究报告13篇,分期刊载本院本课题主题的《江苏发展研究报告》共13期,于2018年国庆节前完成向江苏省委、省人大、省政府、省政协等省领导的成果上报,受到省领导、实际工作部门和理论界的好评。江苏省政协主席黄莉新对其中的4篇研究报告作出了重要批示、肯定。

第二阶段,2018年10月至2019年2月,按照本课题的研究主题,依托上述这批系列研究成果,深化研究,形成研究性书稿。这一阶段,我们把总体研究板块分解为4个方面,包括新时代江苏经济社会高质量发展的重大战略意义、江苏高质量发展的深刻内涵、现实基础、面临的挑战与问题以及推进的基本思路与政策措施,运用江苏省委、省政府制定的新时代江苏经济社会高质量发展指标体系对江苏高质量发展所作的量化测评与实证分析等；专题研究板块，我们把城乡建设高质量分解为城市建设高质量、农村建设高质量，增加研究社会建设高质量、法治建设高质量，其他内容继续研究。这样，整个课题研究内容拓展为 19 个子课题，其成果即构成本书的上篇（总论，4 章）下篇（分论，15 章）两大部分共 19 章。

经过课题组全体同志的艰苦努力，于 2019 年 1 月形成书稿初稿，后由课题负责人和课题执行负责人总纂、修改、定稿。参加本书初稿研究写作的同志分工如下（依章次为序）：第一章至第四章，夏锦文、吴先满、吕永刚；第五章，骆祖春；第六章，李慧；第七章，李芸、战炤磊；第八章，姚晓霞；第九章，杜宇玮；第十章，方维慰；第十一章，吕永刚；第十二章，李洁；第十三章，徐春华、吕永刚；第十四章，徐志明；第十五章，余日昌；第十六章，张春龙；第十七章，钱宁峰；第十八章，孙克强、陈涵；第十九章，周春芳。

本课题在调查研究过程中，得到了江苏省有关部门和地区的热情帮助。本院科研处和相关研究院所给予了大力支持。江苏人民出版社领导和责任编辑对本书的出版提出了宝贵意见、付出了辛勤劳动，这里我们一并表示衷心感谢！

新时代江苏经济社会高质量发展是一项艰巨复杂的课题。本书是对此所作的初步研究与探索，今后我们还将继续跟踪深化研究，努力取得新的成果。限于时间和水平，本书中的不足之处在所难免，希望广大读者批评指正。

本课题组
2019 年 3 月 12 日

目 录

前言

上篇 总 论

第一章 高质量发展:新时代的大逻辑 / 3
  第一节　"百年未有之变局"呼唤高质量发展 / 3
  第二节　新时代新使命要求高质量发展 / 7
  第三节　迈向现代化催生高质量发展 / 11

第二章 高质量发展:面向未来的时代命题 / 17
  第一节　高质量发展的理论内涵 / 17
  第二节　高质量发展的价值意蕴 / 20
  第三节　高质量发展的演进脉络 / 23
  第四节　高质量发展的创新思路与实践路径 / 29

第三章 高质量发展:江苏的探索 / 34
  第一节　高质量发展的基础条件 / 34
  第二节　跨越高质量发展"拐点" / 44
  第三节　推进高质量发展走在全国前列 / 49

第四章 高质量发展:实证分析 / 56
  第一节　高质量发展态势评估 / 57
  第二节　粤苏鲁浙高质量发展基础及态势比较 / 73
  第三节　实证分析后的结论 / 84

下篇 分 论

- 第五章　**国民经济高质量发展** / 87
  - 第一节　全要素生产率的作用 / 88
  - 第二节　TFP 指数测算分解及要素估算模型 / 93
  - 第三节　数据处理及测算分解结果 / 98
  - 第四节　总结性评论及对策建议 / 114

- 第六章　**产业高质量发展** / 117
  - 第一节　产业高质量发展的内涵分析 / 117
  - 第二节　产业发展质量的综合评价 / 126
  - 第三节　影响产业高质量发展的制约因素 / 140
  - 第四节　促进产业高质量发展的路径与对策 / 142

- 第七章　**企业高质量发展** / 148
  - 第一节　企业高质量发展的理论内涵与综合动因 / 148
  - 第二节　江苏企业高质量发展的探索实践与突出问题 / 154
  - 第三节　企业高质量发展的绩效及影响因素：以体育用品企业为例 / 159
  - 第四节　企业高质量发展的系统化推进路径 / 164

- 第八章　**品牌和质量建设深化推进** / 172
  - 第一节　品牌、质量的概念及相关关系 / 172
  - 第二节　品牌高质量是助推新旧动能转换的必然选择 / 175
  - 第三节　江苏提升质量与创新品牌发展进展评估 / 178
  - 第四节　创建高质量品牌对推动高质量发展的对策建议 / 184

- 第九章　**新经济高质量发展** / 190
  - 第一节　新经济发展的理论界说与行业特征 / 190
  - 第二节　江苏新经济发展的现状与问题 / 194
  - 第三节　国内新经济发展的基本态势与经验启示 / 197

第四节　新经济高质量发展的战略重点与路径对策 / 202

第十章　区域高质量发展 / 213
 第一节　区域高质量发展的背景机遇 / 213
 第二节　区域高质量发展的目标解析 / 216
 第三节　区域发展质量的现状评价 / 218
 第四节　区域高质量发展的基本方略 / 222
 第五节　区域高质量发展的重点领域 / 225
 第六节　区域高质量发展的动力支持 / 229

第十一章　高水平推进全面深化改革 / 234
 第一节　全面深化改革的实践进展 / 234
 第二节　全面深化改革面临的突出问题 / 240
 第三节　新时代全面深化改革的创新路径 / 243

第十二章　大力提升开放型经济水平 / 248
 第一节　开放型经济理论的演进与挑战 / 248
 第二节　开放型经济发展脉络与创新 / 253
 第三节　中美摩擦对开放型经济影响及预期 / 259
 第四节　高水平开放型经济建设的重点与策略 / 268

第十三章　城市建设高质量 / 272
 第一节　推进城市建设高质量的一般理论 / 272
 第二节　城市建设高质量的基础优势 / 274
 第三节　城市建设高质量面临的突出挑战 / 280
 第四节　新时代城市建设高质量的重点路径 / 285

第十四章　农村建设高质量 / 290
 第一节　农村建设高质量的内涵与基础 / 290
 第二节　高质量推进农村建设面临的主要问题 / 299
 第三节　农村建设高质量的基本路径 / 303
 第四节　农村建设高质量的重点任务 / 305
 第五节　农村建设高质量的政策举措 / 310

第十五章 文化建设高质量 / 313

　　第一节　新时代文化创新中文化高质量发展 / 314

　　第二节　文化高质量发展的系统思维 / 321

　　第三节　文化建设高质量面临的问题向度与推进路径 / 327

第十六章 社会建设高质量 / 331

　　第一节　社会建设进入高质量推进的新阶段 / 331

　　第二节　十八大以来社会建设的创新与实践 / 335

　　第三节　社会建设的短板及面临的主要问题 / 342

　　第四节　社会建设高质量推进的思路与对策 / 345

第十七章 法治建设高质量 / 352

　　第一节　立法高质量 / 352

　　第二节　执法高质量 / 360

　　第三节　司法高质量 / 368

　　第四节　守法高质量 / 374

第十八章 生态环境高质量 / 381

　　第一节　生态环境高质量的内涵和目标 / 381

　　第二节　中央加强生态文明建设的决策部署 / 384

　　第三节　江苏加强生态文明建设的成效及问题 / 388

　　第四节　生态环境高质量发展的思路与对策 / 396

第十九章 人民生活高质量 / 402

　　第一节　人民生活高质量的概念与内涵 / 402

　　第二节　人民生活质量的绩效评价 / 409

　　第三节　人民生活高质量面临的挑战与存在的问题 / 420

　　第四节　人民生活高质量的发展路径 / 427

上篇 总论

第一章　高质量发展：新时代的大逻辑

推动高质量发展是习近平新时代中国特色社会主义思想对我国经济发展阶段变化和现在所处关口做出的重大判断和创新实践，为今后我国经济发展指明方向、提出任务，蕴含着重大而深远的战略价值。高质量发展是我国经济领域的一场革命，其影响的深刻性广泛性前所未有，将从根本上决定我国未来发展面貌。推动高质量发展有着深刻的时代背景，是我国进入新时代之后谋划新目标、实现新发展的内在要求，是新时代发展的大逻辑。

第一节　"百年未有之变局"呼唤高质量发展

习近平总书记在 2018 年 6 月中央外事工作会议上深刻指出，当前中国处于近代以来最好的发展时期，世界处于百年未有之大变局，两者同步交织、相互激荡。习近平总书记关于当今世界百年未有之大变局的论断，是对当前世界正处于历史性大调整大变革之中的战略判断。中央做出高质量发展战略部署主要基于我国自身发展的内在需求，同时也建立在对我国外部发展环境的科学判断之上。

一、以高质量发展应对经济全球化新变局

2018年11月,习近平总书记在首届中国国际进口博览会开幕式的主旨演讲中指出,"当今世界正在经历新一轮大发展大变革大调整,各国经济社会发展联系日益密切,全球治理体系和国际秩序变革加速推进。同时,世界经济深刻调整,保护主义、单边主义抬头,经济全球化遭遇波折,多边主义和自由贸易体制受到冲击,不稳定不确定因素依然很多,风险挑战加剧。这就需要我们从纷繁复杂的局势中把握规律、认清大势,坚定开放合作信心,共同应对风险挑战。"从经济全球化视角看,"百年未有之变局"表现为全球贸易保护主义抬头、逆全球化势头上扬,经济全球化呈现新特征、新趋势。经济全球化促进了商品和资本流动、科技和文明进步、各国人民交往,是社会生产力发展的客观要求和科技进步的必然结果,不是哪些人、哪些国家人为造出来的。全球化浪潮不可逆转,但经济全球化的内涵在深刻变化,中国参与经济全球化的方式也在改变。在上一轮经济全球化浪潮中,国际分工体系以垂直分工为主,以中国为代表的后发经济体主要依托丰富的劳动力供给以及要素低成本竞争优势嵌入全球经济与产业分工体系,中国的比较优势主要体现在数量优势而非质量优势上。2008年国际金融危机打破了欧美发达经济体借贷消费、东亚地区提供高储蓄、廉价劳动力和产品,俄罗斯、中东、拉美等提供能源资源的全球经济大循环,国际市场有效需求急剧萎缩,经济增长远低于潜在产出水平。传统的全球经济大循环遭到破坏,国际分工从垂直分工为主向水平分工为主转变,中国已不再是国际产业转移的被动承接者,要素禀赋结构升级为中国在更高层次参与全球分工提供了条件,而随着中国在全球新分工体系中位势的提升,中国创新力不断增强,中国产品、中国服务开始呈现更多质量效益内涵,这构成我国转向高质量发展的国际背景。

二、以高质量发展迎接新科技革命

当前,全球新一轮科技革命、产业变革方兴未艾,数字革命、网络革命、智能革命爆发颠覆性的力量,科技创新对生产、生活的渗透影响持续深化。各种原创性、颠覆性、跨界性创新纷至沓来,新技术、新产业、新业态、新模式蓬勃兴起。从国际经验看,一次次科技和产业革命,带来一次次生产力提升,创造着难以想象的供给能力。当今时代,社会化大生产的突出特点,就是供给侧一旦实现了成功的颠覆性创新,市场就会以波澜壮阔的交易生成进行回应。我国推进供给侧结构性改革的一个重要时代背景,就是抓住新科技革命的战略机遇,在"第四次工业浪潮"中推动我国供给体系质量与效益的提升,运用新技术培育更高质量、更高品质、更具竞争力的供给。从内涵上看,新一轮科技革命和产业变革以绿色、健康、智能为重要方向,正全面颠覆传统的全球产业链、价值链、供应链。一方面,以美国"制造业回归"为代表,发达经济体在谋求继续占领全球科技创新制高点、主导新产业革命的基础上,试图收回加工制造环节的"外包"以增加就业,重新占领价值链中端环节以拓展利润区,推动本土生产以压缩供应链整合的时空成本。另一方面,美国特朗普政府执意挑起中美经贸摩擦,意在打压中国制造2025,遏制中国科技创新步伐和产业升级进程,中美结构性矛盾加速显性化。在此背景下,中国传统增长方式面临来自发达国家制造业"回流"和部分发展中国家低成本竞争的"双向挤压",延续传统的增长方式已不现实,唯有转向高质量发展才能对冲外部压力。从全球产业发展的趋势看,培育新经济、新实体经济、新服务经济渗透融合的创新集群成为国家和区域竞争力的核心力量源。作为全球产业重镇特别是世界级制造业核心区,我国在产业层面推进区域现代化进程,其核心要义,在于以实体经济为本,放大我国制造业体系完整、竞争优势突出的优势,构建以实体经济为鲜明特色、以科技创新为强力引领、以现代金融为活力源泉、以人力资本为可靠支撑的现代产业体系,推动经济不断向形态更高级、分工更优化、结构更合理的高质量发展阶段演进,夯实我国现代化经济体系的产业基础,为我国高质量发展提供坚实的产业支撑。

三、以高质量发展应对第四次工业革命

从数次工业革命历程看,每次技术变革都带来生产力解放,进而引发整个社会大变革。英国抓住第一次工业革命先机,确立了引领世界发展的生产力优势,这是建立"日不落帝国"的根本推动力。第二次工业革命后,美国从英国手中夺得先进生产力主导权,跃升为世界头号工业强国,为确立全球霸权地位奠定了坚实基础。第三次工业革命发端于美国,以互联网等为代表的信息技术革命引领新经济革命潮流,美国再次执世界经济之牛耳,综合实力领先世界。如今,工业革命进入4.0版。第四次工业革命是由人工智能、生命科学、物联网、机器人等技术革新组成的,这些创新会带来物理空间、网络空间和生物空间三者的融合。与前三次工业革命相比,第四次工业革命在技术发展和扩散速度、对人类社会影响的深度和广度上,前所未有。显然,第四次工业革命是建立在新科技革命基础之上的,是对传统工业的根本超越。改革开放以后,我国强大了工业体系,近年来,工业结构进一步改善提升。从2010年到2017年,高技术制造业比重从8.9%上升到12.7%。装备制造业比重明显上升。例如,从2008年到2017年,装备制造业比重从28.0%上升到32.7%。第四次工业革命为我国的产业转型升级带来机遇,同时也对劳动就业、重塑人力资源结构带来了挑战。中国应抓住第四次工业革命的发展机遇,以高质量发展为导向,以关键技术的创新与应用为突破口,加快相关领域的转型升级,适应第四次工业革命的要求,推动经济社会高质量发展。

第二节　新时代新使命要求高质量发展

一、高质量发展是对传统发展路径的转变与超越

2008年国际金融危机以来,受国内发展演进规律及外部因素的双重影响,我国改革开放以来形成的传统要素供给的低成本比较优势发生逆转,原有竞争优势加速削弱。突出表现为,伴随可供开发土地持续减少、劳动力成本快速上涨,原有的劳动力、土地等生产要素成本优势有所削弱;原来被置于边缘化地位的环境保护越来越受到重视,环境约束强化,对产业选择提出更高要求,如何处理承接产业转移与保护生态环境关系的难度增加。特别是经济发展新常态下,传统资源要素配置效率趋于下降,体现为由于"刘易斯拐点"出现,农业劳动力转移释放的结构效应减弱;由于传统加工制造市场空间饱和,人口、资源加速向服务业转型,但现有服务业以传统服务业为主,质量效益不高,劳动生产率显著低于制造业。总之,随着劳动力供给动力下降,土地成本高企、资本边际效益递减以及环境硬约束增强,依靠传统发展方式提升要素配置效率和有效供给水平进而提高全要素生产率的途径日益狭窄,转向高质量发展轨道,塑造提高全要素生产率和增强竞争力的新路径势在必行。高质量发展既有对传统路径合理成分的继承与发展,也有对其内在弊端的纠正与超越。传统路径主要依靠要素低成本、增加资源消耗而实现的规模速度型增长,而高质量发展要求依靠技术进步实现创新发展,依靠补短板调结构实现协调发展,依靠循环经济和低碳经济实现绿色发展,依靠进一步对外开放实现开放发展,依靠改善民生实现共享发展。

二、高质量发展是破解新时代社会主要矛盾的必由之路

社会主要矛盾决定社会发展主攻方向。主要矛盾变了,解决主要矛盾的重点重心、方式方法必然有所调整。习近平新时代中国特色社会主义思想明确了新时代我国社会主要矛盾是人民日益增长的美好生活需要和不平衡不充分的发展之间的矛盾。推动社会经济高质量发展,是与我国社会主要矛盾已经转变为人民日益增长的美好生活需要和不平衡不充分的发展之间的矛盾相一致的。高质量发展可以解决发展不平衡问题。我国经济社会发展取得了伟大成就,但经济社会发展的不平衡问题依然存在,区域之间、城乡之间、行业之间的发展差距仍然较大。推动高质量发展,特别是将"三大攻坚战"作为高质量发展的重要内容,就是解决发展不平衡的重要举措。高质量发展可以解决发展不充分问题。在全面建成小康社会的关键时期,我国人民生活水平显著提高,对美好生活需要日益广泛,不仅对物质文化生活提出了更高要求,而且在民主、法治、公平、正义、安全、环境等方面的要求日益增长。高质量发展是以人民为中心的发展,不仅指发展质量和效率的提高,也包含"使人民获得感、幸福感、安全感更加充实、更有保障、更可持续",进一步提升居民的获得感、幸福感、安全感。以江苏为例。推进经济高质量发展,就是在经济发展中以更高质量、更佳品质、更优服务、更高效率、更好体验重构江苏供给体系,为人民美好生活需求提供更富吸引力和竞争力的产品与服务,打造江苏制造、江苏服务、江苏品牌;推进改革开放高质量,就是要在革故鼎新中推进改革再出发,在扩大向东开放和引领向西开放中再造江苏开放新优势,在新机制和新开放格局中拓展人民美好生活新境界;推进城乡建设高质量,就是要构建富有弹性、充满活力的和谐城乡空间,为人民过上美好生活提供承载空间;推进文化建设高质量,就是构建高度发达的社会文明状态,为人民美好生活提供坚强思想保证、强大精神动力、丰富道德滋养;推进生态环境高质量,就是

扎实推进生态文明建设,全面建设美丽江苏,早日迎来环境库兹涅茨曲线拐点,更好满足人民对优美生态环境的需求;推进人民生活高质量,就是自觉践行"以人民为中心"的发展理念,拓展居民增收渠道,缩小收入分配差距,推进共建共治共享,增强发展普惠性,不断提升居民获得感、幸福感、安全感。

三、高质量发展是跨越中等收入阶段的不二法门

从中等收入阶段转入高收入阶段是现代化的基本标志,但这一转变并非易事。学界对一个国家或地区经济社会发展从中等收入阶段到高收入阶段的情况有不同看法。根据马克思主义基本原理,我们认为,中等收入水平并不是简单的统计数字,而代表着特定的社会生产力水平。经济基础决定上层建筑。人均收入水平的提升,意味着社会发展在向更高阶段演进。一个国家或地区在进入中等收入水平的社会发展阶段,必然对原有的经济体制、治理体制等内在地提出新要求,如果两者不相匹配,就可能延缓其向高收入发展阶段的转换、攀升。当前,我国正处于中等收入迈向高收入的关键时期,跨越中等收入阶段面临的最大挑战是持续创新能力不足。以新发展理念为指导,强调创新发展理念的"高质量发展",客观上要求在发展动力上从要素驱动、投资驱动转向创新驱动。新时代实现高质量发展,要求我们强化创新,主动从"人口红利"向"人才红利"转变,更多更好地释放"工程师"红利、"创新者"红利、"创业者"红利,加快推动我国从中等收入阶段向高收入发展阶段迈进。一方面,积极组建创新平台、培育创新人才、研发创新技术,为推动经济发展提供创新支持;另一方面,主动对接中等收入群体对绿色发展和绿色消费、协调发展和共享消费、品质生活和中高端消费等不断增长的消费需求,以新技术、新业态、新模式、新产品更好地满足人民群众不断增长的创新的消费需求。

四、高质量发展是新一轮区域竞争与合作的主要方向

党的十九大报告提出要"建立更加有效的区域协调发展新机制",这既是对原有区域发展战略的丰富完善,也是对长期以来坚持区域协调发展的全面提升。长期以来,人们对区域协调发展的关注主要集中在不同区域发展水平的横向比较上,似乎只要实现各区域间的"收敛"与"均衡"就算协调发展。但如果不同区域各自为战、搞同质化竞争,彼此缺乏分工协作,即使处于相似的发展水平,也不能算真正的区域协调。区域协调的本质是相近区域在较大的空间形成有效分工,而这些区域共同构筑的大区域分工体系又成为全国乃至全球分工体系的有机组成部分,具备生生不息的生命力。总体来看,我国区域协调水平呈现稳健发展态势,但区域差异仍十分显著。在高质量发展背景下,新一轮区域竞争与合作呈现出如下新趋势与新特征:一是区域协调发展战略将在更高层次上持续推进。传统的区域竞争主要体现在以 GDP、财政收入为主要导向的"量"的竞争,这也是传统的政绩考核体系和经济绩效指标体系引导下的结果。在新时代,我国将在高质量发展理念引领下,推动区域经济在"质"的方面实现飞跃,塑造"要素有序自由流动""基本公共服务均等""主体功能约束有效""资源环境可承载"的区域协调发展新格局。二是从强调"区域竞争"向重视"区域合作""区域协同"转变。新时代我国的区域发展战略逐渐实现从强调"区域竞争"向重视"区域合作""区域协同"的理念转变,以更好地促进区域统筹协调、分工合作、协同发展,形成特色鲜明、优势互补的区域产业结构和经济结构,实现更加有效、更为均衡的区域布局。三是更多依靠创新驱动塑造区域竞争新优势。创新驱动能够推动区域形成经济发展质量优势,摆脱区域增长极限,克服资源环境对经济增长的刚性约束,进而提高区域的生态活力,形成新的增长动力源。创新驱动还能够通过产业创新与升级有效增强产业内在发展动力,提高区域产业核心竞争优势。依靠创新驱动,提高发展质量和效益,是新时代优化区域竞争格局、促进区域协调发展的关键。

第三节　迈向现代化催生高质量发展

一、高质量发展是迈向现代化的必由之路

高质量发展体现现代化发展规律，是现代化发展到特定阶段的必然要求。美国著名经济学家罗斯托经济发展"五阶段论"反映的就是经济现代化的发展演进过程，同时也是一个国家或地区发展质量不断提升的过程。在"起飞准备"阶段，主要任务是为跳出"低水平均衡陷阱""马尔萨斯陷阱"积蓄力量；在"起飞"阶段，主要是以早期工业化的形式推进经济实现量的扩张；在"起飞进入自我持续增长"的阶段，一个国家或地区的内生创造力显著增强，产业素质和竞争力大幅提升，产品开始多样化并进入以质取胜阶段；在"大众高额群众消费"阶段，主要经济部门从制造业转向服务业，生产者和消费者都开始大量利用高科技的成果，人们在休闲、教育、保健、安全、社会保障项目上的花费增加；在"追求生活质量"阶段，发展的主要目标是提高生活质量，这也是经济现代化的最高阶段。从当前所处的发展阶段来看，我国正处于从"成熟阶段"向"大众高额群众消费阶段"转化时期并最终将向"追求生活质量"阶段迈进，部分经济发达地区已开始转向"追求生活质量"阶段。推进高质量发展反映了我国从罗斯托经济社会发展第四阶段（大众高额消费阶段）向第五阶段（追求生活质量阶段）演进的规律，社会不再只以物质产量衡量发展成就，还以服务质量、环境状况、人的自我价值实现程度反映"生活质量"的高低，这也表明我国迈向基本现代化已具备基础条件。

二、高质量发展跳出传统现代化窠臼

传统现代化主要动力来自工业化，旧式工业化模式即西方工业化属

于一种"成本外化"的工业化模式。由于西方发达国家是在已经完成工业化后,遇到了资源和环境的约束问题,所以起始于西方的工业化模式,从一开始并没有把资源与环境看作工业化需要承担的成本来对待。从这个意义上看,西方工业化模式是一种"成本外化"的工业化模式。如果中国重走西方"成本外化"的工业化模式,在人均占有量较少的资源禀赋约束下,由于在全球产业结构中处于较低的产业序列,中国将只能被迫选择高污染、高资源消耗和低利润的产业结构,加之中国不会将自身污染转移他国,这就可能使中国的资源环境的耗费程度跃过生态阈值线,从而导致资源环境系统的崩溃。因此,在新的历史条件下,中国必须跳出对传统规模偏好型工业化路径依赖、推进重化工业绿色转型,实现对高能耗、高污染的旧式工业化模式的超越。绿色发展是基于可持续发展思想产生的新型经济发展理念,是对现代化历史进程中的生态悖论的历史解答。绿色发展是生态现代化的内在要求,是对工业革命以来传统发展模式的根本变革,其深度和广度远远超出了通常认知的环境问题。伴随新一轮全球科技和产业革命,人类社会正从工业时代步入数字时代,从工业文明迈向生态文明,这种划时代的变革,正在深刻改写甚至颠覆传统经济发展运行规则,包括资源概念、运行方式、组织模式、商业模式、发展内容等。传统损害生态环境的发展模式在全世界范围内得到反思,建立在传统工业文明基础上的传统发展理念、模式,正在被基于生态文明的新发展模式所取代,绿色发展日渐成为国际主流的发展观。中国走高质量发展道路,就是要顺应从旧式工业化转向新型工业化、从工业文明转向生态文明的时代大趋势,把握时代脉搏,塑造新型动能,在高质量发展轨道上重构产业质态和生产方式,打造绿色低碳经济体系,走一条高质量的生态现代化道路,这也是一条超越西方模式的现代化新路。

三、区域现代化探索强化高质量支撑

区域现代化是国家现代化的重要组成部分。以江苏为例,改革开放以来，江苏人民在我国社会主义现代化建设大局中积极作为，勇于先行探索，矢志走在前列，取得了现代化建设的巨大成就，形成了具有鲜明江苏特点的现代化之路，为江苏转入高质量发展轨道奠定了坚实基础。一方面，高水平全面建成小康社会取得决定性成效，为江苏超越传统粗放型增长模式迈向高质量发展轨道提供了条件。近年来，江苏积极展开"强富美高"新江苏实践，赋予全面小康建设新的内涵，坚定不移地以新江苏定位引领高水平全面建成小康社会，不仅要确保小康社会如期全面建成，而且要高水平全面建成，建成一个贯彻新发展理念、体现"强富美高"要求、惠及全省人民的小康社会。江苏高水平全面建成小康社会，就是要在小康底线指标实现的时间节点上早于全国、在小康实现质量水平上高于全国平均水平，在先行探索中形成引领示范效应，这将为江苏高起点推动高质量发展奠定坚实基础。另一方面，江苏区域现代化在全国现代化中具有鲜明比较优势，为江苏高质量发展走在前列创造条件。例如，江苏具备多重国家战略叠加优势，在国家平台上集聚国家资源，不断增强江苏发展的高度、厚度与韧性，为区域现代化争取更多国家力量支撑；具备区域综合创新能力全国领先、实体经济发达、现代产业体系健全、工匠精神深厚等综合优势，有条件培育一批世界级、现代化的创新集群、产业集群、企业集群，厚植区域现代化的经济基础；具备突出的开放型经济优势，得益于发展"外向型经济"的第二次转型，江苏开放型经济长期处于全国领先水平，开发区综合竞争力全国领先，有条件以开放深化助推区域现代化进程；具备突出的地缘优势，不仅江海交汇，而且处在以上海为核心的长三角经济圈，在长三角共建世界级城市群中发挥重要作用，是综合发展水平与现代化标准最为接近、最有条件率先实现现代化的地区之一；具备吴韵汉风、崇文重教的深厚文化底蕴，有条件继续在改革开放上领时代风气之先，不断增强江苏在文化气质、精神素养等方面的"软实力"，形成区域现代化的硬支撑。上述综合优势是江苏区域现代化成就的集中体现，为新形势下江苏推动高质量发展创造了有利条件，形成了可靠支撑。

四、以高质量发展落实"两个十五年"战略部署

十九大报告用"两个十五年"对我国现代化进程做出新的战略部署，标志着我国在全面建成小康社会的基础上将开启基本现代化新征程。在邓小平同志的设想中，小康社会是"中国式现代化"，较之国际上的现代化标准要低，但却为中国跨进现代化门槛找到了现实路径。其意义在于，一是在中国几千年文明史上，第一次让全民过上比较宽裕的生活，这为我国进入迈向现代化赢得了宝贵的民心和信心。二是为中国现代化预设了"路线图"，实现阶段性目标的有序衔接。从小康社会到全面建成小康社会，再到"两个十五年"的现代化的新部署，中国通过一程一程的接力，把实现现代化的主动权牢牢掌握在自己手中。目前，世界上公认的现代化国家仅有20多个。对于像中国这样的后发大国而言，从突破低水平均衡到经济起飞；从跨越中等收入阶段到进入现代化国家行列，任务艰巨、挑战繁多，没有一个好的设计，没有几代人持续不懈的奋斗，实现一个个跨越是不可想象的。以高质量发展落实"两个十五年"部署，首先要高质量、高水平全面建成小康社会，就是推进经济发展更高质量、人民生活更加幸福、生态环境更加优美、文化发展更加繁荣、城乡区域更加协调、社会治理更加完善，是要在更高质量、更高标准上把江苏小康的地基夯实打牢，为开启基本现代化新征程奠定更高起点、积蓄更强势能，实现高水平全面小康与基本现代化的有机衔接。

对于江苏而言，落实"两个十五年"战略部署，就是要推动高质量发展走在前列，以高质量发展的新业绩推动区域现代化建设不断取得新成果。中央对江苏发展一直寄予厚望，一代一代提出新的发展要求，为江苏现代化进程把脉定向。几代领导人对江苏发展提出了一系列重要指示，特别是习近平总书记明确要求江苏要为全国探路，提出建设"强富美高"新江苏，为江苏现代化建设指明了发展方向。江苏"为全国发展探路"，必然要在区域现代化探索中为走在全国前列，用高质量发展的新成

就不断提升区域现代化的质量和水平,勇当落实中央建设现代化国家"两个十五年"战略部署的排头兵。一是在时空定位上,推进创新性探索性引领性发展,以高质量发展新成就为全国开启基本现代化新征程先行探路。为全国发展探路是中央对江苏的一贯要求。在转向高质量发展的新时代,江苏应当进一步提高经济发展的质量和效益,在提高全面小康建设质量和水平上下功夫,争做基本实现现代化征程中先行先试的"探路者"和"排头兵"。二是在前提条件上,补齐高水平全面建成小康社会短板,为江苏基本实现现代化筑牢基底。在经济高速增长阶段,江苏采取"扬长避短"式非均衡发展战略取得了第一轮率先发展,但同时也在增长动力、产业结构、区域发展、收入分配和资源环境等方面凸显出一些短板,降低了江苏经济发展的质量和效益。在转向经济高质量发展阶段,必须注重"扬长补短",补齐这些短板实现均衡发展,才能高水平全面建成小康社会。三是在目标导向上,以"强富美高"引领高质量发展,在"五个迈向新台阶"中塑造江苏区域现代化新优势。江苏要为全国基本实现现代化建设探好路,必须认真坚决贯彻党的十九大精神,牢牢把握"迈上新台阶、建设新江苏"的最新定位和发展目标,以"经济强、百姓富、环境美、社会文明程度高"为引领,努力在经济发展、现代农业建设、文化建设、民生建设、全面从严治党等"五个迈上新台阶"方面,塑造江苏区域现代化新优势。四是在根本动力上,聚力推进"三大变革"助推高质量发展,锻造江苏基本实现现代化的核心动能。推进质量变革、效率变革、动力变革"三大变革"是构建现代化经济体系的重要内容,也是推动高质量发展的关键支撑。江苏高起点开启社会主义基本现代化建设新征程,必然要聚力推进"三大变革",构建具有国际竞争力、自主可控的现代化经济体系,形成江苏推动高质量发展的核心动能。五是在关键举措上,跨越高质量发展"江苏拐点",以"六个高质量"驱动江苏基本现代化重点突破。现代化是一个长期的、渐进的、动态的过程,是涉及经济、政治、文化、社会、生态和人民生活等多个方面的综合性系统性概念。经济发展、改革开放、城乡建设、文化建设、生态环境、人民生活的"六个高质量"发展能够为推进江苏基本现代化提供现实路径。

参考文献：

[1]《习近平谈治国理政(第一卷)》,外文出版社 2018 年版。

[2]《习近平谈治国理政(第二卷)》,外文出版社 2018 年版。

[3] 中共中央宣传部:《习近平总书记系列重要讲话读本(2016 年版)》,学习出版社、人民出版社 2016 年版。

[4] 国务院发展研究中心:《迈向高质量发展:战略与对策》,中国发展出版社 2017 年版。

[5] 刘俏:《从大到伟大 2.0:重塑中国高质量发展的微观基础》,机械工业出版社 2018 年版。

[6] 迟福林:《动力变革:推动高质量发展的历史跨越》,工人出版社 2018 年版。

第二章 高质量发展：面向未来的时代命题

伴随中国特色社会主义进入新时代，我国经济社会发展也进入了新时代，我国经济已由高速增长阶段转向高质量发展阶段。所谓高质量发展，就是能够很好地满足人民日益增长的美好生活需要的发展，是更加平衡和更加充分的发展，是体现新发展理念的发展，是把创新作为第一动力、把协调作为内生特点、把绿色作为普遍形态、把开放作为必由之路、把共享作为根本目的的发展。高质量发展是面向未来的时代命题，是中国决胜全面小康、实现现代化"新三步走"的根本支撑。

第一节 高质量发展的理论内涵

一、高质量发展的理论渊源

习近平总书记关于高质量发展的系统论述为新时代各部门各地区推进高质量发展提供了根本遵循。高质量发展是一个具有鲜明时代内涵的创新概念，但其基本内涵、理念有着深厚的理论渊源。首先，高质量发展理论，以马克思主义及其中国化的系列成果为基本理论基础。其次,高质量发展理论,也吸取借鉴了当代经济与管理方面的科学成果,这集中体现在三个方面:一是转变经济增长(发展)方式。相关理论有经济增长理论,如资本决定论、技术进步论、人力资本论、结构效应理论、制度决定论,等;发展阶段理论,代表性观点有二元结构理论(刘易斯)、经济社会发展阶段论(罗斯托)、竞争优势理论(波特)、经济起飞论(阿西墨格鲁),等;创新理论(熊彼特、鲍莫尔等);可持续发展理论(罗马俱乐部等)。二是质量效益研究。相关理论有,科学管理论(泰罗)、质量控制论(哈特)、全面质量管理理论(费根鲍姆)、质量目标管理理论(德鲁克)以及全要素生产率相关理论(索洛、阿布拉莫维茨、克鲁格曼、利普西)等。三是高质量发展的理论研究,学界代表性观点包括:高质量发展,意味着高质量的供给、高质量的需求、高质量的配置、高质量的投入产出、高质量的收入分配和高质量的经济循环(李伟);我国实现持续发展必须寻找新的动能,而这个新动能的核心要义就在于推动高质量发展,推动经济实现更高质量、更有效率、更加公平、更可持续的发展(蔡昉);转向高质量发展这一论断的本质含义,就是我国经济已经转变为主要依靠技术进步、改善管理和提高劳动者素质实现的集约型增长(郑新立),等等。

此外,高质量发展的政策实践为理论研究提供了现实素材和支撑。深圳在全国率先提出从"速度深圳"向"质量深圳"转变,先后制定了质量标准体系、评价体系、政策支持体系,取得了良好成效。当前,全国各部门各地区在落实中央高质量发展要求中,也结合自身实际开展创造性探索。江苏省委省政府明确提出"六个高质量发展"的重大部署,并对加快跨越由高速增长向高质量发展的江苏拐点展开探索,这些政策实践提供了有益参考和重要借鉴。

二、高质量发展的本质内涵

习近平总书记在党的十九大报告中指出:"我国经济已由高速增长阶段转向高质量发展阶段,正处在转变发展方式、优化经济结构、转换增长动力的攻关期"。这是对我国经济发展阶段变化和现在所处关口做出的一个重大判断,也指出了高质量发展的三个重点领域:即发展方式,涉及资源要素的组织模式和配置方式、经济产出效率、经济与生态的关系等方面;经济结构,涉及产业结构、供需结构、收入结构、城乡结构、区域结构等方面;增长动力,涉及"三驾马车"、创新驱动、传统动能优化提升、新动能培育等方面。经济高质量发展涵盖供给、需求、配置、投入产出、收入分配、经济循环等多个层面,其核心要义,是通过转变发展方式、优化经济结构、转换增长动力实现经济质量的提升和经济效益的提高。习近平总书记先后多次阐释高质量发展,内涵博大精深,极富思想性、时代性、实践性。他提出推动高质量发展,要把"重点放在产业结构转型升级上","把"实体经济做实做强做优"作为着力点,把"提高供给体系质量"作为主攻方向,必须坚持"质量第一、效益优先"两大原则,推动经济发展的三大变革,即"质量变革、效率变革、动力变革",让"创新成为高质量发展的强大动力",努力实现发展的"更高质量、更有效率、更加公平、更可持续"等。

高质量发展的核心要义,是通过转变发展方式、优化经济结构、转换增长动力实现经济效益的提高。在经济层面,高质量发展涵盖供给、需求、配置、投入产出、收入分配、经济循环等多个层面。其直接体现在于"质量第一,效益优先",涉及产品、服务、设施、环境等多方面的质量提升,是生产要素投入少、资源配置效率高、资源环境成本低、经济社会效益好的发展。这意味着经济转型、结构调整、动力优化、风险可控、共同富裕及环境优化等将成为评价经济发展的重要标准而不仅仅是GDP增速的快慢。实现经济高质量发展的关键是创新驱动,即要着力推进以科技创新为核心的全面创新,通过质量变革、效率变革、动力变革,加大满足居民消费升级需要的高质量产品和服务供给,提高全要素生产率,优化需求结构和产业结构,推动经济增长由依靠一般要素投入转向依靠高质量要素投入,由依靠要素投入转向依靠创新和效率提升,逐步确立以质量、技术、品牌、服务为核心的国际竞争新优势。

推进高质量发展在根本上是通过增进人民福祉,满足人民日益增长的美好生活需要。推动高质量发展,必须坚持以人民为中心,在保障和改善民生上有作为,解决人民日益增长的美好生活需要和不平衡不充分的发展之间的矛盾,不断增强人民的获得感、幸福感、安全感。一方面,突出抓重点、补短板、强弱项,大力实施乡村振兴战略,加大精准扶贫精准脱贫力度,进一步完善共建共享和保障民生的制度性安排,让改革发展成果更多更公平惠及全体人民。另一方面,从追求高速度、上规模的物质供给,转向以人民美好生活需求为导向的高质量、高效率、创新型的多层次供给,拓展供给谱系,着眼满足人民在经济、政治、文化、社会、生态等方面日益增长的需要,在幼有所育、学有所教、劳有所得、病有所医、老有所养、住有所居、弱有所扶上不断取得新进展,更好推动人的全面发展、社会全面进步。

必须看到,中央提出高质量发展,不是重增长数量与重增长质量的战略摇摆,或者是重速度型增长与重效益型增长的政策调整。这些观点都是不正确的,至少是片面的、有偏差的。历史上确实有关经济增长数量目标与质量目标的纠结、重速度与重效益的争论与两难选择。但是这次中央提出高质量发展,绝不历史的重演。而有新时代的全新内涵,体现在与现代化建设阶段性与目标性的高度统一。

第二节 高质量发展的价值意蕴

一、高质量发展的品质意蕴

高质量发展阶段要求我国必须坚持质量第一、效益优先的发展之路,蕴含着对高品质的追求。中央提出供给侧结构性改革的一个重要背景,就是现有供给体系已经不适应消费迭代升级的新需求格局,主要是产品品质、服务跟不上消费者品质化、个性化需求。质量是产品打开市场的"通行证"。在互联网、大数据时代,企业产品质量一旦出现问题,就会丧失诚信、丢掉市场,甚至带来多米诺骨牌效应,一夜之间毁掉整个企业。日本第三大钢铁企业"神户制钢"大规模造假丑闻持续发酵升级,被日本媒体形容为"动摇日本制造"的"神户冲击"。从1871年俾斯麦完成德国统一到20世纪初,在德国现代化的早期阶段,德国制造长期以"低质廉价"闻名,当时全球制造业的金字招牌是英国。为了和德国制造划清界限,英国要求所有商品必须标明出产国。之后,德国人不断改善质量,如今德国制造成为品质卓越的代名词。在2008年国际金融危机和其后的欧债危机中,德国表现可谓一枝独秀,与其制造业的精良品质和强大竞争力息息相关。在国内,深圳市比较早的提出"深圳质量"概念,并逐步推进标准、质量、品牌、信誉"四位一体"建设,深圳逐渐从昔日的"山寨之城"蝶变为今天高品质的"创新之都"。我国要从制造业大国转变为制造强国,提升产品质量是不二法门。重点在几个方面发力:一是在若干优势领域打造世界领先的质量引领型产业,推动中国制造向中国创造转变;二是提升产品、服务、工程、环境质量,推动中国速度向中国质量转变;三是加强标准化建设和品牌建设,推动中国产品向中国品牌转变。

二、高质量发展的民生意蕴

高质量发展必然要把保障和改善民生摆在重要位置、实现共建共享共富的发展。党的十九大报告在现代化部署中,对民生目标有着详细的刻画。第一个"十五年"基本现代化就民生提出五个分目标,即"人民生活更为宽裕,中等收入群体比例明显提高,城乡区域发展差距和居民生活水平差距显著缩小,基本公共服务均等化基本实现,全体人民共同富裕迈出坚实步伐"。我国在新时代推动高质量发展,必须体现以民生幸福为价值导向的社会价值。其中,共建,核心是激发人的主动性创造力。一些资源丰富的地区陷入"富饶的贫困",产业落后、社会固化、体制僵化,一些自然资源贫瘠的地区富有活力,究其原因,根子在于有没有开发好"人"这个最为宝贵的资源。十九大报告提出,"激发和保护企业家精神,鼓励更多社会主体投身创新创业",就是把激活并释放人的创新潜能作为重要的发展导向。十九大报告还首次提出破除妨碍劳动力、人才社会性流动的体制机制弊端,就是要打破"阶层固化"的体制根源,促进劳动者实现纵向流动,使人人通过辛勤劳动实现自身发展的机会,打破社会身份的固化,阻断贫困的代际传递。共享,重点是政府履行好再分配职能。改善民生水平,分好蛋糕与做大蛋糕同等重要。在分好蛋糕的过程中,初次分配和再分配同等重要。在初次分配领域,政府应该着眼于创造政策环境,让每个人享有公平的培育人力资本、从事就业创业和获得公共服务的机会。在再分配领域,政府要合理规范收入分配秩序并调节初次分配结果,承担体制改革和结构调整中的转型成本,保护弱势群体的劳动力市场权益。共富,本质是促进人的全面发展。共同富裕是现代化的基本内涵,必须在促进共同富裕上找到切实可行的路子,保障全国人民共享幸福安康的生活。

三、高质量发展的生态意蕴

高质量发展必然是人与自然和谐共生的发展。习近平总书记"绿水青山就是金山银山"的"两山论"极富辩证性、前瞻性。十九大报告更进一步从生命共同体和现代化的高度深刻诠释了生态价值。我们推动的高质量发展是人与自然和谐共生的发展。从高质量发展的实现条件看,能否实现人与自然和谐共生,不是锦上添花、可有可无的装饰,而是必须实现的一条"铁律"。从需求侧分析,好生态日益从"奢侈品"变为"必需品",人民对美好生活的需求直接体现为优美生态环境需要。人们愿意为改善环境花钱,体现为使用清洁技术、购买环境友好产品。从供给侧分析,严格的环保标准将对现有产业产品谱系进行一次全方位的筛选与重构,不合格的产品、企业将失去竞争力甚至被淘汰,形成基于环保标准的市场自清洗机制,过去一些地方不必遵守严格环境标准的"污染天堂""环保逆淘汰"现象将日益失去存在土壤;同时,环保友好越来越成为未来产品的标配和竞争力来源。从区域竞争的角度分析,区域竞争正从过去的价格洼地之争转化为良好生态之争,"好生态"日益成为区域竞争力的核心标志,特别是一些创新创意型的新产业、新业态都是诞生在生态良好的区域。硅谷的科技巨头、我国的许多网络高科技企业都坐落在风景优美的区域。比如,近年来苏州工业园区招引的大体量外资项目有所减少,但却形成了吸引高端创新项目、创新团队、创新资本的强磁场,这就与其花园式的环境以及良好配套有关。按照十九大报告精神,重点做好三方面工作:在观念层面,像对待生命一样对待生态环境;在制度层面,要统筹山水林田湖草系统治理,形成绿色发展方式和生活方式;在实践层面,着力解决突出环境问题,着力补齐生态短板,让良好生态成为高质量发展的内生动力和显著标志。

第三节　高质量发展的演进脉络

一、理念转变:从传统发展观转向新发展理念

习近平总书记提出,"发展理念是发展行动的先导,是管全局、管根本、管方向、管长远的东西,是发展思路、发展方向、发展着力点的集中体现。发展理念搞对了,目标任务就好定了,政策举措也就跟着好定了。"五大发展理念是我国发展思路、发展方向、发展着力点的集中体现,其指导价值将贯穿我国实现"两个一百年"战略目标的全过程。能否全面体现新发展理念要求,在很大程度上决定着我国现代化建设的质量。高质量发展是一种新型发展理念,而发展理念又集中体现为发展观。有什么样的发展观,就会有什么样的发展道路、发展模式和发展战略,就会对发展的实践产生根本性、全局性的重大影响。传统的以物为本的发展观片

面追求经济增长,用单一的经济指标来评估社会发展的水平,在中国形成了经济层面上的"增长至上主义"和政治层面上的以GDP为中心的政绩考核机制。只要能实现GDP增长,则相应付出的环境和社会代价都可以被忽略。在中国各级地方政府"为增长为竞争"的格局中,为实现GDP增长的"竞优"演变成为竞相压低增长成本的"竞次"。虽然经济学领域的"竞次"这一概念不易准确界定,在内涵上存在一定的模糊性,但它却形象而客观地描述了"唯GDP"理念的重大缺陷。新发展理念是对传统发展理念的全面超越,是高质量发展的根本指导。中央做出高质量发展的战略部署,是将新发展理念应用于指导新时代全局性发展,而新发展理念也为新时代高质量发展奠定了思想基础。其理论内核:一是要使创新成为第一动力。以创新为引领提高全要素生产率,发展高附加值产业,锻造基于创新和产业特色的竞争优势,根本提升在全球产业价值分工体系中的位势。二是要使协调成为内在要求。重点促进城乡协调发展、区域协调发展,促进新型工业化、信息化、城镇化和农业现代化的同步发展,不断增强发展的整体性和协调性。三是要使绿色成为基本遵循。把坚持人与自然和谐发展作为基本方略,通过转变发展方式,加强环境保护,实现可持续性发展,满足人民对优良生态环境的需求,增强绿色竞争力。四是要使开放成为必由之路。完善对外开放区域布局、对外贸易布局、对外投资布局,以扩大开放带动创新、推动改革、促进发展。五是要使共享成为根本目的。坚持共享发展,意味着以人民为中心,针对人民群众关心的问题精准施策,加强和改善民生,让改革发展成果更多更公平惠及全体人民,让人民的获得感、幸福感、安全感更加充实、更有保障、更可持续。

二、发展动力变革:以"三大变革"构筑高质量动能

在新时代,高质量发展的重要内容就是构建现代化经济体系,由此实现对传统经济体系的高质量重塑。现代化经济体系既是一种带有方

向性、引领性的现代化要素的系统集成，在不同阶段、不同领域、不同地区呈现具有个性化特征的现实内涵。建设现代化经济体系贯穿于我国经济现代化建设的整个发展过程，现代化经济体系的时代内涵有待经济现代化建设的实际成就予以体现。党的十九大报告明确提出，推动经济发展质量变革、效率变革、动力变革，是建设现代化经济体系的重要任务，这"三大变革"根本上决定着我国建设现代化经济体系的成效。

1. 质量变革：推进我国经济发展进入高质量时代。我国经济由高速增长阶段转向高质量发展阶段，意味着我国供给体系将从传统以低价格为标志的粗放供给阶段，转向以高质量为标志的品质供给阶段。这一转变是由我国经济发展的阶段性变化决定的。在短缺经济时代，企业只要能够组织生产就不愁销售，企业的重心在扩产能而不是提质量；在传统外向型经济模式中，跨国公司主导全产业链的整合和价值链中各环节的组织分工，我国代工企业或出口加工配套企业专注于中间产品的生产或终端产品的组装，对产品质量把控停留在满足出口的一般性要求上。在新形势下，传统"铺摊子"式的发展模式已不合时宜，必须推动供给体系从重数量向重质量转变。中央提出供给侧结构性改革的一个重要背景，就是现有供给体系已经不适应消费迭代升级的新需求格局，主要是产品品质、服务跟不上消费者品质化、个性化需求。过去价格是企业打开市场的法宝，如今质量越来越成为产品打开市场的"通行证"。世界著名质量管理专家约瑟夫·朱兰说："21世纪是质量的世纪，质量将成为和平占有市场最有效的武器，成为社会发展的强大驱动力。"从世界现代化进程看，德国制造相当长时期内质量平平，二战后，德国政府把品牌建设上升为国家战略，实施以质量推动品牌建设、以品牌助推产品出口的政策导向，在全球确立了德国品牌质量一流的国家形象。深圳在全国率先开展"质量深圳"建设，用质量对冲成本不断上升等挑战，推动深圳从"山寨之城"向"创新之都"转变。中国推进质量变革，一要深入实施质量强国战略，切实改变质量和强国之间"两张皮"现象，构建质量优化资源配置的政策体系，提升政府质量治理能力；二要聚焦若干优势领域打造世界领先的质量引领产业,推动中国制造向中国创造转变;三要提升产品、服务、工程、环境质量,推动中国速度向中国质量转变;四要加强标准化建设和品牌建设,推动中国产品向中国品牌转变。

2. **效率变革**:推动我国经济发展进入高效益时代。我国经济体系效率不高集中体现为供给体系效率不高,全要素生产率提升缓慢甚至出现停滞。长期以来,我国全要素生产率改善主要依靠要素短缺下的资本、土地、劳动力等新增要素投入,其实质并未提高全要素生产率,而是把由全要素生产率决定的潜在生产率转化为现实生产率。经济发展进入新常态以来,随着刘易斯拐点到来,劳动力供给下降,土地成本高企、资本边际效益递减以及环境硬约束增强,依靠传统方式提高全要素生产率的途径日益狭窄,供给体系效率呈现两个显著特征,一是传统动力边际效益递减但在短期内仍难以退出,如地区经济增长对固定资产投资的依赖仍有很大惯性;一是新生动力边际效益递增、发展势头强劲,例如,一些新产业、新业态、新技术、新模式等新经济增长迅猛,一些新型产品与服务表现出极强的市场成长性,相对于传统产业的效率更高,逐步成为我国经济的重要引擎。在新形势下,我国推进效率变革的根本是深化供给侧结构性改革,一是深化以要素市场化改革为重点的供给侧改革,消除造成资源错配的体制根源,更大力度解除供给约束,提高要素配置效率;二是深入推进产业之间以及各产业内部的结构调整,优化生产要素配置效率;三是继续完善企业竞争与退出机制,以改善企业经营效率为目标,出台强有力举措持续减轻企业运行成本,增强企业适应市场竞争和化解风险能力,夯实供给效率的微观基础。

3. **动力变革**:推动我国经济发展进入创新型时代。在构建现代化经济体系中,动力变革具有根本性和决定性。只有增长动力转向创新驱动轨道,建设现代化经济体系才有根本性动力支撑。近年来,受到外部需求收缩、内部多种矛盾聚合等因素影响,我国传统增长动力出现衰减,亟待推动从传统增长动力向创新驱动转型。创新是实现现代化的根本动力,世界上一些经济体之所以无法跨越中等收入阶段,根源就在于无法把经济发展动力从追随型、模仿型发展轨道转向创新驱动轨道。我国跨越中等收入阶段、深入推进现代化必须依靠创新动力的支撑。习近平总书记在十九大报告中对如何推进动力变革做了深刻阐述，重点抓好以下几个方面工作：一是锻造体系化的集群动力，如通过建设实体经济、科技创新、现代金融、人力资源协同发展的产业体系，形成基于现代化产业体系的新型集群动力；二是推动互联网、大数据、人工智能和实体经济深度融合，在中高端消费、创新引领、绿色低碳、共享经济、现代供应链、人力资本服务等领域培育新增长点，形成新动能，其中在中高端消费、绿色低碳、共享经济等领域又可以衍生出新的增长点，从而形成"热带雨林式"的持续涌现的新增长源泉；三是结合创新型国家建设，加强国家创新体系建设，强化战略科技力量，不断增强创新引领发展的内驱动力。

三、应对挑战，补齐短板

从高速增长转入高质量发展是一个系统性转型，需要同时具备多方面条件，任何一项关键环节的缺失或支撑力不足，都可能延缓高质量发展拐点的到来，甚至无法实现向高质量发展轨道的转型。因此，必须全面分析我国高质量发展的短板问题，并透彻分析造成问题短板的深层次原因，由此才能对症下药，为我国高质量发展创造条件。

1. 要素供给维度：高质量要素供给存在结构性短板。高质量发展直接表现为高质量供给。我国在高质量供给上存在一系列短板，集中体现在两个方面：一是公共品供给整体不足且质效较低，突出表现为教育医疗、健康养老等民生类公共品供给不足并存在区域、阶层等结构性失衡，部分公共品缺乏便利性、成本较高、品质不佳、使用率低。二是竞争品中的一般性产品服务供给品偏多，而国际上有竞争力、国内有影响力、有品牌的产品服务供给不足。品牌经济不发达是我国高品质供给不足的真实反映，从一个侧面彰显我国提升供给质量的必要性和紧迫性。近年来，我国品质崛起势头迅猛，但与发达国家相比仍有较大差距，表明我国推动高质量发展已具备一定前期基础,同时仍需持续努力。

2. 发展方式维度:对原有发展模式的路径依赖。发展方式是影响高质量发展的核心因素。在较长时期内,面对西方跨国公司牢牢掌控产业链控制权和价值分配权的局面,本土企业以获得低成本竞争优势、实现"量的扩张"为主要诉求,因此,难以发展出一套适应产业分工不断分化、细化,特别是促进新兴产业成长的发展路径。一些行业长期陷于低水平同质化竞争,导致企业盈利率很低,其根源在于产业分工不足,特别是制造业服务化水平较低,企业业务没有实现从利润微薄的加工制造环节向研发设计、品牌、集成服务等利润丰厚的领域延伸。近年来,我国涌现了一批创新型区域、创新型园区、创新型企业和创新型群体,但大部分区域和领域尚未从根本上摆脱对传统跟随型模仿型发展路径的依赖,在很大程度上阻碍了高质量发展的顺利推进。

3. 增长质量维度:传统资源要素配置效率趋于下降。增长动力是影响高质量发展的直接因素。经济发展新常态下,我国传统资源要素配置效率趋于下降,体现为由于"刘易斯拐点"的出现,农业劳动力转移释放的结构效应减弱;由于传统加工制造市场空间饱和,人口、资源加速向服务业转型,但现有服务业以传统服务业为主,质量效益不高,劳动生产率显著低于制造业。随着劳动力供给动力下降,土地成本高企、资本边际效益递减以及环境硬约束增强,依靠传统方式提升要素配置效率和有效供给水平进而提高全要素生产率的途径日益狭窄。我国推进高质量发展,就是从经济、社会等多领域多点发力,再造发展动力,强化竞争优势,超越传统发展路径,在更宽领域拓展新旧动力转换空间,在以创新为核心动力的高质量发展轨道上提升资源配置效率,提高全要素生产率。

4. 综合生态维度:高质量的区域生态尚在构建。推动高质量发展离不开适宜的区域生态,国内外先进地区在高质量发展中取得成就无不因具备较好的区域生态,但形成良好的综合生态非一日之功。当前,我国转向高质量的关键制约是经济发展尚未转入创新轨道,我国发展创新型经济面临一系列阻力,这既与创新型经济本身的难度有关,也与大多数地区尚未发展出与发展创新型经济相适应和相匹配的创新生态系统有关。例如，乡镇企业诞生于我国短缺经济时代，只要企业能够组织生产就不愁销路，进而实现盈利；在发展外向型经济中，跨国公司主导全产业链的整合和价值链中各环节的分配，代工企业专注于中间产品的生产或终端产品的组装。在这两种经济模式中，决定经济发展的关键是生产要素量的投入，企业对价格敏感，向开发区等价格洼地集聚，而对制度要素则并不敏感。但进入更高发展阶段之后，特别是发展技术密集型、智力密集型产业时，则对有效的制度供给等软环境更加敏感。如果不能形成适宜创新的生态系统，则势必会影响创新要素的生产与集聚，制约创新型经济的发展，不利于高质量发展的顺利推进。

第四节　高质量发展的创新思路与实践路径

一、推动经济高质量发展的策略

1. 明确高质量发展的战略方向。一是在发展定位上，从"数量追赶"转向"质量追赶"。如果说填补产品产量、资本存量等"数量缺口"是高速增长阶段的动力源；那么，填补产品质量、生产效率的"质量缺口"就是高质量发展阶段的动力所在。二是发展模式上，从"规模扩张"转向"结构优化"。未来我国要从生产低技术含量、低附加值产品转向生产高品质产品和先进智能产品，满足市场对产品品质和质量的要求。三是发展动力上，从"要素驱动"转向"创新驱动"。在微观层面，着力增强拥有自主品牌的高品质供给，促进产品和服务质量提升；在中观层面，以优势产业集群为重点，着力提升产业价值链；在宏观层面，推动形成更加有效的要素配置环境，提高全要素生产率对经济增长的贡献。

2. 处理好高质量发展的重大关系。一要处理好供给和需求的关系，顺应、培育和释放新的需求，以高质量的创新、品牌、服务、供应链、市场等在更高水平上实现供需平衡。二要处理好投入与产出的关系,更多依靠生产率提升和体制机制创新,更高效、更集约地发挥现有要素的潜力,更好地依靠技术进步和劳动者素质提高,推动从粗放型增长转向集约型发展。三要处理好公平与效率的关系,进一步扩大中等收入群体,创造更大规模的市场,反过来进一步促进经济效率的提升。

3. 分阶段谋划高质量发展的重点任务。高质量发展是新时代发展的主题主线,伴随我国迈向现代化的全过程。因此,谋划高质量发展必须树立长远眼光,保持战略定力和战略耐心,分不同时间阶段谋划推动高质量发展的阶段性重点任务。江苏要以十九大关于决胜全面小康和"两个十五年"的部署以及"中国制造2025"的部署为参照系,谋划高质量发展的"时间表""路线图"。

二、新时代高质量发展的实施路径

1. 夯实发展基础,增强高质量发展韧性。打赢防范化解重大风险、精准脱贫、污染防治"三大攻坚战",是高质量发展的关键环节。一方面,打赢"三大攻坚战",是跨越由高速增长转向高质量发展拐点的前提和基础,是必须啃下的"硬骨头";另一方面,如果囿于传统发展思路、路径和模式,必然会陷入应对乏力的窘境,无法完成打赢"三大攻坚战"的硬任务,走高质量发展之路是打赢"三大攻坚战"的正解,也是唯一选项。就重大风险而言,地方债务风险、房地产风险、互联网金融风险等重大风险,本身源于传统增长方式的内生性缺陷,在原有的框架内自然无法解决;无论是化解高杠杆、金融机构信用风险,还是化解影子银行、现金贷等风险,直接原因都在于优质金融供给不足,只有金融业的高质量发展才能化解各类金融系统的"黑天鹅""灰犀牛"事件。就精准脱贫而言,不愁吃、不愁穿"两不愁"容易实现,但要实现保障义务教育、基本医疗、住房安全"三保障"难度较大。我国下一步精准脱贫既要实现脱贫人口的全覆盖,更要真正建立稳定脱贫长效机制,促进脱贫提质增效,提升脱贫质量。就污染防治而言,我国污染的重要根源在于传统增长模式下形成的产业结构和生产方式。只有转入高质量发展轨道,我国才能从根本上迎来环境库兹涅茨拐点。与此同时,要加强重大风险管控,将高质量发展置于可识别、可预防、可控制的状态,在确保底线安全的基础上,构建具有高度韧性、弹性和包容度的高质量发展能力体系,提升在应对各类风险中推进高质量发展的能力。

2. 坚持创新引领,增强高质量发展动能。在更高站位、高宽领域、更深层次实施创新驱动发展战略,以创新的新成果、新优势塑造高质量发展的核心竞争力。一是实施富有前瞻性、突破性的领先战略,在人工智能、生物医药、生命科学、新能源等前沿科技领域启动重大专项,推进更具引领性的原始创新和重大科技创新产业化。二是紧紧围绕全国重大科学问题、产业转型升级问题和战略性产业、新兴产业发展,对战略前沿技术、核心关键技术、颠覆性技术的研发、转化应用的需要,以我为主,走开放式创新道路,培育创建国家实验室。三是充分发挥政策引导作用,强化政策集成性、引领性和支撑力,进一步配套跟进和细化创新政策措施,加快构建以科技创新为核心的国家创新体系。

3. 推进三大变革,助推高质量发展升级。推进高质量发展,要立足于经济发展从过去的高速增长阶段转向高质量发展阶段这一根本转变,扭住质量变革、效率变革、动力变革之三个关键点,以创新思路、创新举措推进质量创新、效率创新和动力创新,让"三大变革"深度融入"六个高质量"发展的全过程。一是推进质量变革,对标全球质量建设标杆,致力于培育一批具有世界级竞争力的创新型产业集群,锻造提供高质量产品与服务的优质企业主体;加快培养具有国际视野和拼搏精神的企业家、具有探索精神的创新型人才和从事先进制造的工程师与产业工人队伍,广泛培育创业者"新物种",切实提升市场主体质量;推进经济结构高度化,提升技术密集型产业比重,促进可持续发展,提升经济增长质量。二是推进效率变革,加快发展先进制造、数字信息、高端研发、商务服务等高生产率行业,以高生产率行业替代低生产率行业,实现整个国民经济行业效率提升;推进垄断行业、国有企业和要素市场改革,优化资源配置,提高人力资本素质,激发土地、金融等要素活力,全面提高经济的投入产出效率。三是推进动力变革,更多依靠新动能发展经济,一方面,用新技术、新业态、新模式改造传统产业,发展高附加值产业;另一方面,培育技术、人才、信息、知识等高级要素,培育集约高效高质低碳的新动能,推动发展由传统主体支撑向新型主体支撑转换,由低端产业形态向中高端产业形态转换,以高质量发展为取向,实现新旧动能稳步接续转换。

4. 推进重点突破,带动高质量发展演进。一是树立质量第一的价值导向,真正形成各级党委和政府重视质量、企业追求质量、社会崇尚质量、人人关心质量的良好氛围。二是坚持高质量发展的目标导向,在全国推动高质量发展中打造标杆,做出示范。三是坚持把经济高质量发展作为首要任务,以创新为核心驱动力,以构建现代化经济体系为目标引领,探寻如何跨越从高速增长到高质量发展的拐点,力求率先转入高质量发展轨道。同时,在更高站位推进改革开放再出发、再深化,推动改革开放高质量发展;积极探索区域协调发展战略和乡村振兴战略落地的新路径,构建城乡高质量发展新格局;着力增强文化引领力、文化凝聚力、文化软实力,不断丰富文化强国建设的高质量内涵;对标国内外先进地区,采取强有力举措拉长生态环境这一突出短板,早日迎来生态环境总体性好转的拐点,实现生态环境高质量发展;坚持以人民为中心,切实解决群众最关心、最直接、最现实的利益问题,着力解决人民生活中的"难点""痛点""盲点",兼顾高质量与全覆盖的关系,推动人民生活迈向高质量。

5. 创新机制体制,强化高质量发展制度保障。广泛借鉴国内外比较成熟和广为接受的经济社会发展测评体系和最新研究成果,科学设计并实施适应经济发展新常态、顺应高质量发展要求的指标体系、标准体系、统计体系。根据实践进展,适时对高质量发展监测评价指标体系进行细化优化、动态调整,并按照绩效评价、政绩考核形成反馈机制和政策保障体系;深入实施"三项机制",激发广大干部创新创业积极性,为高质量发展提供强有力的组织保障和充沛的人力资源保障。

参考文献:

[1]《习近平谈治国理政(第一卷)》,外文出版社 2018 年版。

[2]《习近平谈治国理政(第二卷)》,外文出版社 2018 年版。

[3] 中共中央宣传部:《习近平总书记系列重要讲话读本(2016 年版)》,学习出版社、人民出版社 2016 年版。

[4] 刘世锦主编:《中国经济增长十年展望:中速平台与高质量发展》,中信出版社 2018 年版。

[5] 李凌:《创新驱动高质量发展》,上海社会科学院出版社 2018 年版。

[6] 夏春玉:《中国高质量发展:基于新发展理念的指数评价与比较分析》,东北财经大学出版社 2018 年版。

第三章 高质量发展:江苏的探索

自中央做出高质量发展的决策部署以来,江苏积极落实中央决策部署,把高质量发展作为未来一个时期最鲜明的导向,力争在高质量发展上走在全国前列。面对各地推动高质量发展千帆竞进的态势,江苏要以"六个高质量"为重点推动经济社会高质量发展,展现江苏高质量发展的新气象新作为,不断开创"强富美高"新江苏的崭新局面。

第一节 高质量发展的基础条件

一、基于创新发展维度的研判:区域现代化的创新基础较为扎实,具备率先建成创新型省份、以创新引领推动高质量发展的综合条件

创新是高质量发展的核心动力。建设创新型区域是实现区域高质量发展的基本条件。江苏区域创新综合能力长期处于全国前列,是全国最有条件率先建成创新型省份的地区之一。在创新投入方面,江苏区域研发经费投入强度(R&D 经费支出相当于地区生产总值的比例)从 2010 年的 2.1%提高到 2017 年的 2.7%(原可比口径),超过 2016 年欧盟 28

国1.9%的平均水平,与美国持平,低于德国(2.9%)、日本(3.1%)、韩国(4.2%)、以色列(4.3%)的水平。从企业层面看,江苏省规模以上工业企业近几年创新人才和经费投入均有所增加,2011年从事科技活动的人员占从业人员比重为5.9%,2016年提高到7.8%;R&D经费占主营收入比重由2011年的0.9%提高到2016年的1.1%。但与发达国家相比,江苏规模以上企业的研发经费投入强度仍然偏低。美国、日本、德国等发达国家企业研发经费投入强度普遍在2%以上,其中日本2009年就达到了3.57%。而江苏2016年只有1.09%。

表3-1 2011年以来江苏科技创新投入表

年份	研究与发展经费内部支出(亿元)	占地区生产总值比重(%)	科技活动人员数(万人)	#大学本科及以上学历
2011	1 071.96	2.2	81.62	32.72
2012	1 288.02	2.33	98.23	44.96
2013	1 487.45	2.45	109.46	49.09
2014	1 652.82	2.54	115	53.61
2015	1 801.23	2.57	111.99	54.84
2016	2 026.87	2.66	117	70.16
2017	—	2.7	122	—

数据来源:2017年《江苏统计年鉴》。

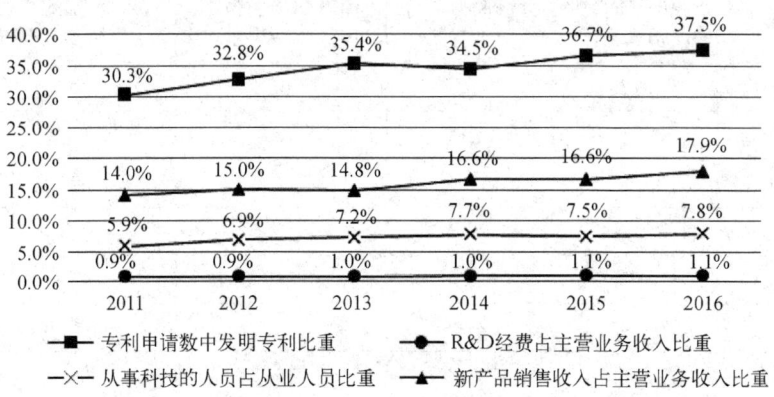

图3-1 江苏省规模以上工业企业创新能力比较(%)
数据来源:2017年《江苏统计年鉴》。

在创新产出方面,江苏每万常住人口发明专利拥有量从2010年的2.5件增加至2017年的22.5件,增长8倍。企业专利产出大幅提高,全省企业共申请专利从2010年的12.5万件增加至36万件,增长1.88倍。技术转移转化步伐加快。2017年江苏技术转让合同成交4 314项,成交金额169.2亿元,成交项次列全国第一,成交金额位列全国第三(仅次于广东、上海)。2017年,江苏高新技术产业产值占工业总产值比例达到42.7%,已达到较高水平。

表3-2 2011年以来江苏科技创新成果

年份	专利授权数(项)	发明(项)	实用新型(项)	外观设计(项)
2011	199 814	11 043	53 414	135 357
2012	269 944	16 242	77 944	175 758
2013	239 645	16 790	98 246	124 609
2014	200 032	19 671	100 810	79 551
2015	250 290	36 015	119 513	94 762
2016	231 033	40 952	117 827	72 254
2017	227 187	41 518	126 482	59 187

数据来源:历年《江苏统计年鉴》。

表3-3 2011年以来江苏高新技术产业发展状况

年份	高新技术产业产值(亿元)	高新技术企业(家)	国家级高新技术特色产业基地(个)	科技成果转化专项资金(亿元)
2011	38 377.76	3 852	92	258.4
2012	45 041.48	5 100	103	135.7
2013	51 899.1	6 769	121	117
2014	57 277.28	7 703	133	105
2015	61 373.61	10 000	139	119
2016	67 124.65	12 000	147	108.6
2017	67 863.74	13 000	162	93.4

数据来源:2011—2017年《江苏省国民经济和社会发展统计公报》《2017年江苏省高新技术产业主要统计数据》。

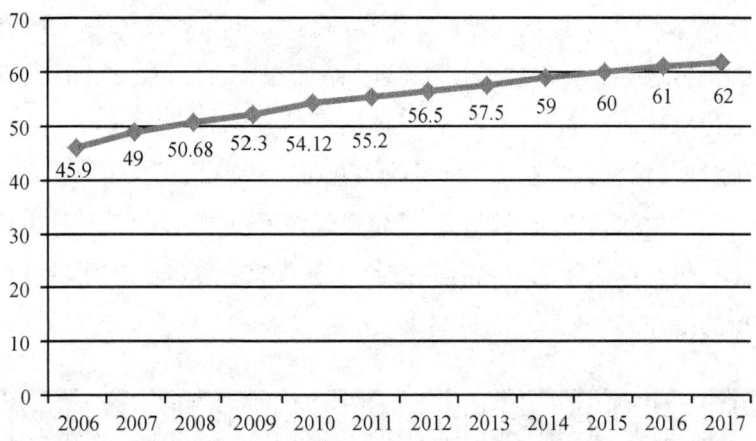

图 3-2 2006 年以来江苏科技进步贡献率(%)
数据来源:2006—2017 年《江苏省国民经济和社会发展统计公报》。

在创新效率方面,2017 年江苏每亿元研发经费产生的专利授权量为 97.9 件,比京津冀地区平均水平高 25.2 件。以全社会劳动生产率考察,近年来,江苏全社会劳动生产率稳步增长,从 2012 年 113 594 元/人上升到 2017 年 180 578 元/人,是全国平均水平的 1.8 倍,高于世界平均水平(2015 年为 18 487 美元/人),但低于广东(24.20 万元/人),与美国(2015 年为 98 990 美元/人)还存在很大差距。

二、基于协调发展维度的研判:主要领域的协调水平达到较高水平,一些领域存在排尾指标,高质量发展的协调性处在调整优化之中

江苏推动高质量发展,必然要建立在主要领域协调发展、协同发力的基础之上。从产业协调发展看,2015 年,江苏服务业增加值占比达到 48.6%,首次以全省域为单位形成了"三二一"的产业结构,意味着整个产业结构正在发生质变,向发达型产业结构迈进。工业仍是江苏的核心推动力。江苏工业经济规模总量连续 8 年位居全国第一,在服务业内部,为工业服务的生产性服务业占较高比重。2017 年,江苏高新技术产

业、战略性新兴产业产值的占比分别提高到42.7%和31%,表明江苏产业结构调整取得明显成效。在新产业、新业态中,江苏数字经济规模居全国地位仅次于广东。2017年,江苏电子信息制造业实现销售32 718亿元,软件与信息服务业实现业务收入9 200亿元,均居全国第二。物联网、云计算、大数据等新兴产业规模和增速领跑全国。这表明,江苏产业结构正处于动态优化当中,新产业、新业态正成为江苏实现区域现代化的关键力量。

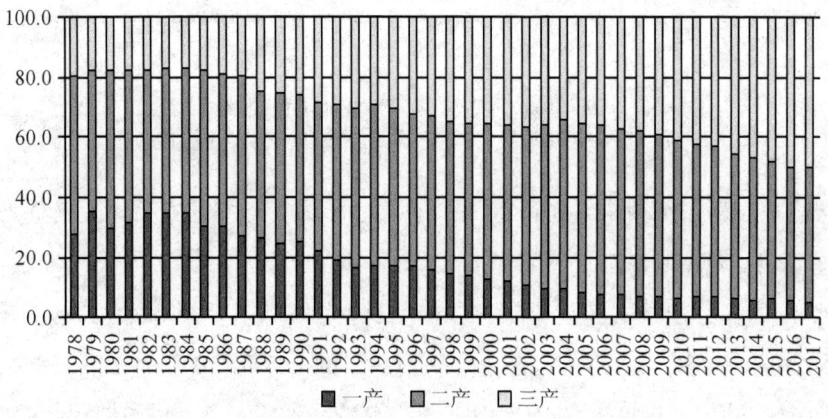

图3-3 江苏产业结构变化图(1978—2017年,单位:%)
资料来源:2017年《江苏统计年鉴》、2017年《江苏省国民经济和社会发展统计公报》。

从城乡协调发展看,江苏城镇化水平不断提高。2000年至2017年,全省常住人口总量由7 327万人增长到8 029万人,城镇人口由3 086万人增长到5 521万人,城市化水平由42.3%增长到68.8%,在全国省份的城镇化率排名中仅次于广东(69.85%),远高于全国平均水平(58.52%),但全省不同区域间的人口城镇化水平存在较大差异,其中,南京为82.29%,宿迁仅为58.5%。2017年,全省城乡居民收入比由2010年的2.37:1降至2.28:1;全省居民人均可支配收入中,按五等份分组,低收入组、中等偏下收入组、中等收入组、中等偏上收入组、高收入组的比例为1:2:3:4.4:8,城乡差异仍然较为显著。江苏城镇、农村家庭恩格尔系数分别从1978年的51.1%和62.2%下降到2013年的34.7%和36.3%。根据苏州统计局提供的数据,2017年,城镇居民恩格尔系数从2016年的26.7%下降到2017年的26.5%。从恩格尔系数指标判断,江苏已进入相对富裕阶段。但考虑到住房、教育、医疗等生产性消费上涨与居民收入存在不相适应性,导致恩格尔系数偏低。加之地区和不同收入家庭恩格尔系数差距较大,因此,尚不能得出江苏已进入富裕阶段的判断。

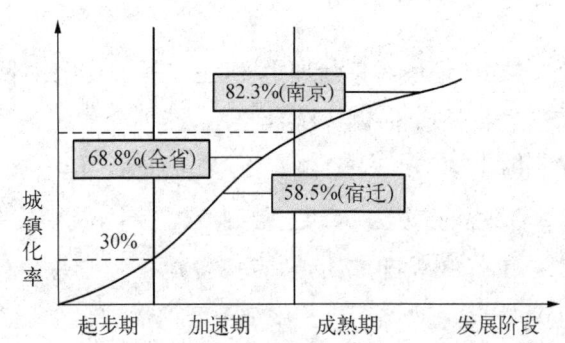

图3-4 2017年江苏城镇化所处发展阶段示意图
资料来源:2017年相关地区国民经济和社会发展统计公报。

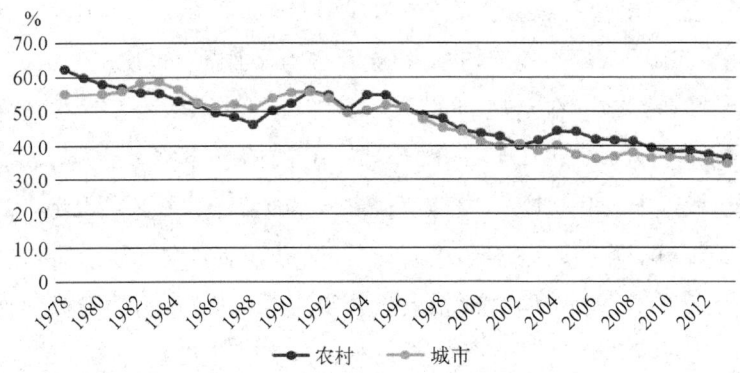

图3-5 改革开放以来江苏城乡居民家庭恩格尔系数变化图
资料来源:2017年《江苏统计年鉴》。

从区域协调看,全省拥有特大城市、大城市13个(100万人口以上)、中等城市6个(50万—100万人口)、小城市35个(50万人口以下),基本形成与现代化进程相匹配、与产业布局相呼应的城镇体系结构。2016年苏南、苏中、苏北人均地区生产总值的比例为2.23∶1.55∶1;居民人均可支配收入的比例为1.93∶1.31∶1。全省区域协调程度逐步增强,但区域差距仍处在较高水平。

三、基于绿色发展维度的研判:生态环境恶化趋势被遏制,但尚未迎来环境库兹涅茨拐点,生态现代化建设处于负重前行、爬坡过坎的"艰苦攻坚期"

近年来,江苏加大环境污染治理力度,主要污染物减排效果明显,生态环境恶化势头得到初步遏制。统计显示,江苏全省绿色发展指数从2010年的60.5提高到2015年的81.2,清洁能源占比上升至16.2%;2016年,江苏绿色发展指数为80.41,位列全国第十,其中资源利用指数位列全国第二。在节能减排方面,全省单位地区生产总值能耗逐年降低,2015年为0.46吨标准煤/万元,比2010年下降22.9%,超额完成单位地区生产总值能耗下降18%的约束性目标。2016年、2017年,江苏万元地区生产总值能耗下降4.68%、5.54%,降幅处于全国前列。《江苏省"十三五"节能减排综合实施方案》提出,到2020年,江苏国内生产总值能耗比2015年下降17%,非化石能源占能源消费总量比重达到11%,"减煤"3 200万吨。在空气质量方面,2017年全省PM2.5年均浓度为49微克/立方米,较2016年下降3.9%、较2013年下降32.9%,超额完成国家"大气十条"中"较2013年下降20%"的目标要求。在水污染防治方面,2017年,纳入国家《水污染防治行动计划》地表水环境质量考核的104个断面中,年均水质符合《地表水环境质量标准》Ⅲ类的断面比例为71.2%,Ⅳ—Ⅴ类水质断面比例为27.8%,劣Ⅴ类断面比例为1.0%。与2016年相比,符合Ⅲ类断面比例上升2.9个百分点,劣Ⅴ类断面比例下降0.9个百分点。预计2018年国考断面将全面消除劣Ⅴ类。在生态建设方面,城市绿地与园林绿化面积持续增加,2016年城市建成区绿化覆盖率为42.9%,同比2006年增加2.9%。人均公园绿地面积为14.79平方米/人,相当于2006年的1.5倍以上。城乡环境综合整治成效显著,建成国家生态市(县、区)45个,国家生态园林城市16个,国家生态工业园区 21 个,国家生态文明建设示范市县 5 个。能源消耗是造成环境污染的重要来源。近年来江苏能源消费总量增长幅度趋缓,但仍处在高位运行状态,对生态环境带来强大压力。环境改善非一日之功,江苏要早日迎来环境库兹涅茨曲线拐点,仍需付出极大努力。

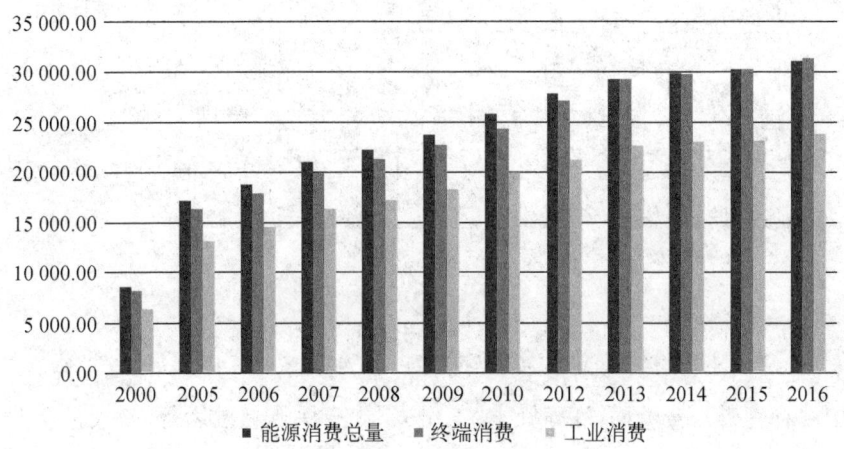

图 3-6　2000 年以来江苏能源消费总量变化图
资料来源:2017 年《江苏统计年鉴》。

四、基于开放发展维度的研判:开放型经济走在全国前列,开放深度广度与质量效益稳步提升,对外开放成为区域现代化的强力支撑

现代化伴随全球化进程形成与发展。对外开放是现代化的内在要求。江苏是全国开放型经济最为发达的省份之一,开放发展为江苏区域现代化探索提供了强有力支撑。在利用外资方面,到 2016 年底,江苏累计设立外商投资企业 11.8 万余家,累计认定 180 家跨国公司地区总部和功能性机构,累计实际利用外资近 4 000 亿美元,居全国首位。外资企业每年为江苏贡献四分之一的固定资产投资和税收、超过 60% 的对外贸易额和 30% 以上的就业岗位。2017 年,江苏全年新批外商投资企业 3 254 家,实际利用外资 251.4 亿美元。利用外资质量逐步提升,2016

年,江苏省服务业利用外资占比达到47%,以先进制造业和高新技术产业为主导的十大战略性新兴产业实际外资占比达到40.4%。

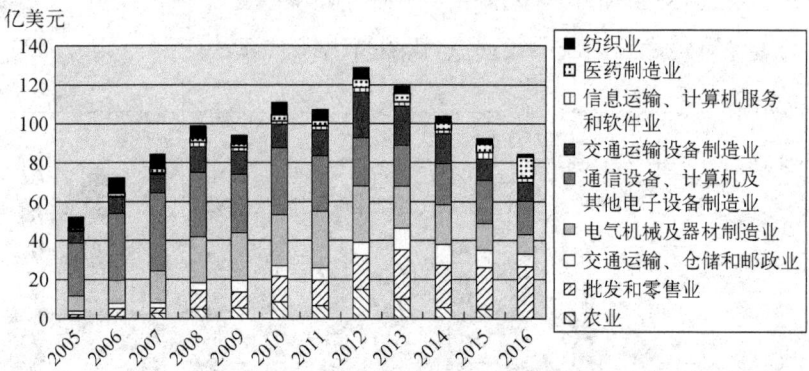

图3-7 江苏利用外资行业分布
数据来源:根据历年《江苏统计年鉴》及江苏省统计局相关数据整理。

在对外投资方面,江苏资本"走出去"规模保持高位运行,一大批企业积极对接"一带一路"倡议,扩大海外投资。2015年,江苏对外投资突破100亿美元;2016年、2017年,全年新批境外投资项目1067个、631个;中方协议投资142.2亿美元、92.7亿美元。在贸易开放方面,外贸结构持续优化,一般贸易占进出口总额比重达48.1%,比2012年提升8.1个百分点。

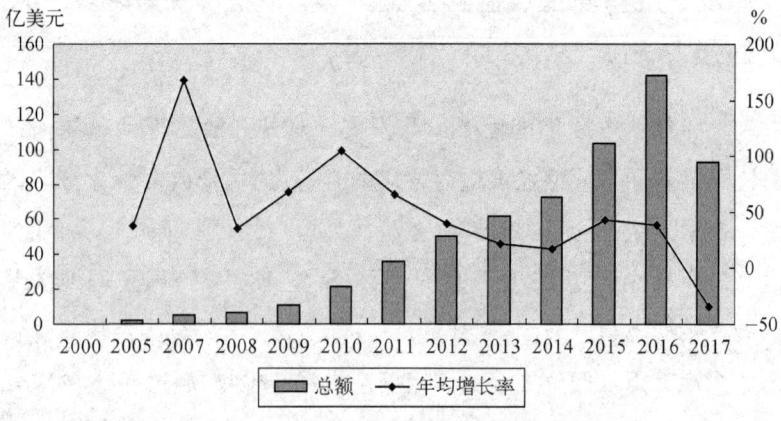

图3-8 江苏境外投资情况
数据来源:根据历年《江苏统计年鉴》及江苏省统计局相关数据整理。

五、基于共享发展维度的研判:公共服务均等化水平快速提升,脱贫攻坚取得决定性成效,区域现代化的普惠性持续增强

社会生产力发达是现代化的基本特征,而社会发展成果全民共享则是社会主义现代化的独有特征。江苏推进高质量发展走在前列,必然要以共享发展为基本准则,将高质量发展构建在普惠发展、全民共享的基础之上。在基本公共服务共享方面,2017年全省公共财政支出75%以上用于民生,省级财政民生支出比重达80%。2016年社会保障和就业、教育、医疗卫生等三项民生支出较2010年增长了98%,年均实际增速12.13%,在一般预算支出中的比重由2010年的30.46%提高至2016年的35.01%。覆盖城乡的社会保障体系基本建成,社会保险主要险种参保率均达97%以上,城乡最低生活保障标准水平居全国前列。制定落实基本公共服务清单和基层基本公共服务功能配置标准,县域义务教育基本均衡实现全覆盖,教育现代化步伐加快。健康江苏建设全面启动,2017年全省每万人拥有床位数为51.9张,每万人拥有医生数为25.6万人,分别较2010年增长了64.8%、56.1%。综合医改试点扎实推进,基本公共卫生服务从9大类增至14大类,覆盖城乡的15分钟健康服务圈不断完善,居民主要健康指标明显提升。公共文化服务体系不断完善,文化产业增加值占比达5%。打破社会救助城乡二元结构,加快推进社会救助城乡一体化,全省44个行政县(市、区)实现城乡低保标准并轨,占涉农县(市、区)的52%,一体化领先全国。

在脱贫攻坚方面,从1992年以来,江苏连续有计划、有组织地实施了多轮大规模扶贫开发行动。到2011年底,全省基本消除2500元以下绝对贫困现象;到2015年底,全省411万农村低收入人口整体实现4000元脱贫目标,江苏成为东部地区率先基本消除绝对贫困的省份之一。过去五年累计超过133万年收入6000元以下低收入人口实现增收脱贫。2018年,江苏确保全省60万以上建档立卡农村低收入人口人均收入提

高到 6 000 元,200 个以上的省定经济薄弱村集体年收入达到 18 万元。

第二节 跨越高质量发展"拐点"

一、高质量发展"拐点"标准

高质量发展拐点,主要体现在三个方面:一是量与质的提升,既要有经济规模与总量作为基础,也要有质的保障,包括要素质量的提升,表现为资本、劳动、技术等领域的高级要素和创新要素供给逐步占据主导地位;需求质量的提升,表现为居民消费力的增长、消费品质的提升;供给质量的提升,表现为产业、产品、服务供给质量达到较高水平;体制机制质量的提升,体现为市场机制有效、微观主体有活力、宏观调控有度,等等。二是结构优化,在产业结构上,形成以现代产业体系为主导的产业结构,在空间结构上形成均衡高效的区域结构、城乡结构、开放结构,在微观结构上大幅提升企业整体素质,奠定经济高质量发展的微观基础,等等。三是时间能量的消耗,从经济高速增长转向高质量发展需要一个过程,必然消耗一定的时间能量,其拐点不是一个可精确计量的特定时间点,而是一个具有弹性的时间区间。

二、江苏高质量发展"拐点"态势研判

衡量一个地区的高质量发展水平,既要放在历史的纵深视野进程中加以审视,也要放在全国乃至全球维度中进行比较,更要结合实践进展加以具体分析。对于江苏而言,现阶段推进高质量发展,构建一套完整的指标体系来进行导向、衡量与监测、考核、评价,有重要的创新价值。与此同时,要以锻造高质量动能为核心抓手,通过典型事实研判及对标分析来谋划未来发展重点方向,找准路径以形成推动高质量发展的强劲

动能。

1. **基于经济能级的研判：整体跨入基本现代化门槛，但区域内部差异较大，跨越中等收入阶段仍需进一步提升能级、增强经济发展质量与竞争力。**经济能级是一个地区实现高质量发展的基础条件。只有达到一定的量的积累，才能实现从传统社会形态转向现代化的"质"的飞跃。2017年，江苏省GDP 85 900.9亿元，仅次于广东位居全国第二，人均GDP江苏为107 189元，高出广东26 100元。从数量上看，江苏人均GDP已达到世界银行界定的"高收入"标准（12 736美元），具备跨越中等收入阶段、跨进基本现代化门槛的基础条件。鉴于居民可支配收入相对较低、区域及城乡居民收入差距较大特别是区域创新力存在结构性短板，这决定了江苏这方面仍需攻坚突破。

2. **基于区域创新能力的研判：区域创新水平达到较高水平，但尚未形成创新引领产业迈向中高端的动力机制，区域现代化的创新动力存在结构性短板。**区域创新力是区域高质量发展的核心动力。中国科技发展战略研究小组、中国科学院大学中国创新创业管理研究中心发布的《中国区域创新能力评价报告2017》显示，江苏的优势集中体现在企业创新方面，如研发机构的企业数、企业研发人员总量、企业技术改造经费投入等指标均排名全国第一。比较而言，广东创新优势突出表现为创新的开放度高、外贸经济发达，且市场活力较好、创新创业活动十分活跃，具备宽松的创业环境。特别是，在深圳一大批创新型企业正蓬勃发展，正成为引领广东乃至中国经济转型升级的一股重要力量。具体分析，2017年，江苏科技进步贡献率达到62%，比2006年提高了16.1个百分点，高出广东4个百分点；但江苏国家高新技术企业1.3万家，仅相当于广东的39.4%。广东全年PCT国际专利申请受理量2.68万件，增长13.8%；同期，江苏PCT国际专利申请量达4 590件，增长42.9%，已形成对广东的追赶态势，但两者差距依然巨大。这些指标既反映当前地区发展水平，更影响长远发展后劲，是决定未来区域现代化进程的关键因素。江苏必须高度重视，力争迎头赶上。

3. 基于工业化发展水平的研判:整体进入工业化中后期,并向更高阶段迈进。工业化是高质量发展的重要动力。工业现代化是区域现代化的重要体现。以霍夫曼系数衡量,2016年江苏省霍夫曼系数为0.59,大致处于工业化中后期。根据诺瑟姆模型,以从业人数比例衡量,2017年,江苏省第一产业从业人员占比为17.7%,远超于同期第一产业在GDP中5.4%的占比,表明农业经营效应仍有很大提升空间;第二产业从业人员占比为45%,与第二产业在GDP中45.0%的占比大致相当;第三产业从业人员占比为39.3%,低于第三产业在GDP中50.1%的占比,表明服务业吸纳就业能力不足,与西方发达国家服务业就业人口比重普遍达到70%左右有很大差距。与国际水平相比,江苏产业结构偏离度较大,远未达到成熟状态,仍需要深度调整。综合判断,当前江苏整体处于工业化中后期阶段,但地区差异性较大。在这一阶段,江苏需要深入探讨工业化的深化提升与提升制造业及整个产业体系质量效益之间的关系,防止"去工业化"倾向,促进工业化进程深化与工业化质量内涵提升的良性互动,提升工业现代化质量水平。

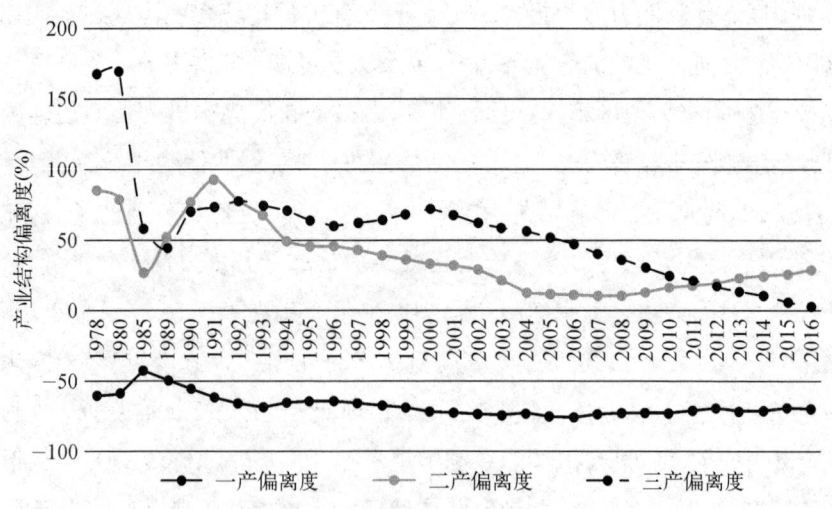

图3-9 改革开放以来江苏三次产业结构偏离度走势图
资料来源:2017年《江苏统计年鉴》。

4. 基于新旧动能转换的研判:新要素、新动能持续涌现,逐渐成为江苏实现区域现代化的关键力量。新旧动能有效衔接是区域高质量发展的持续动力。区域现代化是一个动态的演进过程,必然伴随新旧动力的接续转化。不断形成体现现代化要求的新要素、新动力是推进区域现代化的重要基础。江苏在全国较早转变经济增长方式,较早开展经济结构调整,一些质量高、效益好、竞争力强的新动能蓄势发力,有效支撑了国民经济平稳发展,避免了经济断崖式下滑造成的破坏。在新动能培育方面,消费对增长的贡献率显著提升。2017年,江苏消费对经济增长的贡献度达61.7%,贡献率稳居"三驾马车"之首,居民消费潜力释放和消费升级,从需求端为经济高质量发展创造条件。2017年,江苏高新技术产业、战略性新兴产业产值分别提高到42.7%和31%,表明江苏产业结构调整取得明显成效。在新产业、新业态中,江苏数字经济规模居全国地位,仅次于广东。2017年,全省电子信息制造业实现销售32 718亿元,软件与信息服务业实现业务收入9 200亿元,均居全国第二。物联网、云计算、大数据等新兴产业规模和增速领跑全国。新要素、新动能的持续涌现,标志着支撑江苏经济高质量发展的新动能已达到较大规模,将成为江苏实现区域现代化的关键力量。

5. 基于居民收入水平的研判:居民收入稳步增长,消费迭代升级驱动江苏经济社会向高阶形态跃升,"民富"水平相对较弱。近年来,江苏消费力增长强劲,消费质量不断提升。2016年,江苏城乡居民人均教育文化娱乐支出分别为3 164元和1 352元,分别比2010年增长了26.4%和26.8%,在生活消费支出中所占比重分别下降了2.89个和4.51个百分点。2016年城乡居民平均每百户汽车拥有量为45.8辆和18.7辆,分别是2010年的3.3倍和6.2倍,说明农村居民耐用消费品升级换代趋势更为明显。江苏正在进入以耐用品消费为主的"高额群众消费",并显示出向"追求生活质量阶段"转变的强烈需求。居民消费能力的提升使内需成为驱动生产的关键因素,需求结构的升级则倒逼供给体系的变革,要求以更高层次、更高质量的供需匹配推动社会向高阶形态跃升。总体而言,江苏居民收入在全国处于前列,但与经济社会发展水平并不相称。2017年,江苏全省居民人均可支配收入35 024元,高出广东2 020.7元,但低于浙江7 022元。比较而言,江苏劳动报酬占比偏低,经济增长未能完全实现"藏富于民"。江苏省劳动报酬占GDP比重不仅低于美、英、德、法、日等发达国家,也低于全国平均水平,分别较同处东南沿海地区的浙江省和广东省低2.3个和4.9个百分点。这是收入水平增速长期低于经济增速的结果,导致了居民预防性储蓄意向强烈,消费需求受到一定的抑制。2015年,江苏省居民消费占GDP的比重为36.0%,分别较浙江、广东低0.9个和3个百分点,仅为美国、英国的40%左右,甚至低于墨西哥(65%)、印度(57.7%)、马来西亚(48%),这必然会直接影响江苏人民生活质量的进一步提升。

三、江苏跨越高质量发展拐点的结论

1. 若干支撑高速增长的重要指标相继达到峰值,江苏推动高质量发展取得实质性成就。跨越由高速增长向高质量发展的江苏拐点,转变高速增长时期形成的粗放型增长方式是前提。这一转变可通过支撑过去高速增长的指标变化加以衡量。从劳动力年龄峰值考察,江苏已越过劳动力数量供给峰值。从主要污染物排放峰值考察,近年来江苏主要污染物排放量持续减少,表明江苏主要污染物排放已进入下行通道,达到或接近达到峰值。但鉴于江苏能源消耗已在高位运行,加之环境污染具有复杂性、复合性、交叉性,部分指标则具有潜伏性、隐蔽性,因此江苏要跨越环境库兹涅茨曲线仍需保持定力,久久为功。从传统产能峰值考察,钢铁、水泥、电解铝、平板玻璃、船舶等传统产业产能陆续达到物理性峰值,这为江苏经济高质量发展腾出了宝贵空间。表现在经济增速上,受支撑前期高速增长动力减弱因素影响,江苏经济增速进入下行轨道,但已不可能延续以往的"强势反弹"。

2. 若干支撑高质量发展的新要素、新动能渐成主干,江苏跨越高质量发展拐点正获得可靠支撑。跨越由高速增长向高质量发展的江苏拐点,形成体现高质量发展要求的新要素、新动力是基础。江苏在全国较早开展经济结构调整,一些质量高、效益好、竞争力强的新动能蓄势发力,有效支撑了国民经济平稳发展,避免了经济断崖式下滑造成的破坏。一是消费成为拉动经济增长的主力军。根据苏宁金融《2018中国居民消费升级报告》,江苏在耐用消费品、食品衣物等实物类消费升级分项指标中排名全国第一。这表明,江苏正在进入以耐用品消费为主的"高额群众消费"。消费率提升与消费迭代效应叠加,强力推进经济从以往"生产者导向"转向"消费者导向",高品质需求倒逼高质量供给。二是先进制造业成为"江苏制造"的中坚力量。江苏新材料、节能环保、医药、软件、新能源、海工装备等产业规模居全国第一。三是在新产业、新业态中,江苏数字经济规模仅次于广东,物联网、云计算、大数据等新兴产业规模和增速领跑全国。新要素、新动能的持续涌现,标志着支撑江苏经济高质量发展的新动能已达到较大规模。

3. "头部"地区接近高质量发展"拐点"。南京、无锡、苏州等城市率先转型、率先突破,经济增速保持较高水平,标志着江苏经济"头部"地区开始接近高质量发展"拐点",已成为全省高质量发展的可靠支撑,这是江苏多年来持续推进转型升级的战略性成果,这些基础较好的先发地区可能在创新、产业等关键指标上率先进入经济高质量发展区间,但只有全省实现区域、城乡、各社会阶层协同发展,江苏才能整体上跨入经济高质量发展区间。

第三节 推进高质量发展走在全国前列

一、以思想大解放引领江苏高质量发展

1. 用新思想破除落后认知,用新理念凝聚高质量共识。解放思想的前提是统一思想,而且是在新的认识基础上统一思想。当前,思想大解

放的要义是用习近平新时代中国特色社会主义思想统一认识、凝聚共识,把人们的思想从与新时代新思想不适应、不合拍、不一致的地方转变过来。习近平总书记明确指出,高质量发展,就是能够很好满足人民日益增长的美好生活需要的发展,是体现新发展理念的发展,是创新成为第一动力、协调成为内生特点、绿色成为普遍形态、开放成为必由之路、共享成为根本目的的发展。对照高质量发展的本质要求,一些人头脑中"为增长而增长"的GDP迷信必须破除,满足于跟随模仿、畏惧创新的观念必须破除,认为经济搞好了就"一好百好"的片面认识必须破除,把生态保护看成负担、漠视生态价值的观念必须破除,在自己"一亩三分地"上打转转、不肯开放合作的封闭思维必须破除,对"以人民为中心"、发展成果全民共享不重视、不走心、不作为的现象必须破除。

2. 思想解放与新时代同步,让高质量发展成为时代主旋律。新时代发展必然是高质量发展。中国经济从高速增长转向高质量发展具有历史必然性,是社会主要矛盾变化的内在要求。社会主要矛盾决定社会发展主攻方向。主要矛盾变了,解决主要矛盾的重点重心、方式方法必然有所调整。国际经验表明,经济上"量"的扩张有助于后发经济体跳出低水平的均衡实现经济起飞,但只有转入更具竞争力的高质量发展轨道,才能从根本上突破转型障碍,跨越中等收入阶段。社会主要矛盾的变化,决定了江苏必须构筑高质量供给的系统性优势,才能有效解决发展不充分不平衡问题,才能更好满足人民日益增长的美好生活需要。过去在高速增长阶段形成的思维方式、认知观念、增长模式、发展路径都需要重新审视,一些过去习以为常的观念、行之有效的做法已不合时宜,甚至成为思想包袱和发展阻碍。面对人民日益增长的美好生活需求,我们不能再沉湎于搞低成本竞争,不能再依赖打"价格战",不能再把污染看成是交学费即一笔轻轻带过,而是要瞄准人民追求美好生活时释放出来的巨大需求,用更高质量、更佳品质、更优服务、更高效率、更好体验来重构供给体系,为满足人民美好生活需要提供更富吸引力和竞争力的产品和服务,使高质量成为时代主旋律。

3. 围绕"六个高质量"解放思想,为江苏高质量发展注入强大思想动力。江苏省委做出的"六个高质量"发展部署,既是江苏推动高质量发展具有现实或潜在优势的领域,也是矛盾问题较为集中、思想认识尚未统一的领域。聚焦"六个高质量"发展,必将成为江苏新一轮思想解放的主阵地。推进经济高质量发展,必须摆脱长期以来形成的惯性思维、惯常做法,跳出经济看经济、站在云端看经济,坚持发展新理念、质量第一观,深入研究把经济增长转入高质量轨道的内在规律;推进改革开放高质量,要在革故鼎新中推进改革再出发,在新体制和新开放格局中拓展江苏高质量发展新动能;推进城乡建设高质量,要超越城乡割裂、城乡对立的错误观念,构建富有弹性、充满活力的和谐城乡关系,为高质量发展提供有效承载空间;推进文化建设高质量,要超越那种认为文化是点缀、是发展副产品等轻视文化的错误倾向,构建高度发达的社会文明,为人民美好生活提供坚强思想保证、强大精神动力、丰富道德滋养;推进生态环境高质量,要切实用习近平生态文明思想武装头脑,全面建设美丽江苏,更好满足人民对优美生态环境的需求;推进人民生活高质量,要自觉践行"以人民为中心"的发展理念,拓展居民增收渠道,推进共建共治共享,增强发展普惠性,不断提升居民获得感、幸福感、安全感。

二、辩证把握高质量发展中的重大关系

1. 遵循质量与数量的辩证法,追求更高质量的经济增长。高质量发展是进入新时代经济发展的根本要求。谋求高质量发展,不是不要经济增长,也不是可以忽略经济增长,而是追求不含水分的增长、不带污染的增长、更高质量的增长。过去一些地方不计代价、不顾后果地盲目追求短期经济增长,结果付出的代价极为沉重。一些地方引进污染项目,不仅污染了环境,后期治理成本高昂,还损害了人民健康,透支了生态环境。同时,由此形成的路径依赖大大增加了路径转换成本,并将耗费很长的时间才能转向可持续性的高质量发展轨道。应当看到,即使是苏南

地区,在人均GDP、企业能级、土地产出率等指标上与国内外先进地区相比仍有很大差距;苏北部分地区的一些主要指标更是低于或基本相当于全国平均水平。做大蛋糕才能更好分配蛋糕,在高质量发展的前提下持续做大经济总量和经济能级仍是江苏发展的重要任务。未来江苏发展要紧扣高质量指标,注重提升产出强度和经济密度,注重提升特色优势和核心竞争力,力求在更高层次上形成质量提升与数量增长的良性互动。

2. 把握新旧动能转化的节奏,促进新经济形成规模优势。高质量发展不可能凭空产生,必然建立在传统动能的提质增效和新兴动能的生长扩展之上。江苏早在2008年国际金融危机之前,就主动培育拓展内需,积极培育以战略性新兴产业为主的新动能,有效避免了因新旧动能接续不畅造成的经济失速风险。到2017年底,江苏战略性新兴产业产值占规上工业总产值比重达到31.0%。新要素、新动能的持续涌现,标志着支撑江苏高质量发展的新动能已达到较大规模。但与国内领先水平相比,目前江苏新经济在质量规模上均处于劣势。近年来,深圳、杭州等地之所以能够持续保持高速增长,就在于率先实现了经济结构转型,电子信息等新产业进入收获期,形成极富扩张力的巨大规模优势。江苏传统产业基数大,是江苏宝贵的"家底子",必须做大做强。江苏一方面要持续推进旧动能改造升级;另一方面要以更大力度为新经济能量的集聚释放创造条件,尽快在若干领域形成规模化、引领性优势,为高质量发展提供面向未来、引领未来的可靠支撑。

3. 处理好政府与市场的关系,锻造高质量发展的"双强引擎"。"强政府"是江苏传统模式的重要体现,这是历史形成的客观事实,既不能回避,也不能照单全收,而是要对照省委在打造"双强引擎"上解放思想的要求,对传统"强政府"模式进行重新审视。一方面,要反思传统"强政府"模式中,有哪些不该"强"的地方"强"了,逾越边界;另一方面,要反思传统"强政府"模式中,有哪些该"强"的地方没有强起来,要在哪些方面补齐"强政府"的短板。"强市场"在"双强引擎"中处于关键地位,是江苏能否制胜未来、实现引领性发展的决定性因素。改革开放40多年来,经过乡镇企业改制、国有企业改革、外资经济涌入以及市场化改革的深入发展,苏南等地已经形成了较为发达的市场主体格局和较为成熟的市场竞争格局,业已具备打造"强市场"的基础优势。在高质量发展的新征程上,江苏要对照省委在打造政府与市场"双强引擎"上解放思想的要求,在厘清政府、市场边界的前提下,沿着"有效市场"和"有为政府"的方向双向发力、汇成合力,构筑江苏参与新一轮区域竞合、推动高质量发展的新动力、新优势。

三、构建江苏高质量发展的系统优势

1. 树立风险思维,增强高质量发展韧性。在传统后发追赶型发展路径中,既有发达国家的先进经验可以借鉴,也有业已成熟的技术路径可供学习,我国各地区发展的主要挑战在于能否强化低成本竞争优势,在大规模招商引资中形成产业规模,并通过切入全球分工体系获得出口市场。但进入经济发展新常态以来,传统跟随型、模仿型发展模式难以为继,一些创新前沿领域进入"无人区",发展不确定性大大增强。特别是2018年以来中美贸易战风起云涌,江苏是外向型经济高地,如何应对新形势新挑战尤其需要强化风险意识,做足预案,沉着应对。同时也要看到,高质量发展本身意味着更强的不确定性。因此,江苏要跳出传统发展模式的窠臼,从不确定的挑战中发现机遇,保持发展定力,增强发展韧性,不断强化风险管控能力,确保高质量发展在应对风险挑战中行稳致远。

2. 勇于创新突破,做强高质量发展势能。创新是高质量发展的根本动力。进入新时代,创新的要求更高、更为苛刻。如果说,过去创新是奢侈品,企业依靠简单的模仿创新、组合创新,就可以赢得市场,那么,现在创新则越来越成为必需品,企业只有锻造人无我有的核心竞争力才可能赢得市场。面对更趋激烈的区域竞争,惟创新者进,惟创新者强,惟创新者胜。江苏要把创新作为高质量发展的第一动力,实施富有前瞻性、突破性的领先战略,强化科技资源丰富的基础优势,在人工智能、生物医药、生命科学、新能源等前沿科技领域启动重大专项,推进更具引领性的原始创新和重大科技创新产业化;紧紧围绕全国、全省重大科学问题、产业转型升级问题和战略性新兴产业发展,以及战略前沿技术、核心关键技术、颠覆性技术的研发、转化、应用需要,以我为主,走开放式创新道路,培育创建江苏版国家实验室、打造国家实验室江苏预备队;充分发挥政策引导作用,强化政策集成性、引领性和支撑力,加快构建以科技创新为核心的区域创新体系。

3. 营造综合生态,优化高质量发展环境。推动高质量发展离不开适宜的区域生态,国内外先进城市在高质量发展中取得成就无不因具备较好的区域生态,但形成良好的综合生态非一日之功。营商环境是良好创新生态的重要体现。江苏要以优化营商环境为突破口,打造世界一流营商环境,营造有利于高质量发展的综合生态。重点举措包括:推进贸易便利化改革,营造更加开放的贸易投资环境;优化产业空间布局,切实降低企业税费负担,提供全面创新支持,营造综合成本适宜的产业发展环境;实施更具吸引力的人才住房政策,营造更具吸引力的人才发展环境;推进更深层次政务服务管理改革,营造更加高效透明的政务环境;实施最严格的知识产权保护,建立更好保护企业家财产权和知识产权的制度,营造公平公正的法治环境。

4. 做足人的文章,释放高质量发展活力。高质量发展本质上就是人的发展,是满足人民对美好生活需要的发展。人既是高质量发展的目的,也是高质量发展的动力。江苏人文底蕴深厚、人力资源丰富,这是江苏高质量发展走在全国前列的底气所在,也是最大本钱。针对人才供给存在结构性短板、人才资源潜力远未充分释放、地区企业家精神偏弱等薄弱环节,江苏要加大解放思想力度,把习近平总书记"人才是第一资源"的思想落到实处,做好"放权、松绑、破壁、激活"的文章,破除制约人才发展的体制机制障碍,释放各类人才的创新活力,让人才富矿成为创新力、竞争力和现实财富,为高质量发展提供强有力人才支撑。

参考文献:

[1]《习近平谈治国理政(第一卷)》,外文出版社 2018 年版。

[2]《习近平谈治国理政(第二卷)》,外文出版社 2018 年版。

[3] 吴先满主编:《江苏经济转型升级研究》,人民出版社 2015 年版。

[4] 陈建清:《江苏经济的发展与转型对策研究》,中国言实出版社 2018 年版。

[5] 陈晓雪:《创新驱动区域转型升级的逻辑与江苏实践研究》,中国经济出版社 2017 年版。

[6] 国家社科基金重大项目课题组:《中国东部地区开放型经济转型升级研究——基于江苏实践的视角》,江苏人民出版社 2015 年版。

第四章　高质量发展：实证分析

推动高质量发展，是保持经济持续健康发展的必然要求，是适应我国社会主要矛盾变化所作出的必然选择，更是江苏作为东部发达省份必须扛起的重大责任。推进高质量发展是一项系统性工程，要形成系统合力，离不开科学的绩效评价体系，通过发挥指标评价体系的引导作用，能够客观反映各地高质量发展水平，有助于引导激励各地树立标杆、补齐短板，更加自觉、高效的按照高质量发展的要求推进工作。高质量发展有着丰富的内涵，而且在实践中还在不断拓展，设计比较科学的高质量发展指标体系、评价体系，是一项富有挑战性、开创性的工作。本章以习近平新时代中国特色社会主义思想为根本遵循，结合江苏省情，立足现有指标，参照江苏省委办公厅、省政府办公厅联合印发的《江苏高质量发展监测评价指标体系与实施办法》，分析近年来江苏高质量发展的实践进展，并与粤鲁浙等省进行比较分析，以更好把握江苏高质量发展的时空坐标与发展态势。

第一节 高质量发展态势评估

一、经济高质量态势评估

1. 经济发展达到较高水平

改革开放以来,江苏人均GDP不断提高,按照世界银行人均国民收入的划分标准,江苏已由低收入国家水平跨入高收入国家水平行列。2017年,江苏人均GDP升至107 189元(计15 876美元),相当于美国人均GDP的26.7%,在世界银行公布的189个国家(地区)中,与排名第50位的国家水平相当。2018年,江苏全省人均地区生产总值115 168元,按汇率折算约为1.73万美元。与2017年世界银行最新发布的12 056美元高收入标准相比,江苏已超过高收入门槛的5 000美元以上。2018年,江苏人均GDP为全国1.78倍,其中苏南地区约为全国2.5倍。江苏经济发展水平的持续攀升,为经济高质量发展奠定了坚实基础。

2. 经济发展总体质态较好

财政收入质量是经济发展质量效益的"晴雨表"。一般公共预算收入占GDP比重是指一个地区一定时期内一般公共预算收入相当于GDP的比例,是一个地区公共财力的重要衡量指标。从发展趋势看,2014年以来,江苏省一般公共预算收入占GDP比重大致维持在10%上下,呈现稳中趋降态势,一般公共预算收入增速总体上低于同期GDP增速。这表明,江苏公共财政收入达到较高水平,但"汲取"强度有所下降,这既与减税力度加大有关,也在一个侧面体现了经济具有更多的"藏富于民"性质;但公共财力的弱化,不利于为经济高质量发展提供充足的公共财力支撑,对政府加大社会事业等领域投入产生了不利影响。税收占比反映财政收入质量。税收收入占一般公共预算收入比重,是指一个地区一定时期内税收收入占一般公共预算收入的比例。从发展趋势看,2014年以来,江苏税收收入占一般公共预算收入比重经历了下降到攀升的过程。2018年,全省税收收入占一般公共预算收入比重84.2%,扭转了前几年的下滑态势,实现了增速逆转。当年全省税收收入7 263.65亿元,增长12%;非税收入1 366.51亿元,下降19%。从一般公共预算及税收占比情况的变化,可以看出,近年来江苏经济总体质态稳中有变,总体上呈现积极向好态势。

表4-1 2014—2018年江苏公共预算收入情况 单位:%

年份	2014	2015	2016	2017	2018
一般公共预算收入占GDP比重	11.11	11.45	10.67	9.51	9.33
税收收入占一般公共预算收入比重	83.04	82.3	80.4	79.4	84.2

资料来源:2014—2018年《江苏统计年鉴》和《江苏省国民经济和社会发展统计公报》。

全员劳动生产率指根据产品的价值量指标计算的平均每一个从业人员在单位时间内的产品生产量,是考核企业经济活动的重要指标,是企业生产技术水平、经营管理水平、职工技术熟练程度和劳动积极性的综合表现。从发展趋势看,2014年以来,江苏省全员劳动生产率处于快速上升态势,2018年接近20万元/人,是2013年的1.42倍。江苏省全员劳动生产率远超全国平均水平,2014年为1.64倍,2018年为1.81倍。这表明江苏经济运行效率较高,这是江苏经济高质量发展走在全国前列的具体体现。

表4-2 2014—2018年江苏和全国全员劳动生产率比较 单位:元/人

年份	2014	2015	2016	2017	2018
江苏	136 730	147 314	159 934	180 578	194 759
全国	83 211	88 685	94 443	100 702	107 327

资料来源:2014—2018年《中华人民共和国国民经济和社会发展统计公报》和《江苏省国民经济和社会发展统计公报》。

3. 经济结构优化调整已见成效

服务业占比是衡量产业结构优化的重要指标。改革开放以来,江苏不断优化经济结构,积极转变经济增长方式,总量持续扩大,经济实力不断增强,全省经济结构战略性调整在不断向纵深推进。国民经济在平稳较快运行的同时,代表较低结构层次的第一产业比重不断下降,代表较高结构层次的第二产业在快速发展后占比也呈下降趋势,代表最高结构层次的第三产业比重明显提高。① 2015年,第三产业增加值占比首次超过第二产业,三次产业结构比调整为5.7∶45.7∶48.6,呈"三二一"型。2016年,第三产业(服务业)增加值占比超过50%,2017年三次产业结构比为4.7∶45∶50.3。2018年三次产业结构比为4.5∶44.5∶51。这表明,江苏省制造业在国民经济中占据较高比重,同时已进入服务业占主导的发展阶段,已形成有利于支撑经济高质量发展的产业结构。

表4-3 改革开放以来江苏三次产业占比变化　　　　单位:%

年份	1978	1989	2015	2017	2018
第一产业占比	27.6	24.5	5.7	4.7	4.5
第二产业占比	52.6	49.7	45.7	45	44.5
第三产业占比	19.8	25.8	48.6	50.3	51

资料来源:2018年《江苏统计年鉴》和《江苏省国民经济和社会发展统计公报》。

从产业内部结构看,全省农业结构不断优化,绿色农业、智慧农业、订单农业等现代农业加快发展。2018年,全省高效设施农业面积占比达19.6%,高标准农田占比达61%,农业机械化水平达84%,农业科技进步贡献率提高到68%。在全省制造业内部结构中,高新技术产业板块快速崛起。江苏在传统产业取得重要进展的同时,全省高新技术产业快速

---

① 江苏省统计局国民经济核算处:《改革开放40年——经济结构篇:江苏经济结构调整成效显著,转型升级步伐加快》,江苏省统计局网站,2018年10月31日。

扩张,产业规模不断做大做强。2011年以来,江苏高新技术产业发展增速呈先回落后回升的发展态势,高新技术产业产值占规模以上工业总产值比重则逐年上升。2018年,全省战略性新兴产业、高新技术产业产值分别增长8.8%、11%,占比提高至32%、43.8%;高技术制造业、装备制造业增加值分别增长11.1%、8%,分别高于规模以上工业6个和2.9个百分点。在服务业内部,现代及新兴服务业快速发展,2005年以来,全省以互联网及相关服务、信息技术、商务服务等为代表的营利性服务业蓬勃发展,特别是2010年以来一直保持两位数高速增长。从投资结构看,制造业投资有着较高占比,2018年,全省制造业投资占项目投资比重为59.0%,对全部投资增长的贡献率达79.9%,为江苏实体经济发展注入强大后劲。

4. 区域综合创新水平较高

创新驱动是推动经济高质量发展的核心引擎。横向比,江苏区域综合创新水平处于全国前列。江苏在全国较早实施创新驱动发展战略,区域创新水平持续提升,突出表现为重大创新平台持续突破。截至2018年底,全省建设国家和省级重点实验室171个,国家级工程技术研究中心、国家重点实验室、国家级孵化器数量均位居全国前列;创新资金投入保持高强度,2018年,全省全社会研发投入占比达2.64%,企业研发经费投入占主营业务收入比重提高至1.3%,投入强度高位运行;创新绩效稳步提升,2018年,全省万人发明专利拥有量26.45件、增加3.95件,科技进步贡献率达63%;新产业新业态新模式发展迅猛,2018年全省城市轨道车辆、新能源汽车、3D打印设备、智能电视产量分别增长107.1%、139.9%、51.4%和36.4%;商务服务业、软件和信息技术服务业、互联网和相关服务业收入分别增长7.9%、13.7%和41.6%;全省新涌现一批创新型领军企业、独角兽企业和瞪羚企业,2018年新认定国家高新技术企业超过8000家,不断蓄积未来高质量发展的核心动能。

表 4-4 近年来江苏科技创新成果

年份	国家和省级重点实验室（个）	全社会研发投入占GDP比重（％）	企业研发经费投入占主营业务收入比重（％）	万人发明专利拥有量（件）	科技进步贡献率（％）
2015	97	2.55	1.1	14.2	60
2016	170	2.61	1.1	18.5	61
2017	168	2.7	1.3	22.5	62
2018	171	2.64	1.3	26.5	63

资料来源：历年《江苏统计年鉴》和《江苏省国民经济和社会发展统计公报》，《2015年江苏省知识产权发展与保护状况白皮书》。

二、改革开放高质量态势评估

1. 营商环境形成特色优势

近年来，江苏坚持"营造亲清政商关系，构建和谐营商环境"，始终把建设国际一流营商环境作为一项基础性、品牌性工作来抓。"不见面审批"品牌推广全国、"3550"改革加快推进，相关经验做法形成品牌优势。2018年，全省90％以上的审批服务事项能够在网上办理，"3550"目标基本实现。全面推进"不见面审批（服务）"，开展基层政务公开标准化规范化试点，营商环境位居全国前列。良好的环境成为江苏吸引企业、项目的重要支撑，而大企业、好项目的到来也再度催生出新的服务需求。2018年12月，新华社—新华每日电讯联合上海华夏社会发展研究院发布了2018中国营商环境指数报告。报告显示，排名前五位的是广东（91.73分）、江苏（83.01分）、上海（82.28分）、北京（72.61分）、浙江（72.43分），江苏名列第2位。其中，市场环境指数得分，江苏（85.54分）仅次于广东（90.29分）；投资环境指数得分，江苏（79.87分）仅次于广东（92.49分）、上海（84.34分）；法治环境指数得分，江苏（79.54分），仅次于广东（91.33分）。江苏总体得分较高，位居全国前列。

2. 市场主体稳步发展

净增企业发展单位数占企业法人单位总数比重,是指企业法人单位总数中净增部分所占比重,是衡量一个地区改革激发创业状况的重要指标。历次普查资料显示,改革开放以来江苏法人单位呈现出高质量高速度的发展态势,各类法人单位的不断增加,有力地支撑了宏观经济的稳健增长。截至 2017 年底,江苏共有法人单位 235.6 万个,与 2016 年相比,增加 44.8 万个,增长 23.5%;与 1996 年第一次全国基本单位普查时相比,增加 205.0 万个,法人单位数是 1996 年的 7.7 倍。其中,2017 年全省共有企业法人单位 214.8 万个,比 2016 年增加 43.1 万个,增长 25.1%;比 1996 年增加 195.0 万个,企业数是 1996 年的 10.8 倍。2017 年江苏共有第一产业法人单位 5.0 万个,比上年增加 1.1 万个,增长 27.9%;第二产业法人单位 70.2 万个,增加 11.3 万个,增长 19.2%,是 1996 年的 5.5 倍;第三产业法人单位 160.4 万个,增加 32.4 万个,增长 25.3%,是 1996 年的 9.1 倍。法人单位总量的三次产业构成也相应变化:一产比重从 2016 年 2.0% 提高到 2017 年 2.1%;二产比重从 30.9% 降低到 29.8%;三产比重从 67.1% 提高到 68.1%。三产单位数量逐渐提高,在优化产业结构、大力促进产业升级的背景下,江苏经济发展重心向第三产业平稳转移,法人单位产业分布趋向合理。①

3. 对外贸易结构持续优化

对外贸易结构能够反映一个国家和地区全球价值链分工所处的位置。近年来,江苏的贸易方式持续改善,2018 年一般贸易出口在总出口占比为 50.3%,比 2017 年高出 2.1 个百分点,比 2006 年累计提高了 21.5 个百分点;国际贸易产品结构也不断优化,2017 年机电产品出口占全省出口总额比重为 65.8%,占全国机电产品出口比重为 18.1%;高新技术产品出口占全省出口总额比重达 37.9%,占全国高新技术产品出口比重为 20.7%。2018

---

① 江苏省统计局普查中心:《改革开放 40 年——单位快速增长,结构持续优化》,江苏省统计局网站,2018 年 12 月 26 日。

年,江苏全省机电、高新技术产品出口额分别增长8.9%、8.5%。对"一带一路"沿线国家出口保持较快增长,出口额6 459.6亿元,增长8.9%;占全省出口总额的比重为24.2%,对全省出口增长的贡献率为25.7%。

表4-5 2018年江苏省货物出口贸易主要分类情况

指 标	绝对数(亿元)	比上年增长(%)
出口总额	26 657.7	8.4
♯一般贸易	13 400.8	12.6
加工贸易	10 234.8	−0.1
♯工业制成品	24 980.0	8.2
初级产品	385.4	2.9
♯机电产品	17 624.4	8.9
♯高新技术产品	10 126.2	8.5
♯国有企业	2 989.2	17.7
外商投资企业	14 810.2	3.6
私营企业	8 456.0	15.1
进口总额	17 144.7	11.3
♯一般贸易	7 941.8	8.1
加工贸易	6 967.1	11.9
♯工业制成品	13 975.7	11.7
初级产品	2 203.1	8.5
♯机电产品	10 204.9	11.5
♯高新技术产品	7 288.0	13.4
♯国有企业	1 336.5	22.9
外商投资企业	12 125.1	8.4
私营企业	3 453.0	18.9

资料来源:2018年《江苏省国民经济和社会发展统计公报》。

4.利用外资质量显著提升

改革开放早中期,外商在江苏投资大部分流向第二产业,尤其是制造业。随着我国加入WTO后对外开放领域的进一步拓宽,外商投资产业结构也得到明显改善。外商投资从一般性加工工业逐步向装备制造业、服务业、基础设施和高新技术产业等资金技术密集型项目扩展。目前,服务业引资占比大为提升。[①] 2017年,江苏实际外商直接投资在第一产业3亿美元,占实际利用外资总额的1.2%,与2007年基本持平;第二产业140.4亿美元,占55.8%,比2007年下降19.1个百分点;第三产业107.9亿美元,占42.9%,比2007年提升19.1个百分点。主要行业吸收外资比重为:制造业(44.5%),建筑业(9.1%),电力、燃气及水的生产和供应业(2.3%),交通运输、仓储和邮政业(2.9%),批发和零售业(8.2%),房地产业(13.8%),租赁和商务服务业(8.9%)。此外,金融、软件业、科研技术服务等行业引资规模与占比也在不断提升。

表4-6 江苏主要行业实际使用外商直接投资比重变化(美元)

行 业	2012年	2013年	2014年	2015年	2016年	2017年
制造业	62.4%	52.4%	51.7%	46.5%	42.6%	44.5%
#通信设备、计算机及其他电子设备制造业	6.9%	6.3%	7.5%	9.1%	7.0%	7.5%
电气机械及器材制造业	8.1%	6.5%	7.2%	5.7%	4.1%	4.0%
化学原料及化学制品制造业	6.4%	4.6%	5.6%	4.9%	3.8%	4.9%
交通运输设备制造业	6.4%	6.0%	5.4%	4.5%	4.0%	4.0%
通用设备制造业	9.0%	6.6%	5.4%	3.5%	4.0%	3.9%
专用设备制造业	4.9%	4.6%	3.6%	3.1%	2.2%	2.6%
金属制品业	2.9%	2.9%	2.3%	2.2%	2.8%	1.7%
医药制造业	1.3%	1.3%	1.2%	1.7%	4.4%	4.3%
食品制造业	1.1%	0.4%	0.9%	1.4%	0.8%	0.8%
塑料制品业	1.4%	1.1%	0.9%	1.3%	1.0%	1.1%

---

① 江苏省统计局贸易外经统计处:《改革开放40年——开放篇:改革活力不断释放,开放水平持续提升》,江苏省统计局网站,2018年11月14日。

续表

行 业	2012年	2013年	2014年	2015年	2016年	2017年
造纸及纸制品业	1.5%	1.6%	1.5%	1.2%	0.5%	0.8%
纺织业	1.6%	1.1%	1.2%	1.2%	0.6%	0.8%
纺织服装、鞋、帽制造业	2.6%	1.4%	2.7%	1.1%	1.5%	0.8%
第三产业	31.3%	42.0%	43.5%	46.6%	46.7%	42.9%
井房地产业	16.4%	20.7%	18.0%	15.6%	12.4%	13.8%
租赁和商务服务业	3.1%	4.7%	6.9%	9.3%	12.0%	8.9%
批发和零售业	4.9%	7.6%	7.6%	8.8%	10.8%	8.2%
金融业	1.2%	1.3%	3.2%	4.2%	3.0%	2.4%
交通运输、仓储和邮政业	1.9%	3.3%	3.9%	3.6%	2.7%	2.9%
科学研究、技术服务和地质勘查业	1.0%	1.8%	1.9%	2.1%	2.8%	3.4%
信息传输、计算机服务和软件业	0.8%	0.7%	0.7%	1.4%	0.9%	1.3%

资料来源:2018年《江苏统计年鉴》。

三、城乡建设高质量态势评估

1. 新型城镇化建设成效明显

江苏认真贯彻落实新型城镇化和城乡一体化发展,大力实施乡村振兴战略,全力推进民生补短板项目和重大基础设施项目建设,城乡建设水平快速提升。2012—2017年,江苏常住人口城镇化率从63%提高至68.8%。铁路营业里程从2 348公里增加至2 770.9公里。高速公路里程从4 371公里增加至4 688公里。港口货物吞吐量从19.5亿吨增加至25.7亿吨。邮电业务总量从1 108.8亿元增加至2 948.6亿元;年末移动电话用户从7 471.4万户增长至8 807.7万户,计算机互联网用户从1 400.7万户增加至3 106.2万户。城市建成区面积从1995年的1 109平方公里增长至2016年的4 299平方公里,城市人口密度从1 743人/平方公里增长至2 057人/平方公里。2017年,全省用水普及率达99.9%,燃气普及率达99.5%。

2. 城乡一体化发展显著提升

坚持统筹提升城乡建设水平,全力补足城乡基础设施、民生保障等领域短板。至2017年,江苏城乡居民人均可支配收入比为2.28∶1,是全国城乡收入差距较小的省份之一。城乡居民家庭恩格尔系数仅相差1.4个百分点,比1978年缩小5.8个百分点。至2017年,江苏行政村客运班线通达率达100%,农村无害化卫生户厕普及率达90.4%。江苏大力实施美丽乡村和特色小镇建设,富有江苏特色的新时代乡村建设取得长足进步。至2016年,江苏建制镇用水普及率(97.94%)、燃气普及率(90.18%)、排水管道密度(11.55公里/平方公里)、绿化覆盖率(29.42%)、绿地率(22.2%)均居全国首位;人均公园绿地面积6.68平方米,居全国第2位;人均道路面积18.2平方米,居全国第3位。

3. 区域发展趋于协调

改革开放以来,江苏南中北三大区域的经济实力一直呈"南快北慢"之势,且差距持续扩大,自2004年起扭转为"北快南慢"发展态势。2017年,苏南、苏中和苏北占全省GDP的比重分别为57%、19.9%和23.1%,苏南占比先提高后逐年下降,苏中和苏北占比先回落后稳步提升。2000年以来,三大区域人均GDP之比不断扩大,2005年达到峰值4.5∶1.7∶1,随后差距比不断缩小,2017年三大区域人均GDP之比缩小为2.2∶1.6∶1。

四、文化建设高质量态势评估

1. 社会文明持续达到较高水平

社会文明程度主要体现为人的文明素养。社会文明程度测评指数,反映的是一个地区公民文明素质、道德风尚建设的整体水平。在

2015年江苏省文明委制定的《构筑道德风尚建设高地行动方案（2018—2020年）》中,明确提出经过5年的探索实践,把江苏建设成为有温度的人文之地、有显示度的文明之地、有感受度的精神家园。江苏省文明委从2015年起建立了全省社会文明程度测评指数年度监测和发布制度,江苏省文明办组织国家统计局江苏调查总队、江苏省统计局和省文明委部分成员单位,重点围绕公共环境、公共秩序、公共服务、道德建设、文明风尚、人文关怀、社会治理等内容,采取实地考察、问卷调查等方式,对全省55个城市进行文明城市省级年度测评,形成了社会文明程度测评指数的基础数据。调查显示,江苏省社会文明程度持续提升,社会文明程度测评指数2018年已接近90,达到较高水平。

表4-7 江苏社会文明程度测评指数

年份	2015	2016	2017	2018
社会文明程度测评指数	86.25	87.08	88.23	89.23

资料来源：江苏省文明办。

2. 公共文化服务体系日趋完善

江苏在全国率先建成"省有四馆、市有三馆、县有两馆、乡有一站、村有一室"五级公共文化设施网络体系。截至2017年底,全省拥有公共图书馆115个、博物馆322个、文化馆115个、艺术表演团体628个；全省公共图书馆图书刊物总藏量8 597.6万册（件）、参观人数374.4万人次、书刊文献外借5 585.7万册次、阅览室座席6.5万个,分别比2007年增长1.5倍、0.6倍、3.9倍和1.4倍；群众艺术馆（文化馆）举办展览8 884个,组织文艺活动65 557场次,举办训练班29 863次,分别比2007年增长0.6倍、1.1倍和1.3倍,人民群众渴望丰富多彩的文化消费需求有了充分保障。

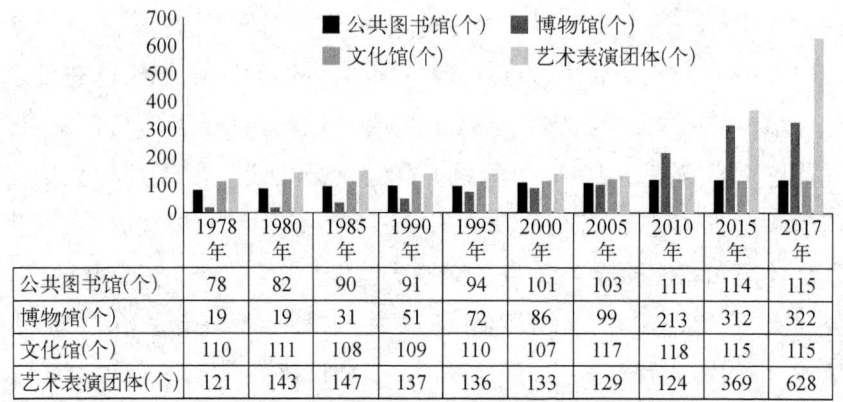

图 4-1 江苏各类公共文化设施发展情况

资料来源:江苏省统计局社会和科技统计处:《改革开放 40 年——文教卫体篇:社会事业繁荣发展,文教卫体成就卓著》,江苏省统计局网站,2018 年 11 月 14 日。

3. 文化产业规模和质量持续提升

统计显示,2016 年末,全省文化产业法人单位 11.7 万家,吸纳就业人员 230 万人,占全社会就业人员的比重达 4.8%;文化及相关产业实现增加值 3 863.9 亿元,占 GDP 比重达 5%,比 2004 年提高 3.3 个百分点。文化及相关产业增速明显高于同期经济发展增速,发展势头及对社会经济发展的拉动作用不断增强。

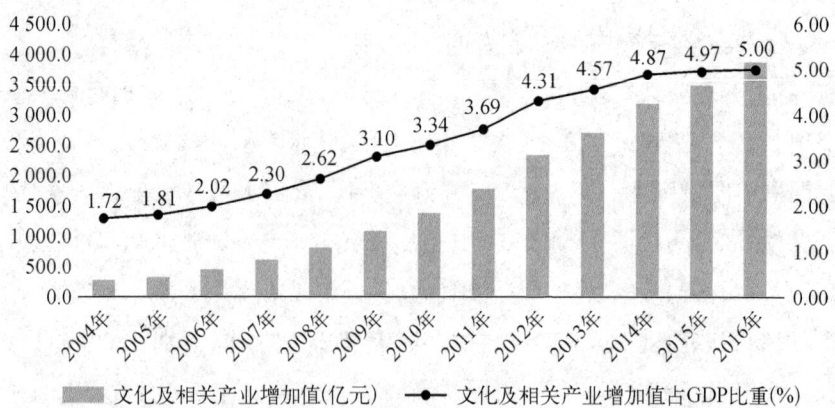

图 4-2 江苏文化及相关产业增加值

资料来源:江苏省统计局社会和科技统计处:《改革开放 40 年——文教卫体篇:社会事业繁荣发展,文教卫体成就卓著》,江苏省统计局网站,2018 年 11 月 14 日。

五、生态环境高质量态势评估

1. 总体生态环境稳定

近年来,江苏积极开展环境综合整治,取得成效显著。2018年,化学需氧量、二氧化硫、氨氮、氮氧化物四项主要污染物排放量削减指标均完成国家下达的目标任务。长江、淮河等重点流域及近岸海域水质总体保持稳定,太湖治理连续11年实现"两个确保"。实施农村人居环境整治三年行动,大力推进生活垃圾处理、生活污水处理、村容村貌提升和厕所革命,城乡人居环境持续改善。全省林木覆盖率达23.2%,建成国家生态市(县、区)45个,国家生态园林城市16个,国家生态工业园区21个,国家生态文明建设示范市县5个。生态遥感监测结果显示,2017年全省生态环境状况指数为66.4,各设区市生态环境状况指数处于61.8—70.2之间,生态环境状况均处于良好状态。与2016年相比,全省生态环境状况指数下降0.4,生态环境状况无明显变化。

2. 空气质量波动性较大

2017年,全省环境空气质量达标率为68.0%,较2016年下降2.2个百分点,主要污染物中颗粒物、二氧化硫和一氧化碳浓度同比有所下降,但臭氧和二氧化氮浓度同比上升。$PM2.5$年均浓度较2013年下降32.9%,超额完成国家"大气十条"中"较2013年下降20%"的目标要求。受颗粒物、臭氧及二氧化氮超标影响,13个设区市环境空气质量均未达二级标准。按照《环境空气质量标准》(GB 3098—2012)二级标准进行年度评价,13个设区市环境空气质量均未达标,超标污染物为$PM2.5$、$PM10$、O_3和NO_2。其中,13市$PM2.5$浓度均超标;除苏州、南通市外,其余11市$PM10$浓度超标;除连云港、盐城市外,其余11市O_3浓度超标;南京、无锡、徐州、常州、苏州和镇江6市NO_2超标。按日评价,全省环境空气质量达标率为68.0%,较2016年下降2.2个百分点,13市达标率介于48.2%—79.2%之间。

3. 水环境质量总体平稳

2017年,全省水环境质量总体平稳。纳入国家《水污染防治行动计划》地表水环境质量考核的104个断面中,年均水质符合《地表水环境质量标准》Ⅲ类的断面比例为71.2%,Ⅳ—Ⅴ类水质断面比例为27.8%,劣Ⅴ类断面比例为1.0%。与2016年相比,符合Ⅲ类断面比例上升2.9个百分点,劣Ⅴ类断面比例下降0.9个百分点。纳入江苏省"十三五"水环境质量目标考核的380个地表水断面中,年均水质符合Ⅲ类的断面比例为70.3%,Ⅳ—Ⅴ类水质断面比例为28.9%,劣Ⅴ类断面比例为0.8%。与2016年相比,符合Ⅲ类断面比例上升7.4个百分点,劣Ⅴ类断面比例下降3.7个百分点。

4. 土壤环境存在一定隐患

2017年,根据国家要求,全省对已布设土壤监测基础点和背景点中的历史点位开展了监测,共监测758个土壤环境质量国控点位(基础点位690个、背景点位68个)。758个点位中,有684个达到《土壤环境质量标准》二级标准,达标率为90.2%。超标点位中,处于轻微污染、轻度污染、中度污染和重度污染的点位分别占8.5%、0.5%、0.4%和0.4%。无机超标项目主要为镍、镉、汞、铅和砷,有机超标项目主要为多环芳烃总量和滴滴涕。

六、人民生活高质量态势评估

1. 居民人均可支配收入稳健增长

居民人均可支配收入,是指居民用于最终消费支出和储蓄的收入总和,即居民可用于自由支配的收入。既包括现金收入,也包括实物收入。按照收入的来源,可支配收入包含四项,分别为:工资性收入、经营净收入、财产净收入和转移净收入。2018年,根据城乡一体化住户调查,全省居民人均可支配收入38 096元,比上年增长8.8%。其中,工资性收入21 948元,增长7.6%;经营净收入5 386元,增长7.8%;财产净收入

3 746元,增长15.7%;转移净收入7 016元,增长9.8%。按常住地分,城镇居民人均可支配收入47 200元,增长8.2%;农村居民人均可支配收入20 845元,增长8.8%。

2. 教育发展水平较高

江苏高等教育发展水平、人才培养质量、教育投入和教育贡献率多年保持全国领先地位。目前,江苏高等教育已基本实现大众化,接受高等教育人群大幅增加。2000年全省高等教育毛入学率达15%,实现由精英教育向大众化教育的历史性转变,高等教育在全国提前进入大众化阶段;2014年全省高等教育毛入学率达到51.0%,高等教育全面进入普及化阶段;2017年高等教育毛入学率达到56.7%,名列全国省份之首。高素质人才的增加,形成江苏在新形势下实现人口红利的重要源泉。

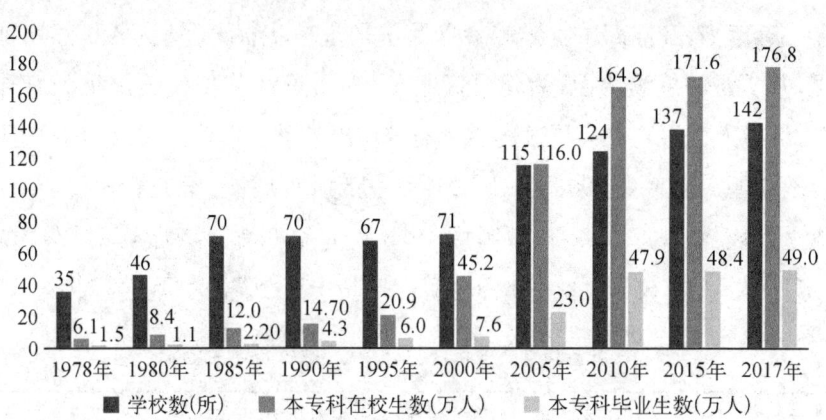

图4-3 普通高等学校及本专科在校生、毕业生情况
资料来源:江苏省统计局社会和科技统计处:《改革开放40年——文教卫体篇:社会事业繁荣发展,文教卫体成就卓著》,江苏省统计局网站,2018年11月14日。

义务教育优质均衡发展。2015年6月,江苏全部县(市、区)通过国家县域义务教育发展基本均衡督导认定,成为全国率先启动和首个实现县域义务教育发展基本均衡全覆盖的省份,是继1996年全面普及义务教育后江苏教育发展史上的又一里程碑。2017年,全省小学毕业生升学率、初中毕业生升学率均达到100%,全省九年义务教育普及率全面实现100%的目标。

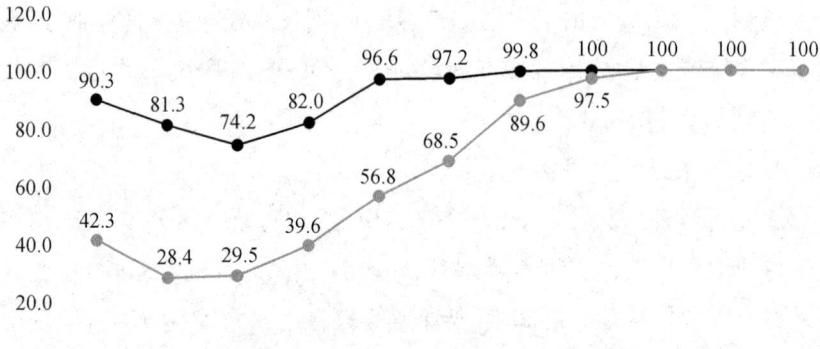

图 4-4 小学及初中毕业生升学率

资料来源：江苏省统计局社会和科技统计处：《改革开放40年——文教卫体篇：社会事业繁荣发展，文教卫体成就卓著》，江苏省统计局网站，2018年11月14日。

近年来，江苏高中阶段教育普及水平进一步提升，师资队伍逐步加强，办学条件持续改善，为建设高水平、高质量江苏现代化国民教育体系、满足人民群众更高层次的教育需求作出了重要贡献。2017年高中阶段教育毛入学率为99.3%，比2000年提高48.1个百分点；普通高中在校学生数94.3万人，专任教师由1978年的4.6万人增加至2017年的9.5万人，在在校学生数保持基本稳定的情况下，师资力量明显加强。

表 4-8 普通高中阶段教育学校、教师及学生情况

分 类	1978年	1980年	1985年	1990年	1995年	2000年	2005年	2010年	2015年	2017年
学校数（所）	2 942	2 110	1 078	1 017	963	859	849	653	569	564
专任教师（万人）	4.6	2.9	2.9	3.3	3.6	5.5	8.9	9.8	9.5	9.5
招生数（万人）	49.7	18.8	15.0	14.0	18.5	29.9	52.3	44.0	32.0	31.5
在校学生（万人）	101.8	46.1	44.7	40.8	47.7	80.2	145.3	135.8	97.8	94.3
毕业生数（万人）	39.2	42.2	12.8	13.8	13.7	23.0	42.7	48.6	36.9	31.8

资料来源：2018年《江苏统计年鉴》。

3. 卫生服务水平稳步提升

2017年,江苏全省卫生机构数(含诊所、医务室、卫生所、社区卫生服务站)、卫生机构床位数分别达32 037家、47.0万张;卫生技术人员数、每万人拥有医生数、每万人医院床位数分别为54.8万人、27.1人、54.6张;专科疾病防治院(所、站)、疾病防治控制中心(防疫站)分别为42所、116个,保持了持续增长的态势。

表4-9 卫生机构、床位及卫生技术人员情况

分 类	1978年	1985年	1990年	2000年	2010年	2017年
卫生机构数(个)	9 277	11 515	12 366	12 813	30 961	32 037
卫生机构床位数(万张)	12.3	14.3	16.5	17.3	27.0	47.0
卫生技术人员数(万人)	14.0	18.3	21.4	25.4	32.8	54.8
每万人医生数(人)	9.7	12.3	14.6	15.6	16.4	27.1
每万人医院床位数(张)	19.0	20.4	21.5	22.7	31.5	54.6

资料来源:2018年《江苏统计年鉴》。

4. 公众安全感处于高水平

公众安全感是指人们对社会安全与否的整体感受,不仅体现人们对社会治安的评判,还反映社会治理的状况,也是人民群众幸福感的重要标志,通过统计部门社情民意调查系统调查取得。历经多年平安创建,江苏社会持续和谐稳定,全省主要刑事案件逐年下降。2017年、2018年,全省公众安全感指数分别达到96.52%、97.6%,社会治安综合治理绩效和群众安全感满意率持续位居全国前列,江苏被公认为全国最安全的省份之一。

第二节 粤苏鲁浙高质量发展基础及态势比较

粤苏鲁浙位列我国经济综合实力最强的省份之列,四个省份在推动高质量发展上既具有相似的发展基础和条件,也具有各具特色的比较优

势,各省的发展短板也不尽相同。江苏在新时代推动高质量发展走在全国前列,必然要树立宏阔的发展视野,尤其是要善于吸收广东、山东、浙江等省份先进的发展经验,扬长补短,积极作为,确保高质量发展行稳致远。

一、高质量基础条件比较

在全国推进高质量发展的大格局下,各地区高质量发展既要在中央统一部署下协同推进,也要结合自身特点加以谋划落实。江苏根据自身省情提出"六个高质量"的发展重点,并构建了《江苏高质量发展监测评价指标体系与实施办法》和《设区市高质量发展年度考核指标与实施办法》。制定科学合理的监测评价考核指标体系,有利于科学衡量和客观反映全省及各地高质量发展的水平,有效推动江苏高质量发展走在全国前列。同时也要看到,各地推动高质量发展的基础优势、主攻方向、阶段目标有所差别,相应地实施路径也必然有所区别。因此,对粤苏鲁浙高质量发展态势进行评估,关键不是构建一套同时契合各省特点的指标评价体系,而是要重点考核四个省份高质量发展基础条件,这在很大程度上决定了各自在"为高质量发展而竞争"的新区域格局中的定位和发展路径。

1. 人口规模与城镇化水平比较

人口是高质量发展的最重要的基础因素之一。在经济高速增长阶段,人口优势特别是劳动力人口优势是各地区形成低成本竞争优势的来源,构成区域竞争力的核心因素之一。随着经济从高速增长转向高质量发展轨道,作为生产力要素,人口红利转向人才红利;同时,群众消费力的提档升级,意味着人口成为庞大内需市场的重要源泉。因此,在新时代,人口规模对高质量发展具有基础性意义。2017年,粤苏鲁浙四省中,广东、山东是两个常住人口超过1亿人的省份,庞大的人口规模成为驱动经济的重要动力。从城镇化水平看,山东城镇化水平最低,分别比广东、江苏、浙江低 9.3 个、8.2 个、7.4 个百分点,这既表明城市特别是城市群作为高质量发展的重要动力,山东相对较弱;但另一方面,也表明山东的潜在优势较大。因此,面对未来高质量发展的需要,江苏需要进一步增强对人口特别是高素质人才的吸引力,积极做大常住人口规模;同时,也要积极推动深度城镇化,以高质量城镇化释放新的人才红利和城市化红利。

2. 经济体量与消费能级比较

高质量发展更多体现的是经济社会发展中"质"的因素,但任何形式的"质"的规定性都必然要有必要的"量"的支撑。事实上,在高质量发展轨道上,虽然不再追求单纯的经济增速,也摒弃粗放式的规模扩张,但体现更高质量效率的因素仍需要足够的经济体量作为支撑,而经济体量达到一定程度才能形成经济能级,这是高质量发展的重要基础。粤苏鲁浙是我国经济体量与能级最强的省份,由此奠定了高质量发展的高起点。2017 年,江苏地区生产总值为 85 900.90 亿元,仅次于广东;江苏人均地区生产总值则高过广东、山东、浙江,表明经济效益较高。从一般公共预算收入看,2017 年广东达 11 320.35 亿元,远高于江苏、山东、浙江等省。从收入及消费力看,2017 年,江苏全体居民人均可支配收入 35 024 元,高出广东 1 991 元,高出山东 8 094 元,比浙江低 7 022 元,这表明,江苏居民收入状况相对较高,但仍有较大提升空间,这也是高质量发展的努力方向之一。从消费支出水平看,2017 年,江苏全体居民人均消费支出 23 469 元,略低于广东,比浙江低 3 610 元,表明江苏居民消费增长空间仍然较大;江苏社会消费品零售总额 31 737.41 亿元,不仅低于广东的 38 200.00 亿元,也低于浙江的 33 649.00 亿元,表明江苏居民消费水平相对较低,这直接影响到居民获得感。

3. 人口及商品流动性比较

市场经济是高效运作的经济体制,高度的流动性是市场发达的基本特征。高效且上规模的人流、物流是支撑新时代高质量发展的重要条件,也是重要体现。进出口水平则是开放条件下一个经济体商品流动的重要指标。2017年,江苏全省客运量为127 952万人,仅次于广东137 418万人的水平,浙江、山东分别为104 997万人、65 299万人。四省客运量规模与本省常住人口规模不成比例,山东人口远超浙江,但客源量低于浙江,表明人口活跃度不足。从旅客周转量看,2017年,江苏、浙江、山东三省基本持平,远低于广东。从货运量看,2017年江苏全省货运量最低,略低于山东,与广东、浙江存在较大差距;从货运周转量看,2017年江苏全省货运周转量为9 726.51亿吨公里,略高于浙江9 719.46亿吨公里的水平,仅相当于广东27 919.79亿吨公里的34.8%。这表明,江苏人口活跃度相对较高,但货物流动能级相对较低。作为开放型经济大省,江苏进出口水平长期处于全国前列,但与广东相比仍存在较大差距。2017年,江苏进出口总额达5 911.39亿美元,远超于浙江3 778.96亿美元、山东2 630.57亿美元的水平,但仅为广东10 064.76亿美元的58.7%。这表明,在人口与商品流动能级及效率方面,江苏虽然具备一定优势,但短板不容忽视,需要着力补齐短板,为高质量发展提供强有力支撑。

表4-10 2017年粤苏鲁浙高质量发展基础指标比较

指标	广东	江苏	山东	浙江
年末常住人口(万人)	11 169.00	8 029.30	10 005.83	5 657.00
年末城镇人口比重(%)	69.9	68.8	60.6	68.0
地区生产总值(亿元)	89 879.23	85 900.94	72 678.18	51 768.26
人均地区生产总值(元)	81 089	107 189	72 851	92 057
地区一般公共预算收入(亿元)	11 320.35	8 171.53	6 098.63	5 804.38
固定资产投资(含农户)(亿元)	37 761.75	53 277.03	55 202.72	31 696.03
全体居民人均可支配收入(元)	33 033	35 024	26 930	42 046
全体居民人均消费支出(元)	24 820	23 469	27 079	17 281
客运量(万人)	137 418	127 952	104 997	65 299
旅客周转量(亿人公里)	2 012.47	1 659.45	1 247.26	1 096.04

续表

指　　标	广东	江苏	山东	浙江
货运量(万吨)	392 381	234 092	327 006	242 504
货物周转量(亿吨公里)	27 919.79	9 726.51	9 719.46	10 106.23
社会消费品零售总额(亿元)	38 200.00	31 737.41	33 649.00	24 308.50
进出口总额(亿美元)	10 064.76	5 911.39	2 630.57	3 778.96

资料来源:2018 年《江苏统计年鉴》。

二、区域创新能力比较

创新能力是推动一个地区高质量发展的核心。没有强大且持续的创新能力,一个地区就无法转入高质量发展轨道,更不可能将高质量发展推向纵深。近年来,国内外各经济体围绕创新的竞争日益激烈,在区域层面围绕创新展开的竞合呈现日益加深的态势。粤苏鲁浙四省在我国创新型国家建设中扮演重要角色,其创新水平不仅决定本地高质量发展态势,也在很大程度上影响到全国高质量发展的进度。

1. 区域创新能力比较

《中国区域创新能力报告 2018》显示,粤苏鲁浙四省区域创新能力位居全国前列,其中广东(59.55 分)排名第一;江苏(51.73 分)排名第三,仅次于北京(54.30 分);浙江(38.88 分)、山东(33.64 分)分别排名第五、第六,位列上海(46.00 分)之后。其中,广东区域创新能力继续全国第一,进一步巩固了 2017 年突破后的领先优势。一级指标中,企业创新、创新环境、创新绩效均居全国第一位,知识获取位居全国第三位,知识创造位居全国第四位。从基础指标排名来看,江苏和广东在科技创新环境、科技活动投入和产出,高新技术产业化和科技促进经济社会发展方面明显优于其他地区,成为一东一南两个最重要的技术创新中心和高技术产业集聚区域。

2. 区域科技创新水平比较

中国科技发展战略研究院发布的《中国区域科技创新评价报告

2018》显示,上海(85.63分)、北京(84.83分)的科技创新水平最高,引领发展的地位愈加凸显,天津(80.75分)排在第三位,广东(79.47分)、江苏(77.13分)和浙江(74.26分)紧随其后,展现了东部地区突出的创新优势,山东(65.71分)位列第十,低于湖北(67.44分)、重庆(66.63分)、陕西(66.58分)等中西部地区省市。上海和北京作为科技创新中心的实力和作用进一步凸显。以"三城一区"建设和张江国家科学中心建设为基础,以周边区域协同发展为延伸,上海和北京的创新人才资源集聚水平、创新创业投入规模和强度、知识创造的广度和深度、技术成果传播和扩散效应、对国内乃至国际的创新辐射均明显领先于其他地区。与上海、北京相比,苏粤鲁浙的优势更集中在创新成果产业化方面。

3. 研发投入产业情况比较

统计显示,2017年,广东(457 342人/年)、江苏(455 468人/年)的R&D人员全时当量基本持平,显著高于浙江(333 646人/年)、山东(239 170人/年);在R&D经费投入上,江苏(18 338 832万元)略低于广东(18 650 313万元),显著高于山东(15 636 785万元)、浙江(10 301 447万元);在有效发明专利数上,江苏(140 346件)仅为广东(289 238件)的一半,存在较大差距;在PCT国际专利数上,广东(2.48万件)处于绝对领先地位,江苏(0.46万件)开始追赶。2018年,江苏PCT国际专利数达5 500件,增长19.8%,增速较高。

表4-11 2017苏粤鲁浙规模以上工业企业研究与试验发展(R&D)活动及专利情况

指标	R&D人员全时当量(人/年)	R&D经费(万元)	R&D项目数(项)	专利申请数(件)	有效发明专利数(件)	PCT国际专利数(万件)
全国	2 736 244	120 129 589	445 029	817 037	933 990	—
江苏	455 468	18 338 832	67 205	124 980	140 346	0.46
广东	457 342	18 650 313	73 439	199 293	289 238	2.48
山东	239 170	15 636 785	43 666	55 881	56 076	0.17
浙江	333 646	10 301 447	69 180	85 639	49 158	0.14

资料来源:2018年《中国统计年鉴》。

三、产业发展条件比较

产业发展质态及竞争力如何是影响高质量发展的关键因素。在省一级层面,高质量发展必然要体现产业高质量发展,以产业能级、效率及竞争力的全面提升为区域高质量发展夯实产业基础。粤苏鲁浙四省都是我国重要的产业大省,在全国高质量发展大局中承担着重要的产业功能,四省产业发展水平、态势及潜力如何,将在很大程度上决定各省高质量发展的进度与水平。

1. 产业能级及结构比较

"配第—克拉克定理"认为,随着经济的发展,人均国民收入水平的提高,第一产业国民收入和劳动力的相对比重逐渐下降;第二产业国民收入和劳动力的相对比重上升,经济进一步发展,第三产业国民收入和劳动力的相对比重也开始上升。这一定理在我国产业结构演进中得到验证,在粤苏鲁浙四省的产业演进过程中也有生动体现。四省产业结构均先后经历了"一二三"到"二三一"再到"三二一"的转变。到2017年,广东服务业占比最高,达52.8%,浙江服务业占比为52.7%,江苏服务业占比为50.3%,山东服务业占比最低。服务业占比是衡量一个地区产业结构高级化的重要指标。但对于江苏、山东这样的制造业大省来说,在现阶段仍需保持较高的制造业占比,这是制造业深化与广化的必然要求。因此,现阶段,江苏不必拘泥于服务业占比,而要注重强化生产性服务业对制造业转型升级的引领带动作用,同时发挥好生活性服务业发展为制造业创造更高广和更高阶需求的作用。就产业能级而言,江苏第二产业总量略高于广东,远高于山东、浙江,这是江苏作为制造业大省的直观体现,也是在新形势下推动产业高质量发展的基础优势所在。

2. 规上工业企业质效比较

规上工业企业是一个地区经济活动的重要主体,其发展规模、质态及竞争力如何,是衡量一个地区经济发达程度的重要指标。2017年,江苏规模以上工业企业主营业务收入为 53 277.03 亿元,略低于山东 55 202.72亿元的水平,远超于广东 37 761.75 亿元、浙江 31 696.03 亿元的水平。山东这一数据之所以领先,得益于其拥有诸多具有全国乃至全球影响力的龙头型工业企业。比较而言,广东、浙江工业企业平均规模较小,规上工业企业能级相对较弱。从规模以上工业企业利润总额看,2017 年广东最高达 24 820 亿元,表明广东省规上工业企业的效率更高,体现了广东经济活力与竞争力;从规模以上工业企业资产总值看,广东仍然处于领先地位,这也是其工业企业实力的显示反映。江苏规模以上企业主营业务规模、利润及资产总额均处于中上游水平,表明,江苏工业经济质效较好,但仍有较大成长空间。

3. **产品质量比较**

产品质量是经济高质量的基础。无论在区域层面还是产业层面推进高质量发展,必然要落实到产品层面,以高质量的产品夯实高质量发展的微观基础。2017 年,江苏地区产品质量优等品率为 55%,远远低于广东 69.10%、浙江 65.40%的水平,略低于山东 55.40%的水平;江苏地区产品质量损失率达 2.14%,低于广东 2.65%的水平,浙江、山东则不足 2%;江苏地区产品质量合格率 93.42%,略高于广东 93.20%的水平,低于山东 93.79%、浙江 93.80%的水平。总体而言,在产品质量上,江苏无论在优等品率、质量损失率、合格率方面均存在不足,需要改进完善,才能形成产品高质量的现实优势。

表 4-12 2017 年粤苏鲁浙高质量发展基础指标比较

指　标	广东	江苏	山东	浙江
第一产业(亿元)	3 792.40	4 076.65	4 876.74	2 017.43
第二产业(亿元)	38 598.55	38 643.85	32 925.12	22 471.52
第三产业(亿元)	47 488.28	43 169.44	34 876.32	27 279.31
三次占比	4.2∶42∶9∶52.8	4.7∶45.0∶50.3	6.7∶45.3∶48.0	3.9∶43.4∶52.7

续表

指标	广东	江苏	山东	浙江
规模以上工业企业主营业务收入(亿元)	37 761.75	53 277.03	55 202.72	31 696.03
规模以上工业企业主营业务成本(亿元)	33 033	35 024	26 930	42 046
规模以上工业企业利润总额(亿元)	24 820	23 469	27 079	17 281
规模以上工业企业资产总计(亿元)	137 418	127 952	104 997	65 299
电力消费量(亿千瓦小时)	5 959	5 808	5 430	4 193
地区产品质量优等品率(%)	69.10	55.00	55.40	65.40
地区产品质量损失率(%)	2.65	2.14	1.91	1.27
地区产品质量合格率(%)	93.20	93.42	93.79	93.80

资料来源：2018年《江苏统计年鉴》。

四、经济主体活跃度比较

在我国社会主义市场经济条件下推进高质量发展，必然要发挥好有为政府与有效市场的双重作用。近年来，江苏省委提出打造政府与市场的双强引擎，就是要在更高层次上发挥政府的作用，同时激发市场在市场资源配置中的决定性作用，形成高质量发展的内在动力机制。企业是市场经济的微观主体。在新时代推动高质量发展，必须高度重视发挥企业等经济主体的作用，为高质量发展筑牢微观动力。经济主体活跃度是衡量高质量发展的重要指标。江苏要在高质量发展框架内把握经济主体的现状基础，探索激发各类经济主体内生动力的可行路径。

1. 市场主体比较

在粤苏鲁浙四省中,广东省市场主体数量与质量均处于领先位置。2017年底,广东实有市场主体1 002.7万户,占全国总量1/10,是全国首个破千万的省份,企业、私营企业、外商投资企业、个体工商户实有户数等四项指标也位居全国第一,规模总量和领跑速度均处全国前列;实有各类企业(含分支机构)458.36万户,其中私营企业416.05万户;全省每千人拥有企业41户(按常住人口计算),已超越中等发达经济体最高水平,珠三角地区达到发达经济体水平;全省日均新增市场主体6 152户,其中日均新设企业2 790户,占全国七分之一强。2017年,江苏实有市场主体811.01万户,略高于浙江的806.8万户,与广东存在较大差距。

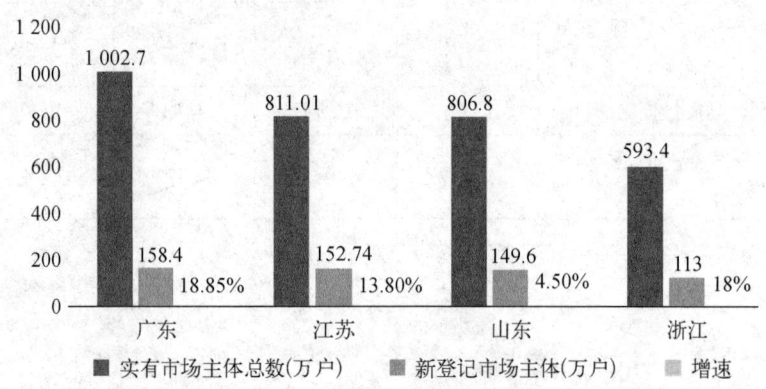

图4-5 2017年粤苏鲁浙市场主体情况

资料来源:2018年四省统计年鉴。

2. 高新技术企业比较

在粤苏鲁浙四省中,广东高新技术企业数量上明显领先,超过江苏、山东、浙江三省总和。具体分析,2017年,广东全省国家高新技术企业总量3.3万家,21个地市孵化器、众创空间全覆盖,共有科技企业孵化器达690家,产值5亿元以上的大型工业企业研发机构实现全覆盖;拥有国家工程实验室13家,国家工程(技术)研究中心23家,国家地方联合创新平台66家;已建立省级工程研究中心4 215家,国家认定企业技术中心94家,省级企业技术中心265家。认定技术创新专业镇434个。江苏高新技术虽然总量上远低于广东,但追赶步伐正在加快。2018年,江苏新认定国家高新技术企业超过8 000家,企业研发经费投入占主营业务收入比重提高至1.3%,大中型工业企业和规模以上高新技术企业研发机构建有率保持在90%左右,国家级企业研发机构达到145家,位居全国前列。全省已建国家级高新技术特色产业基地160个。

表4-13 2017年粤苏鲁浙高新技术企业情况

省份	数量(家)
广东	33 000
江苏	13 000
山东	11 462
浙江	6 300

资料来源:2018年四省《国民经济与社会发展统计公报》。

3. 上市企业比较

粤苏鲁浙四省上市企业数量存在一定差距,江苏上市企业数低于广东、浙江。其中,广东上市企业数一直保持全国前列。2017年广东在A股上市企业98家,同比增速达50%,占全国A股上市总数的22.3%,无论是IPO家数、募资额,还是新股市值,广东均排名第一。2017年新三板新增挂牌企业421家,定向发行股票筹资206.58亿元;主营业务收入超百亿元、千亿元的企业分别达260家、25家,进入世界500强的企业从2012年的4家增加到11家。据21数据新闻实验室统计,2017年中国上市公司市值500强榜单中,广东以54家排名第一,是500强数量增加最多的地区,随后是浙江、江苏、山东,分别为38家、23家、15家。广东的市场优势很大程度上表现为金融市场潜力巨大的优势,活跃的金融市场较好发挥资源配置的枢纽作用。2017年末,广东各项贷款余额126 031.95亿元,较江苏(102 113.3亿元)高出2.39万亿元;广东共有28家证券公司、1 454家证券公司分支机构、22家期货公司,分别较江苏多22家、567家、13家,仅22家期货公司全年代理交易额达65.74万亿元,31家基金公司共管理1 817只公募基金,基金规模34 708.91亿份,基金净值37 440.55亿元。

第三节 实证分析后的结论

通过上述纵横比较的实证分析,我们得出如下结论:

一是江苏具备推动高质量发展的基础优势。一方面,支撑过去高速增长的动力逐步衰减,转型升级势在必行;另一方面,支撑高质量发展的创新要素、微观主体、产业质态、区域环境等内外部因素基本具备,为江苏经济社会高质量发展奠定了坚实基础,并不断积蓄高质量发展走在全国前列的新动能、新优势。

二是江苏高质量发展存在发展进度不一、优势短板并存的局面。高质量发展的内涵较之经济增长要广泛和深刻得多。在江苏重点推动的"六个高质量"发展中,江苏有着不同的优势与短板,需要因地制宜采取有针对性的举措,扬长补短,形成新形势下的新优势,并形成系统合力,共同构筑江苏在新时代高质量发展的整体优势。

三是与粤鲁浙等兄弟省份相比,江苏在综合实力、科技创新力、实体经济、营商环境、政府作用等方面有着自己的特色优势,同时也有不少突出问题。面对更趋激烈的区域竞争,江苏既要"跳出江苏看江苏",充分汲取兄弟省份推动高质量发展的有益措施,同时也要保持战略定力,以我为主,按照省委省政府关于推动"六个高质量发展"的系统部署,推动富有江苏特色的高质量发展路径落地见效,构建面向未来的新竞争优势。

下篇 分 论

第五章 国民经济高质量发展

江苏国民经济高质量发展,集中表现在经济发展中综合宏观全要素生产率和产业的全要素生产率的提高上。宏观全要素生产率增长可分解为代表普遍技术进步的技术效应和要素流动配置的结构效应。本文利用1990—2016年江苏宏观及三次产业数据,在增长核算基础上将TFP增长分解为技术效应和结构效应,据以对改革开放以来不同阶段江苏经济增长的具体来源进行细致剖析。实证结果表明:(1)TFP对江苏整体宏观经济高速增长总体发挥了重要的支撑作用,但呈现递减的态势,1991—2016年间宏观TFP增长贡献率对全省GDP增长平均贡献度为-6.22%。(2)1991—2016年间总体TFP增长率为1.03%。三次产业的技术效应是总体TFP增长压倒性的主导源泉,贡献占比均在99%以上,其中,第二产业对总技术效应贡献达到112.97%;三次产业的结构效应对总体TFP增长贡献过小,在6个时间段中有5个时间内的贡献绝对值小于1%。(3)2005—2010、2010—2016、2005—2016时间段内,第二产业细分行业总体的TFP增长率分别为7.04%、-4.53%、0.96%。第二产业细分行业的技术效应占据总体TFP增长率中的绝对主导地位,贡献分别为99.41%、118.67%、111.42%;同期第三产业细分行业总体的TFP增长率分别为-3.03%、-13.11%、-8.55%,细分行业的技效应同样占据了总体 TFP 增长率中的绝对主导地位,贡献分别为 116.41%、113.26%、114.38%。江苏短期内应着力优化产业结构,要将资本与劳动要素资源引导到技术和效率水平更高的细分行业,借助提升结构效应来实现 TFP 增长率增长;中长期则要实施好创新驱动发展战略,切实推动各行业技术进步。

第一节 全要素生产率的作用

2018 年是中国改革开放 40 周年,也是全国提出高质量发展的元年。江苏作为全国的经济强省与大省,是否实现了高质量发展或者高质量发展程度如何,测度的指标、体系、方法可能有很多,但是如何从国民经济宏观角度来测度它的发展质量是首先必须要解决的"大"问题,这涉及从全局的高度来看待发展质量问题,这是中观、微观层面测度结果无法替代的,前者的水平不是后者的权重加总所能得到,它有着自己独特的特性。纵观现代经济学研究体系,全要素生产率(total factor productivity,TFP)核算是测度宏观经济发展质量的一个权威工具,现已经形成了较为完备的测度规范。2015 年 11 月,习近平总书记首次提出供给侧结构改革任务时指出,"供给侧结构性改革的主攻方向是减少无效供给,扩大有效供给,提高供给结构适应性和灵活性,提高全要素生产率"。由于投入组合和产出组合的多样性和不确定性,很难计算 TFP 的绝对值;经济分析中讨论更多的是 TFP 的变化,"TFP 增长率"或"TFP 指数"。在微观层面,可以从生产前沿面视角测算企业 TFP 增长率,并将其分解为"生产前沿面移动"和"企业技术水平相对于生产前沿面变化"两部分,即企业所属行业整体技术进步和企业自身技术效率变化。在宏观层面,除了各产业部门的技术进步外,还能通过产业结构调整,将要素更多地引导和配置到生产率水平更高的产业部门来实现宏观 TFP 增长。上述影响宏观 TFP 增长的两种途径可称为技术进步效应(简称"技术效应")和产业结构调整效应(简称"结构效应"),而结构效应正是推动供给侧结构性改革,提升宏观全要素生产率、增强经济增长潜力的内在机制。如能准确地测算这两种效应将获得产业技术进步、产业间要素流动和配置效率等信息,为政府部门更有效地引导要素流动提供依据。在既有的测度实践中特别是在增长核算框架下,以余值形式出现 TFP 增长率在大多数时候还是被等同于技术进步,很少有人对其进一步分解。为此,本书依托乔根森增长核算框架,综合迪维西亚指数、Massell(1961)、偏移—份额分解(shift-share method)等,加入三次产业部门 TFP 指数,从数理角度对宏观 TFP 增长率表达式进行分解,析出"技术效应"和"结构效应"。根据分解模型,在江苏宏观及产业部门 TFP 增长率测算基础上,将 1990 年以来的宏观 TFP 增长分解为技术效应和结构效应;从而更清晰地认识江苏经济增长及 TFP 增长的内在动力,为提升江苏宏观 TFP 和经济增长潜力提出针对性思路和建议。

一、TFP 增长率测算与宏观增长核算

全要素生产率本质仍是生产率,用于衡量经济单元的生产效率。单投入、单产出情形下,生产率测算可以表示为"投入产出比";将劳动作为唯一投入要素便得到人们熟知的"劳动生产率"。现实中,要素投入显然不止劳动,仅使用劳动生产率度量生产效率难免会产生偏差。为更好地度量生产效率,有必要测度所有能够观测到要素投入组合的产出效率,于是便有了 TFP 和 TFP 增长率测算(Hulten, 2000; Syverson, 2011)。根据被衡量经济单元,TFP 增长率测算分为企业 TFP 增长率测算和经济体(或产业部门)TFP 增长率测算,二者思路方法有较大差别。微观企业 TFP 增长率遵循以生产前沿面为基准的相对效率测算思路,它最早源于 Farrell(1957, 1962)的开创性工作。因该方向研究不属于本书研究范围,这里不再赘述。

宏观 TFP 增长率测算也可追溯到 1990 年代中期,斯蒂格勒、阿布

拉莫维茨、索洛等对此均有开创性贡献。最具深远影响的当属索洛新古典增长模型及著名的"索洛余值"和宏观增长核算体系（Abramovitz, 1956；Solow, 1957）。根据索洛模型,经济增长可以分解为资本、劳动要素和"被忽略因素（索洛余值）"三部分的增长,进而可计算经济增长中不同因素的贡献率,而"被忽略因素"增长正是 TFP 增长率。索洛之后,乔根森（Dale W. Jogenson）和格瑞里奇斯（Zvi Griliches）等先后将投资理论、指数理论、国民收入核算体系、企业理论等融合到增长核算框架中,定义迪维西亚指数（Divisia index）作为 TFP 增长率,最终形成了一套完善严谨的增长核算框架。鉴于乔根森的杰出贡献,不妨将其称为"乔根森增长核算框架"。乔根森增长核算框架将宏观经济增长来源分解与国民统计核算体系有效对接：在资本要素投入估算方面引入"资本服务""生产能力衰减""存量资本退役及役龄（最大服务年限）"等概念；在劳动要素方面考虑教育、健康等劳动力质量因素,体系更为合理,已被发达经济体及国际组织所广泛采用。为规范成员国统计部门的宏观经济 TFP 增长率测算活动、提高测算结果可比性,经合组织以手册形式对乔根森增长核算框架及 TFP 增长率测算细节进行了详细说明（OECD, 2001）。国内宏观经济 TFP 增长率测算工作至少可以回溯到 20 世纪 90 年代初。当时,李京文领导中国社会科学院团队与乔根森、黑田昌裕等合作开展中美日生产率比较研究（李京文等, 1993；李京文和李军, 1993；郑玉歆, 1998）。进入 21 世纪后,宏观经济 TFP 受到更多关注,黄勇峰等（2002）、孙琳琳和任若恩（2005）、郭庆旺和贾俊雪（2005）都开展了相关研究。近年来国内学者也尝试着用生产前沿面方法测度宏观或部门 TFP 指数,大致做法是以企业或区域作为效率和 TFP 指数测算单元,在测度每个单元效率和 TFP 指数基础上,加权平均得出行业部门或经济体整体的 TFP 指数（王志刚等, 2006；姚战琪, 2009）。

二、产业结构调整与宏观生产率指数分解

除技术水平外,产业结构调整也是影响宏观生产率的重要因素。根

据配第—克拉克定理,经济发展过程中三次产业结构转化遵循着一定规律。在经济开始起飞阶段,第一产业比重将逐步下降,第二、三产业比重将逐步上升,并以第二产业为主导。随着经济逐步走向成熟阶段,第一、二产业比重将同时下降,第三产业比重则不断上升,并成为新的主导产业(Clark,1940)。由于第二产业生产率水平远高于第一产业,在第二产业比重不断上升过程中,经济体的整体生产率水平和潜在增长率都将持续提升;工业化完成后,要素资源不断由第二产业向第三产业转移,但第三产业中很多部门的生产率水平难以提升,导致宏观生产率水平呈现下降态势(Baumol,1967;Kruger,2008)。Montobbio(2002)、Ngai 和 Pissarides(2007)等通过构造多部门增长模型分析经济增长过程中的动态结构变化,以数理模型方式重新刻画了上述产业结构演化规律及其对宏观生产率增长的影响。

在实证方面,Dietrich(2009)利用 7 个 OECD 国家的面板数据和面板格兰杰因果检验等工具考察产业结构变化与经济增长的关系,但实证显示的因果关系并不确定。更多实证从生产率分解角度将宏观生产率变化分解为整体技术进步和产业结构变动两部分,进而考察产业结构调整对宏观生产率的影响。Peneder(2003)、Fagerberg(2000)等采用偏移—份额分解法将劳动生产率指数分解为"产业进步效应"和"产业结构转换效应"。[①] Peneder(2003)对 28 个 OECD 国家的实证研究发现,产业进步是生产率提升的决定性因素;结构变化对生产率影响有正有负且程度有限。Fagerberg(2000)则聚焦于专业化和结构转换对制造业生产率提升的影响,对 39 个国家 24 个行业的实证表明,结构转换平均来说对生产率虽无明显促进作用,但提升技术进步最快产业比重的国家生产率增长更快。

劳动生产率提升是技术进步和资本深化的双重结果,以各部门加权

---

① 更确切地说是分解为三部分:静态结构转换效应、动态结构转换效应和产业进步效应。另外,"偏移—份额分解法"形式上与碳减排研究中常用的"对数平均迪维西亚指数分解法"(Logarithmic mean Divisia index, LMDI)基本一致。

劳动生产率指数表征的"产业进步效应"不完全等同于技术进步效应。对 TFP 指数的类似分解则可以解决上述问题。Massell(1961)将索洛模型和增长核算拓展到产业部门,将宏观 TFP 增长率分解为各部门加权 TFP 增长率、资本和劳动要素在部门间流动带来的结构变化,前者衡量整体技术进步,属于技术效应,后两者衡量结构转换,属于结构效应。据此,Massell(1961)将美国宏观经济细分为 19 个部门,对其 20 世纪 50 年代宏观 TFP 增长进行分解,结果表明,技术效应大约贡献 2/3,结构效应贡献剩余的 1/3。国内学者也从指数分解角度开展了实证研究。李文兵(2011)结合中国三次产业数据在增长核算基础上将 TFP 增长率分解为各部门加权 TFP 增长率、部门间劳动要素流动和资本要素流动,得出了与上述 Massell(1961)类似的结论,即增长主要来自各产业生产率的提升,结构转变对中国全要素生产率的提升有一定作用,但在不同时期和不同部门间存在显著差别。王德文等(2004)关于结构调整与生产效率关系的实证虽然也以索洛增长模型为基础,但使用的是基于企业微观数据的计量回归。姚战琪(2009)则用前沿面方法测度部门 TFP 指数,并考察要素配置对 TFP 增长的影响。蔡跃洲和付一夫(2017)重新核算了 17 个行业的资本、劳动投入生产量,在此基础之上核算中国宏观 TFP 增长率下的技术效应和结构效应(包括资本与劳动的结构效应)。

三、既有研究评述及本章研究思路

20 世纪 50 年代以来,经济学界在 TFP 指数测算方面逐步形成较为成熟的方法体系。微观 TFP 指数测算主要是以生产前沿面和距离函数为基础的 DEA 和 SFA,宏观 TFP 指数测算则依托增长核算框架。微观 TFP 指数可分解为"技术变化指数"和"技术效率变化指数",前者代表生产前沿面移动,后者代表厂商与技术前沿相对距离变化,反映的都是技术因素的影响。在宏观层面,除了整体技术进步外,产业结构变化也会带来宏观生产率变化,因此宏观生产率指数基本都会分解为"技术效应"

和"结构效应"。出于测算分解便利的原因,国外相关实证研究大多选择对劳动生产率指数进行分解,仅有个别针对宏观 TFP 指数分解的研究。国内学者在增长核算及 TFP 指数测算方面做了大量实证工作,不过部分研究的"资本投入""劳动投入"估算等细节有待规范。至于产业结构转换与生产率增长的关系,国内学者虽有所关注,但很多都是在运用 DEA 或 SFA 等前沿面方法测度微观企业及行业 TFP 指数基础上进行的分析,从增长核算和宏观 TFP 指数测算分解的实证并不多见。

为了更加清晰准确地测度和分解江苏宏观 TFP 指数中的技术效应和结构效应,本章将在构建宏观 TFP 增长率测算分解模型框架基础上,收集宏观及三次产业部门的数据开展实证分析。后续结构如下:第三节给出宏观 TFP 指数测算分解模型;第四节对数据处理进行说明,展示测算分解主要结果,并对测算分解结果进行深入分析;第五节是总结性评论及政策建议。

第二节 TFP 指数测算分解及要素估算模型[①]

一、TFP 指数测算模型

根据定义,全要素生产率是全部产出组合相对全部投入组合的比值,于是有:

$$A = \frac{Y}{X} \tag{1}$$

公式(1)中,A 代表全要素生产率,Y 代表产出,X 代表投入。分别

[①] 本部分推导,主要来源、借鉴了蔡跃洲和付一夫的成果:《全要素生产率增长中的技术效应与结构效应——基于中国宏观和产业数据的测算及分解》,《经济研究》2017 年第 1 期。

以 $\dot{A}$、$\dot{Y}$、$\dot{X}$ 表示全要素生产率、产出和投入对时间的微分,并对公式(1)两边同时取对数,则有:

$$\frac{\mathrm{d}\ln A}{\mathrm{d}t} = \frac{\frac{\mathrm{d}A}{\mathrm{d}t}}{A} = \frac{\dot{A}}{A} = \frac{\mathrm{d}\ln\frac{Y}{X}}{\mathrm{d}t} = \frac{\mathrm{d}(\ln Y - \ln X)}{\mathrm{d}t}$$

$$= \frac{\frac{\mathrm{d}Y}{\mathrm{d}t}}{Y} - \frac{\frac{\mathrm{d}X}{\mathrm{d}t}}{X} = \frac{\dot{Y}}{Y} - \frac{\dot{X}}{X} \tag{2}$$

假定生产函数规模报酬不变且要素报酬等于其边际产出,根据迪维西亚指数定义可得:

$$\frac{\dot{A}}{A} = \frac{\dot{Y}}{Y} - \frac{\dot{X}}{X} = \frac{\dot{Y}}{Y} - \sum_j v_j \frac{\dot{X}_j}{X_j} = \sum_i w_i \frac{\dot{Y}}{Y} - \sum_j v_j \frac{\dot{X}_j}{X_j} \tag{3}$$

公式(3)中的 w_i 和 v_j 分别代表各类产出和要素投入在总价值中所占的份额,且 $\sum_i w_i = \sum_j v_j = 1, w_i \geqslant 0, v_j \geqslant 0$ 满足。仅考虑资本和劳动两种要素,可简化公式(3)并拓展到各部门:

$$\frac{\dot{A}}{A} = \frac{\dot{Y}}{Y} - \frac{\dot{X}}{X} = \frac{\dot{Y}}{Y} - (1-\beta)\frac{\dot{K}}{K} - \beta\frac{\dot{L}}{L} \tag{4}$$

$$\frac{\dot{A}_i}{A_i} = \frac{\dot{Y}_i}{Y_i} - (1-\beta_i)\frac{\dot{K}_i}{K_i} - \beta\frac{\dot{L}_i}{L_i} \tag{5}$$

公式(4)、(5)中的 β 表示劳动产出弹性,或劳动投入在总投入(价值)中所占的份额。

二、TFP 指数分解模型

将各产业部门资本投入、劳动投入占总投入比重分别设定为 $s_i^K = \frac{K_i}{K}$,$s_i^L = \frac{L_i}{L}$,各产业部门要素投入变化情况和总产出增长率可以表示为:

∵ $d\ln s_i^K/dt = d\ln(K_i/K)/dt = d(\ln K_i - \ln K)/dt$

$$\frac{\dot{s}_i^K}{s_i^K} = \frac{\dot{K}_i}{K_i} - \frac{\dot{K}}{K} \tag{6-1}$$

∴ $$\frac{\dot{K}_i}{K_i} = \frac{\dot{K}}{K} + \frac{\dot{s}_i^K}{s_i^K}$$

同理,可得到

$$\frac{\dot{L}_i}{L_i} = \frac{\dot{L}}{L} + \frac{\dot{s}_i^L}{s_i^L} \tag{6-2}$$

$$\frac{\dot{Y}}{Y} = \frac{\sum \dot{Y}_i}{Y} = \sum_i \left[\frac{\dot{Y}_i}{Y_i} \cdot \frac{Y_i}{Y}\right] = \sum_i w_i \frac{\dot{Y}_i}{Y_i} \tag{7}$$

将公式(5)、(6-1)、(6-2)代入公式(7)可得:

$$\frac{\dot{Y}}{Y} = \sum_i w_i \left(\frac{\dot{A}_i}{A_i} + (1-\beta_i)\left(\frac{\dot{K}}{K} + \frac{\dot{s}_i^K}{s_i^K}\right) + \beta_i \left(\frac{\dot{L}}{L} + \frac{\dot{s}_i^L}{s_i^L}\right)\right) \tag{8}$$

将公式(8)代入公式(4)可得

$$\frac{\dot{A}}{A} = \sum_i w_i \left(\frac{\dot{A}_i}{A_i} + (1-\beta_i)\left(\frac{\dot{K}}{K} + \frac{\dot{s}_i^K}{s_i^K}\right) + \beta_i \left(\frac{\dot{L}}{L} + \frac{\dot{s}_i^L}{s_i^L}\right)\right) - (1-\beta)\frac{\dot{K}}{K} - \beta \frac{\dot{L}}{L}$$

$$= \sum_i w_i \left(\frac{\dot{A}_i}{A_i} + (1-\beta_i)\left(\frac{\dot{K}}{K} + \frac{\dot{s}_i^K}{s_i^K}\right) + \beta_i \left(\frac{\dot{L}}{L} + \frac{\dot{s}_i^L}{s_i^L}\right)\right)$$

$$- (1-\beta)\frac{\dot{K}}{K}\sum_i w_i - \beta \frac{\dot{L}}{L}\sum_i w_i \tag{9}$$

将公式(9)进一步整理:

$$\frac{\dot{A}}{A} = \sum_i w_i \left(\frac{\dot{A}_i}{A_i} + (1-\beta_i)\left(\frac{\dot{K}}{K} + \frac{\dot{s}_i^K}{s_i^K}\right) - (1-\beta)\frac{\dot{K}}{K} + \beta_i \left(\frac{\dot{L}}{L} + \frac{\dot{s}_i^L}{s_i^L}\right) - \beta \frac{\dot{L}}{L}\right)$$

$$= \sum_i w_i \left(\frac{\dot{A}_i}{A_i} + (1-\beta_i)\frac{\dot{s}_i^K}{s_i^K} - (\beta_i-\beta)\frac{\dot{K}}{K} + \beta_i \frac{\dot{s}_i^L}{s_i^L} + (\beta_i-\beta)\frac{\dot{L}}{L}\right) \tag{10}$$

公式(10)右边可以分为三个部分,

$$\varphi_1 = \sum_i w_i \frac{\dot{A}}{A} \tag{11}$$

$$\varphi_2 = \sum_i w_i \left[(1-\beta_i) \frac{\dot{s}_i^K}{s_i^K} - (\beta_i - \beta) \frac{\dot{K}}{K} \right] \tag{12}$$

$$\varphi_3 = \sum_i w_i \left[\beta_i \frac{\dot{s}_i^L}{s_i^L} + (\beta_i - \beta) \frac{\dot{L}}{L} \right] \tag{13}$$

$$\frac{\dot{A}}{A} = \varphi_1 + (\varphi_2 + \varphi_3) \tag{14}$$

其中,φ_1 大致反映了各行业技术变化情况,是各行业技术进步的加权值,代表宏观 TFP 增长的技术效应。φ_2、φ_3 分别反映了资本和劳动要素在各行业间的流动情况,即要素资源配置的结构变化。φ_2、φ_3 为正表明更多份额的要素被配置到边际产出较高(或者说效率更高)的行业,φ_2、φ_3 为负则表明更多份额的要素被配置到边际产出较低的行业。不妨将 φ_2、φ_3 分别称为"资本要素结构效应"和"劳动要素结构效应",φ_2、φ_3 代表了宏观 TFP 增长的整体结构效应,是资本要素和劳动要素重新配置后的共同结果。公式(10)也可简化为公式(14)。

三、要素投入估算模型

本章在乔根森增长核算框架下估算要素投入。由于资本要素参与到生产中的是资本服务,在测算中要考虑固定资本形成、生产能力变化(衰减)和退役(报废)情况。根据 OECD(2009)采用双曲线年限—效率模型刻画存量资本生产能力变化,用对数正态分布来刻画其退役模式。

$$h_n = (T-n)/(T-b \cdot n) \tag{15}$$

$$F_n = \frac{1}{n\sigma\sqrt{2\pi}} e^{(\ln n - \mu)^2/2\sigma^2} \tag{16}$$

公式(15)和(16)中,T 为资本的(最大)服务年限(或"退役年龄",

retirement age），n 为当前年份，而参数 $b\leqslant 1$ 则决定了函数的形状。公式(16)表示资本服务年限的分布遵循对数正态分布，σ 和 μ 分别是对数正态分布函数的标准差和均值，$\sigma = \sqrt{\ln(1+(m/s)^{-2})}$、$\mu = \ln m - 0.5\sigma^2$。其中，$m$ 和 s 是对数正态分布背后正态分布的均值和标准差，m 代表资本的平均服务年限，s 的取值范围一般为 $[m/4, m/2]$，取值越大分布就越陡峭。生产能力变化模式及退役模式设定后，采用永续盘存法便可估算出 i 类存量资本在 t 时点的"生产性资本存量"，本文假设该类资本价格（或用户成本）均为 1，所以"生产性资本存量"等同于资本要素投入的价值：

$$K_{i,t}^P = \sum_{\tau=0}^{T} h_{i,\tau} \cdot F_{i,\tau} \tag{17}$$

生产能力变化模式及退役模式设定后，采用永续盘存法便可估算出 i 类存量资本在 t 时点的"生产性资本存量"；确定该类资本价格（或用户成本），二者相乘便得到资本要素投入（的价值）：其中，$K_{i,t}^P$ 为 t 期第 i 类资本的生产性资本存量，$h_{i,\tau}$ 和 $F_{i,\tau}$ 则分别为第 i 类资本的年限—效率模式和退役模式。

根据受教育年限等特征，将劳动者进行分类，并以劳动小时为单位衡量投入数量；不同类型劳动要素投入可用其在总劳动报酬中所占份额作为权重进行加总。据此，将劳动要素投入增长表示为：

$$\mathrm{d}\ln L/\mathrm{d}t = \sum_i v_i(\mathrm{d}\ln L_i/\mathrm{d}t), v_i = p_i L_i / \sum_i p_i L_i \tag{18}$$

其中，L 为总劳动投入；L_i 为不同产业的劳动投入，表现为劳动小时数；p_i 为第 i 产业劳动投入的价格，如小时工资；v_i 为第 i 产业劳动报酬所占的份额。

四、关键参数的测度

劳动产出弹性与资本产出弹性是所有 TFP 核算中的关键参数，得到两个参数的值通常有三种方法：

一是假设市场出清条件下要素按边际产出参与分配，即单位回报等于其边际产出，据此可以得出要素的产出弹性公式，$\beta_i = \sum_i \frac{L_i f_i^L}{Y_i}$，其中，$f_i^L$ 为行业 i 的劳动边际产出，于是有：$\sum_i \beta_i w_i = \sum_i \frac{L_i f_i^L}{Y_i} \cdot \frac{Y_i}{Y} = \frac{\sum_i L_i f_i^L}{Y} \approx \frac{L f^L}{Y} = \beta$。$\varphi_2$、$\varphi_3$ 核算遵从公式(12)、(13)。

二是通过对具体的经济增长方程进行有约束条件的回归，通常假定两个参数之和为 1，即假设不存在规模经济，由此得到两个参数值。

三是根据已有的研究经验，人为地设定劳动、资本的产出弹性值，通常分别对应取值 0.4、0.6。

本章对以上三种路径均进行了数据试算，最后选择第一方法，因为它具有坚实的逻辑推导脉络，并且最后的模拟效果相对较好。由于本研究三次产业数据区间为 1991—2016、第二三产业细分行业的数据区间为 2005—2016，数据长度较短，不能适用第二种方法。第三种核算办法过于刻板，无法体现不同产业与行业的行业特征，本研究只有在个别第一种核算方法失效的情况下，才采用第三种方法加以补充。

第三节 数据处理及测算分解结果

一、要素投入估算

本章采用自上而下的方式，先估算宏观资本要素投入总量，然后以合理方式将其拆分到第一、二、三产业。考虑到生产能力变化、役龄及退役模式方面的差异，将存量资本细分为"建筑物""机器设备""其他"三大类。具体核算按照以下 5 个步骤分别估算：(1)收集整理江苏三次产业的年度"新增固定资产"数据序列;(2)选定固定资产投资的价格指数将"新增固定资本"数据转换为可比价;(3)根据不同类型存量资本的生产能力衰减特点,设定三大类存量资本的年限—效率模式;(4)设定三大类资产相应的退役模式;(5)利用永续盘存法估算各类存量资本每年的总生产性资本存量,即资本服务数量。综合《中国固定资产投资年鉴》(1950—1995、1998—2016)、《江苏统计年鉴》(1988—2017)等资料,由于以上两种统计年鉴有关年度新增固定资产存在年度长度及数据差异,以数据最长且更为权威的《江苏统计年鉴》为例,它给出了1980—2003年度的三大产业新增固定资产,统计的范围是城镇集体以上单位的新增固定资产,不含农村集体及城乡个体投资新增的固定资产。2003年以后《江苏统计年鉴》不再提供三次产业的年度新增固定资产的统计数据。为了保证本研究有较长的时间长度,本研究将《江苏统计年鉴》1990—2016年间有连续记载的"建筑安装工程""设备工器具购置""其他费用"三大类资产及一二三次产业投资额结合起来,按照前者之间比例将后者的投资总额分解为"建筑物""机器设备""其他"三大类资产,按照实际固定资产形成周期,滞后一年作为三次产业年度新增固定资产。这一方法虽然不够完美,但已经是在条件约束下的次优选择了。由于《江苏统计年鉴》只有1998—2016年度的三类固定资产投资价格指数,为了保证时间长度,本文选用1990—2016年的固定资产投资价格指数作为统一的指数。设定三类存量资本的参数b分别为0.75、0.5和0.6;设定相应的折旧年限分别为38年、16年和20年;并将退役模式公式(16)中的参数m取值为资本服务年限的一半,s取为$m/2$(OECD,2009;蔡跃洲和张钧南,2015)。至此,可以测算出1990—2016年间各年三类生产性资本存量。将经过固定资产投资价格指数平减后的年度各类存量资本乘以对应存量资本的年限—效率模式及退役模式后即可求出各类生产性资本的存量,由于数据可得性限制,本章无法得到各类存量资本的服务的价值,直接将各类生产性资本存量作为投入生产的服务价值,具体结果见下表5-1。

表 5-1 1990—2016 年江苏各类资本服务价值测算结果

单位:1990 年值亿元

年份	总建筑物	总机器设备	总其他	年份	总建筑物	总机器设备	总其他
1990	781.40	53.70	18.36	2004	2 872.30	1 436.59	785.01
1991	728.73	94.77	29.31	2005	3 568.65	1 808.65	971.95
1992	809.69	272.48	55.83	2006	4 215.83	2 147.61	1 125.53
1993	791.58	381.47	89.12	2007	4 919.50	2 517.71	1 343.44
1994	806.31	448.10	110.37	2008	5 567.84	2 939.89	1 475.07
1995	906.55	498.88	139.07	2009	6 768.92	3 677.14	1 725.91
1996	1 021.96	541.08	167.41	2010	7 662.86	4 132.02	2 080.80
1997	1 168.94	608.74	188.12	2011	8 830.27	4 800.40	2 274.25
1998	1 349.33	679.31	234.45	2012	10 567.86	5 684.26	2 536.07
1999	1 545.84	719.14	277.42	2013	12 416.19	6 511.27	2 712.30
2000	1 706.02	794.62	299.09	2014	14 627.47	7 380.28	2 888.28
2001	1 823.20	873.89	368.95	2015	17 058.26	8 608.09	2 883.58
2002	1 958.18	1 005.47	478.36	2016	18 930.04	9 674.91	3 210.86
2003	2 361.05	1 211.41	677.18				

在劳动要素投入总量估算中,本章以劳动小时作为衡量劳动要素投入的数量单位,劳动者教育程度作为衡量劳动者技能素质质量必须予以充分考虑,与具体测算全体劳动者接受教育分布情况的思路及具体估算方法不同(如蔡跃洲和张钧南(2015)的思路),本研究认为不同行业的职工工资水平就是其受教育程度的最好替代指标,尤其是在充分竞争的市场经济情况下,将会更为准确。本文将农林牧渔业与制造业年度平均报酬,以及第三产业统计年鉴中所列示子行业的年度平均报酬的中位值分别作为一二三产业的平均报酬水平。经过全社会工资指数平减以后将它们的年度工资水平与对应就业人数相乘,就得到了三次产业及全社会劳动总投入的价值的估算数据,后者及全社会劳动数量具体结果见下表5-2。

表 5-2 1990—2016 年江苏劳动总投入估算结果

年份	全社会劳动总投入价值估算（亿元：1990 年）	劳动数量（亿工时）	年份	全社会劳动总投入价值估算（亿元：1990 年）	劳动数量（亿工时）
1990	799.43	845.00	2004	2 866.20	907.41
1991	800.35	854.59	2005	3 315.66	915.75
1992	909.43	863.02	2006	3 780.21	925.79
1993	954.36	867.96	2007	4 302.04	935.58
1994	1 103.49	872.55	2008	4 702.92	940.19
1995	1 135.53	877.03	2009	5 296.57	945.31
1996	1 162.15	877.39	2010	5 913.31	950.94
1997	1 228.59	877.76	2011	6 571.03	951.65
1998	1 405.55	877.98	2012	7 349.93	951.91
1999	1 563.34	878.14	2013	8 110.25	951.98
2000	1 724.60	883.63	2014	8 595.06	952.17
2001	1 944.97	887.29	2015	9 254.25	951.70
2002	2 161.50	894.57	2016	10 059.22	951.24
2003	2 532.92	899.99			

为了与现行统计核算体系尽可能保持一致，并考虑数据可获得性，我们将宏观经济划分为第一二三次产业。各产业资本要素同样分成"建筑物""机器设备"和"其他"三类。考虑各产业特点并参考 OECD(2009)设定其效率衰减模式、使用年限、退役模式，估算各行业各类生产性资本存量，即三次产业资本要素投入。与之对应，劳动要素估算也细分为三次产业，根据教育程度分布等情况估算各行业以劳动小时为基本单位的劳动要素投入数据。

二、TFP 增长率、贡献测算及结果分析

利用估算的要素投入，对 1990—2016 年间江苏宏观经济增长及三次产业的增长进行分解，TFP 及资本、劳动投入因素对宏观总体经济及三次产业增长贡献度的部分测算结果见表 5-3 和表 5-4。

表 5-3 1991—2016 年间各阶段不同因素对江苏宏观经济增长的贡献

单位：%

内容\时间段	1991—1995	1995—2000	2000—2005	2005—2010	2010—2016	1991—2016
GDP 增长率	100	100	100	100	100	100
TFP 增长贡献率	45.30	4.04	−11.16	−16.82	−35.47	−6.22
资本投入增长贡献率	45.93	79.85	87.84	95.23	112.32	87.00
劳动投入增长贡献率	8.78	16.11	23.32	21.58	23.15	19.22

注：第一产业剔除 2003 年、2016 年两个畸异值。

表 5-4 1991—2016 年间不同阶段三大产业的 TFP 对本产业增长贡献率

单位：%

内容\时间段	1991—1995	1995—2000	2000—2005	2005—2010	2010—2016	1991—2016
第一产业	61.64	−183.01	199.86	−21.57	−29.1	−33.55
第二产业	57.54	33.76	−26.09	−6.65	9.71	12.13
第三产业	−28.3	−18.74	−10.9	−12.64	−37.81	−24.09

根据表 5-3、表 5-4 列示的 1991—2016 年间不同阶段宏观及三次 TFP 对增长贡献度，可作如下判断。

TFP 增长贡献率对江苏 1991—2000 年整体宏观经济高速增长总体发挥了重要的支撑作用，但呈现递减的态势，2000 年以后被资本投入高强度挤压，演变为平衡作用的负数，且负向发展态势加深。1991—2016 年间宏观 TFP 增长贡献率对 GDP 增长平均贡献度为−6.22%。这个结论与统计部门发布的全社会科技进步率年年进步有较大的反差，这是不同统计测算方法造成的。但有一点必须承认，江苏资本投入太强与相应贡献过大，与此相比较 TFP 增长贡献率相对过小，这也反映出当前全社会经济发展总体质量型发展程度的不足。在劳动投入数量基本平稳的情况下，劳动投入贡献率增长及稳定说明劳动者的质量总体有提升。

第一产业（主要是农业）TFP 增长贡献率在支撑产业增加值增长中

发挥了早期绝对正向主导作用到近10年不断加深的负向作用,总体平均贡献度为-33.55%。1995—2005年间,TFP增长贡献率存在较大波动,2000年以前暴降,以后暴升。这和TFP属于"残值"本质有关,是由产出、资本、劳动投入剧烈变化引致造成的。

1991—2016年间,第二产业TFP增长贡献率对产业增加值增长的平均贡献度为12.13%,存在较为明显的由强到弱到负再回正的"U"形发展趋势。而同期资本要素投入增长贡献率对应表5-4的六个时间段分别为42.71%、58.33%、111.88%、93.22%、75.91%、77.59%。上述测算结果较为客观地反映出这段时期第二产业资本要素驱动和投资规模驱动有所强化的发展特征。

第三产业TFP增长贡献率对产业增加值增长始终处于负向拉低作用,平均贡献度为-24.09%,且全部六个时段均处于负数水平,起伏变化不大。而同时期资本要素投入增长贡献率对应表5-4的六个时间段分别为104.97%、92.48%、78.42%、90.71%、116.08%、98.68%,比第二产业的资本要素规模驱动强化特征还有强烈。

三、宏观TFP增长的技术效应与结构效应及结果分析

根据公式(6)—(13)和宏观、分行业TFP增长率测算结果及各行业要素投入估算结果,对1991—2016年间的江苏宏观TFP增长率按照技术效应、结构效应进行分解,并细分三大产业的技术效应与结构效应。

表5-5 1991—2016年各阶段宏观TFP增长率的技术效应与结构效应分解

单位:%

内容\时间段	1991—1995	1995—2000	2000—2005	2005—2010	2010—2016	1991—2016
一、TFP增长率测算值	5.83	2.75	-2.20	-0.69	0.62	1.03
二、技术效应	5.81	2.75	-2.21	-0.68	0.65	1.03
#第一产业	-0.45	-0.34	0.36	-0.01	-0.03	-0.13

续表

内容\时间段	1991—1995	1995—2000	2000—2005	2005—2010	2010—2016	1991—2016
第二产业	6.26	3.09	−2.57	−0.67	0.68	1.16
第三产业	−0.01	0.00	0.00	0.00	−0.01	0.00
三、结构效应	0.02	0.00	0.01	−0.01	−0.02	0.00
资本的结构效应	0.01	0.00	−0.01	−0.01	−0.01	−0.01
♯第一产业	0.01	0.00	−0.01	0.00	0.00	0.00
第二产业	−0.02	−0.02	−0.02	−0.02	−0.02	−0.02
第三产业	0.02	0.01	0.01	0.01	0.01	0.01
劳动的结构效应	0.01	0.00	0.02	0.01	−0.01	0.00
♯第一产业	0.00	0.00	0.00	0.00	0.00	0.00
第二产业	0.00	−0.01	0.00	0.00	−0.02	0.00
第三产业	0.01	0.01	0.01	0.01	0.01	0.01

表 5-5 的数据结果来看，可以得出以下结论：(1)1991—2016 年间，6 个时段当中，2000—2005、2005—2010 时段为负数，其他 3 个时段为正数，总体 TFP 增长率测算值经历了从高到低再回升的态势，总体 TFP 增长率为 1.03%。(2)1991—1995、1995—2000 时段 TFP 增长率测算值为正且快速下降，可以理解为这 2 个时段内技术与结构变革对经济增长贡献空间由大到小。2000—2005、2005—2010 时段，与资本、劳动对经济增长贡献相比较，技术与结构变革对经济增长贡献是负向的。2010—2016 时段内技术与结构变革对经济增长贡献上升为正，可以理解为产业结构升级与供给侧改革发生了作用。(3)在 6 个时段当中，技术效应居于决定性主导地位，发展变化与 TFP 增长率测算值几乎完全重合，也就是说 TFP 增长率几乎等同于技术效应，结构效应对 TFP 增长率影响微乎其微。(4)从技术效应的三次产业分解情况来看，第二产业的技术效应又占据了决定性的主导地位，第一产业影响不大，第三产业的影响可以忽略不计。以上情况反映出江苏工业强省特征。(5)6 个时段结构效

应影响几乎可以忽略不计,且资本与劳动的结构效应的影响均趋于 0。总的结构效应 2 个时段为负、4 个时段为正,且总体为 0;其中,第二产业资本的结构效应全为 -0.2%,其他产业的资本与劳动的结构效应的影响绝大多数值为正且趋于或等于 0。

在宏观 TFP 分解基础上可进一步测算技术效应、结构效应对 TFP 增长贡献度,并分解到三次产业,部分结果见表 5-6。其中,技术效应增长贡献与结构效应增长贡献之和等于 100,也就是表示它们在表 5-5 中 TFP 增长率中所占的百分比份额。表 5-5 表示绝对规模的技术效应与结构效应占比结构构成,表 5-6 表示相对规模中后两者的百分比占比情况。

表 5-6 1991—2016 年各阶段三次产业层面的宏观 TFP 增长贡献度分解

单位:%

内容\时间段	1991—1995	1995—2000	2000—2005	2005—2010	2010—2016	1991—2016
TFP 增长率	100.00	100.00	100.00	100.00	100.00	100.00
技术效应	99.61	100.14	100.40	99.22	103.66	100.11
♯第一产业	-7.63	-12.22	-16.25	1.92	-5.27	-12.43
第二产业	107.36	112.48	116.56	96.94	109.82	112.97
第三产业	-0.12	-0.12	0.10	0.37	-0.89	-0.43
结构效应(加总)	0.39	-0.14	-0.40	0.78	-3.66	-0.12
资本的结构效应	0.16	-0.05	0.66	1.73	-1.31	-0.52
♯第一产业	0.09	0.17	0.24	0.20	-0.02	0.07
第二产业	-0.35	-0.67	0.75	3.15	-3.17	-1.89
第三产业	0.42	0.45	-0.33	-1.61	1.89	1.29
劳动的结构效应	0.23	-0.10	-1.06	-0.96	-2.35	0.40
♯第一产业	-0.03	-0.03	0.09	0.03	-0.04	-0.08
第二产业	0.11	-0.35	-0.66	0.32	-3.40	-0.35
第三产业	0.15	0.28	-0.49	-1.30	1.09	0.83

针对表5-6数据,可以做出以下判断:

第一,1991—2016年间,三次产业的技术效应是宏观TFP增长压倒性的主导源泉,占比贡献均在99%以上,三次产业的结构效应占比贡献过小,在6个时间段中有5个时间内的贡献绝对值小于1%。这个结论与蔡跃洲和付一夫(2017)研究1978—2014年全国情况结论趋势相同,后者的结论是:技术效应占83.7%,结构效应占16.3%。但江苏的三次产业的结构效应占比只有-0.12%,远低于全国的水平。也就是说,三次产业总的结构效应不仅没有对TFP增长有正向贡献,反而是趋于零的负向贡献。江苏出现以上情况,反映出江苏三次产业的技术效应贡献超强,结构效应超弱,也就是说江苏在结构效应改善方面相对的空间会更大,在江苏推行供给侧结构性改革的提升空间会相对更大。

第二,从技术效应的具体产业构成分解来看,第二产业是压倒性主导源泉,1991—2016年间对总技术效应贡献率达到112.97%,除了2005—2010时段的96.94%,其他的4个时段的贡献率均超过了100%。第一产业对总技术效应贡献率的绝对值居第二位,1991—2016年间对总技术效应贡献率达到-12.43%,其他的5个时段的贡献率是4负1正。第三产业对总技术效应贡献率很小,1991—2016年间对总技术效应贡献率达到-0.43%,其他的5个时段的贡献率是3负2正,且绝对值均小于1%。产生上述现象的主要原因可能在于,随着对外开放的推进,江苏大量引进国外先进技术、设备和管理经验,有力地推动第二产业的发展,极大地促进了TFP增长率的贡献程度。第一产业对总技术效应贡献率为负的原因可能在于以家庭生产为单位的小农业特征,阻碍了农业生产技术效率提升的空间。第三产业技术效应贡献为负可能与江苏现代服务业占比不高及技术水平提高相对不快有关。

第三,从结构效应的具体构成来看,1991—2016年间资本和劳动的结构效应分别为-0.52%、0.4%。从结构效应的具体产业构成分解来看,第二产业与第三产业共同构成主导源泉,1991—2016年间两者的资本结构效应分别为－1.89%、1.29%,劳动结构效应分别为－0.35%、0.83%。同期,第一产业的资本结构效应绝对值小于0.3%、劳动结构效应绝对值小于0.1%。总体上看,第一产业的资本结构效应总体为微量正值,劳动结构效应总体为微量负值,且前者绝对值普遍高于后者;第二产业的资本与劳动结构效应总体为负值,且前者绝对值普遍高于后者;第三产业的资本与劳动结构效应总体为微量正值,同样是前者绝对值普遍高于后者。导致1991—2016年间总体劳动的结构效应为0.4%的主要原因可能在于:一是由于工业化和城市化的持续推进,江苏将更多劳动资源配置到效率更高的三产、二产部门,这符合江苏二、三产业快速发展的事实;二是1998年以后江苏高中教育与高等教育大发展,导致人才增量大幅增加,这应该是其中一个重要原因。1991—2016年间加总的资本结构效应为－0.52%,与经济发展事实不符,无法做出有效的解释,这也是本研究的一个不足。

四、第二产业 TFP 增长的技术效应与结构效应及结果分析

由于江苏第二产业细分行业的固定资产投资(建筑安装工程、设备工器具、其他)数据只有存在于2005—2016年间的《江苏统计年鉴》之中,所以选取2005—2016年间作为研究的时间段,将第二产业的细分行业归为采矿业、制造业、电力、燃气及水的生产和供应业、建筑业等四个行业。在本节第三部分的研究中,得出了1990—2004年间第二产业资本存量数量,为了反映它对细分行业固定资产存量的影响,本研究将2004年第二产业资本存量数量以采矿业、制造业、电力、燃气及水的生产和供应业、建筑业在第二产业GDP占比的比例分解给以上四个细分产业。有关细分行业的资本存量、劳动投入价值的核算方法与本节第一部分相同。基于式(11)—(13),分别核算细分行业TFP增长率的技术效应、资本与劳动资源配置的结构效应。

表 5-7 2005—2016 年第二产业细分行业资本与劳动投入价值测算结果

单位:1990 年值亿元

年份/内容	采矿业		制造业		电燃水业		建筑业	
	资本总量	劳动总投入价值	资本总量	劳动总投入价值	资本总量	劳动总投入价值	资本总量	劳动总投入价值
2005	47.25	13.30	2 313.03	202.19	319.80	19.03	200.87	22.39
2006	37.51	16.38	2 189.95	195.82	349.26	22.77	91.10	19.98
2007	27.79	16.21	2 558.16	263.43	297.48	24.39	64.95	27.85
2008	32.06	17.05	2 969.89	285.09	292.42	25.68	56.45	31.57
2009	39.37	20.99	3 617.42	309.03	342.93	28.94	60.65	43.08
2010	44.94	19.27	4 361.15	375.15	334.41	31.24	52.86	51.55
2011	48.11	21.58	6 313.40	456.31	360.39	34.32	77.30	69.33
2012	57.56	22.44	8 188.79	526.32	458.70	35.44	70.83	89.73
2013	63.83	26.93	9 535.14	1005.81	538.50	58.97	47.97	701.02
2014	71.35	23.42	10 640.41	1173.93	586.15	62.13	41.51	766.28
2015	75.56	20.67	12 110.03	1205.03	763.55	63.92	66.62	748.85
2016	68.07	16.80	13 468.95	1198.12	925.62	53.34	80.61	727.47

表 5-8　2005—2016 年各阶段第二产业细分行业 TFP 增长率的分解情况

单位:%

项目内容	2005—2010	2010—2016	2005—2016
TFP 增长率	7.04	-4.53	0.96
总技术效应	7.03	-4.33	1.07
♯采矿业	0.14	-0.16	-0.02
制造业	3.93	-3.60	0.04
电力、燃气、自来水业	-0.07	-0.27	-0.20
建筑业	3.03	-0.30	1.24
总结构效应	0.01	-0.20	-0.10
资本的结构效应	0.02	-0.13	-0.06
♯采矿业	0.00	0.00	0.00
制造业	0.04	-0.10	-0.03
电力、燃气、自来水业	0.00	0.00	0.00
建筑业	-0.03	-0.02	-0.02
劳动的结构效应	-0.01	-0.07	-0.05
♯采矿业	0.00	0.00	0.00
制造业	-0.01	-0.07	-0.05
电力、燃气、自来水业	0.00	0.00	0.00
建筑业	0.00	0.00	0.00
资本对增加值的贡献	83.97	67.07	77.23
劳动对增加值的贡献	-6.57	-22.33	-18.87
TFP 对增加值的贡献	22.61	55.26	41.63
技术效应对 TFP 增长率的贡献	99.41	118.67	111.42
结构效应对 TFP 增长率的贡献	0.59	-18.67	-11.42

从表 5-8 的分析结果来看,可以得出以下三点结论:

第一,2005—2010、2010—2016、2005—2016 时间段内,资本是细分行业增加值贡献(无论是正增长还是负增长)的绝对主力,劳动对增加值的贡献始终是负向的且居于次要的地位,TFP 对增加值的贡献与资本贡献同向,其对增加值的贡献的影响力超过了劳动贡献。

第二,三个时间段内,细分行业总体的 TFP 增长率呈现出了先正后负的发展态势,尤其是 2010—2016 年间是－4.53%,其中的原因值得进一步挖掘。

第三,细分行业总体 TFP 增长率中技术效应占据了绝对主导地位,三个时间段分别为 7.03%、－4.33%、1.07%,对 TFP 增长率的贡献分别为 99.41%、118.67%、111.42%。从细分行业的技术效应来看,电力、燃气、自来水业三个时段的 TFP 增长率均为负值。细分行业总体结构效应是微小且对 TFP 增长率的贡献大多是负向贡献,这其中资本结构效应远大于劳动结构效应且后者均为负值,这说明前者再配置的影响要远大于后者,具体数据详见表 5-7。从细分行业的结构效应来看,采矿业、建筑业三个时段的资本结构效应均为负值,说明对以上两行业的资本结构调整效应是负向的;制造业和电力、燃气、自来水业三个时段的劳动结构效应均为负值,而采矿业、建筑业的劳动结构效应均为正值,说明对后者的劳动结构调整会更有效。

五、第三产业 TFP 增长的技术效应与结构效应及结果分析

根据国民经济分类及数据可得性,本研究将第三产业细分为交通仓储邮政业、信息计算机软件业、批发和零售业、住宿与餐饮业、金融业、房地产业、其他第三产业等 7 个行业。其中,其他第三产业是将租赁和商务服务业、科学研究、技术服务和地质勘查业、水利、环境和公共设施管理业、居民服务和其他服务业、教育、卫生、社会保障和社会福利业、文化、体育和娱乐业、公共管理和社会组织等 9 个行业加总。在细分行业的存量资本、劳动价值投入、技术效应与资本劳动结构效应核算方法等同于第二产业细分行业相关指标核算方法,具体核算数据情况详见表 5-9。2008—2010、2010—2016、2008—2016 三个时段内,第三产业细分行业的 TFP 增长率、技术效应、资本和劳动结构效应具体值情况见表 5-10。

表 5-9 2005—2016 年第三产业细分行业资本与劳动价值测算结果

单位:1990 年值亿元

年份/内容	交通运输、仓储和邮政业		信息计算机软件业		批发和零售业		住宿和餐饮业		金融业		房地产业		其他产业	
	资本总量	劳动总投入价值	资本总量	劳动总投入价值	资本总量	劳动总投入价值	资本总量	劳动总投入价值	资本总量	劳动总投入价值	资本总量	劳动总投入价值	资本总量	劳动总投入价值
2005	471.6	29.1	64.9	10.1	85.8	18.3	34.6	5.1	1.1	25.3	1314.0	5.7	575.9	211.6
2006	456.9	33.1	64.1	10.2	121.0	22.2	50.1	5.5	1.1	30.5	1478.9	6.4	416.6	237.0
2007	460.1	34.6	51.4	11.8	148.7	22.7	69.5	6.4	1.2	36.6	1828.2	7.2	674.3	275.4
2008	464.2	34.8	45.4	11.4	172.7	25.4	91.0	7.3	1.7	43.6	2150.9	7.5	888.0	314.4
2009	563.2	37.4	72.9	12.1	224.3	29.5	119.6	8.1	6.2	53.3	2491.1	9.0	1242.7	368.5
2010	642.8	41.6	92.1	16.9	272.9	32.1	140.6	8.7	17.2	62.9	2965.1	11.1	1538.3	406.9
2011	719.0	48.4	105.6	25.2	333.8	41.2	182.1	10.3	27.5	81.5	3707.0	13.0	1883.0	447.5
2012	827.5	47.0	143.3	51.7	415.1	12.5	260.7	29.8	47.2	92.8	4471.6	15.1	2420.0	516.1
2013	983.9	108.1	199.9	92.2	485.0	20.3	304.1	96.7	63.9	108.8	5265.5	40.1	2938.7	612.6
2014	1215.9	110.6	268.2	100.4	572.3	22.2	294.2	97.6	90.2	122.4	5973.6	44.9	3797.8	664.7
2015	1453.2	119.5	362.4	106.4	788.0	23.7	332.9	106.9	98.6	134.8	6403.5	48.7	4676.5	728.7
2016	1621.1	118.7	404.1	112.3	979.5	24.0	332.0	112.4	98.5	147.2	6860.2	50.9	5423.1	807.8

表 5‑10　2005—2016 年各阶段第三产业细分行业的 TFP 增长率的分解情况

单位:%

项目内容	2005—2010	2010—2016	2005—2016
TFP 增长率	−3.03	−13.11	−8.55
总技术效应	−4.81	−14.12	−9.92
♯交通仓储邮政业	0.59	−1.58	−0.64
信息计算机软件业	−0.19	−0.70	−0.42
批发和零售业	−3.18	−3.45	−3.43
住宿与餐饮业	−0.41	−1.86	−1.21
金融业	−0.87	−0.70	−0.65
房地产业	0.71	−3.41	−1.54
其他第三产业	−1.47	−2.42	−2.02
总结构效应	1.78	1.01	1.37
资本的结构效应	1.54	0.97	1.23
♯交通仓储邮政业	0.02	0.00	0.01
信息计算机软件业	0.01	0.01	0.01
批发和零售业	1.39	0.91	1.13
住宿与餐饮业	0.01	0.00	0.01
金融业	0.02	0.00	0.01
房地产业	0.02	0.00	0.01
其他第三产业	0.07	0.05	0.06
劳动的结构效应	0.24	0.04	0.14
♯交通仓储邮政业	0.02	0.00	0.01
信息计算机软件业	0.01	0.01	0.01
批发和零售业	0.07	0.00	0.03
住宿与餐饮业	0.01	0.00	0.01
金融业	0.02	0.00	0.01

续表

项目内容	2005—2010	2010—2016	2005—2016
房地产业	0.02	0.01	0.02
其他第三产业	0.09	0.03	0.06
资本对增加值的贡献	105.45	79.26	92.83
劳动对增加值的贡献	206.03	94.97	151.40
TFP对增加值的贡献	−211.48	−74.23	−144.23
技术效应对TFP增长率的贡献	116.41	113.26	114.38
结构效应对TFP增长率的贡献	−16.41	−13.26	−14.38

从表5-10的分析结果来看，可以得出以下三点结论：

第一，2005—2010、2010—2016、2005—2016时间段内，劳动是决定对第三产业细分行业增加值贡献（无论是正增长还是负增长）的主力，资本对增加值的贡献始居于次要的地位，但两者之间的差距要远小于第二产业之间的差距，TFP对增加值的贡献是负向的，其对增加值贡献的影响力绝对值超过了资本贡献。

第二，细分行业总体的TFP增长率三个时间段的平均值分别为−3.03%、−13.11%、−8.55%，始终是负值且呈现出快速下降的发展趋势，其中的原因值得进一步挖掘。

第三，细分行业总体TFP增长率中技术效应占据了绝对主导地位，三个时段分别为−4.81%、−14.12%、−9.92%，对TFP增长率的贡献分别为116.41%、113.26%、114.38%。从细分行业的技术效应来看，7个行业的三个时段的技术效应均为负值。

第四，由于三个时段细分行业总体TFP增长率均为负值，也就是说结构效应对TFP增长率的贡献起到反向拉动作用，三个阶段值分别表现为−16.41%、−13.26%、−14.38%。资本结构效应在总结构效应占据了主导地位，远大于劳动结构效应作用。无论是从总体还是从第三产业细分行业具体情况来看，几乎所有时间段内的资本结构效应和劳动结构效应均为正值,只有 2010—2016 年间金融业的资本结构效应与房地产业的劳动结构效应为负,且数值极其微小。

第四节　总结性评论及对策建议

前述各部分构建了宏观 TFP 增长率分解模型框架,在收集整理 1990—2016 年间江苏宏观及 2005—2016 年间三次产业细分行业数据基础上,从宏观、三次产业两个层次测算了 TFP 增长率,并将 TFP 增长率逐级分解为技术效应、结构效应(包括资本要素和劳动要素结构效应)。据此可以得出以下主要论断。

第一,TFP 对江苏整体宏观经济高速增长总体发挥了重要的支撑作用,但呈现递减的态势,1991—2016 年间宏观 TFP 增长对全省 GDP 增长平均贡献度为 −6.22%。第一产业 TFP 增长在支撑其增加值增长中发挥了早期绝对正向主导作用到近 10 年不断加深的负向作用,总体平均贡献度为 −33.55%。第二产业 TFP 增长对其增加值增长的平均贡献度为 12.13%,存在较为明显的由强到弱到负再回正的"U"形发展趋势。第三产业 TFP 增长对产业增加值增长始终处于负向拉低作用,平均贡献度为 −24.09%。

第二,1991—2016 年间,总体 TFP 增长率测算值在 6 个时段当中,2000—2005、2008—2010 时段为负数,其他 3 个时段为正数,经历了从高到低再回升的态势,总体 TFP 增长率为 1.03%。在 6 个时段当中,三次产业的技术效应是宏观 TFP 增长压倒性的主导源泉,占比贡献均在 99% 以上,三次产业的结构效应占比贡献过小,在 6 个时间段中有 5 个时间内的贡献绝对值小于 1%。从技术效应的三次产业分解情况来看,第二产业是压倒性主导源泉,1991—2016 年间对总技术效应贡献率达到 112.97%,除了 2005—2010 时段的 96.94%,其他的 4 个时段的贡献率均超过了 100%。第一产业影响不大,第三产业的影响可以忽略不计。

从结构效应的具体构成来看,1991—2016 年间资本和劳动的结构效应分别为－0.52％、0.4％。以上情况反映出江苏工业强省特征,也显示出江苏资本和劳动等要素的结构效应提升的空间可能会很大。

第三,2005—2010、2010—2016、2005—2016 时间段内,第二产业细分行业总体的 TFP 增长率呈现出了先正后负的发展态势,尤其是 2010—2016 年间是－4.53％。细分行业总体 TFP 增长率中技术效应占据了绝对主导地位,3 个时段分别为 7.03％、－4.33％、1.07％,对 TFP 增长率的贡献分别为 99.41％、118.67％、111.42％。细分行业总体结构效应是微小且对 TFP 增长率的贡献大多是负向贡献,这其中资本结构效应远大于劳动结构效应且后者均为负值,这说明前者再配置的影响要远大于后者。

第四,2005—2010、2010—2016、2005—2016 时间段内,第三产业细分行业总体的 TFP 增长率的平均值分别为－3.03％、－13.11％、－8.55％,始终是负值且呈现出快速下降的发展趋势。细分行业总体 TFP 增长率中技术效应占据了绝对主导地位,3 个时段分别为－4.81％、－14.12％、－9.92％,对 TFP 增长率的贡献分别为 116.41％、113.26％、114.38％。结构效应对 TFP 增长率的贡献起到反向拉动作用,3 个阶段值分别表现为－16.41％、－13.26％、－14.38％。资本结构效应在总结构效应占据了主导地位,远大于劳动结构效应作用。

对于江苏推动供给侧结构性改革、提升宏观及产业 TFP,增强江苏经济增长潜力,有如下政策建议:(1)正视进入 2000 年以后江苏宏观 TFP 增长率及对经济增长贡献度下降的现实,反思宏观刺激政策及资本要素驱动增长所带来的挤压效应影响,平衡好增长速度与增长质量之间的关系。(2)在面临技术发展"天花板"及中美贸易战国际大环境不利情况下,短期内要充分发挥 TFP 增长的结构效应。继续以供给侧结构性改革为主线,抓好全社会"去产能、去库存、去杠杆、降成本、补短板"各项任务,通过建构合理的激励机制引导劳动、资本要素资源向科技含量和生产率水平更高的先进行业集聚。(3)从中长期来看,技术进步仍是

TFP增长的主要源泉。要落实《国家创新驱动发展战略纲要》、"中国制造2025江苏行动计划""互联网＋江苏行动计划"等重大部署,持续推动各行业技术进步,形成技术优势,为宏观经济增长提供有力支撑。(4)提高劳动投入质量也是提升TFP增长的重要来源之一。要加大教育投入,提高人力资本质量。要通过大力宣传和普及"终身教育"的理念,以更新知识观念,适应随技术进步而快速发展的时代。建议在全省范围逐步普及高中教育,加强职业教育,整合大学、企业、科研机构等教育和培训资源,由政府提供补贴,全面提供文化素质和职业技能培训服务,提高广大从业人员的知识水平和技能水平,为未来江苏经济的高端化和高水平发展提供必要的人力资源支撑。

参考文献:

[1] 蔡跃洲、付一夫:《全要素生产率增长中的技术效应与结构效应——基于中国宏观和产业数据的测算及分解》,《经济研究》2017年第1期。

[2] 蔡跃洲、张钧南:《信息通信技术对中国经济增长的替代效应与渗透效应》,《经济研究》2015年第12期。

[3] OECD, 2001, Measuring Productivity: Measurement of Aggregate and Industry-level Productivity Growth, OECD Manual.

[4] OECD, 2009, Measuring Productivity(Second edition), OECD Manual.

第六章 产业高质量发展

经济高质量发展的重要内容和深厚基础是产业高质量发展。推动江苏经济高质量发展,必须在推动产业高质量发展上做足文章,攻坚克难。本章集中分析研究江苏产业高质量发展。

第一节 产业高质量发展的内涵分析

一、产业高质量发展的相关理论

1. 工业化理论

工业化的内涵,各国学者从不同角度进行了论述,迄今尚未形成统一的定义。钱纳里等在《工业化和经济增长的比较研究》中指出,工业化是以经济中心由初级产品生产向制造业生产转移为特征的,这一转移的主要指标是制造业对增长贡献的相对重要性发生了变化。……或者更广义地说,工业化是经济结构转变的一个重要阶段。工业化就是指制造业产值份额的增加过程。库兹涅茨认为,工业化过程即"产品的来源和资源的去处从农业活动转向非农业生产活动"。《新帕尔格雷夫经济学大辞典》对工业化的解释是:"一种明确的工业化过程的一些基本特征是:首先,一般来说,国民收入中制造业活动和第二产业所占比例提高了。其次,在制造业和第二产业就业的劳动人口的比例也有增加的趋势,同时,整个人口的人均收入也增加了。"①

关于工业化发展阶段理论,学术界主要有四种代表性理论。(1)配第—克拉克定理。早在17世纪,西方经济学家威廉·配第就已经发现,随着经济的不断发展,产业中心将逐渐由有形财物的生产转向无形的服务性生产。1691年,威廉·配第根据当时英国的实际情况明确指出:工业往往比农业、商业往往比工业的利润多得多。因此劳动力必然由农转工,而后再由工转商。克拉克继承并丰富了配第的观点,总结出随着经济发展和人均国民收入水平的提高,劳动力首先由第一产业向第二产业转移,然后再向第三产业转移的演进趋势。后人将此规律称为配第—克拉克定理。(2)西蒙·库兹涅茨的产业结构演化理论。20世纪60年代初期,美国经济学家西蒙·库兹涅茨等人通过对57个国家的统计资料进行分析,从产业结构变化角度提出了经济发展阶段与演化规律理论。即农业部门实现的国民收入,随着年代的延续,在整个国民收入中的比重以及农业劳动力在总劳动力中的比重均不断下降;工业部门国民收入的相对比重大体上是上升的,然而,如果综合各国的情况看,则工业部门中劳动力的相对比重是大体不变或略有上升;服务部门的劳动力相对比重呈现上升趋势,但国民收入的相对比重,却并不必须与劳动力的相对比重的上升趋势同步,综合起来看是大体不变或略有上升。(3)霍夫曼定理。1931年,德国经济学家W.C.霍夫曼在《工业化阶段和类型》中,通过对1931年以前各个工业化国家统计资料的分析推算得出了霍夫曼系数,即消费品工业净产值与资本品工业净产值的比例,该指标用来衡量工业化程度。随着一国工业化的发展,霍夫曼系数呈现不断下降的趋

---

① 约翰·伊特韦尔、默里·米尔盖特、彼得·纽曼编:《新帕尔格雷夫经济学大辞典》(第二卷:E—J),经济科学出版社1996年版,第861页。

势。并据此指标将工业化发展分为四个阶段。(4)钱纳里的标准结构理论。钱纳里(1975)利用二战后发展中国家特别是其中的准工业化国家(地区)1960—1980年间的历史资料,建立了多国模型,利用回归方程建立了DGP市场占有率模型,即提出了标准产业结构。根据他的分析,工业化阶段分为三个阶段六个时期,即准工业化阶段、工业化的实现阶段(包括工业化初级、中级及高级阶段)和后工业化阶段(包括发达经济初级、高级阶段)。

2. 创新理论

创新的概念最早起源于奥地利经济学家约瑟夫·熊彼特(Schumpeter,1933)。熊彼特在《经济发展理论》中首次提出了"创新"的概念,在《商业周期》一书中对创新理论进行了较为详尽的论述。从他的定义来看,"创新"的含义为"建立新的生产函数或供应函数",即通过企业家对资本、劳动要素等生产要素进行重新组合。在他看来,创新不仅是指科技发明,更重要的是指把这项科技发明引入企业,形成新的生产能力,从而得到潜在的利润,推动社会和经济的发展。在此之后,不同的学者又给出了关于创新的不同定义。Thompson(1965)定义创新为:创新是新的观点、工艺产品或服务的产生、被接纳和生产的过程。Damanpour(1996)提供了一个关于创新的详细的定义:创新被认为是一个组织变动的方式,或者是对周边环境变化的响应,或者是影响环境的预先行动,因此,创新可以从广义上被定义为包括多种类型,包含新产品或服务、新工艺、新的组织结构或者行政体系、组织成员的新计划或新方案。

熊彼特认为,创新一般包括以下几个方面的重要内容:(1)创造一种新的产品,或者是消费者还不熟悉的产品,或者使已有产品具备一种新的特征。(2)采用一种新的生产方法,也就是在有关的制造部门中尚未通过经验鉴定的方法。这种方法不一定非要建立在科学新发现的基础上,它也可以是以新的商业方式来处理某种产品。(3)开辟一个新的市场,也就是有关国家的某一制造部门以前不曾进入的市场,不管这个市场以前是否存在过。(4)取得或控制一种原材料或半成品的一种新的供给来源,不管这种来源是已经存在的,还是第一次创造出来的。(5)实行一种新的企业组织形式,比如造成一种垄断地位,或者打破一种垄断地位。由此可见,熊彼特提出的创新概念的含义是相当广泛的,它不仅包含了技术创新,而且还涵盖了产品创新、工艺创新、市场创新和组织创新等广泛的内容。他所说的创新是经济学概念,不同于技术上的发明,只有新的技术发明被应用于经济活动时才有可能成为创新。

新古典经济增长模型理论假设生产函数规模报酬不变,资本和劳动的边际收益递减。因此,经济的增长最终只能依靠外生的技术进步。而资本积累既不能解释长期的经济增长,也无法解释国家或地区间的收入差别。因此,20世纪80年代,以罗默、卢卡斯为代表的经济学家建立了技术进步内生化的内生增长理论,也被称为新增长理论。内生增长理论将知识、人力资本等内生技术变量引入增长模型中,假定要素收入递增,因此在资本收益率不变或增长的情况下,人均产出可以无限增长,而且长期内增长可以单独递增。很多内生增长模型的共同观点是:"经济增长不是外生因素作用的结果,而是由经济系统的内生变量决定的;政府实施的某些经济政策对经济增长具有重要的影响。"内生增长理论认为增长的源泉来自技术创新,而劳动分工深化程度和专业化人力资本的积累水平是决定技术创新水平高低的最主要因素;政府实施的某些经济政策对一国的经济增长具有重要的影响。

技术创新经济学起源于熊彼特的创新理论,是熊彼特的创新理论与方法,与新古典经济理论相结合后用于技术创新的研究。比较有代表性的技术创新理论包括曼斯菲尔德(Edwin Mansfield)的技术推广理论、德国经济学家门施(Gerhard Mensch)等人的周期理论、英国学者弗里曼(Christopher Freeman)的技术创新政策体系和卡曼(Monton I. Kamien)等的市场利率。

制度创新理论的主要代表性理论包括诺斯(Douglass C. North)的制度创新论、拉坦(V. W. Ruttan)的诱致性制度变迁理论等。制度创新学派把制度引入到技术创新的研究之中,分析制度安排与企业的经济绩效的关系,制度变迁对技术创新进而对经济增长的影响。

二、关于产业高质量发展的文献述评

1. 关于产业高质量发展内涵的研究

目前专门针对产业高质量进行系统研究的文献很少。大部分集中于对经济高质量发展内涵的解释。中国宏观经济研究院的马晓河认为,理解经济高质量增长,有窄口径和宽口径之分。从窄口径看,经济高质量发展,就是一个经济体(或企业)在投入上能利用科技进步科学配置资源要素,推动效率变革,实现资源要素配置从过去的粗放经营转向集约节约经营,使得资源要素的利用效率明显提高;在产出上,能通过科技进步和管理创新推动质量变革、动力变革,使产出的品质明显提升,效益大大提高。从宽口径看,理解经济高质量发展不仅仅限于经济范畴之内,还应考虑社会、政治、文化、生态等方面的影响因素。因此,在新时代,经济高质量发展应体现产业产品的创新性、城乡地区以及经济与其他领域的协调性、环境资源利用的可持续性、经济发展的对外开放性和发展成果的可共享性。

国务院发展研究中心的李伟认为,高质量发展有六大内涵,高质量发展,意味着高质量的供给、高质量的需求、高质量的配置、高质量的投入产出、高质量的收入分配和高质量的经济循环。

国家发改委宏观经济研究院林兆木认为,经济高质量发展的内涵包括:商品和服务质量普遍持续提高的发展;投入产出效率和经济效益不断提高的发展;创新成为第一动力的发展;绿色成为普遍形态的发展;经济重大关系协调、循环顺畅的发展;坚持深化改革开放的发展;共享成为根本目的的发展。

北京科技大学赵晓认为,高质量发展意味着在产业结构上,要由资源密集型、劳动密集型产业为主转向高技术含量、高附加值产品为主;在经济效益上,要由高成本、低效益转向低成本、高效益的方向;在生态环境上,要由高排放、高污染转向循环经济和环境友好型经济。

2. 关于产业高质量发展评价的研究

涂圣伟(2018)认为评价一个经济体的产业发展质量,可以从供给结构、生产效率和价值创造三个维度展开。其中,供给结构包括产业结构和产品结构,体现供给与需求之间的适配性;生产效率包括要素效率和组织效率,体现产业体系的整体有机性;价值创造包括产品和服务附加值,体现生产活动的创造性。彭树涛、李鹏飞(2018)通过构建产品、市场、产业三因素评价框架,分析了中国制造业发展质量的变化趋势。张文会、乔宝华(2018)构建了我国制造业高质量发展指标体系,涵盖创新驱动、结构优化、速度效益、要素效率、品质品牌、融合发展、绿色制造七大类,共计27项指标。

三、促进产业高质量发展的重要意义

1. 促进产业高质量发展是全球科技发展和产业变革的大势所趋

2008年国际金融危机之后,世界各国为了寻找促进经济增长的新出路,开始重新重视制造业,美国、欧盟、德国、英国等纷纷推出制造业国家战略。美、德、日等发达国家将焦点锁定在以新一代互联网、生物技术、新能源、高端制备为代表的七大战略性新兴产业上,展开了新一轮的增长竞赛,试图抢占新一轮经济增长的战略制高点。当前,全球新一轮工业革命正在加快孕育中。物联网、大数据、工业机器人、3D打印以及生物、材料、节能环保等技术创新将促进传统产业改造和新兴产业兴起,推动产业数字化、智能化、绿色化发展。2013年初,德国提出工业4.0计划,旨在通过智能制造,在新一轮工业革命中抢占先机。与美国流行的三次工业革命的说法不同,德国将18世纪引入机械制造设备定义为工业1.0,20世纪初的电气化为2.0,始于20世纪70年代的信息化定义为3.0,而物联网和制造业服务化宣告着第四次工业革命到来。美国则提出,要发展先进的信息技术生态系统,并通过人工智能、机器人以及数字化制造重塑制造业竞争力。日本于2009年4月推出新增长战略,提出要重点发展环保型汽车、电力汽车和太阳能发电等产业。韩国则在《新增长动力规划及发展战略》中提出:重点发展能源与环境、新兴信息技术、生物产业等六大产业,以及太阳能电池、海洋生物燃料、绿色汽车等22个重点方向。利用核心技术掌握高端制造业主导权,发展战略性新兴产业、高端制造技术面临的国际竞争日趋激烈。

正如2013年习近平同志在主持中共中央政治局第九次集体学习时指出,新一轮科技革命和产业变革正在孕育兴起,一些重要科学问题和关键核心技术已经呈现出革命性突破的先兆,带动了关键技术交叉融合、群体跃进,变革突破的能量正在不断积累。即将出现的新一轮科技革命和产业变革与我国加快转变经济发展方式形成历史性交汇,为我们实施创新驱动发展战略提供了难得的重大机遇。新一轮科技革命和产业变革的出现,既给我们加快创新驱动,实现跨越式发展带来了难得机遇,也对现有的低成本产业发展模式提出了挑战。因此,促进产业高质量发展是全球科技发展和产业变革的大势所趋。

2. 推动产业高质量发展是江苏转型升级的形势所迫

改革开放以来,江苏依靠承接国际劳动密集型和资本密集型加工制造业转移,实现了经济快速发展。但是,根据产业结构演进规律,当经济发展到一定程度以后,必然要求产业转型升级以推动经济结构优化和可持续发展。当前江苏处于工业化后期向服务业经济的过渡阶段,从产业价值链低端向高端的跨越尚未完成,要素成本优势不再,产业被低端循环锁定,企业的创新动力不足,迫切需要进一步转型升级。

同时,经济快速增长在很大程度上仍然是依靠资本、劳动和资源的高强度投入,因而经济发展的投入成本、资源消耗和环境代价仍然很大。江苏有着"人口密度大、人均环境容量小、单位国土面积污染负荷高"的特殊省情,随着工业化、城镇化的加速推进,资源环境约束愈加明显,生态保护的任务十分艰巨。人口红利减少、劳动力成本上升,向大力发展服务业的调整又不可避免地导致了社会劳动生产率增速以及经济整体增长速度的放缓。随着人口红利的逐渐消失,资源、劳动力成本不断上升,传统的经济增长方式逐渐失去优势,传统经济结构面临转型。

根据新古典经济增长理论,资本投入在短期内会推动经济的增长,但是其对经济增长的贡献会随着资本边际报酬的递减而不断降低。对苏联、东亚地区以及近期中国经济增长的研究近乎一致地认为,单纯依靠资本、劳动要素投入实现的"粗放型"经济增长是不可持续的,必须依靠技术的进步和生产率水平的提高。只有加快技术创新,推动产业向高端化发展,才能化解江苏经济发展面临的种种困难与挑战,增强经济发展内生动力和活力。

3. 推动产业高质量发展是江苏实现创新驱动战略的重要目的

党的十八大提出实施创新驱动发展战略,强调科技创新是提高社会生产力和综合国力的战略支撑,必须摆在国家发展全局的核心位置。江苏也在"十二五"期间提出创新驱动战略,在此战略的指引下,江苏创新能力明显增强,在全国居于领先地位。然而,科技成果转化和产业化不够充分、企业创新能力还不够强等问题依然是制约江苏经济持续发展、产业结构提升的主要瓶颈。

当前,全球新一轮工业革命正在加快孕育中。利用核心技术掌握高端制造业主导权,发展战略性新兴产业、高端制造技术面临的国际竞争日趋激烈。

因此,今后一段时期,推进创新驱动战略,仍将是江苏必须继续坚持的重要战略之一。而坚持创新驱动,促进经济社会发展尽快走上创新驱动、内生增长的轨道,最终目的还是为了提升制造业整体质量水平和国际竞争力,实现国民经济由高速增长向高质量发展转变。

四、准确把握产业高质量发展的内涵

我们认为,对于产业高质量发展的内涵,应从以下几个方面来把握:

1. 产业结构合理

产业结构是国民经济结构的核心和基础,指的是生产要素在各产业部门之间的比例构成和它们之间相互依存、相互制约的关系。一般而言,产业结构合理是指三次产业结构之间、三次产业结构内部、细分产业内部之间在产业规模、就业人数等方面要存在合理的比例关系。产业结构是否合理,直接影响国家和地区经济发展的速度和质量。

2. 产业组织结构合理

产业组织结构是指同一产业市场上各种要素(劳动力、生产资料、劳动对象)和产量在企业中的集中情况和配置组合状况,也就是说,同一产业内部企业规模的大中小组合的基本格局,即大中小企业在生产中的联系方式和构成比例。产业组织结构合理意味着不同规模的企业之间的比例关系呈现比较合理和良性的状态。

3. 产业技术创新能力较强

产业技术创新能力是指采用先进的科学技术和手段开发新产品、新工艺使其形成经济效益,推动产业发展的能力。一个地区的产业技术创新能力较强意味着该地区技术创新的生产要素投入、产业的现有技术水平、专利申请量和授权量、专利转让收入、技术贡献率等指标达到领先地位。

4. 产业绿色发展水平较高

习近平总书记指出:"绿色发展,就其要义来讲,就是要解决人与自然和谐共生问题"。中央提出的"五位一体"战略布局和新发展理念,都把生态文明建设和绿色发展作为"十三五"乃至更长时期我国经济社会发展的重要目标任务。绿色发展是高质量发展的重要组成部分,没有绿色发展,高质量发展只是一句空话。产业绿色发展水平较高则意味着一个地区产业的能耗、污染、水耗以及各种污染物、温室气体排放强度等指标都低于其他地区。

5. 产业空间布局合理

所谓产业空间布局,产业各部门、各环节在地域上的有机组合分布,是产业运行规律在空间上的具体表现。产业空间布局总是依赖于一定的经济条件,总是在一定的地理空间布局。这些条件主要有:地理位置、自然条件和自然资源、人口和劳动力、科学技术和社会经济条件等。任何地区产业布局的特点都是由该地区上述条件决定的,由于不同产业部门对布局的条件要求不同,因而使得不同地区适宜发展不同的产业部门,同一产业部门布局在不同的地区也会产生不同的经济效果。不同地区条件的差异,适宜发展的产业部门也不尽相同。产业空间布局合理意味着该地区产业能够达到区域资源的有效配置,实现产业的集聚经济效应。

6. *产业的社会贡献较大*

高质量发展的目的是为了保障和改善民生,满足人民日益增长的美好生活需要。因此,产业高质量发展同样也不能脱离这个最根本的目标,产业的高质量发展意味着产业的社会贡献较大,具体而言,产业的发展能够提升老百姓的收入水平,满足居民消费需求升级的需要等等。

第二节 产业发展质量的综合评价

一、产业结构评价

当前,世界上许多国家在对产业结构合理性进行分析时,采用库兹涅茨三次产业结构模式或钱纳里三次产业结构模式作为参照。本文也采用钱纳里三次产业结构模式。三次产业结构模式中各产业的比例既可以用产值结构来表示,也可以用劳动力结构来表示。劳动力结构属于投入结构,在国际通行的产业结构分析中被用作反映产业结构变动的基本指标而与产值结构并列。

表6-1 钱纳里三次产业价值结构模式与三次产业劳动力结构模式

单位:%

人均GDP (1980年美元)	钱纳里三次产业价值结构模式			钱纳里三次产业劳动力结构模式		
	第一产业	第二产业	第三产业	第一产业	第二产业	第三产业
<300	48.0	21.0	31.0	81.0	7.0	12.0
300	39.4	28.2	32.4	74.9	9.2	15.9
500	31.7	33.4	34.6	65.1	13.2	21.7
1 000	22.8	39.2	37.8	51.7	19.2	29.1
2 000	15.4	43.4	41.2	38.1	25.6	36.3
4 000	9.7	45.6	44.7	24.2	32.6	43.2
>4 000	7.0	46.0	47.0	13.0	40.0	47.0

资料来源:Syrquin M, Chenery H. Three Decades of Industrialization. World Bank Economic Review, 1989, 3(2): 148-181.

1988—2016年江苏省GDP三次产业价值结构中,第一产业低于钱纳里标准;第二产业一直显著高于钱纳里标准,到了2015年后,第二产业开始低于钱纳里标准;第三产业由一开始显著低于钱纳里标准,到人均GDP超过4 000美元后,2014年第三产业与钱纳里标准相同,同样也是2015年后,第三产业高于钱纳里标准。

从业人员三次结构中,第一产业就业人员占比一直低于钱纳里标准,到了人均GDP达到4 000美元后,2011年,第一产业就业人员占比高于钱纳里标准,不过目前的趋势是不断接近钱纳里标准;第二产业就业人员占比一直显著高于钱纳里标准;第三产业就业人员占比一开始高于钱纳里标准,人均GDP达到500美元时,也就是1995年,第三产业就业人员占比基本与钱纳里标准相同,人均GDP达到2 000美元后,第三产业就业人员占比一直低于钱纳里标准,目前的趋势是不断接近钱纳里标准。

总体而言,江苏的产业结构正由不合理向合理转变。

表6-2 江苏三次产业价值结构与三次产业劳动力结构

单位:%

年份	人均GDP (1980年美元)	三次产业价值结构			三次产业劳动力结构		
		第一产业	第二产业	第三产业	第一产业	第二产业	第三产业
1985	277.9	30.0	52.1	17.9	53.2	32.7	14.1
1986	262.7	30.1	50.5	19.4	50.1	34.0	15.9
1987	291.1	26.8	53.5	19.7	48.2	35.4	16.4
1988	363.7	26.4	48.5	25.1	47.2	35.7	17.1
1995	516.4	16.8	52.7	30.5	46.9	32.1	21.0
2003	1 035.0	9.3	54.6	36.1	35.9	34.4	29.7
2007	2 028.8	7.0	55.6	37.4	26.3	39.7	34.0
2011	4 142.7	6.3	51.3	42.4	21.5	42.4	36.1
2012	4 566.7	6.3	50.2	43.5	20.8	42.7	36.5
2013	5 050.3	5.8	48.7	45.5	20.1	42.9	37.0
2014	5 434.8	5.6	47.4	47.0	19.3	43.0	37.7
2015	5 699.0	5.7	45.7	48.6	18.4	43.0	38.6
2016	5 712.0	5.4	44.1	50.5	17.7	43.0	39.3

资料来源:江苏省人民币当前价与汇率来源于2017年《江苏统计年鉴》,人均GDP根据美国GDP平减指数换算成1980年美元,美国GDP数据来源于世界银行最新世界发展报告(WDI)数据。

但同时应看到,三产内部结构仍需进一步优化。尽管第三产业目前是江苏第一大产业,但三产中的现代服务业发展依然滞后。

从第三产业内部各细分产业所占比重来看,属于传统服务业的批发和零售业仍然是服务业中第一大产业,其次是金融和房地产业,占服务业比重均在10%以上;属于现代服务业的信息传输、软件和信息技术服务业,租赁和商务服务业,科学研究和技术服务业等所占比重仍低于10%。

表6-3 2016年江苏第三产业内部结构情况

产业	生产总值（亿元）	占第三产业比重(%)	同比增长(%)
批发和零售业	7 470.27	19.4	6.8
交通运输、仓储和邮政业	2 834.56	7.4	4.8
住宿和餐饮业	1 291.32	3.4	8.6
信息传输、软件和信息技术服务业	2 443.22	6.4	30.6
金融业	6 011.13	15.6	13.4
房地产业	4 292.79	11.2	14.3
租赁和商务服务业	3 451.12	9.0	21.3
科学研究和技术服务业	1 097.81	2.9	9.9
水利、环境和公共设施管理业	551.91	1.4	11.1
居民服务、修理和其他服务业	1 507.03	3.9	19.7
教育	2 426.57	6.3	10.5
卫生和社会工作	1 410.95	3.7	14.6
文化、体育和娱乐业	795.79	2.1	25.2
公共管理、社会保障和社会组织	2 618.65	6.8	10.2

资料来源：2018年《江苏统计年鉴》。

二、产业组织结构评价

江苏是工业大省，企业建设发展很快。大中小微型企业不仅数量在持续增加，结构也较为合理。2016年，江苏共有规模以上工业企业47 900家，其中大型企业占2.6%，中型企业占12.6%，小微型企业占84.8%，小微型企业在数量上占据主要比重。从工业总产值分布来说，2016年江苏工业总产值157 640.23亿元，大型企业占36.5%，中型企业占25.3%，小微型企业占38.2%，大中型企业虽然数量只占15.2%，但总产值却占61.8%。基本而言，江苏产业组织结构已经形成了大中小企业并存、宝塔形的格局。

表6-4 江苏规模以上大中小(小微)型工业企业比例结构(%)

年份	指标	大型	中型	小型(小微型)	合计
2005	企业个数	0.9	9.6	89.5	100
	工业总产值	32.4	31.8	35.8	100
2010	企业个数	0.8	7.6	91.6	100
	工业总产值	31.1	28.0	40.9	100
2016	企业个数	2.6	12.6	84.8	100
	工业总产值	36.5	25.3	38.2	100

注:规模以上工业企业统计范围1998年至2006年为全部国有和年主营业务收入500万元及以上的非国有工业企业;2007年至2010年为年主营业务收入500万元及以上的工业企业;从2011年开始,为年主营业务收入2 000万元及以上的工业企业。根据2011年制定的《统计上大中小微型企业划分办法》和《统计上大中小微型企业划分办法(2017)》,从业人员1 000人以下或营业收入40 000万元以下的为中小微型企业。其中,从业人员300人及以上,且营业收入2 000万元及以上的为中型企业;从业人员20人及以上,且营业收入300万元及以上的为小型企业;从业人员20人以下或营业收入300万元以下的为微型企业。从2011年开始,江苏规模以上工业企业将微型企业一并纳入统计范畴,故表中2016年统计的是小微型企业。

资料来源:历年《江苏统计年鉴》。

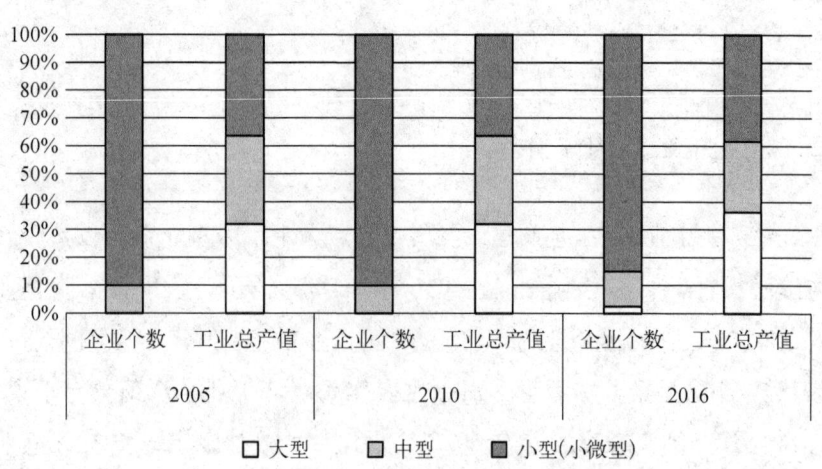

图6-1 江苏大中小(小微)型工业企业比例结构(%)

但同时也应看到,影响产业高质量发展的江苏产业组织结构障碍依然存在。一是制造业领军型骨干企业少。江苏虽有恒力、海澜、沙钢、亨通、徐工这样的制造业大企业,但与兄弟先进省市相比,江苏制造企业整体竞争力还不算强,特别是像华为、海尔这样在国际上叫得响的大企业还不多。以汽车产业为例,江苏产量确实很大,"超百亿"上榜企业也有多家。比如,位于常熟市经济技术开发区的奇瑞捷豹路虎汽车有限公司,是国内首家中英合资的高端汽车企业,拥有世界一流水平的整车制造基地和完善的自主整车开发能力,致力于成为中国高端汽车市场的卓越创领者。但是,整个江苏却没有一个自主汽车品牌。科技型领军企业方面,先进省市都有代表性企业,如广东的华为和中兴、北京的联想和方正、山东的海尔和海信。而江苏的沙钢是资源型企业,苏宁和三胞为传统商业,徐工是重工机械,都不是创新型企业。二是大多中小微企业占据产业链条低端,产业层次不高,产品附加值较低。一些中小企业产品结构单一、市场空间狭小、生产工艺简单,品牌意识不强,技术含量和附加值低,生产难以形成规模经济,基本上处于层次低的产业,市场竞争力和抗风险能力比较薄弱。

三、产业技术创新能力评价

1. 创新投入与产出

纵向来看,江苏省规模以上工业企业近几年创新人才和经费投入均有所增加,产业创新投入方面,2011年从事科技活动的人员占从业人员比重为5.9%,2016年提高到7.8%;R&D经费占主营收入比重由2011年的0.9%提高到2016年的1.1%。

创新产出方面,专利申请数中发明专利的比重由2011年的30.3%提高到2016年的37.5%;新产品销售收入占主营业务比重由2011年的14.0%提高到2016年的17.9%。

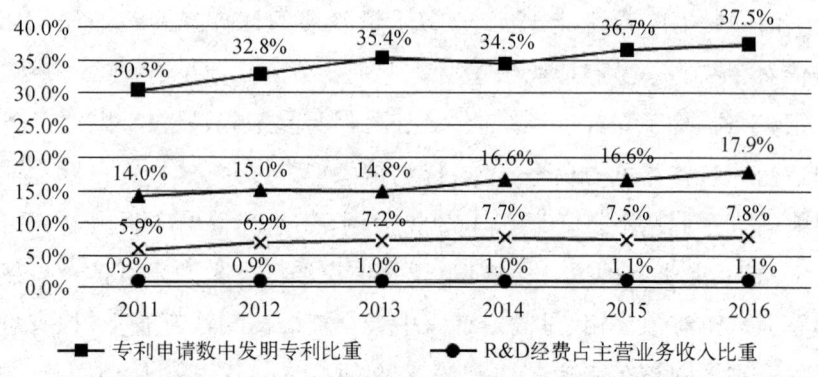

图 6-2　江苏省规模以上工业企业创新能力比较

但与发达国家相比,江苏规模以上企业的研发经费投入强度仍然偏低。美国、日本、德国等发达国家企业研发经费投入强度普遍在 2% 以上,其中日本 2009 年就达到了 3.57%。而江苏 2016 年只有 1.09%。

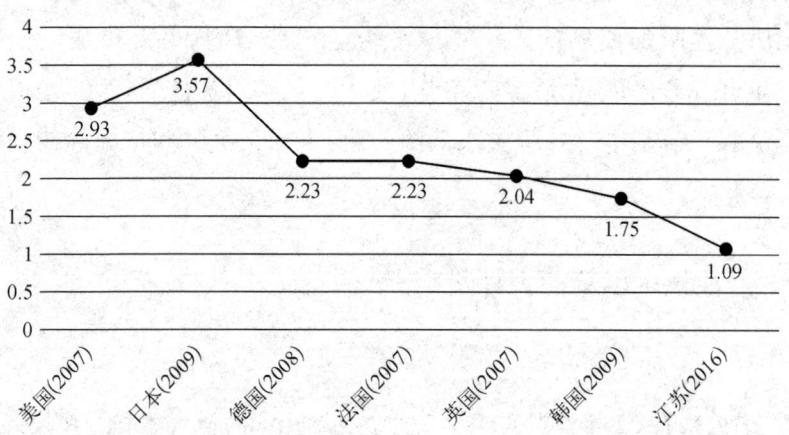

图 6-3　江苏与主要国家工业企业研发投入强度比较(%)

2. 技术转化

江苏近几年技术交易合同数和金额逐年上升,为促进产业提质增效、促进大众创业万众创新提供了有力支撑。

技术转移转化步伐加快。2017 年江苏技术转让合同成交 4 314 项,成交金额 169.2 亿元,成交项次位列全国第一,成交金额位列全国第三

(仅次于广东、上海)。

先进技术加速向江苏转移转化。2017年江苏共吸纳技术合同38 911项,成交额919.55亿元,成交额列在北京、广东之后排名全国第三。

创新成果与产业发展结合更加紧密。2017年江苏先进制造、电子信息、生物医药、新材料四大优势领域输出技术涉及四大领域合同23 099项,占比达61.84%,成交额636.83亿元,占比达72.95%;吸纳技术涉及四大领域合同共成交24 558项,占比达63.11%,成交额614.23亿元,占比达66.79%。

3. 产业绿色发展水平评价

单位GDP能耗,又叫万元GDP能耗,是指一个地区在报告期内(如一个季度、一年等)创造每一万元GDP所耗费的综合能源消费量,公式:万元GDP能耗=综合能源消费量/GDP,一般用来反映一个国家或地区经济活动中对能源的利用程度,反映了经济结构和能源利用效率的变化。

2017年,江苏节能降耗工作取得积极进展,能耗强度下降5.6%。按照2010年不变价格计算,万元GDP能耗为0.42吨标准煤。分产业看,第一产业和第三产业的单位GDP能耗都比较低,且波动幅度较小。第二产业的单位GDP能耗2010年以来下降比较明显,但相对第一、第三产业依然比较高。

表6-5 江苏三次产业能源消耗量及GDP能耗

年份	2010	2011	2012	2013	2014	2015	2016	2017
能源消费总量	25 773.7	27 589.0	27 821.1	29 205.4	29 863.0	30 235.3	31 053.9	31 430.4
一产能源消费量	394.7	452.0	389.5	441.0	462.6	516.3	534.0	546.2
二产能源消费量	20 879.0	22 341.7	22 261.2	22 946.0	23 495.8	23 497.4	23 805.7	23 682.7
三产能源消费量	2 617.2	2 859.7	3 073.3	3 393.4	3 577.3	3 759.1	3 969.3	4 244.1
单位GDP能耗(吨标煤/万元)	0.62	0.60	0.55	0.53	0.49	0.46	0.44	0.42

续表

年份	2010	2011	2012	2013	2014	2015	2016	2017
一产单位GDP能耗（吨标煤/万元）	0.16	0.17	0.14	0.16	0.17	0.18	0.18	0.18
二产单位GDP能耗（吨标煤/万元）	0.96	0.92	0.83	0.77	0.73	0.68	0.64	0.60
三产单位GDP能耗（吨标煤/万元）	0.15	0.15	0.15	0.15	0.14	0.14	0.13	0.13

资料来源：历年《江苏统计年鉴》。三次产业的能源消费量根据"综合能源平衡表"中能源消费总量结构计算得到：第一产业为农、林、牧、渔、水利业；第二产业包括工业和建筑业；第三产业包括交通运输、仓储及邮电通讯业，批发和零售贸易餐饮业，其他。单位GDP能耗按照2010年不变价计算。

四、产业空间布局评价

1. 产业集聚水平

区位熵指产业在某地区经济中的份额与产业在整个国民经济中的份额的比重，常用来反映特定地区的产业集聚程度。计算公式为：

$$\beta_{ij} = \frac{q_{ij}/q_j}{q_i/q}$$

其中：β_{ij} 代表 j 地区 i 产业的区位熵；q_{ij} 代表 j 地区 i 产业的相关指标（产值、总资产、企业单位数、主营业务收入等）；q_j 代表 j 地区制造业的总指标值；q_i 代表全国 i 产业的相关指标；q 代表全国制造业的总指标值。

通常情况下，当 $\beta_{ij}>1$ 时，表明 j 地区 i 产业的地位和比重高于全国平均水平，该地区 i 产业的集聚程度较高；当 $\beta_{ij}<1$ 时，表明 j 地区 i 产业的集聚程度较低。

本文选取了江苏制造业31个细分行业的企业单位数、主营业务收入来计算2012年和2016年江苏制造业各行业的区位熵,结果发现,无论是用哪一个指标,化学纤维制造业的区位熵均居于各行业之首,说明江苏该产业集聚程度最高。其次是仪器仪表制造业,集聚程度相对较高。除这两个产业外,用企业单位数、主营业务收入衡量,2016年区位熵均大于1的行业有:纺织业,纺织服装、服饰业,木材加工和木、竹、藤、棕、草制品业,化学原料和化学制品制造业,黑色金属冶炼和压延加工业,金属制品业,通用设备制造业,专用设备制造业,铁路、船舶、航空航天和其他运输设备制造业,电气机械和器材制造业,计算机、通信和其他电子设备制造业。这表明,江苏制造业存在明显的产业集聚现象,主要体现在电子信息等技术密集型行业和一些传统优势行业如纺织、化工行业等。

表6-6 江苏制造业区位熵

行业	2012年		2016年	
	企业单位数	主营业务收入	企业单位数	主营业务收入
农副食品加工业	0.46	0.44	0.49	0.51
食品制造业	0.33	0.28	0.36	0.34
酒、饮料和精制茶制造业	0.25	0.44	0.20	0.43
烟草制品业	0.26	0.41	0.35	0.43
纺织业	1.67	1.30	1.70	1.23
纺织服装、服饰业	1.23	1.39	1.17	1.36
皮革、毛皮、羽毛及其制品和制鞋业	0.53	0.45	0.52	0.50
木材加工和木、竹、藤、棕、草制品业	1.07	1.09	1.07	1.21
家具制造业	0.34	0.27	0.39	0.31
造纸和纸制品业	0.62	0.71	0.64	0.78
印刷和记录媒介复制业	0.87	0.77	0.88	0.75

续表

行业	2012年		2016年	
	企业单位数	主营业务收入	企业单位数	主营业务收入
文教、工美、体育和娱乐用品制造业	1.03	0.79	1.09	0.96
石油加工、炼焦和核燃料加工业	0.42	0.36	0.59	0.42
化学原料和化学制品制造业	1.12	1.37	1.12	1.43
医药制造业	0.73	0.93	0.70	0.95
化学纤维制造业	3.25	2.62	3.05	2.48
橡胶和塑料制品业	0.79	0.64	0.86	0.68
非金属矿物制品业	0.59	0.57	0.60	0.57
黑色金属冶炼和压延加工业	1.03	0.96	1.11	1.06
有色金属冶炼和压延加工业	1.02	0.58	1.11	0.54
金属制品业	1.15	1.14	1.12	1.11
通用设备制造业	1.24	1.20	1.31	1.31
专用设备制造业	1.24	1.07	1.30	1.20
汽车制造业	0.80	0.62	0.91	0.64
铁路、船舶、航空航天和其他运输设备制造业	1.39	1.59	1.32	1.32
电气机械和器材制造业	1.25	1.63	1.32	1.62
计算机、通信和其他电子设备制造业	1.48	1.62	1.32	1.32
仪器仪表制造业	1.65	2.71	1.56	2.75
其他制造业	0.66	0.81	0.66	0.81
废弃资源综合利用业	0.81	0.75	0.66	0.45
金属制品、机械和设备修理业	0.50	0.25	0.47	0.21

资料来源：2013年、2017年《江苏统计年鉴》《中国统计年鉴》。

2. 产业集群情况

为了加快转变经济发展方式,调整优化区域经济布局结构,实现区域经济转型升级,江苏从 2009 年开始开展特色产业集群认定工作,截止到 2016 年 4 月,经省认定的江苏省特色产业集群已达 100 个,这些特色产业集群区域特色鲜明、竞争力强,有力地推动了区域经济发展和小微企业成长。目前,江苏产业集群发展目标已从推动地方特色产业发展向打造地标特色产业转变,地标特色产业表现为产业的区域标志性、行业标杆性,这对产业集群的建设要求进一步提高。在全省制造业大会上发布的《关于推进中国制造 2025 苏南城市群试点示范建设的实施意见》还分别针对苏南 5 市明确了各自的产业集群特色。

3. 特色小镇建设

2015 年底,江苏提出要通过"十三五"的努力,打造 100 个左右特色小镇。2016 年 10 月,住建部公布首批 127 个中国特色小镇名单,江苏省有 7 个特色小镇入选。2016 年底,省政府印发了《关于培育创建江苏特色小镇的指导意见》,确定了江苏特色小镇发展的总体要求、发展目标、创建路径和工作机制。2017 年 5 月,江苏省发改委公布了首批 25 家省级特色小镇创建名单。这些特色小镇将主要聚焦于高端制造、新一代信息技术、创意创业等江苏最有基础、最具潜力、最能成长的特色优势产业。目的是通过特色小镇的打造,紧扣产业发展趋势,延伸产业链、提升价值链,构建小镇大产业,努力培育出一批有竞争力的创新集群、有影响力的细分行业冠军。

表 6-7 第一批省级特色小镇创建名单

所属城市	小镇名称
南京	未来网络小镇、高淳国瓷小镇
无锡	鸿山物联网小镇、太湖影视小镇、新桥时裳小镇
徐州	沙集电商小镇
常州	石墨烯小镇、殷村职教小镇、智能传感小镇
苏州	苏绣小镇、东沙湖基金小镇、昆山智谷小镇

续表

所属城市	小镇名称
南通	吕四仙渔小镇、海门足球小镇
连云港	东海水晶小镇
淮安	盱眙龙虾小镇
盐城	数梦小镇、汽车小镇
扬州	头桥医械小镇
镇江	大路通航小镇、丹阳眼镜风尚小镇、句容绿色新能源小镇
泰州	医药双创小镇、黄桥琴韵小镇
宿迁	电商筑梦小镇

五、产业的社会贡献评价

改革开放以来,江苏经济持续快速发展,职工收入水平稳步提高,但最近几年,城镇单位各产业职工工资水平增速明显放缓。就2016年情况来看,很多行业城镇单位职工平均工资增长速度低于10%,甚至有行业职工平均工资出现负增长。二产中采矿业平均工资增速回落得最为严重,2006年增速为22.8%,2015年首次出现了负增长,2016年也仅比上年增长3.2%。制造业城镇单位就业人员平均工资2006年增速为12.2%,2016年回落为6.8%。增速低于全国平均水平(7.5%),同沪浙鲁粤相比,低于上海(11.9%)、浙江(9.1%)、广东(8.6%)和山东(7.7%)。电力、热力、燃气及水生产和供应业平均工资增速由2006年的13.7%回落至2016年的2.4%,建筑业也由2006年的15.1%回落至2016年的4.6%。

第三产业工资增速也同样出现了减缓,其中住宿和餐饮业平均工资增速由2006年的10.5%降至2016年的−8.5%,信息传输、软件和信息技术服务业平均工资增速由2006年的5.7%降至2016年的−1.6%,均出现了负增长。其他如金融业工资增速回落了17.9个百分点,教育业回落了15.1个百分点,卫生和社会工作行业、租赁和商务服务业均回落了12.3个百分点。

表6-8 2006年以来江苏省分行业城镇单位就业人员平均工资增速(%)

年份	2006	2007	2008	2009	2010	2011	2012	2013	2014	2015	2016
农、林、牧、渔业	12.3	18.2	22.4	21.6	15.8	12.5	12.8	11.5	10.3	5.0	11.8
采矿业	22.8	13.2	10.8	21.2	3.6	15.3	6.3	15.6	2.9	-0.3	3.2
制造业	12.2	14.6	14.1	8.1	16.0	17.1	13.0	26.6	8.2	7.4	6.8
电力、热力、燃气及水生产和供应业	13.7	17.5	16.9	10.9	11.0	12.1	8.2	20.8	7.8	9.0	2.4
建筑业	15.1	9.1	16.2	14.7	11.8	13.0	12.1	32.1	4.4	7.2	4.6
批发和零售业	18.0	14.4	16.1	13.9	8.5	18.5	9.7	28.4	8.1	11.3	10.2
交通运输、仓储和邮政业	13.2	12.4	8.4	12.5	13.4	14.7	11.1	15.5	8.3	9.0	6.8
住宿和餐饮业	10.5	11.1	11.7	4.5	11.8	13.3	12.3	3.2	10.2	21.9	-8.5
信息传输、软件和信息技术服务业	5.7	9.7	0.6	6.7	22.7	23.8	10.2	17.8	8.2	14.6	-1.6
金融业	23.5	20.8	17.2	15.6	18.2	21.7	6.5	14.3	6.3	6.5	5.6
房地产业	15.7	11.5	10.4	10.3	13.9	12.2	10.1	5.4	9.6	8.0	6.0
租赁和商务服务业	16.3	9.8	5.7	7.7	8.6	13.0	14.2	26.6	7.6	4.4	4.0
科学研究和技术服务业	13.1	17.0	15.2	10.3	12.2	17.4	7.8	1.5	5.0	11.8	6.3
水利、环境和公共设施管理业	11.3	16.4	14.1	5.4	9.2	16.0	12.1	10.9	10.0	10.1	2.1
居民服务、修理和其他服务业	5.4	13.0	11.1	9.7	20.5	19.8	11.7	-0.5	7.4	10.1	2.0
教育	17.5	20.3	15.5	19.8	17.0	10.5	9.9	10.3	6.2	11.4	2.4
卫生和社会工作	17.7	14.2	14.1	10.9	11.7	14.6	16.2	11.1	7.6	10.7	5.4
文化、体育和娱乐业	15.4	16.1	9.5	11.4	7.8	8.7	11.4	7.6	13.8	7.9	11.4
公共管理、社会保障和社会组织	13.1	14.4	21.4	13.4	7.6	9.1	10.4	3.7	3.4	8.3	9.5

资料来源:历年《江苏统计年鉴》。

第三节　影响产业高质量发展的制约因素

一、发展理念落后、增长模式亟待转型

40年来,我们以低成本要素、高投入和生态环境为代价形成了高速增长的生产能力。一方面,现行的干部考核制度助长了地方政府官员的投资冲动。在中国地方官员的选拔标准中,经济发展是考核地方官员业绩的最重要指标。在这种考核制度刺激下,地方政府官员为了晋升,纷纷投资上新项目,搞形象工程、政绩工程,最终表现为超前发展、过度投资。同时,地方政府竞争导致政府投资冲动。地方政府为了经济发展,吸引外部企业,通常更多地通过公共品供给、制度上的创新和政策上的优惠吸引资源流入,从而形成新的税源,实现政府和企业及居民共赢。因此,为了强化地方竞争优势,地方政府需要不断加大基础设施投资,提供更有吸引力的基础环境。传统的投资驱动型经济发展模式形成了经济高速增长的强劲推动力。

二、体制、机制等方面仍存在诸多障碍

高质量发展依赖于市场价格调节的有效性,其基础性的体制机制要求是,必须使市场在资源配置上发挥决定性作用。虽然江苏在经济体制改革方面取得了一定成效,但与建成社会主义市场经济、发挥市场配置资源的决定性作用的客观要求相比,仍存在较大差距。存在的问题主要有:(1)政府与市场边界模糊不清。传统的计划经济意识和管理模式在各级政府仍有不同程度的存在。政府存在"越位"和"缺位"。(2)市场主体的活力不够强。以企业为主体的技术创新体制还未完全建立,创新人才缺乏,创新动力不足,创新机制不活,缺少具有自主知识产权的核心技

术和品牌。市场竞争主体对政府部门和行政行为的依赖性相对较强,理解和把握市场规律的能力还不够,应对风险能力较弱。(3)市场机制作用有待进一步发挥。价格调控机制尚不完善,土地、资本、排污权等生产要素市场化配置程度还不高,经济发展面临资源约束加剧、环境压力加大的现实矛盾。

三、经济结构失衡问题依然存在

虽然多年来江苏经济增长速度位居全国前列,但结构失衡问题一直存在并长期累积,影响了经济发展质量的提高。首先,需求结构问题突出,投资消费关系不协调。经济增长主要靠投资拉动,导致消费低迷,内需不足。其次,地区发展结构失衡。第三,内需和外需结构失衡。第四,民营企业与国有企业发展失衡。尽管从体量上来看,民营企业已经超过国有企业,但从经营环境上来看,民营企业不如国有企业,产能过剩、知识产权危机、贸易摩擦、政府行政管理问题、税费负担、人力融资成本增加都对江苏民营经济转型发展产生阻碍。

四、技术创新体制僵化

与经济社会发展的迫切需求相比,江苏科教资源优势还没有充分发挥,创新创业的活力亟待进一步激发和调动。考核评价机制方面,对于企业特别是国有企业,更多地侧重于经济发展指标,缺乏对技术创新的约束性要求;对于高校院所,仍比较多地关注于课题、论文等学术性成果,以理论水平和成果数量作为绩效考核和职称评定的主要指标,以SCI论文数作为立项的依据,以获取政府奖励为最高目标,导致科技创新活动不能很好地贴近市场需求,科技成果转化率过低。知识产权保护机制需要进一步完善。2017年国家知识产权局发布的江苏专利质量评价指数为70.01,远低于北京的91.58、广东的84.59;企业知识产权意识和能力偏弱;知识产权保护效果还不能满足社会期望,维权"周期长、成本高、赔偿低、效果差"的状况没有根本转变;知识产权服务业发展滞后,难以满足市场需求。

第四节　促进产业高质量发展的路径与对策

一、解放思想,以先进的发展理念统领产业发展

推动产业高质量发展,首先需要解放思想,以先进的发展理念统领江苏产业发展。建立更加合理的干部考核体系,引导地方政府合理竞争。科学合理设置干部考核评价指标,推动指标体系多元化,既看发展又看基础,既看总量又看质量,既看显绩又看潜绩,综合考核产业结构优化、民生改善、生态效益等指标和实绩。塑造"强市场、强服务、强治理"新优势,构建涵养江苏区域综合竞争力的"创新生态雨林"。统筹发挥政府、市场、社会三方力量,构建政府、市场和社会多元主体积极参与、相互配合、协调一致的创新治理体系,形成创新力旺盛、具有高度自组织性的"创新热带雨林",为江苏经济从高速增长向高质量发展提供系统性支撑。实施减税,放松管制,支持民营资本更多进入传统垄断领域发展。要加快构建扶持民间投资的财税支持体系,通过财政补贴、税收抵扣、贷款贴息、加速折旧等多种支持方式,对冲土地价格、劳动力价格、房屋租金、物流成本等上升对制造业企业的冲击,提高企业的投资回报。同时进一步放松管制,提高民营经济投资发展的内生动力,为此在政策和资源配置上要给民间投资平等的地位和待遇,消除各种隐性壁垒,保证民营企业依法平等使用生产要素、公平参与市场竞争、同等受到法律保护,拓展民营经济进入制造业领域的新空间。

二、深化供给侧结构性改革

降低创业门槛、降低企业运行成本。加强各部门协同配合,建立健全工作推进机制,全力打好成本"组合拳",全面减轻企业负担。重点围绕深化简政放权,加快降低制度性交易成本,加大财政体制改革力度,实现地方政府财权与事权相匹配。以减税为中心目的,将扶持"三农"的某些政策"移植"到中小企业方面,对中小企业"少取多予"。实施"走出去"战略,加快产能的国际转移。在全球产业结构调整和产业分工不断深化的大背景下,要统筹国内国际"两个市场""两种资源"。鼓励江苏企业"走出去",充分利用各类国际经济合作平台,加强全球产业合作,积极引导行业向外有序转移,推动战略性新兴产业和具备核心竞争优势的产业积极参与国外竞争,创造新的生产力,在全球市场释放新供给。

三、推动产业内部结构优化升级

一是借力工业互联网,发展先进制造业。出台工业互联网发展支持政策,培育工业互联网平台,推进省内行业龙头企业与省内外互联网企业、基础电信运营商开展深度合作,重点打造一批在国内有较大影响力的跨行业跨领域的工业互联网平台。支持省内骨干企业整合资源,加大投入,加快企业级工业互联网平台建设发展。推动企业"上云"。着力实施"工业企业上云"三年行动计划。深入推进星级上云企业、工业互联网标杆工厂、"互联网+先进制造业"特色基地建设等重点工程建设。大力推动省内重点云平台服务商、云应用服务商提升服务能力,创新服务模式,加快低成本、模块化工业互联网软件、设备和系统在企业中部署应用。推动大中型企业将信息系统向工业互联网平台上迁移,推动中小微企业接入使用云平台。

二是继续加大推动第三产业发展的力度,尤其是加大推动那些存在短板、供给严重不足的现代服务业，例如高技术服务、医疗服务，养老服务、健康服务，环境治理服务的发展力度，这既有利于促进经济结构的调整和经济发展方式的转变，又有利于改善民生。江苏服务业的发展要适应全球产业技术革命的演变趋势，以服务业智慧化、制造业服务化导向延伸产业新链条。把握信息技术革命进入全面渗透和深度应用的新阶段特点，围绕云计算、物联网、大数据、智能传感、电子认证、网络信息安全等关键核心技术，加大研发和产业化力度。

三是以农业现代化为目标，发展高效农业，推进农业的转型升级。发挥江苏省在组织、经济、科技、人才、改革开放等方面的优势，创新体制机制，破除制约因素，坚持走生产技术先进、经营规模适度、市场竞争力强、生态环境可持续的路子，并加快建设现代农业，推动现代农业迈上新台阶。第一，加快培育新型农业经营主体，让职业农民强起来，让广大农民成为现代农业发展的主力军，共享农业现代化的成果；第二，加快构建现代农业体系，让农业强起来，使农业经营有效益，农民成为体面的职业；第三，加快提高农业生产装备和技术水平，让农业技术装备强起来，使农业插上科技的翅膀，切实提高农产品的市场竞争力。

四、改革技术创新体制，打造产业创新高地

构建与创新驱动相适应的体制机制是创新发展的不懈动力。首先是完善激励创新的市场竞争机制，发挥要素价格倒逼作用，促使企业从主要依靠消耗资源、低成本竞争向主要依靠创新和品牌竞争的转变。健全企业职工工资正常增长机制，实现劳动力成本变化与经济提质增效相适应。其次是构建激发创新创业的利益导向机制。积极落实国家促进科技成果转化的有关法律法规和政策措施，建立科技成果市场化定价机制，完善科技人员股权和分红激励办法，科技人员在科技成果转化过程中，可通过技术股权收益、期权确定、在资本市场上的变现等方式增加合法收入，同时提高职务技术成果转化的个人收益比例，充分调动科技人

员创新创业积极性。第三,健全知识产权保护机制,深入实施企业知识产权战略推进计划,引导企业建立健全知识产权管理制度,培育壮大一批拥有核心知识产权和自主品牌、具有国际竞争力的知识产权密集型企业。还要改革政府科技管理体制、创新驱动的组织保障机制。依靠创新再造产业竞争优势。在全省范围内塑造创新创业文化,从知识产权保护、政府职能转变、共享创新平台搭建等方面着手,消除阻碍创新的门槛和瓶颈。在全国范围内选择标杆,针对全省范围内优势产业、优势企业加快进行筛选,形成重点扶持对象,帮助企业分担成本和风险,在一两个优势领域形成全国性的标杆和示范效应。加强全产业链布局,深化产业上下游、大中小企业的分工协作,积极推进产业融合发展,重点推进制造与服务融合共生发展,推进制造业企业通过创新生产组织形式、运营管理方式和商业模式,延伸服务链条,实现竞争力的提高和价值增值。

五、大力扶持领军型企业

培育创新型领军企业,支持其开放配置全球创新资源,融入全球研发创新网络。鼓励和支持国有企业和民营企业进入世界 500 强企业和世界 2 000 强企业、世界同行业前列、世界知名品牌行列。鼓励和支持本土企业全方位开拓国际市场,大力开发具有自主品牌和自主知识产权的国际品牌产品,构筑以技术、品牌、质量、服务为主体的竞争新优势;发挥民营企业的特点和优势,探索组建混合所有制的国际化企业集团,提高主体经济实力和参与国际竞争能力。实施战略性新兴产业骨干企业千企培育计划,发挥骨干企业在全省经济转型升级中的创新支撑作用。深入实施科技"小巨人"企业培育计划、科技型创业企业孵化培育计划,精心培育一批"隐形冠军""独角兽"企业,以及具有颠覆性技术的小微企业。

六、优化产业布局

沿沪宁线地区重点推动区域高端创新要素集聚,加快转型升级,发展拥有自主知识产权的高新技术产业、战略性新兴产业,推动金融服务、科技服务、研发设计等高端服务业集聚,大力发展总部经济,建设具有国际水平的战略性新兴产业、先进制造业基地和现代服务业高地。沿江地区重点发展现代物流、滨江旅游等服务业,推动新能源、新材料、生物技术和新医药、海洋工程装备等特色产业发展,提高关键技术和核心产品的自主研发和生产能力,有序推进劳动密集型、资源密集型、环境压力大的产业向苏北、沿海地区转移。沿海地区重点推进沿海深水大港、临港产业园区和城镇"三位一体"协同发展,主动承接国内外先进制造业和高端产业转移,做强做大传统优势产业和特色产业,加快发展物流、石化等临海产业,做大海洋经济规模和品牌。沿东陇海线地区重点发挥"一带一路"倡议交汇点和丝绸之路经济带的重要战略支点作用,加快传统产业改造升级,积极承接中高端产业转移,重点发展原材料工业、消费品工业、电子信息、工程机械等产业,打造新的经济增长极。支持南京等地推进市域制造业布局调整。

七、推行绿色制造

绿色制造,又称环境意识制造、面向环境的制造等。它是一个综合考虑环境影响和资源效益的现代化制造模式,其目标是使产品从设计、制造、包装、运输、使用到报废处理的整个产品生命周期中,对环境的影响(副作用)最小,资源利用率最高,并使企业经济效益和社会效益协调优化。绿色制造这种现代化制造模式,是人类可持续发展战略在现代制造业中的体现。未来江苏应以建立资源节约、环境友好的绿色制造体系为目标,以创新为动力,实施绿色制造工程和节能减排重大项目,进一步提升能源资源利用效率,促进绿色低碳循环发展。

八、推动富民产业和适应消费升级的产业发展

对于农村,依靠科技发展现代农业、高效农业、特色农业,同时积极

发展休闲农业与乡村旅游,借助"互联网+",促进农业与其他产业的融合发展,进一步拓展产业功能和市场空间,拓宽农民就业创业渠道。同时,牢牢把握消费升级的趋势,创造新供给,不断适应和满足消费者的新需求。引导消费朝着智能、绿色、健康、安全方向转变,积极培育信息、旅游、文化、健身、培训、养老、家政服务等符合居民多样化需求、提升生活品质的消费热点,促进消费结构优化升级。鼓励企业积极应用新技术、新工艺、新材料,研究开发具有核心竞争力、高附加值和自主知识产权的创新性产品和服务,升级产品功能,不断满足居民新的消费需求。

参考文献:

[1] H. 钱纳里:《工业化和经济增长的比较研究》,上海三联书店 1989 年版。

[2] 约翰·伊特韦尔、皮特·纽曼、默里·米尔盖特:《新帕尔格雷夫经济学大辞典》,经济科学出版社 1996 年版。

[3] 朱勇:《新增长理论》,商务印书馆 1999 年版。

[4] 涂圣伟:《我国产业高质量发展面临的突出问题与实现路径》,《中国发展观察》2018 年第 14 期。

[5] 彭树涛、李鹏飞:《中国制造业发展质量评价及提升路径》,《中国特色社会主义研究》2018 年第 5 期。

[6] 张文会、乔宝华:《构建我国制造业高质量发展指标体系的几点思考》,《工业经济论坛》2018 年第 4 期。

第七章　企业高质量发展

当前,高质量发展已经成为我们思考新时代经济社会发展问题的基本范式。企业是国民经济有机体中最基本、最有活力的细胞,企业高质量发展是经济高质量发展的根本基础和动力源泉,也是改革开放、城乡建设、文化建设、生态环境、人民生活等领域高质量发展的基础单元和关键支撑。江苏作为经济发达省份,在企业高质量发展方面进行了积极探索,但仍面临诸多制约和难题。为此,必须科学把握企业高质量发展的丰富内涵,瞄准突出问题和关键制约,在战略路径层面进行系统考量、在实现机制方面进行全面创新。

第一节　企业高质量发展的理论内涵与综合动因

一、文献述评

随着党的十九大用"高质量"一词来描述我国现阶段经济发展的目标特征,作为相对于传统高速度增长模式的替代范畴,当前,高质量发展已经成为我们思考新时代经济社会发展问题的基本范式。随着"高质量"概念的持续升温,学界甚至出现了言必称"高质量"的局面,部分学者围绕高质量发展的理论内涵、作用机制和实施路径展开了深入探讨。

1. 部分学者借鉴马克思主义经济学探讨了高质量发展的理论内涵。金碚(2018)将"高质量发展"的基本经济学意义表述为"能够更好满足人民不断增长的真实需要的经济发展方式、结构和动力状态",并且指出,"高速增长转向高质量发展,就是经济运行的目标和动力机制从主要侧重于以交换经济(货币单位)计算的产品总量增加,转向更加注重产品和经济活动的使用价值及其质量合意性"。吴金明(2018)运用基于马克思劳动价值论的"二维五元"价值分析模型,将"高质量发展"的概念界定为"基于新理念、新动力、新动能和软价值、软资源、软制造主导发展的路径和模式的总称"。陈昌兵(2018)认为,经济发展不同阶段的主导动力存在显著差异,高质量发展阶段的主导动力是创新,高质量发展的动力转换需要实现劳动生产率和全要素生产率同步提升,培育以创新驱动为核心的增长新动力。任保平(2018)认为,"高质量发展是经济发展质量的高级状态和最优状态。高质量发展是经济发展的有效性、充分性、协调性、创新性、持续性、分享性和稳定性的综合,是生产要素投入低、资源配置效率高、资源环境成本低、经济社会效益好的质量型发展水平。"任保平(2018)借鉴马克思主义政治经济学的相关理论分析了新时代高质量发展的政治经济学理论逻辑,主张构建以质量为导向的中国特色社会主义政治经济学,建立新时代高质量发展的理论框架;从微观、中观、宏观、国际贸易等方面,建立不同层次、不同领域的中国特色的质量经济理论,促进对应层面的经济高质量发展。

2. 部分学者从不同维度探讨了高质量发展的实现机制和路径选择。金碚(2018)认为,高质量发展阶段的新动力机制就是兼顾供给侧的创新引领和需求侧的人民向往,实现"市场经济工具理性与经济发展本真理性的有效契合"。吴金明(2018)从端正发展理念、构筑产业新体系、动力变革和动能转换、供给体系质量和效率、协调发展和共享发展等五个方面探讨了高质量发展的有效路径。任保平、刘鸣杰(2018)认为,"推进供给侧结构性改革是实现高质量发展的必由之路",在高质量发展中增加有效供给的战略路径在于,依托市场化改革完善要素价格形成机制、依靠对企业的监管从源头化解无效供给、依靠创新驱动战略提升全要素生产率。陈诗一、陈登科(2018)的实证研究发现,雾霾污染显著降低了中国经济发展质量,政府环境治理能够有效降低雾霾污染从而促进经济发展质量的提升,并且雾霾污染对大中城市经济发展质量的负面影响显著高于小城市。贺晓宇、沈坤荣(2018)从创新体系、市场体系、供给体系、开放体系四个方面构建了现代化经济体系的综合评价指标体系,将全要素生产率作为经济发展质量的替代指标,验证了建设现代化经济体系对于提高经济发展质量的促进作用及其区域差异和阶段变化,并从创新引领、要素市场改革、产业结构转型升级、高水平对外开放、区域协调等方面探讨了相应的对策思路。任保平、李禹墨(2018)通过比较高质量发展与高速度增长的差异,将高质量发展的内涵概括为经济发展高质量、改革开放高质量、城乡建设高质量、生态环境高质量、人民生活高质量,主张从指标体系、政策体系、标准体系、统计体系、绩效评价体系、政绩考核体系等方面构建高质量发展的评判体系,并从建立高质量的经济体系、提高发展动力的质量、提高供给体系的质量、提升微观主体的质量、提升宏观调控体系的质量等方面探讨了高质量发展的基本路径。罗来军(2018)认为,"推动长江经济带高质量发展,应在改善生态环境、促进转型发展、探索体制机制改革等方面着力,发挥区域协商合作机制作用,建立健全生态补偿与保护长效机制,强化共抓大保护的协同性。"

二、理论内涵:一个研究性界定

综观已有文献,目前学界对于"高质量发展"的内涵并无一致界定,特别是对于某些细分领域的高质量发展的内涵更缺乏充分的理论探讨。为此,我们有必要对企业高质量发展的理论内涵做出研究性界定。

从高速度到高质量的转变,意味着发展的主体、要素、过程、目标、绩效的全面转型。为此,我们可以沿着"主体/要素——行为/过程——结果/绩效"的逻辑框架,从微观与宏观的交互视角来理解企业高质量发展的内涵。从微观层面来看,企业高质量发展是指,企业主要依靠人力资本、知识、技术、品牌等高端要素,开展合法合规、环境友好、员工满意、公众信赖的生产经营活动,提供性能可靠、价格适中、数量适度、切合需求的产品和服务,从而实现长期利润与短期利润、经济效益与社会效益有机均衡的系统过程。从宏观层面来看,企业高质量发展是指,在特定国家或地区或行业范围内,为数众多的不同规模、不同类型的企业,围绕要素获取、产品供给、市场份额开展公平竞争与互利合作,持续提高以就业数量、税收贡献、产值规模、利润水平、创新成果等为表征的综合绩效,从而不断提升国家或区域或行业竞争优势的动态过程。

然而,需要指出的是,在理解企业高质量发展时容易出现保罗·萨缪尔森所言的"合成谬误"(Fallacy of Composition),每个微观企业的高质量发展并不必然导致宏观层面企业整体的高质量发展,在优胜劣汰的市场经济条件下总会有部分微观企业无法真正实现高质量发展。或者说,如果将高质量发展作为所有企业共同的目标追求的话,总有一定部分企业会在高质量发展进程中掉队,由于无法实现更高水平的高质量发展绩效而被淘汰。部分企业被淘汰出局,对于相关的微观企业而言是短期的灭顶之灾,而对于宏观企业体系而言则是一种必要的自我优化调适的新陈代谢过程。

从区域层面来看,企业高质量发展主要可以从如下四个方面来理解:一是企业主体素质良好且结构关系合理。拥有为数众多的产权明晰、自主运营、制度完善、竞争力强的企业组织,并且企业的所有制结构、行业结构、空间结构、规模结构等多维比例关系处于相对合理的状态。二是投入要素类型高端化且配置高效率。企业赖以发展的投入要素以高素质人力资本和战略性资本投资为主,同时,中低端生产要素投入保持必要的配套供给,相关资源要素主要按照市场法则在企业间、行业间、区域间优化配置。三是生产经营活动依靠创新驱动且环境友好。企业生产经营模式完成了从粗放型到集约型的转变,企业发展主要依靠创新驱动而非要素和投资驱动,企业在生产经营活动中主动降低能耗和环境污染,与生态环境保持良性互动关系。四是产品服务品质高且经济社会效益好。企业所提供的产品和服务呈现较高品质,不仅在技术性能、安全指标方面合乎主流标准,而且能够较好地满足广大消费者差异化、个性化的需求,进而依托高品质的产品和服务构筑市场竞争优势、履行社会责任,实现经济效益与社会效益的双赢。

三、企业高质量发展的综合动因:供需交互的视角

1. 企业高质量发展是解决新社会主要矛盾的内在要求

党的十九大提出,随着中国特色社会主义进入新时代,我国的社会主要矛盾转变为"人民日益增长的美好生活需要和不平衡不充分的发展之间的矛盾",这一新的社会主要矛盾的解决对经济社会发展的方方面面提出了新的要求,而对企业层面的新要求集中体现在高质量方面。企业作为国民经济的基本细胞,是市场经济条件下产品和服务的主要供给主体,人民多维度的美好生活需要都与企业密切相关。一方面,更高层次的物质文化产品和服务需要更高质量的企业来提供,同时,与高层次消费需求相对应的现实购买力也有赖于从高质量发展的企业中获得更高的收入;另一方面,企业作为数量众多、组织化程度高的市场经济主体,在维护公平正义、保障多维安全、保护生态环境等方面,比分散化的消费者和民众有更显著的信息优势和能力优势,同时,其在相关领域的破坏性也更强,因而只有高质量发展的企业才能更好地满足人民对于民主、法治、公平、正义、安全、环境的更高要求。同时,发展不平衡不充分方面的诸多问题,如文化服务滞后于物质产品、社会建设滞后于经济建设、城乡和区域差距较大等,也需要通过企业高质量发展来解决。因而,可以说,高质量发展是新时代赋予企业的新使命,也是解决新社会主要矛盾对企业提出的新要求。

2. 企业高质量发展是"六个高质量"发展的微观基础

江苏省委十三届三次全会提出的"六个高质量"的目标要求涉及经济发展、改革开放、城乡建设、文化建设、生态环境、人民生活等方面,而这些目标要求的实现均离不开企业的高质量发展。从经济发展高质量来看,国民经济保持中高速稳定增长、经济发展方式由粗放型向集约型转变、产业结构优化升级、创新成为驱动经济发展的主导动力等,都要依靠企业的高质量发展来实现。从改革开放高质量来看,企业是改革开放进程中最具能动性的参与者,不仅在摸着石头过河过程中不断探索新时代改革开放的新路径,而且通过多种渠道为改革开放的顶层设计贡献新的智慧,特别是企业高质量发展已成为新一轮改革开放的重要目标归属,是否有利于企业高质量发展成为衡量改革开放高质量的重要标准之一。从城乡建设高质量来看,企业是推动城乡一体化发展的基础性的组织载体,不仅为城乡基础设施建设提供坚实的物质基础,而且为城乡制度文化建设提供不竭的动力支持,企业高质量发展是振兴乡村、繁荣城市、缩小城乡差距的根本路径。从文化建设高质量来看,企业本身就是文化建设的重要主体,拥护和践行区域主流文化本身就是企业高质量发展的题中应有之义,同时,高质量发展的企业又以优秀的组织文化为切入点,不断为区域文化建设注入新的正能量。从生态环境高质量来看,企业既是对生态环境最具破坏性的市场主体,又是生态环境保护治理能力最强的市场主体,与生态环境保持良性互动是企业高质量发展的内在要求,只有企业真正实现高质量发展,才能将生态环境的破坏性因素减到最少、保护治理性因素增到最大。从人民生活高质量来看,企业既是物质文化产品和服务的供给主体,又是居民收入增长的重要来源,企业高质量发展不仅能够借助产品服务和收入两个重要载体从供给和需求两个层面为人民生活高质量提供强力支撑,而且能够通过以人为本的组织管理、和谐的劳资关系、工作家庭一体化的制度设计从微观层面改善人民的生活幸福指数。

第二节　江苏企业高质量发展的探索实践与突出问题

江苏作为经济发达省份,在企业高质量发展方面进行了积极探索,总体态势良好,但也存在诸多突出问题。

一、企业数量层面:总量优势明显,但存在多重结构性隐忧

较高规模的企业数量是企业高质量发展的基础前提。江苏发达的产业经济基础为企业高质量发展提供了良好支撑,江苏企业数量稳步增长,各类企业数量均在全国名列前茅。截至2017年末,江苏全省工商部门登记的私营企业达258.6万户,当年新增49万户;全省境内上市公司382家,新增数量和总数均排名全国第三位,仅次于广东(569家)、浙江(415家);按国家新标准认定高新技术企业累计达13 278家,排名全国第三位,仅次于广东(33 356家)、北京(20 297家)。截至2016年末,江苏有规模以上工业企业47 899家,占全国比重高达12.65%,稳居全国首位;规模以上高新技术企业5 007家,占全国比重达16.26%,排名第二位,仅次于广东(6 570家、21.33%);中小企业248.2万家,其中规模以上中小工业企业46 367家,位居全国第一;第三产业企业110.98万家,占全国比重高达11.03%,稳居全国首位。

显著的企业数量优势为江苏企业高质量发展奠定了坚实基础,然而,这种总量优势背后也存在诸多结构性隐忧。

一是市场控制力较强的龙头企业较少,在与广东、浙江的比较中明显处于下风。2017年国内上市500强企业中,江苏仅有33家,排名全国第五位,低于北京(114家)、广东(66家)、上海(56家)、浙江(36家)。2017年中国民营企业500强企业中,江苏有82家,低于浙江(120家),其中前20强企业中江苏有4家,低于广东(7家)。

二是创新能力较强的高新技术企业所占比重不高,企业创新绩效偏低。2016年,江苏高新技术企业占规模以上工业企业的比重为10.45%,高于全国平均水平(8.14%),但显著低于广东(15.39%)、上海(11.87%)。2016年,江苏规模以上工业企业有研发机构23 564个、研发人员609 974人,两项指标均排名全国首位,然而,研发经费支出1 657.54亿元低于广东(1 676.27亿元),研发经费支出占主营业务收入的比重仅为1.06%,高于全国平均水平(0.94%),但显著低于上海(1.43%)、浙江(1.43%)、广东(1.30%);而且专利申请数量和有效发明专利数均显著低于广东,其中有效发明专利数117 912件,还不到广东的一半。

三是成长性较强的独角兽企业较少,瞪羚企业的空间布局也有待优化。科技部发布的《中国独角兽企业发展报告2017》显示,全国164家独角兽企业中江苏有6家,即南京汇通达、镇江惠龙国际、南京孩子王、丹阳恒神、苏州信达生物、无锡华云数据。江苏独角兽企业数量不仅严重落后于北京(70家)、上海(36家)、广东(19家)、浙江(18家)等东部发达地区,即便与部分中部省份相比也无明显优势,例如仅湖北武汉就有5家。而且前五十位没有一家江苏企业,表现最好的是南京汇通达以16亿美元估值排在第58位。科技部发布的《国家高新区瞪羚企业发展报告2017》显示,全国共有瞪羚企业2 576家,其中江苏有300家,排名全国第三位,低于北京(650家)、广东(346家)。但是,江苏瞪羚企业的区域分布极不平衡,苏州工业园有82家,苏州高新区有42家,南京有28家,南通有19家,常熟有8家,江阴、扬州、泰州、镇江各有6家,连云港、徐州各有3家,按三大区域统计,苏中合计31家,占比10.33%;苏北合计6家,占比2%;苏南合计263家,占比87.67%。

二、企业效益层面:整体成绩良好,但不同企业面临差异化的难题

江苏企业总体的质量效益不断改善,但不同企业的分化特征明显。

江苏规模以上工业企业的相关经济效益指标总体保持向好态势,2017年主营业务收入和利润总额分别为15.5万亿元和10359.7亿元,均保持两位数增长,企业亏损面11.6%,比上年下降0.7个百分点,规模以上工业企业主营业务收入利润率和成本费用利润率分别为6.7%和7.2%,均与上年基本持平。江苏规模以上工业的资产负债率从2012年的57.26%稳步下降到2016年的51.92%,低于全国平均水平(55.87%),也低于广东(56.17%)、浙江(55.14%)、山东(54.11%),高于上海(49.17%),总体处于比较适宜的水平,具备较好的抗风险能力。中小工业企业对产出、税收和就业做出了重要贡献,2016年,江苏中小工业企业主营业务收入利润率为6.9%,同比提高0.1个百分点,对工业增长的贡献率达84.1%,直接税收贡献率达58.4%,新增就业贡献率超过80%。

但是,深入比较可以发现,这份漂亮的成绩单背后仍存在诸多问题。

一是企业获利空间面临较大压力。2017年江苏规模以上工业企业总资产贡献率为15.0%,较上年下降了1.7个百分点,说明企业获利能力面临较大考验。2016年,江苏规模以上工业企业主营业务收入利润率为6.75%,比全国平均水平高0.54个百分点,但明显低于上海(8.49%)和浙江(6.83%);高新技术企业主营业务收入利润率为6.72%,略低于全国平均水平(6.73%),远低于浙江(11.69%)和山东(8.24%),同时,江苏大型和中型高新技术企业的主营业务收入利润率分别为6.69%和6.12%,均远低于小型企业(8.21%)。

二是企业就业吸纳能力有待提升。2016年,江苏规模以上工业企业的平均用工人数为232人,低于全国平均水平(250人),也低于广东(336人)和上海(258人),这固然与企业的资本技术有机构成有关,但也在一定程度上反映了企业的就业吸纳能力有待提升。

三是房地产开发企业经营状况堪忧。虽然近年来房价居高不下、房地产市场持续升温,但是,房地产企业的经营状况却不容乐观。2016年,江苏房地产开发企业的资产负债率为76.48%,虽然仍低于全国平均水平(78.27%),也低于广东(81.07%)、山东(81.43%)、浙江(78.47%)等同类省份,但明显高于规模以上工业企业,也超出了40%—60%的正常水平。与此同时,江苏房地产开发企业的主营业务利润率仅为6.82%,不仅低于全国平均水平(9.63%),更远低于广东(18.14%)、上海(22.46%)。日益增加的负债压力,加上有限的利润水平,将使房地产企业整体的抗风险能力面临极大考验。

四是国有企业相关经济效益指标不理想,国有企业改革任重而道远。国有企业在江苏经济中有举足轻重的地位,2016年国有规模以上工业企业数量达1 013家,排名全国第三位,低于山东(1 124家)和广东(1 079家)。但是江苏国有工业企业的多项经济效益指标表现差强人意,2016年国有控股工业企业的亏损面高达19.35%、资产负债率达59.05%,分别比全省平均水平高8.06个和7.13个百分点,总资产贡献率为13.36%,比全省平均水平低2.06个百分点,但成本费用利润率为7.49%,比全省平均水平高0.37个百分点。

五是外资企业复苏进程压力重重。随着全球经济的持续低迷,加上开放型经济转型升级的阵痛,江苏外资企业的复苏进程压力重重。2016年,外资企业数量和用工人数分别同比下降4.8%和7.04%,主营业务收入增速也仅为3.94%,比全省平均水平低2.53个百分点。此外,外资企业的运行效益也不容乐观,2016年外资企业的亏损面为18.99%、总资产贡献率为13.94%,前者比全省规模以上企业的平均水平高7.7个百分点,后者则低1.48个百分点。

六是小微型企业的亏损压力和融资压力较大。2016年,江苏小微型工业企业的亏损面为11.73%,比全省平均水平高0.44个百分点,比大型企业高5.16个百分点。小微企业亏损面偏高的情况在不同所有制类型中均有体现,国有小微型企业亏损面达到20.98%,比平均水平高1.63个百分点,比国有大型企业高7.05个百分点;外资小微型企业的亏损面高达21.51%,比平均水平高2.52个百分点,比外资大型企业高13.75个百分点;私营小微型企业亏损面为8.96%,比平均水平高0.43个百分点,比私营大型企业高6.58个百分点。与此同时,小微型工业企业的成本费用利润率为 6.71%，比全省平均水平低 0.41 个百分点，外资小微企业和私营小微企业的成本费用利润率分别比平均水平低 0.2 个和 0.46 个百分点，但国有小微型企业的成本费用利润率比平均水平高 4.53 个百分点。此外，全省小微型企业的资产负债率为 51.17%，总体处于合理水平，比全省平均水平低 0.75 个百分点，比大型企业低 1.93 个百分点，外资小微企业和私营小微企业的资产负债率也均低于平均水平和大型企业，这其中既反映了小微企业的债务压力较小，但也一定程度上说明了小微企业的举债能力仍然不足。然而，国有小微企业的资产负债率却高达62.54%，分别比平均水平和国有大型企业高 3.49 个和 4.53 个百分点，也分别比外资小微企业和私营小微企业高 14.85 个和 11.17 个百分点，这也一定程度上说明，小微企业在融资过程中面临明显的所有制歧视。

七是企业创新能力和绩效持续改进，但仍存在诸多突出问题。随着创新驱动战略的深入实施，江苏企业创新参与热情不断提高，研发机构数量、研发经费支出、专利数量、新产品销售收入等稳步提高。2016 年，有研发活动的企业数为 19 186 家，占当年规模以上工业的比重为 40.06%，比 2012 年提高了 15.78 个百分点；企业办研发机构 23 564 个，平均每个企业有研发机构 0.49 个，比 2012 年提高了 0.13 个；新产品销售收入 28 084.67 亿元，同比增长 14.8%，占当年主营业务收入的比重为 17.94%，比 2012 年提高了 2.97 个百分点；专利申请数量为 131 284 件，同比增长 28.71%，发明专利占比为 37.50%，比 2012 年提高了 4.72 个百分点。虽然研发经费投入稳步增长，但是总体的研发强度仍然偏低，2016 年研发经费支出总额为 1 657.54 亿元，同比增长 10.03%，但占当年主营业务收入的比重仅为 1.06%，仅比 2012 年提高了 0.15 个百分点。随着企业自主创新意识和能力的增强，对于技术引进的依赖性开始下降，技术引进支出从 2012 年的 57.44 亿元下降到 2016 年的 33.27 亿元，但是，企业对于引进技术的消化吸收再创新力度偏低，消化吸收经费的配套比例从 2014 年的 54.71% 下降到

2016年的28.52%。

第三节 企业高质量发展的绩效及影响因素：以体育用品企业为例

企业高质量发展的关键是提高全要素生产率，主要依靠全要素生产率增长驱动企业发展。为此，我们选择全要素生产率作为企业高质量发展的绩效指标，以体育用品企业为样本，评价其高质量发展绩效，并对相关影响因素进行实证检验。

一、体育用品制造企业高质量发展的绩效：全要素生产率变化

本文运用 Malmquist 生产率指数法，以主营业务收入为产出变量，固定资产和从业人员为投入变量，测算体育用品制造企业的全要素生产率变化。本文选用"中国统计数据应用支持系统"数据库公布的体育用品制造业规模以上企业的相关数据，该数据库拥有国家统计局的书面授权，其数据合乎权威性和准确性的要求。由于部分省区和年份的统计数据不全，最终得到2004—2013年安徽、北京、福建、广东、河北、河南、湖南、江苏、江西、辽宁、山东、山西、上海、天津、浙江15个省区的面板数据。基于上述数据，本文运用数据包络分析计量软件 DEAP 2.1 中的产出导向的规模报酬可变（VRS）模型，测算了2004—2013年体育用品制造企业的全要素生产率变化及其分解指标。

1. 总体态势

从表7-1来看，2004—2013年，体育用品制造企业全要素生产率的年均增速为3.7%，技术变化是全要素生产率增长的主要动力，年均增长10.3%，而技术效率变化年均下降6.0%，其中，技术效率下降的原因主要来自规模效率偏低，规模效率年均下降6.4%，而纯效率年均增长

0.4%。这说明,体育用品制造企业高质量发展的绩效水平总体上呈逐年提升的态势,其中技术进步是驱动高质量发展的主要动力。但本文测算结果与既有文献存在一定差异,例如,张宏伟等(2012)发现,技术效率衰退(-17.8%)导致体育用品制造业全要素生产率年均下降19.3%,而陈颇(2014)则发现,技术进步(5.7%)和技术效率(5.2%)的双重稳健增长带动了体育用品制造业全要素生产率年均增长11.1%。

同时,从变化趋势来看,虽然体育用品制造企业全要素生产率总体呈增长态势,但波动特征也比较明显。在9个样本期中,有6个时期全要素生产率处于增长状态,有3个时期处于下降状态,但这3个时期都构成了典型的谷底,特别是2008—2009年和2010—2011年降幅分别高达29.6%和30%,也反映了在国际金融危机和外需低迷的背景下,体育用品制造业的艰难境地。

表7-1 2004—2013年体育用品制造业全要素生产率变化及其分解指标

年份	技术效率变化(EFFch)	技术变化(TECHch)	纯效率变化(PEch)	规模效率变化(SEch)	全要素生产率变化(TFPch)
2004—2005	1.092	0.966	1.001	1.091	1.055
2005—2006	0.804	1.204	0.865	0.930	0.968
2006—2007	0.929	1.737	1.221	0.761	1.614
2007—2008	1.275	0.922	1.015	1.256	1.175
2008—2009	0.792	0.889	0.811	0.976	0.704
2009—2010	1.087	0.941	1.173	0.927	1.023
2010—2011	1.114	0.629	0.901	1.237	0.700
2011—2012	0.945	1.096	1.161	0.814	1.036
2012—2013	0.606	2.254	0.975	0.622	1.366
2004—2013	0.940	1.103	1.004	0.936	1.037

2. 区域差异

从表7-2来看,我国体育用品制造企业全要素生产率存在显著的区域差异,广东、河北、天津、浙江增速超过两位数,而江苏、江西降幅超过

5%。从样本期均值来看,15个省区中,有10个省区体育用品制造企业全要素生产率呈现增长态势,仅有5个省区全要素生产率呈现下降态势。从全要素生产率的增长动力来看,绝大部分省区体育用品制造企业全要素生产率增长都是由技术变化驱动的,15个样本省区技术变化全部处于增长状态,部分省区之所以会出现全要素生产率下降,主要是由于技术进步的幅度不足以弥补技术效率衰退的幅度。只有广东、河北技术效率变化呈现增长态势,与技术进步一起双轮驱动体育用品制造企业全要素生产率增长。体育用品制造企业技术效率衰退的主要原因是规模效率下降,15个样本省区中只有河北规模效率呈现增长态势,而且规模效率增速普遍低于纯效率。

与大多数制造企业一样,我国体育用品制造企业也主要分布在东部地区,15个样本省区中,10个属于东部地区,5个属于中部地区,东部地区体育用品制造业全要素生产率的平均水平显著高于中部地区。东部10个省区,只有2个省区体育用品制造企业全要素生产率呈现下降态势,而中部5个省区则有3个处于下降状态,而且东部平均增长5.85%,而中部平均下降0.53%。体育用品制造企业全要素生产率总体上与区域经济实力呈现一定的对应关系,广东、浙江、山东、上海等发达省区确实呈现增长态势,但是也有例外,经济总量全国第二的江苏,体育用品制造企业全要素生产率却排名倒数第二。然而,体育用品制造企业全要素生产率与体育用品制造企业高质量发展水平之间的对应关系更加明显,福建、广东、浙江、上海等体育用品制造业集聚程度较高的省区,体育用品制造企业全要素生产率均呈现较高的增长速度。

表7-2 2004—2013年样本省区体育用品制造业全要素生产率变化及其分解指标

地区	技术效率变化(EFFch)	技术变化(TECHch)	纯效率变化(PEch)	规模效率变化(SEch)	全要素生产率变化(TFPch)
安徽	0.940	1.065	1.000	0.940	1.001
北京	0.949	1.063	0.977	0.970	1.009
福建	0.999	1.075	1.020	0.980	1.074

续表

地区	技术效率变化(EFFch)	技术变化(TECHch)	纯效率变化(PEch)	规模效率变化(SEch)	全要素生产率变化(TFPch)
广东	1.054	1.067	1.058	0.996	1.124
河北	1.056	1.081	1.053	1.003	1.141
河南	0.869	1.126	0.990	0.878	0.978
湖南	0.873	1.113	0.997	0.876	0.972
江苏	0.859	1.097	0.991	0.867	0.943
江西	0.872	1.075	0.994	0.877	0.938
辽宁	0.880	1.109	0.991	0.888	0.976
山东	0.899	1.137	0.987	0.912	1.023
山西	0.965	1.130	1.014	0.952	1.091
上海	0.950	1.136	0.996	0.954	1.079
天津	0.975	1.128	0.992	0.982	1.100
浙江	0.987	1.152	1.009	0.978	1.137
均值	0.940	1.103	1.004	0.936	1.037

二、体育用品制造企业高质量发展绩效的影响因素：基于动态面板数据模型的实证检验

1. 变量选择与数据来源

（1）被解释变量：高质量发展绩效，采用前文计算的全要素生产率变化（TFPch）数据。

（2）解释变量：空间集聚（LQ），采用主营业务收入区位熵（LQZY）。其计算公式为：$LQ_i = (E_{ij}/E_i)(E_{kj}/E_k)$，其中 E_{ij} 指 i 地区 j 产业（体育用品制造业）的主营业务收入，E_i 指 i 地区规模以上工业企业的主营业务收入，E_{kj} 指全国 j 产业（体育用品制造业）的主营业务收入，E_k 指全国规模以上工业企业的主营业务收入。

（3）控制变量：企业规模（SCAL），用企业平均资产规模表示，由总资产除以企业数量得到；人力资本（HC），用 6 岁及以上人口平均受教育

年限表示,根据相关年份人口统计数据计算,小学为 6 年、初中为 9 年、高中为 12 年、大专及以上为 16 年。

(4) 数据来源:体育用品制造企业数据来自"中国统计数据应用支持系统"数据库,规模以上工业企业数据和人口统计数据来自相关年份《中国统计年鉴》。

2. 模型设定与检验

假设空间集聚(LQ)、企业规模(SCAL)、人力资本(HC)对全要素生产率变化的影响可以表示为:

$$TFPch = \varphi \times LQZY^{\sigma} \times SCAL^{\gamma} \times HC^{\lambda}$$

对上式两边取自然对数可得:

$$\ln TFPch = \varphi + \alpha \ln LQZY + \gamma \ln SCAL + \lambda \ln HC$$

由于全要素生产率的当期增速会受到前期增速的惯性影响,我们进一步引入因变量的一阶滞后变量,建立如下动态面板模型:

$$\ln TFPch_{it} = \varphi + \beta \ln TFPch_{it-1} + \alpha \ln LQZY_{it} \\ + \gamma \ln SCAL_{it} + \lambda \ln HC_{it} + \omega_{it} + \varepsilon_{it}$$

本文运用 stata 12.0 统计软件中的系统广义矩(System-GMM)估计方法进行动态面板回归分析。Sargan 统计值为 12.143 74,伴随概率为 0.879 4,不能拒绝原假设,说明模型设定正确;AR(2)统计值为 1.336 1,伴随概率为 0.181 5,不能拒绝原假设,说明不存在二阶自相关问题。

3. 回归结果分析

从表 7-3 的回归结果来看,主营业务收入区位熵对全要素生产率变化有显著正向影响,作用系数为 0.755 207 9。这说明,体育用品制造业的空间集聚能够产生良好的集聚效应,显著带动相关企业的技术进步,促使企业改善运营效率,进而促进体育用品制造企业的高质量发展。这一结论与多数文献基本一致,也说明产业集聚应该成为体育用品制造业的主导组织模式,特别是在供给侧结构性改革的背景下,集群发展应该成为体育用品制造业的根本路径。

企业平均资产规模对全要素生产率变化也有显著正向影响,作用系数为0.081 370 1。这说明,体育用品制造企业的规模越大,越有利于开展技术创新,并弥补规模效率的不足,进而促进全要素生产率的提高。这一结论在一定程度上支持了"熊彼特创新学派的大企业观",也与部分文献的结论基本一致,说明加快培育龙头企业应该是未来体育用品制造业发展的重要着力点。

区域人口平均受教育年限对全要素生产率变化也有显著正向影响,作用系数为4.195 05。这说明,区域人力资本水平越高,越有利于开展知识和技术创新活动,并更好地获取技术进步和知识创新的外溢效应,产生更高的劳动生产率,进而促进全要素生产率增长。这一结论与现代人力资本理论的观点基本一致,也说明即便是劳动密集型特征比较明显的体育用品制造业,同样需要以高水平的人力资本替代普通劳动力。

表7-3 动态面板回归结果

tfpch	Coef.	Std. Err.	z	P>|z|	[95%Conf. Interval]	
L1.	−0.452 996 5***	0.043 422 6	−10.43	0.000	−0.538 103 3	−0.367 889 7
LQZY	0.755 207 9***	0.260 366 2	2.90	0.004	0.244 899 6	1.265 516
AS	0.081 370 1*	0.045 836 6	1.78	0.076	−0.008 467 9	0.171 208 2
HC	4.195 05**	1.903 672	2.20	0.028	0.463 922	7.926 177
_cons	−3.589 956*	2.143 502	−1.67	0.094	−7.791 142	0.611 230 3

注:* $p<0.1$、** $p<0.05$、*** $p<0.01$。

第四节 企业高质量发展的系统化推进路径

一、系统谋划企业高质量发展的战略路径

企业高质量发展是一个长期的复杂的系统过程,其最为关键的外显特征在于,稳步扩张的企业数量、持续优化的内外结构、不断提升的竞

能力、不断升级的创新行动、持续改善的经营绩效,而这也揭示了企业高质量发展的战略路径。

1. 企业数量扩张型路径。基数较大且稳定增长的企业数量,既是企业高质量发展的基础前提,又是企业高质量发展的外显成果。为此,企业高质量发展的首要任务就是实现企业数量的适度扩张,由此揭示的战略路径包括如下几个方面:一是响应"大众创业、万众创新"的号召,完善区域创新创业的生态环境,降低创新创业要素的获取成本,提高创新创业的预期收益水平,全面激发广大人民群众创办企业的热情,夯实企业数量扩张的基础。二是以全面深化放管服改革为契机,放松市场准入管制,减少不必要的事前审批环节,减轻税费负担,强化各类政策服务,降低企业的创办门槛和运行成本,为企业快速成长营造良好制度环境。三是全面深化科技教育等领域的体制改革,打破科教资源和人才的部门分割,稳妥推进生产经营性事业单位的体制改革,适当延长科研人员离岗创业的过渡期,为科研人员的成果转化和创业活动提供更多便利,依托高端人才和先进技术加快培育创新型企业。

2. 企业结构优化型路径。多维度企业结构的不断优化,是企业高质量发展的题中应有之义,静态结构的相对合理性和比较优势是高质量发展的重要标志,动态结构的演进升级和持续优化是高质量发展的核心内容。面向企业结构优化升级的高质量发展路径包括如下几个方面:一是从所有制结构来看,要按照多种所有制经济共同发展的社会主义基本经济制度的要求,赋予各类所有制企业充分自主的发展空间,形成不同所有制企业公平竞争、和谐共生的良性格局。既要探索深化国有企业改革的有效路径,毫不动摇地做大做强做优国有企业,又要打破对私营企业的所有制歧视和"原罪偏见",鼓励和支持私营企业的健康发展,还要继续引进外资企业,放大外资企业的正向溢出效应。二是从规模层次结构来看,既要综合运用内源累积增长、外源并购扩张、品牌效应延伸等方式,着力培育一批市场控制力和国际竞争力强的大型龙头企业,又要通过完善财税支持政策、突破多维要素瓶颈、强化集成服务供给等方式,着力培育一大批覆盖面广、创新活力强、盈利能力强的中小微企业,形成不同规模类型企业千帆竞发、百舸争流的良性格局。三是从产业分工结构来看,既要重视对新兴朝阳产业的培育和扶持,又要加强对传统夕阳产业的改造和升级,既要加快向研发设计和品牌营销等价值链高端环节攀升,又要在生产加工、组装等中低端环节构筑新的竞争优势,从而使新兴企业和传统企业、主导企业和节点企业形成协同共赢的格局。四是从空间分布结构来看,既要依据资源禀赋的比较优势,引导相关企业在特定区域集中布局,形成特色化产业集群,以集群的正向外溢效应带动相关企业的创新发展,又要注重发挥区域经济中心的扩散和辐射带动效应,加快外围区域的内生发展,依托科学的功能区战略,缩小不同区域企业在数量规模和竞争实力方面的差距,使高质量发展的企业成为区域协调发展的主导力量。

3. 企业行动升级型路径。企业高质量发展最终要落实到行动上,即发展的目标、动力、方式、内容等全面向高质量的要求转型,因而,必须遵循高质量发展的理念和逻辑,推进企业行动的全方位升级,由此揭示的战略路径包括如下几个方面。一是摒弃对企业利润最大化目标的狭隘认知,按照以人民为中心的发展理念重塑企业的目标函数,引导企业追求经济效益与社会效益的平衡、短期利益与长期利益的平衡、所有者利益与其他利益相关者利益的平衡,以包容性、可持续性的发展目标引领企业的高质量发展。二是鼓励广大企业全面落实创新驱动战略,加大创新要素投入力度,完善自主创新的内外环境,依靠综合自主创新化解各种发展难题,形成全员参与创新的良性格局,真正使创新成为企业构筑市场竞争优势、实现从优秀到卓越的永续经营的不竭动力源泉。三是引导广大企业树立科学的竞合理念,既强调公平有序的市场竞争,又重视平等适度的精诚合作,使企业运营的内在逻辑从零和博弈转向合作共赢。在组织内部实行以人为本的管理模式,保障员工的合法权益,构建和谐的劳资关系,对生产经营活动进行绿色化改造,降低能耗和环境污染,使企业运行在低碳绿色的发展轨道上。四是按照高质量的要求对企业的生产经营全过程进行改造升级,以高标准的质量管理提升产品和服务的质量层次,以高效率的品牌运营提升企业的知名度和美誉度。

4. 企业绩效改善型路径。高水平的综合经营绩效是企业高质量发展在结果层面最具说服力的证据和标准,特别是经济绩效、社会绩效、创新绩效的全面改善是企业高质量发展的根本目标,也是企业高质量发展进入良性自我累积轨道的必不可少的动力支撑,为此,必须灵活探索各种绩效改善的有效路径。一是在经济绩效方面,以供给侧结构性改革为主线,增加高端生产要素供给,全面降低企业交易成本和制度成本,提高抗风险能力,完善市场体系,培育中介服务,以高质量的产品和服务、高效率的营销和管理为依托,稳步提高企业收益水平和实际利润。二是在社会绩效方面,强化企业的社会责任,提高就业吸纳能力,实行绿色低碳的经营模式,减少环境污染,积极参与社会公共服务供给,稳步提高企业对社会福利改善的贡献。三是在创新绩效方面,多渠道加大研发投入力度,高水平建设各类新型企业研发机构,完善官产学研一体化的合作创新机制,优化创新资源配置,既要注重原始创新,又要注重对引进技术的消化吸收再创新,形成一批高质量的创新成果,为企业高质量发展提供坚实的技术支撑。

二、全面优化企业高质量发展的推进机制

1. 规划引领机制。企业高质量发展是一种具有正向外溢效应的发展模式,极易引发市场失灵,单一的市场机制往往会使微观企业的高质量发展动力不足,而且个体企业的高质量与整体经济的高质量在目标定位上会存在分歧,因而,必须由政府进行适度的干预,对企业高质量发展的目标方向、战略路径、实施步骤做出科学规划,以高屋建瓴的顶层设计引领企业高质量发展。在区域层面,应主动对标区域总体规划和相关产业规划,制定总体的企业高质量发展规划,明确重点领域、关键目标、总体思路,为企业高质量发展提供稳定的制度依据。在企业层面,应对标

高质量发展的相关要求,修订完善企业的总体发展规划,将高质量发展确立为企业的主导发展模式,明确高质量发展的目标体系和策略集合,奠定企业高质量发展的组织制度框架。

2. 要素支撑机制。完善企业高质量发展的要素支撑体系,全面提升各类资源要素的数量规模和质量层次,以高质量发展为导向进行资源要素优化配置,使相关资源要素优先向符合高质量发展要求的企业倾斜。强化财政先导性资金的政策效果,聚合各类社会资本建立高质量发展投资基金,多渠道满足企业高质量发展所派生的巨大资金需求。加大人力资本投资力度,提升人力资本素质水平和供给规模,减少人力资本流动的制度壁垒,探索人力资本共享使用机制,注重开发利用老龄人力资本,为企业高质量发展提供必要的人力资本支撑。

3. 创新驱动机制。创新是企业高质量发展的根本路径,企业高质量发展的各种难题和制约因素都要依靠创新来寻求系统化的求解方案,而且只有坚持持续创新才能使企业始终行驶在高质量发展的轨道上。当然,这里的创新是内涵极其丰富的大创新,而不单单是科技创新。明确科技创新在整个自主创新体系中的核心地位,强化科技自主创新,围绕与技术性能有关的各类质量难题开展联合攻关,形成具有自主知识产权的科技创新成果,化解企业高质量发展的多维技术瓶颈。强化商业模式创新,充分利用互联网、大数据等新技术手段,将个性化、分散化的消费需求聚合为大规模的市场空间,适时调整生产组织模式和供应链条,实现供需的有机链接,既满足人民对美好生活的多样需求,又为企业高质量发展提供稳定的获利空间。强化体制机制创新,整合现有资源要素和技术平台,针对企业高质量发展的突出难题制订系统化、集成化的应对方案,使企业高质量发展过程能够顺利推进。一方面,确立质量导向的市场规则,借助市场竞争的优胜劣汰机制倒逼企业走高质量发展的道路;另一方面,明确政府在高质量发展中的角色和职能定位,完善关于高质量发展的相关政策体系,鼓励更多企业主体走上高质量发展的道路。强化组织管理创新,以人本管理理念招揽和使用优秀人才,以合作共赢理念处理好各利益相关者之间的博弈关系,为企业高质量发展奠定良好的微观组织基础。

4. 文化浸润机制。高质量发展是一种全新的发展模式,要真正在企业层面落地生根,必须在各领域和层面达成战略共识,全面确立高质量发展理念,使高质量发展成为区域文化和组织文化共同的主流文化因子,使高质量发展内化为企业及其利益相关者共同的自觉行动。科学认识数量与质量之间的辩证关系,既要强化质量第一、质量优先的意识,实现从数量逻辑到质量逻辑的转变,又要避免对数量的彻底否定,不能忘记数量对于质量的基础性支撑作用,追求质量提升与数量扩张的协同共进。树立整体质量观,从粗放增长与集约发展的对立逻辑审视高质量的丰富内涵,既注重产品层面的有形质量与服务层面的无形质量的有机统一,又注重要素质量、行为质量、结果质量的有机统一,既注重经济质量、文化质量、社会质量、生态质量的有机统一,又注重企业微观质量与区域或国家宏观质量的有机统一。

5. 评价反馈机制。探索构建科学的企业高质量发展的绩效评价指标体系,定期对企业高质量发展的绩效状况进行客观评价,针对其中存在的重大风险和问题,及时发出预警并制定应对预案,以进一步改进企业高质量发展的总体成效。在宏观区域层面,要结合区域高质量发展的总体要求,确立企业高质量发展的关键指标,从数量规模、结构层次、行为过程、综合绩效等方面构建相对完备的评价指标体系,委托专业测评机构定期对企业高质量发展绩效做出客观评价,在此基础上编制企业高质量发展报告,并公开发布,树立典型,对标找差,共同探索企业高质量发展的新思路。在微观企业层面,要对标总体标准,结合自身实际,建立差异化的评价指标体系,明确高质量发展的目标体系,对高质量发展过程进行动态跟踪,及时预警风险并纠正偏差。

6. 分类施策机制。企业之间具有显著差异性,其高质量发展的目标要求和思路对策绝不能一刀切,必须因地制宜地分类施策。一是全力做大做强做优一批行业龙头企业。重点在于,减少企业并购的制度壁垒,鼓励相关企业通过横向或纵向一体化经营快速扩大企业规模，进而加强资源整合，强化企业的核心竞争优势，全面增强企业的综合实力，在此基础上进一步创新核心技术、改进商业模式，增强对产业链条的影响力和控制力，占据价值链条的制高点，从而成长为具有国际竞争优势的行业龙头企业。二是扶持中小微企业突破困境、跨越发展。重点在于，通过完善多层次资本市场体系，综合运用财政补贴、贷款贴息、信用担保、税收优惠等方式，帮忙中小微企业跨越以融资难、融资贵为表征的"麦克米伦陷阱"，同时，推动中小微企业与大型企业之间的战略合作，以共建共享的方式进行重大技术平台的联合攻关或关键基础设施建设，并且将相关扶持政策落到实处，全面降低中小微企业的成本和风险，帮助其顺利实现跨越发展。三是助力"瞪羚"和"独角兽"快速成长。"瞪羚"和"独角兽"已成为知识经济时代高成长性的优秀创新型企业的代名词，其数量也是企业高质量发展态势的重要外显指标。其中，瞪羚企业是指创业后跨过死亡谷，以科技创新或商业模式创新为支撑，进入高成长期的中小企业，这类企业像瞪羚一样，成长性好，具有跳跃发展态势；独角兽企业是指在中国注册的、具有法人资格，成立时间不超过十年，获得过私募投资且尚未上市，估值超过 10 亿美元（以企业最后一轮融资时估值为依据）的企业。对江苏而言，要快速增加"瞪羚"和"独角兽"的数量，必须着力完善区域创新创业生态系统，使那些对人民生活有颠覆性影响的创新成果能够顺利完成商业化过程，并且依托发达的经济基础和较高的生活水平为企业创新发展提供坚实的物质支撑和需求空间，从而使"瞪羚"和"独角兽"的苗子不断涌现。选择部分符合条件的企业进行重点扶持，并且引入竞争淘汰机制，促使更多的企业顺利完成向"瞪羚"或"独角兽"的蜕变。大力发展平台经济，理顺"瞪羚"与"独角兽"的联系机制，既可以考虑依托"独角兽"的巨大触角，不断延伸出众多"瞪羚"，也可以考虑按照业务相近或相关原则将多个"瞪羚"整合成"独角兽"。然而，需要特别注意的是，"瞪羚"和"独角兽"不是帽子或光环，要完全按照市场规则进行筛选，不能为了政绩而弄虚作假或"拉郎配"，而且，要警惕"瞪羚"和

"独角兽"的破坏性,防止引发系统性风险,例如互联网金融领域的多个"独角兽"就需要特别关注。

参考文献:

[1] 吴金明:《"二维五元"价值分析模型——关于支撑我国高质量发展的基本理论研究》,《湖南社会科学》2018年第3期。

[2] 陈昌兵:《新时代我国经济高质量发展动力转换研究》,《上海经济研究》2018年第5期。

[3] 任保平:《新时代中国高质量发展的判断标准、决定因素与实现途径》,《改革》2018年第4期。

[4] 任保平:《新时代高质量发展的政治经济学理论逻辑及其现实性》,《人文杂志》2018年第2期。

[5] 任保平、刘鸣杰:《我国高质量发展中有效供给形成的战略选择与实现路径》,《学术界》2018年第4期。

[6] 陈诗一、陈登科:《雾霾污染、政府治理与经济高质量发展》,《经济研究》2018年第2期。

第八章 品牌和质量建设深化推进

从发达国家发展过程来看,经济崛起的过程也是质量升级、品牌壮大的过程。当经济发展进入转型升级的关键阶段,政府都会把高质量的品牌建设上升到国家战略层面上来。目前中国经济进入转型升级阶段,经济已从高速增长转向高质量发展的新阶段。因此,推动高质量发展,是保证我国经济持续健康发展,适应我国社会主要矛盾变化和全面建成小康社会、全面建设社会主义现代化国家的必然要求,也是遵循社会经济发展规律的必然要求。那么现阶段我们必须加强提升和塑造高质量品牌,它是我国经济向制造强国、贸易强国和经济强国转变的必由之路,也是中国经济高质量发展的关键所在。

第一节 品牌、质量的概念及相关关系

在我们社会生活中"品牌"已无处不在,人们现在开始追求高质量的品牌。但是,在理论界和企业界对品牌的具体概念还没有形成一个统一认知。在20世纪50年代,美国的大卫·奥格威第一次提出品牌的概念;我国在90年代出现这个概念的。

一、品牌、质量的基本概念

在《牛津大辞典》里,对品牌的解释是:"用来证明所有权,作为质量的标志或其他用途",即用以区别和证明品质的。我们现在对品牌的理解延伸了许多。

随着管理技术和市场的不断发展,人们对质量的科学认识和理解的程度在不断加深,质量的概念也不断拓展、深化和完善。2000年12月国际标准化组织发布 ISO 9000:2000,第四次对质量定义修改为"一组固有特性满足需求的能力。"全面质量管理专家朱兰博士从站在顾客的角度,对质量的定义是:"产品的运用性,即产品在使用时能成功地满足用户需求的程度。"[1]

产品质量是企业的生命线,企业能永续经营的基石在于产品质量,企业经营发展的战略目光,首先要关注在产品质量上。品牌质量是产品本身质量和品牌所体现的质量的统一。品牌产品的质量是品牌所代表的产品质量,品牌所体现的质量是品牌在消费者心目中感受的质量。因此,品牌质量比产品质量的含义要广泛,它是在以产品质量为前提的基础上拓展到反映消费者心目中的评价和感受。可以说品牌质量是产品质量和消费者所感受质量的有机结合,二者结合的好坏与否,关系到品牌质量的高低。品牌质量已经成为解决经济问题的关键武器,是国际竞争的标准,国际竞争已把品牌质量置身于最前沿。

品牌的高质量,就是品牌产品首先必须是质量优异,同时还蕴含较高的附加值。具体反映在品牌上的高质量是要求知名度高、美誉度高、顾客忠诚度高、市场占有率高、经济效益高、无形资产价值高、社会效应高和生命周期长的特点;同时高质量的品牌也体现出一种相互信任关系,即所有者与生产者、消费者以及各利益关联方,包括公众之间的一种

---

[1] 王泽洪、黄国庆等著:《宏观质量管理概论》,中国标准出版社2013年版。

相互支持、相互信赖的经济关系。

二、品牌与质量的关系

产品能创建出被市场认可的品牌,其中是由许多因素决定的。对一个企业而言,要使自己的品牌做成优质品牌、强势品牌,前提是有质量保证,高质量的产品。任何品牌必须依托产品质量,产品高质量是品牌的保障。那么在市场经济中,质量与品牌的关系是如何体现的呢?

1. 质量是创建品牌的必备条件。任何在市场竞争中经久不衰的品牌都是以高质量产品为基础的。虽然在市场的竞争中,产品的竞争表现为品牌的竞争,但是,反过来说品牌竞争所依据的是产品的内在质量,一个品牌成长为名牌靠的是其自身高质量。也可以说一个品牌在市场上一旦遇到抛弃,可能有多种原因,但是可以肯定地说其质量一定出现了问题,所以,质量是品牌的生命之所在。虽然我们不能说质量好的产品就是品牌产品,但是,质量差的产品肯定不会成为名牌;即使成了名牌,也会因为质量的问题而短命。我们可以这么说,质量不是现代企业品牌战略的充分条件,但是,却是品牌的一个不可或缺的必要条件。在高质量发展的进程中,不仅要注重科学技术等硬实力的进步,也要注重品牌等软实力的提升。在现实经济生活中,企业不仅需要自我提升,更应该需要借助新经济的平台,加快高质量的品牌进程。

2. 质量是品牌内在的本质体现。任何品牌想要赢得市场,第一步是产品的质量要被消费者认可,可以说质量是基本前提,品牌是追求的目标。或者说,质量是肉体,品牌是灵魂。没有质量作为保证的品牌,其市场影响力和竞争力等都不会有好的表现。要保证品牌在市场竞争中的优势地位,就必须自始至终保证产品高质量。在市场经济中,做企业就是要做高质量的品牌,品牌是产品质量的外延与形象。光有质量,没有品牌,好酒也怕巷子深。因为消费者只知道产品质量好,不知道产品的名字,也不能在众多的产品中识别出好质量的产品。但是,企业也可能一时对产品质量的疏忽,导致品牌倒闭,这种案例很多。所以企业创建一个品牌,并且被市场所认可的话,要格外珍惜,要做百年品牌,通过品牌对企业起到一个很好的质量监督作用,促进品牌企业的健康发展。

3. 质量是品牌的重要的内涵,相互依存。我们说质量是反映产品和服务的使用价值和价值的总和,即产品能满足消费者的满意程度。品牌是来自于众多普通品牌里的,在普通品牌中能出类拔萃,受到消费者的信赖与喜爱;如果质量不好的产品,即使利用铺天盖地的广告赢得了一定的知名度和消费群体,但是一定是昙花一现,终究会销声匿迹。质量是企业和产品赢取满意度的重要手段,"质量就是生命"这已经被众多企业共识的经营理念。

质量与品牌又是相互依存的关系,离开了谁都难以持久。高质量增强了品牌的公信力,以及与消费者的忠诚度,好品牌反过来提升了高质量的身份与地位。高质量与好品牌相辅相成,相得益彰。离开了高质量,品牌如同没有躯体的灵魂;离开了品牌,高质量如同行尸走肉一般。只有高质量与好品牌配合默契,在企业的长期宣传与广而告之的作用下,品牌成为著名品牌,产品才可能成为优质产品与消费者信得过的产品,企业才能经久不衰。

4. 高质量的品牌是产品溢出利润的保证。从企业的自身发展来说,我们都知道企业是追求利润最大化的,商品则是追求利润的手段。品牌并不是简单地注册一个商标,品牌的背后是企业文化、经营思想、产品创新、诚信服务等综合元素的集合,引导企业加强自身文化建设,树立科学的经营理念,强化品牌意识,提升竞争档次,从靠产品打市场走向靠品牌闯市场。这样才更有利于企业的竞争和发展。

第二节 品牌高质量是助推新旧动能转换的必然选择

我国经历四十年的改革开放,经济已由高速增长阶段转向高质量发展阶段。同时我们也知道,由于受深层次体制因素影响,经济运行的一些突出矛盾和风险越来越显著,新的增长动力还不够强大,产品和服务质量短板仍然突出,如果仍然依靠扩大投资来拉动经济增长的发展方式;依靠工业产能的增量形成的经济结构;依靠资源和生产要素的大规模高强度投入形成的增长动力,已经不适应高质量发展阶段的要求,必须按照党的十九大报告提出的"加快建设现代化经济体系"的要求,转变发展方式、优化经济结构、转换增长动力,提升高质量品牌的创新发展。江苏是经济大省,转变为高质量发展的进程中,不仅要加强高科技的创新发展,也要注重品牌的高质量的提升,从经济发展来看,这不仅是企业自我提升的需要,也是新经济发展的平台的需要。

一、有利于经济发展方式从规模速度型向质量效益型转变

我们说质量是综合反映一个国家或地区的经济、科技、教育和管理水平;品牌是质量的体现,是生产者和消费者共同的追求,是企业乃至国民经济综合竞争力的重要体现。从美国、日本和德国等发达国家的实践经验证明,要想实现经济的持续健康发展,必须发展高质量品牌。当前,我国经济社会发展正处于转型期,曾经支撑我国经济发展的各种资源要素都发生了巨大的变化,供需结构不合理,低端产能过剩,资源的不合理占用,导致优质、有效供给能力不足,质量提升内生动力不足。唯有通过质量的提升,品牌的创建,扩大有效供给,优化要素配置,提高全要素生产率,改善供给结构,提高供给体系的质量和效率,最终提升产业发展水平,推动经济发展方式由外延扩张型向内涵集约型转变、规模速度型向质量效率型转变,打造一批国际知名自主品牌,实现经济强国梦想。

二、有利于经济结构从中端向高端转变,提升竞争力

在市场经济中,品牌的高质量是产业迈向中高端的主要标志之一;

在全球价值链中,高质量的品牌也是参与价值分配的最根本因素。特别是在企业竞争中,良好的品牌反映了企业生产、研发、制造、销售等综合性竞争能力。因此,品牌在一定程度上也是企业和国家竞争力的衡量指标之一。经济合作与发展组织的分析表明,全球知名品牌仅为全球商标总量的3%,却拥有全球市场份额的40%和销售额的50%。

从发达国家发展轨迹来看,当一个国家的人均GDP超过一千美元的时候,会促发消费结构的升级。我国经济发展进入中高速阶段,特别是全面小康社会建设不断深入,居民收入水平逐步提高。2017年江苏人均GDP 107 189元(计15 876美元),随着中等收入群体不断扩大,消费结构持续升级,在消费市场中,人们开始追求个性化、多样化、体验式消费;人们的消费观念、方式、内容以及消费品市场的供求关系都必然会发生相应的变化,居民消费从重视生活水平的提高向重视生活质量的提高转变,从追求物质消费向追求精神消费和服务消费转变,从满足基本生存需求向追求人的全面发展转变。居民对产品和服务的消费提出更高要求,不仅讲究高质量的品牌消费,而且要求不断提供新颖的高质量品牌产品,这在客观上要求加快产品的品牌升级换代。面对新一轮消费升级的市场,商品的物理性价比已经不能满足人们更高的消费需求,对品牌附加值的消费必然成为消费的趋势,而这一趋势将对消费者的消费行为产生重大的影响,随着消费升级进展的推进,这种趋势也将对相关产业要适应市场要求,从中端向高端升级,提高竞争力,满足消费者需求。

三、有利于增长动力从要素驱动向创新驱动转变

要推进中国产品转向中国品牌,提升中国品牌的竞争力,就需要加快新模式的发展,即创新模式。创新是品牌发展的动力,决定着品牌能走多远。如:华为坚持每年将10%以上的销售收入投入研发,近10年累计投入的研发费用超过3 130亿元,强势进入2017全球最具价值品牌500强,品牌价值上涨21.4%。没有创新,品牌就失去了支撑。中国航

空综合技术研究所主任周宏宇说:"打造一流品牌,必须依靠创新驱动,搭建持续创新平台。"

创新是品牌发展的主要驱动力,特别是智能化新时代,用创新核心技术推动的品牌,容易被市场接受,成为世界性品牌。同时,我们围绕品牌建设,大力鼓励产品和商业模式创新,能够大幅度提高技术成果转化,加快市场整合与推广,迅速塑造成国际化品牌。在江苏品牌经济建设中,企业品牌建设是不可或缺的组成部分。企业品牌建设要落实到产品品质和知识产权运用与保护等具体方面,才能持续发展。

第三节　江苏提升质量与创新品牌发展进展评估

品牌的高质量是经济发展的原动力,是一个国家或地区经济实力的体现,是高质量经济发展的保障。品牌的核心就是质量,品牌的基础是产品质量,品牌经久不衰在于高质量的保证。一般而言,品牌的发展路径首先是由普通企业通过生产优质产品被市场认可,并使其发展成为品牌产品,给企业带来溢价和增值。当品牌企业聚集就形成品牌经济,从而可以有效提升本地区经济发展的质量和效益。

一、江苏省委、省政府出台一系列政策措施,为创建品牌创造良好的政策环境

近年来,江苏省全面贯彻习近平总书记"三个转变"的重要论述,认真落实中国质量大会精神,在全省全面开展实施品牌发展战略,建立健全品牌培育、评价、宣传和保护工作机制,逐步地培育了一批以国家品牌为龙头、省级品牌为主体、市级品牌为支撑的品牌群体,并在不断发展壮大。2017年3月省委、省政府在全省制造业大会上明确指出,品牌是企业命门产品质量的外在形象和重要标志,要着力实施品牌提升工程,大

力弘扬工匠精神，打造更多享誉世界的"江苏品牌"，推动江苏制造进入质量时代。同时出台了《中国制造 2025 江苏行动纲要》和江苏省《关于加快质量发展的意见》，明确提出品牌发展的目标要求。还发布了《江苏省名牌战略"十三五"发展规划》《江苏省商标品牌战略三年行动计划(2018—2019)》等文件，率先在全国发布《江苏区域商标品牌发展指数报告》。省相关部门按照规划要求，在全省依照"好中选优、优化供给"要求，重点培育一批拥有自主知识产权、质量水平高、市场竞争力强的产品和企业，按照《规划》提出的目标，到 2020 年，江苏要遴选培育 50 个具有世界影响力的名牌产品，100 个全国市场排名领先的高端制造品牌，100 个与国内外知名品牌同标同质的日用消费品品牌，累计培育 3 500 个江苏名牌；省级以上制造业企业销售收入占全省规模以上的工业企业销售收入比重达 38%，全面提高本省经济发展的高质量内涵，增强产业比较优势，推动江苏经济进入品牌高质量发展。

二、拥有一批以国家品牌为龙头、省级品牌为主体、市级品牌为支撑的高质量品牌群体，并在不断发展壮大

江苏省自 2014 年由省政府新闻办、省经信委、省工商局、省质监局联合开展省"自主工业品牌五十强"宣传活动以来，目前已组织 220 家企业参加工信部品牌培育试点，其中有 43 家企业获得工信部品牌培育示范企业称号，有 16 个产业集群区域品牌认定为工信部试点，在全国均居首位。全省共创建世界名牌 2 个，数量居全国第二；中国名牌 238 个，占全国总数的 12%。据世界品牌实验室发布的 2016 年《中国 500 最具价值品牌》榜单，苏宁以 1 582.68 亿元，品牌价值位居品牌榜第十三名，零售业的榜首。苏宁 2016 年位居全国民营企业 500 强的第二位。在 2017 年江苏省"自主工业品牌五十强"宣传活动榜单，亨通集团有限公司、江苏阳光集团有限公司等 49 家企业榜上有名。全省自主品牌企业增加值突破万亿元，品牌发展主要指标均位居全国前列。

世界品牌实验室日前发布2018年《中国500最具价值品牌》排行榜，江苏地区共有28个品牌进入榜单，占全国的5.6%，位居第七。江苏企业排名前三的分别是苏宁(2 306.28亿元)、徐工(602.18亿元)、红豆(511.95亿元)。从行业分布上看，28个入选品牌分别涉及零售、机械、纺织服装、食品饮料、汽车、钢铁、建材、保健品、传媒等领域。其中，纺织服装行业分布最多，占了6席，依次为红豆、恒力、梦兰、海澜之家、波司登、雅鹿。其次机械行业占了4席，食品饮料行业占了3席。值得一提的是，协鑫首次以新能源行业企业上榜，在行业分布上实现了突破。

加强对知识产权的重视，商标运用、保护和管理水平都有所提升。截至2016年6月，江苏省有效注册商标71万件，受到驰名商标制度保护的商标694件，省著名商标4 272件，马德里国际注册商标1 800件，地理标志商标249件。据江苏省发改委提供的数据，截至2017年底，江苏省有效注册商标88.86万件，较2016年增长19.89%；全省受"中国驰名商标"保护的商标总数为733件，其中有633件来自制造业，比例达到90.2%；全省地理标志商标269件；建成41家省级产业集群品牌培育基地，累计培育发展江苏名牌2 444个；主导和参与制定了国际标准52项、国家标准3 107项，经国务院批准，江苏成为国家标准化综合改革的4个试点省份之一。全省有效注册商标总量继续保持上升态势。商标申请集中类别和国内外产业发展趋势基本吻合，且省内区域间的差异不断缩小，江苏省商标品牌战略的实施迈入了精细化新阶段。

与其他省份相比，江苏拥有知名品牌数目相对偏少，品牌的溢价和价值偏低。江苏属于全国经济发达省份，但是在全国的品牌竞争力水平与江苏所处经济地位不相匹配。据2017年发布的《中国省域竞争力蓝皮书》中所述，对中国省域综合竞争力排名和国民生产总值进行排名，江苏均位居第二。但是，江苏制造业质量竞争力指数排名落在上海、北京、天津及浙江之后。据世界品牌实验室发布的2018年《中国500最具价值品牌》区域分布(见表8-1)，江苏省仅仅排在第七位。世界品牌实验室还从品牌区域角度发布了《2018年中国智能制造品牌价值》分布情况，在前三名的省份分别是山东(7个)、广东(6个)、新疆(5个),占比分别为24.14%、20.69%、17.24%。一共入围最具智能制造品牌价值的企业是29家,江苏只有康缘药业入围,排在第26位。最具智能制造品牌价值的企业是上汽集团。据《2017年中国独角兽企业发展报告》,江苏只有6.5家独角兽企业,北京有70家。在目前互联网经济时代,江苏新经济业态、核心产品的自主品牌还不多。这说明江苏品牌高质量发展水平不高,也说明江苏品牌经济存在很大发展空间,需要提质增效大力发展。

表8-1 2018年《中国500最具价值品牌》前十位情况

排名	省份、地区	品牌数(个,2018年)	占比(%,2018年)	品牌数(个,2017年)	占比(%,2017年)
1	北京	94	18.8	96	19.2
2	广东	90	18	88	17.6
3	福建	49	9.9	36	7.2
4	上海	41	8.2	37	7.4
5	山东	40	8	45	9
6	浙江	34	6.8	36	7
7	江苏	28	5.6	27	5.4
8	四川	17	3.4	16	3.2
9	河南	10	2	12	2.4
10	河北	9	1.8	11	2.2
10	湖北	9	1.8	11	2.2

资料来源:世界品牌实验室官网 www.worldbrandlab.com。

老字号企业数量、品牌影响力、销售规模等均居全国前列。据江苏省商务厅统计,全省现有92家"中华老字号",84家"江苏老字号"。老字号作为历史经典产业,在品牌、经济、文化方面具有独特价值。现在有不少老字号企业发展艰难,正遭遇着互联网时代的生存考验。

三、品牌的高质量发展中存在的主要短板

经过近几年的品牌战略实施,江苏产品在质量上有所提升,品牌数量上也是可圈可点,但是在国内、国际上属驰名品牌的还是少了些,在产业中领先的品牌也不多。通过调研,我们深感需要对江苏当前的状况、经济情况、科技情况、品牌情况要有一个清醒的认识。问题主要在以下几方面:

1. 创建高质量品牌的意识不强,营销观念淡薄。高质量品牌意识是一个企业对质量和品牌建设的基本理念。品牌意识是现代企业制定品牌战略,铸就强势品牌的坚实理性基础,是引领企业在市场竞争中制胜的战略性意识。高质量品牌意识不足往往表现在两个方面:一是自我发展意识不强。企业的价值取向专注于急功近利,经营上热衷于短平快,仿照市面上畅销产品,定位在"贴牌"生产或生产"山寨"产品。殊不知生产的产品贴上人家的牌子返销到中国市场可以获得高于你几倍的丰厚利润,而且让人家牵着鼻子走;"山寨"产品的盛行,严重打击了创新者的信心,剥夺了创新者的利益。特别是 IT 行业,一旦被侵权仿冒,效益甚至降到原先的一成。二是品牌创新意识不强。主要表现为一些拥有自主产权和质量的企业和地区对于开发和利用品牌、制定品牌战略、盘活沉淀品牌和品牌自我保护的意识不强;而没有品牌意识的企业又不重视创建和培育产品的品牌,习惯粗放式生产方式,不适应小批量、多品种、个性化、绿色化、高端化的现代市场需求特征,甚至有些企业认为耗费资金和时间去创建品牌是得不偿失的事,品牌建设应该是大企业的事情。从长远看,企业没有自我品牌,长期只能徘徊在产业链底层。如果企业产品不能贴近市场需求开拓发展,不重视产品的高质量品牌的创建,很快就会被市场抛弃的。

2. 管控质量体系不健全,关键基础件的质量水平不能达到所需标准。ISO(国际质量管理体系)在我国企业推广运用有 30 多年了,对提升

企业的产品质量和服务质量的管理功不可没。但是目前还有不少企业建立全面质量管理体系,但是质量主体责任落实不到位,特别是在产品研发、物流和售后服务方面关键部门没有严格的质量考核指标,缺乏多层次的质量管控体系。任何一个企业要想赢得市场竞争优势,产品技术标准必须高人一筹,才能产品高质量无法替代。目前,许多企业,特别是制造业的关键材料件、基础部件的质量达不到国际标准,影响产品整体质量,造成要生产高质量产品还要依赖进口外国关键部件。如果受到外国打压限制进口,不仅削弱企业竞争力,还限制企业发展。

3. 品牌的自我保护意识不强。品牌的保护是目前最受企业关注和最为突出的问题。品牌产品从研发、申报、制造、交易和应用的整个过程中的各个环节都存在保护和维权的问题。江苏许多品牌由于不能及时注册,被他人抢注,殊不知,一旦商标被他人抢注,就意味着不仅丢失品牌,而且市场也失去,不仅直接经济损失惨重,潜在的品牌无形资产,如品牌信誉以及文化损失也是不可估量的。有些企业目光短浅,不珍惜自己艰辛万苦创下的自有品牌的爱惜和保护,轻易地就被其他企业兼并、收购,放弃了品牌的自主权。还有由于市场经济体制的不完善,侵权行为的处罚力度不够严,违法成本太低等原因,也造成品牌产品被他人假冒、仿冒的现象屡屡出现,涉及品牌的侵权纠纷越来越多,品牌的保护面临着艰难。

4. 质量品牌价值偏低,生存发展压力大。江苏省制造业总产值约占到全国的1/8、全球的3%左右,属于名副其实的制造大省,甚至有一些行业的引领型企业的产品质量、加工制造的质量已经达到了国际水准,可以为世界500强企业代加工,但是因为我们在自主设计、自主研发上还不到位,造成大多数制造业处于全球产业链的中低端,以传统产业为主导,且多处于低附加值环节,这是江苏国际知名品牌少、品牌影响力弱、品牌话语权小、品牌价值低、品牌总体形象欠佳的主要原因,也正是因为缺少本土的顶尖企业和国际知名品牌,这使得产业发展制高点掌控不多,核心技术受制于人,产品附加值低。目前,江苏省在商标注册总量、驰名商标数量、高端品牌培育上与先进省份相比还有一定差距,面临着区域竞争的压力;另一方面国外知名品牌对国内品牌纷纷采取"吞噬"和"挤压"策略,江苏省品牌相对势单力薄,面临着生存发展的压力。归纳起来主要有"四大压力"影响江苏品牌经济发展:一是国际品牌竞争的压力越来越激烈;二是国内各地竞相加大提升高质量品牌的力度,区域竞争的压力;三是消费者品牌意识越来越强,面临着提升品牌高质量的压力;四是品牌的侵权纠纷越来越多,加强保护品牌的压力。

5. 政府、企业对品牌创建与传播的经费投入不够,扶持力度不够。调查发现,一方面,江苏省各地方对发展品牌的专项经费投入不尽人意,差异也较大;另一方面,企业对品牌建设与传播的投入力度也存在较大差异;目前仅有部分品牌企业经费投入相对稳定。政府对商标品牌战略实施的资金支持力度有待进一步加强,特别是在驰名、著名商标培育、商标国际注册、地理标志商标、品牌培育基地建设等方面应加大财政性资金投入。

第四节 创建高质量品牌对推动高质量发展的对策建议

江苏的品牌的高质量才能代表江苏经济的形象。我们都知道,如果一个地区拥有品牌数量越多,则其品牌价值一般也会越高,对该地区经济实力增长的推动作用会越强。如果一个地区长期存在供给质量不高,造成中高端购买力外流,影响企业发展后劲,也影响江苏经济持续健康发展。按照江苏有关方面的设想,当前和今后一个时期,江苏省的品牌建设要以转变经济发展方式为主线,以提升品牌价值为重点,建立健全品牌培育、保护和发展机制,力争到2020年末,涌现一批品牌战略明晰、品牌管理体系健全、品牌建设成果显著的企业;形成一批质量优良、服务上乘、具有广泛影响力的知名品牌;培育一批拥有自主知识产权和国际竞争力的自主品牌。为此,江苏要进一步解放思想,深化改革开放,有效地构建体制的创新发展优势,深化企业改革、行政审批制度的改革、投融资体制改革,以创新、协调、绿色、开放、共享这五大新发展理念及其实现机制全方位优化经济结构,着力发展实体企业,同时要发挥江苏强政府和强市场的协同作用的优势,以提高经济供给体系的质量、效率为目标,创新和发展以高端核心技术为导向的高质量品牌的产业集群作为发展新动力,推进江苏经济社会的高质量发展。

一、加大政策支持力度,赋予高质量品牌企业更多发展动力

面对新时代、第四次工业革命的历史机遇,全省高质量品牌建设面临重大机遇与挑战,省政府相关部门应该进一步统筹谋划,要依据产业的现有竞争力、发展趋势进行细致划分产业、划分层次,认真研究制定高质量品牌发展战略,以及促进经济高质量发展战略的指导思想、基本原则和保障措施。通过质量的提升、品牌的创建提升江苏经济深入发展的水平和质量。再就是要加大对品牌创建的服务,一方面是要建立实施政府指导下的社会化、市场化质量品牌建设专业服务体系,充分发挥专业机构、行业协会等中介机构作用,为企业全面增强和端正品牌意识,普及品牌知识、帮助企业品牌开发、发挥品牌功能等提供专业服务。对那些具有一定国际影响力且具有自主品牌的企业直接给予研发、宣传和推广补贴,支持其向国际品牌发展。要积极探索建立社会主办、行业自律、市场验证、政府监督的品牌评估机制,有关的质量品牌认定必须强调企业必须拥有核心技术,是全中资的企业等。为了公平竞争,政府应出资委托第三方进行质量品牌论证和评定,政府对论证评定过程要严格监督,对获得奖的产品,政府应该有奖励、免检、广告宣传等一系列扶持措施,甚至可以被优选为政府指定采购、招标的产品。再就是要鼓励企业特别是民营中小企业有意识地从地域品牌、小品牌创建做起,发扬工匠精神,日后不乏成为大品牌产品。

二、整合资源,做大做强高质量优势品牌

高质量品牌经济是生产力和市场经济发展到一定阶段的产物,需要以品牌为核心整合各种经济要素,带动经济整体运营的一种市场经济的高级形态。我们可以从德国、美国、日本等国家的品牌发展过程证明,重视高质量发展的国家,也是品牌最多的国家。重视高质量发展的企业,也一定会是创建品牌最多的企业,这是品牌创建的共同特点和普遍规律。江苏在创建提升品牌的高质量发展中,一方面要借鉴发达国家高质量品牌发展的经验,另一方面要充分发挥全省绝对的和比较的经济优势,减少和克服结构趋同的现象。同时,通过质量提升和品牌发展来增强本省竞争优势,使经济结构更好地优化升级,达到高质量经济发展的目的。江苏现有"两院"院士100人,研发人员80万人,在校大学生210万人,有关行业协会要善于发挥专家学者的作用,如可以定期组织企业与专家面对面交流,企业把对影响产品发展的关键质量问题,靠企业自身技术难以解决的技术难题提出来,行业协会帮助企业组织地方、行业、科研机构和骨干企业进行质量诊断、质量技术攻关和工艺提升等咨询活动,推动企业质量技术创新发展。江苏有雄厚的研发基础,要集中科研力量在环保产业、生态产业、新能源产业、大文化产业、大健康产业、新兴金融产业、现代农业、与新型城镇化建设有关的行业,特别是要加强对信息产业及其上下游产业、人工智能和机器人行业、绿色制造业等科技含量高、附加值高的品牌产品的创新和培育。首先,对于传统品牌企业要进行技术升级、产业升级,而且要按信息化、智能化、绿色化、服务化、高端化方向通过兼并重组、战略合作、自主创新、资本运作等多种方式来提升产品和服务的品牌高质量,才能保证传统品牌立于不败之地。如五星电器与京东合作,强强联合,线上线下互补。其次,对制造业及其他产业要与时俱进,尽快以大数据为核心,智能应用为方向,云计算和互联网为支撑,促进数字技术与产业的深度融合,实现数字化转型,创建有核心技

术的品牌产品,才有可能实现从低附加值产业升级到高附加值产业。

三、提高品牌创新能力,掌握品牌核心技术

创新是企业的唯一核心动力,是发展质量品牌经济的基石。创新对于企业来说就是使企业技术要高端化。我们通过中兴事件可以明白,以市场换技术、以资金买技术等方式取得技术进步都很难得到核心技术。随着大数据、人工智能等新一轮技术革命的加快推进,创新在经济发展中具有越来越重要的地位,没有掌握核心技术的产品,最终只会是空中楼阁,昙花一现。那么,企业要想拥有核心技术,就要以市场需求为导向,制定品牌发展规划,加快新旧动能转换,提升品牌企业自主创新能力。对传统主导产业要以现代信息技术、智能管理技术、精益生产技术改造提升产品质量,积极拓展中高端价值链提升经济附加值,形成传统产业规模化、特色化、品牌化优势。同时要鼓励企业制定实施比标准更高的先进技术标准,优化产品结构,增加产品的科技附加值,增强传统主导产业的竞争力。一些传统老字号企业,需要与时俱进,按照市场需求,加大技术研发创新力度,使老字号产品不被市场淘汰。其次,对于战略性、重点优势产业,需要坚持把创新能力作为品牌战略的核心,要用颠覆性的思维,创新出与众不同的东西,要加快抢占战略性产业质量品牌制高点,开展战略性产业质量分析,依托高端装备创新工程等解决影响高质量产品的关键问题,加快产业向价值链高端突破,推动产业向价值链高端转移。同时,要建立研发、生产、售后服务等一体化的质量保证体系。加强对产品质量检测体系的建设,抓好产品的规范化和标准化生产,积极开展认证和产品质量认证,提高产品质量,推进品牌建设。再就是对于现代新兴产业的品牌培育要眼光更新,境界更高,加大技术创新、人才引进、资金投放力度,优化劳动力、资本、土地、技术、管理等要素配置,推动新技术、新产业、新业态蓬勃发展,实现国际化布局、品牌化运营、智能化管理的高附加值品牌。

四、加强质量安全监管和商标知识产权的保护,营造良好的市场环境

良好的竞争秩序,能使质优价高成为市场竞争常态,形成质量品牌优胜劣汰效应,也有利于提振消费信心,增强社会消费欲望,扩大消费需求。政府必须加强质量安全风险研判和防范,建立产品伤害监测体系。特别是要加强对农产品、食品药品、食品相关产品质量安全监测和日用消费品质量监督抽查,依法严厉打击各类质量安全违法行为,包括制售假劣食品药品农资、网络销售假冒伪劣商品等违法行为。要重视质量诚信体系建设,推进企业质量信用信息公开和企业质量信用分级分类管理,加快建立质量失信"黑名单"制度。政府要加强知识产权运用和保护,推动建立归属清晰、流转顺畅,使商标产权成为不容侵犯的民事财产权利。企业要加大对品牌维护和保护力度,在品牌定位与设计完成后就要及时注册商标,通过商标注册依法保护企业的品牌资产。要设立企业品牌管理部门,强化品牌规范化管理,一旦遇到侵权纠纷时要积极主动维权,诉诸司法渠道予以解决。对于假冒伪劣等侵权行为,予以严厉惩治和打击。对恶性严重的不正当竞争行为,从法律上规定其承担"加重民事责任"或"惩罚性民事责任",明确加重或惩罚赔偿的幅度。积极保护和传承老字号,提升传统产业产品质量和品牌化水平。

五、建立质量品牌共享平台,提高品牌培育能力

建立完善的质量品牌公共服务平台,加强质量品牌服务社会中介组织建设,推动质量品牌服务市场化、平台化运行,为企业提供专业化服务。建立完善的质量品牌活动推进平台,引导社会中介组织加强质量和品牌指标体系、信息渠道和共享机制研究,建立特色鲜明的质量和品牌信息共享平台,发挥政府部门、中介组织、企业、消费者和新闻媒体的合力,为品牌做好宣传推广。

六、加强人才队伍建设

人才是品牌发展的支撑,是最具创造性的要素。要积极贯彻国家人才发展纲要,统筹推进各类人才队伍建设。发挥企业家作为品牌发展领军人物作用,培养品牌发展专业人才,造就一批技艺精湛、技能高超的工匠。

参考文献:

[1] 汪同三主编:《品牌蓝皮书:中国品牌战略发展报告(2018)》,社会科学文献出版社2018年版。

[2] 卢晓:《品牌赋能》,中信出版社2018年版。

[3] 何佳讯:《品牌的逻辑》,机械工业出版社2017年版。

[4] 刘晓彬:《产区品牌发展战略》,电子工业出版社2017年版。

[5] 刘字濠:《深圳迈向高质量》,新华出版社2019年版。

[6] 国务院发展研究中心课题组:《迈向高质量发展:战略与对策》,中国发展出版社2017年版。

第九章　新经济高质量发展

世界正进入以信息产业为主导的新经济发展时期。当前我国发展正处于这样一个关键时期,必须培育壮大新动能,加快发展新经济。随着我国经济发展进入新常态,经济新旧动能的及时转换成为首要目标和关键任务。加快发展新经济,已成为培育经济增长新动能的重要抓手和深入推进供给侧结构性改革的有效途径。江苏作为实体经济大省,需要抓住新一轮科技产业革命所带来的巨大机遇,把握全球新经济发展趋势,立足江苏发展条件基础,实施适应新时代经济高质量发展、具有江苏区域特色的新经济发展战略,从而助力"强富美高"新江苏建设,并为全国基本实现现代化先行探路。

第一节　新经济发展的理论界说与行业特征

一、新经济发展的基本概念与战略意义

新经济是指在经济全球化和全球信息化背景下,新一轮科技和产业革命驱动下形成的经济活动和经济形态。具体来说,是指在现代信息技

术、人工智能、新能源、新材料和生物技术等新技术推动下形成的新产业、新业态和新模式,从而引致包括经济增长方式、经济结构以及经济运行规则等在内的经济转型与制度变迁。

发展新经济是适应新技术革命、抢占新一轮产业竞争制高点的必然要求。从生产力角度来看,用新经济模式来替代旧经济模式,无疑是促进经济持续增长、提高经济发展质量和效益的必然要求。更重要的是,技术变革将引发新一轮国际分工以及全球范围内产业格局调整和重构,这意味着世界各国需要重新通过经济结构、经济形态和产业组织方式的改变来维持经济可持续增长和适应新一轮产业竞争。在这种背景下,发展新经济,不仅是先发经济体引领全球市场需求和强化竞争优势的主要手段,而且也是后发经济体提升全球价值链地位和实现经济赶超的重要契机。

二、新经济发展的本质内涵和动力源泉

发展新经济的本质内涵是培育经济增长新动能。新经济是相对于传统经济而言的,内涵相当广泛,是指基于新技术产生的、以战略性新兴产业和高新技术产业为龙头的经济。既包括在信息技术革命带动下形成的物联网、云计算、电子商务等新兴服务业,也包括因"互联网+"、新能源、新材料、人工智能的应用而衍生的先进制造业,还包括涉及一、二、三产业融合发展的新业态和新模式。党的十九大报告提出,要推动互联网、大数据、人工智能和实体经济深度融合,在中高端消费、创新引领、绿色低碳、共享经济、现代供应链、人力资本服务等领域培育新增长点、形成新动能。这实际上就是要求通过发展新经济来推动经济增长新动能的培育和塑造,培育增长新动能正是发展新经济的本质内涵所在。具体机制包括:其一,发展新经济是通过新一代信息技术的发展和应用,促成新产业、新模式、新业态的培育和壮大,逐渐孕育成为经济增长新动能。其二,发展新经济是利用新技术、新模式改造传统产业,通过提高传统产

业的资源配置效率和全要素生产率,激活传统产业生命力,改造升级经济增长的传统动能。其三,发展新经济可以有效激发消费市场的潜力,创造新的消费需求,扩大消费市场规模,从而促成经济增长由投资驱动型向消费驱动型转变。

发展新经济的根本特征和动力源泉在于创新。从最早提出新经济概念的美国经验来看,美国新经济发展主要得益于信息技术革命下一系列创新所带来的强大动力,即通过信息技术的扩散和应用,变革组织结构和企业制度,提高产品与服务质量,创新生产与业务流程,从而促进全要素生产率提升。德国新经济发展主要依托智能制造进行制造业创新,聚焦智慧工厂、工业机器人、物联网等产业领域;"创业国度"以色列的新经济发展则注重科技创新与技术应用,以"创新创业"特色享誉全球。

可见,新经济形成的基础在于技术和知识的创新,创新是新经济的天然属性和根本特征。其中技术创新是关键和根本源泉,而制度创新、组织创新、商业模式创新、业态创新等则是发展新经济的动力保障。新经济通过不断的制度创新、组织创新和模式创新来推广新技术的应用领域,进而转化为有效的生产力,创造出新产品和新服务来满足人类的新需求。因此,发展新经济必须将创新放在首要位置,充分发挥技术创新的引领作用,推动面向信息时代的商业模式创新与组织变革,不断优化创新的体制机制,进一步增强和释放新经济发展的动力和活力。

三、新经济发展的行业风口及趋势展望

近年来,随着物联网、云计算、大数据、人工智能的新一代信息技术的出现和不断成熟,人类社会正在从"传统工业化"迈入"复合工业化"的新时代,全球资源配置的形式和效率不断革新,新的产业组织形态和商业模式不断涌现,发展新经济正裂变出多元行业"蓝海"和"风口"。

(1)数字经济。数字经济是指以互联网、云计算、大数据等信息技术为支撑,以数字化的知识信息为核心的系列经济活动,是信息化、数字

化、网络化与智能化融合发展的经济形态。促进数字技术和实体经济融合,可以直接降低实体经济成本、提升经济效率、催化新技术和新业态、促进供需精准匹配。2016年,我国数字经济已占国民经济总量的30.61%,成为仅次于美国的世界第二大数字经济体。

(2) 智能经济。智能经济是指以效率、和谐、持续为基本坐标,以物理设备、电脑网络、人脑智慧为基本框架,以智能政府、智能产业、智能社会为基本内容的经济形态。随着人工智能技术的不断突破,智能经济正在深刻改变人类生产生活方式和思维模式,人类开始步入智能化社会。预计到2025年,我国智能化市场规模将达5万亿元。

(3) 流量经济。流量经济是指在依靠人才流、资金流、知识流、信息流等要素资源的流动和加工而带来经济效益的经济形态。其关键在于全球要素资源特别是创新要素的虹吸、集聚和使用,通过扩大要素流量,提高流通速度,实现经济发展水平和质量的提升。预计到2025年,全球流量经济所创造的价值将达到2 500—4 500亿美元,占全球经济增长的15%—25%。发展流量经济是建设国际交通信息枢纽和国家门户城市的关键所在,从而成为纽约、伦敦、上海等许多国际大都市的战略重点。

(4) 创意经济。创意经济是指基于智慧性创造,推动文化、科技、经济相互交融与作用所形成的一种综合经济形态,主要包括数字出版、电竞游戏、影视动漫、新媒体、创意设计等产业领域。创意经济正以"无边界经济"模式向传统行业和实体经济渗透,有助于企业产品提升、品牌创建和市场拓展,提升附加值。文化创意产业已成为现代经济体系中最活跃、最具发展潜力的产业之一。目前,全球创意产业创造产值约2.35万亿美元,已超过电信业全球产值。我国创意经济也正飞速增长,预计到2020年,仅数字创意产业规模就将达8万亿元。

(5) 绿色经济。绿色经济是指以传统产业经济为基础,以生态农业、循环工业和持续服务产业为基本内容、以促进经济与环境和谐为目的而发展起来的一种新经济形态。近些年来,新能源、新材料、节能环保、生态农业、绿色建筑、可持续性交通等成长性强和绿色技术渗透度大的行业发展迅速,创造了数千亿美元的产业规模和数百万个就业岗位。绿色经济将成为国民经济新的支柱产业,绿色发展已成为国际竞争中的一个重要趋势和新工业革命的潮流。据中国工信部预测,到 2020 年我国仅绿色制造业规模就将达 10 万亿元。

(6) 共享经济。共享经济是利用互联网等技术整合、分享海量分散化闲置资源,优化配置供需资源和信息的新经济形态。2017 年,我国共享经济市场规模达 4.9 万亿元;预计未来一段时期共享经济将保持 40% 左右的增长率,到 2020 年规模将突破 10 万亿元、占 GDP 比重将达 10% 以上。我国共享经济服务者人数已达 7 000 万人,共享平台企业就业人数达 720 万人。未来几年,共享出行、共享空间、共享资本、共享知识、共享医疗、共享公共资源、共享技能、共享农业等行业将呈爆发性扩张,分享经济日益成为新经济发展的重要引擎。

第二节　江苏新经济发展的现状与问题

一、新经济发展的要素条件

从要素禀赋来看,江苏具备新经济发展的良好的要素条件。一是科教资源较为丰富。近年来江苏的高校数量和在校生人数、中外合作办学机构和项目数量、国家教学成果奖数量、国家高等教育教学成果奖数量、国家科技奖获奖数量等多项科教指标都位列全国第一。作为院士大省,江苏的两院院士数量居全国第三,全国两院院士中江苏籍占 1/5。二是区域创新能力较强。江苏是全国首个创新型省份建设试点,又有苏南国家自主创新示范区,区域创新能力连续多年居全国前列。"十二五"以来,江苏知识产权综合发展指数年均增长率位居全国第一,专利申请量和授权量、发明专利申请量、企业专利申请量和授权量等 5 项指标连续 6 年位居全国第一,2015 年发明专利授权量也首次跃居全国第一。江苏创新投入全国第一,江苏综合科技创新水平指数位列全国第五。江苏目前拥有全国 15.1% 的科技创新领跑技术,科技进步贡献率达 62%,全社会 R&D 经费占地区生产总值比重达 2.7% 左右,已达到部分先进国家水平。三是信息化程度较高。2016 年,江苏信息化发展指数达到 89.17%,位居全国第五、省区第二,仅次于浙江;信息经济指数为 0.483 2,位居全国第四,高于浙江和广东;信息经济指数位于全国前十的地级市有苏州(第三)、无锡(第四)和南京(第七)。江苏信息经济总量超过 2 万亿元,仅次于广东,占 GDP 比重达 32.15%;区域两化融合发展水平总指数达到 97.37%,位居全国首位。

二、新经济发展的产业基础

从发展基础来看,江苏具有支撑新经济发展的雄厚的产业规模实力和显著的产业集聚优势。首先是新兴产业规模较大。"十二五"以来,江苏高新技术产业和战略性新兴产业快速增长,全省制造业行业中先进制造业占比从 2011 年的 37.93% 增至 2017 年的 45% 左右。目前,江苏先进制造业的多个细分行业发展水平领先全国,比如装备制造业规模和效益指标高居全国同行业首位,新材料、节能环保、医药、软件、新能源、海工装备等产业规模也居全国首位,电子信息制造业规模则位列全国第二。目前,江苏在碳纤维、纳米材料、石墨烯三大新材料重点前沿领域具有全国领先地位,江苏已成为全国最大的数控成形机床生产基地以及重要数控金属切削机床生产基地。江苏数字经济规模高居全国第二,仅次于广东;网上零售市场规模则居全国第四,仅次于广东、浙江和上海。2017 年,全省大数据产业规模达 700 亿元,亿元以上大数据骨干企业超过百家,物联网、云计算、大数据等新兴产业规模和增速领跑全国,业务收入高于全国 30 个百分点。

其次是平台载体优势显著。江苏 18 个国家级高新区、28 个省级高新区创造了全省 25% 的地区生产总值和 35% 的高新技术产业产值。江苏已经成为我国电子信息产业高地,并基本形成了电子信息、生物医药、新材料、新能源等高新技术产业集群,比如南京的北斗导航世界、苏州的纳米城、无锡的鸿山物联网特色小镇、常州的石墨烯小镇、镇江的特种船舶及海洋工程装备特色产业基地、泰州的生物医药城等。此外,江苏90%以上大中型企业都设立了研发中心,众创空间入驻创新创业企业和团队超1万家,园区孵化器数量、在孵企业数量均居全国第一。江苏全省已累计创建309个省级示范智能车间,覆盖了省内主要行业,车间自动化、智能化装备比重达83%,智能装备联网率达86%。

三、新经济发展的短板表现

一是自主创新能力不足。虽然江苏新经济总量规模大,但是总体上仍处在价值链的中低端,多数企业以引进技术、模仿创新为主,在核心技术、工业软件和产品标准领域都缺乏足够的竞争力和话语权。65%的工业机器人,80%的集成电路芯片制造装备、40%的大型石化装备、70%的汽车制造关键设备以及核电等重大工程的自动化成套装备都严重依赖进口。

二是龙头地标企业不多。新经济产业集中度不高,企业普遍存在"小、散、低"的问题。虽然出现了苏宁云商、途牛旅游、运满满等代表性"独角兽"企业,但是仍然缺乏华为、腾讯、阿里巴巴这样的具有较强国际竞争力的行业创新型龙头企业和地标企业。

三是区域特色优势不显。目前国内已经形成了以"北上深杭"为引领、"成武广津"等区域中心城市竞相追赶的新经济发展格局。比如,北京以原始创新为引领,致力于建设全国科技创新中心;上海以"四新"为引领,致力于打造具有全球影响力的科技创新与金融创新中心;深圳以新一代电子信息产业为引领,致力于建设具有全球影响力的国际科技、产业创新中心;杭州则以"互联网+"为引领,打造具有全球影响力的"互联网+"创新创业中心。相比之下,江苏新经济发展水平还有待提高,定位还不够明确,特色优势也不太明显。此外,江苏在新经济领域的人才引进、金融支持、科研与产业衔接、创新创业服务以及政府服务等方面都还有较大的不足。

第三节 国内新经济发展的基本态势与经验启示

新经济最早于20世纪90年代出现在美国,信息技术和信息产业发展、科技创新和金融创新被认为是新经济的主要原因。信息技术催生下的信息产业是新经济产生和发展的源头,信息产业的发展又得益于科技的不断进步和创新。科技创新带动了组织管理、运营方式、商业模式等其他方面的创新,后者又在很大程度上促进了科技创新成果的快速转化。信息技术发展与科技创新是金融创新的前提,金融创新又为科技进步、技术创新以及创业投资提供了资金支持和风险保障。

然而,与美国等发达国家不同,我国的新经济发展更多的是以产业结构优化升级为主线,不仅包含了基于科技创新的新技术和新产业的发展,而且还包含了基于新技术衍生的新模式、新业态;不是侧重于某一产业、某一领域的"破坏式"创新,而是布局全产业、全领域的转型升级。鉴于国内外新经济发展内涵的差异,这里主要总结和借鉴北京、杭州、成都、苏州等国内典型的代表性地区(城市)新经济发展的经验,从而为江苏新经济高质量发展提供一点启示。

一、明确发展目标定位

北京作为我国文化、科技、信息中心,金融、信息、科技服务三大优势产业对经济增长贡献率达55.7%,在引领和支撑国家创新驱动发展战略和京津冀协同发展战略上发挥着巨大的作用。2016年国务院常务会议审议并原则通过了《北京加强全国科技创新中心建设总体方案》,明确了北京全国科技创新中心的定位,要使北京成为全国创新引领者、高端经济增长极、创新人才首选地、文化创新先行区和生态建设示范城。同时,还明确了依托"三城"(中关村科学城、怀柔科学城和未来科技城)建设四大"高地"(原始创新高地、前沿技术创新高地、协同创新高地、制度创新高地)。

杭州作为国内互联网经济发达的代表性城市,信息经济和智慧应用已成为引领城市发展的新动力和金名片。2016年,信息经济占杭州GDP的比重达24.3%,对全市GDP增长的贡献率更是超过50%。同年,杭州被国家确定为唯一以"互联网+"为特征的自主创新示范城市。这在一定程度上得益于其明确的发展定位。在2014年,杭州市委市政府就提出以"发展信息经济、推进智慧应用"为主要内容的"一号工程"。同年召开的杭州市委十一届七次全体扩大会议提出,将加快发展信息经济,力争到2020年建成"六大中心",即国际电子商务中心、全国云计算和大数据产业中心、物联网产业中心、互联网金融创新中心、智慧物流中心和数字内容产业中心。2016年G20峰会在杭州的成功举办,更使得杭州的信息经济、创新创业活力名声大噪,并迅速成为全球最大的移动支付之城。

成都作为西部重要的大城市,新经济总量指数、发展指数、竞争力分别在全国城市中排名第四、第六和第七位,大数据、云计算、数字金融等新经济代表性行业在全国城市位居前列,具有坚实的发展基础和较大的发展潜力。2017年,成都市出台《关于营造新生态发展新经济培育新动能的意见》,明确了成都市新经济的发展定位:到2022年,基本形成具有全球竞争力和区域带动力的新经济产业体系,成为新经济的话语引领者、场景培育地、要素集聚地和生态创新区,建成最适宜新经济发育成长的新型城市。

二、吸引高端要素集聚

近年来,杭州市大力实施人才强市和创新驱动战略,高度重视高端人才引进和创新创业工作。"十二五"期间共引进高端外国专家2 500余名,聘请各类外国专家 5 万多人次,引进海外留学人才 2.13 万人,自主培养"国家千人"专家 108 名,涌现出高校系、阿里系、浙商系、海归系等创新创业"新四军"。杭州连续九年在《福布斯》杂志、中国社会科学院等发布的人才竞争力排行榜上居全国重点城市前列,连续六年入选"外籍人才眼中最具吸引力的十大城市",并入选全国首批 15 个小微企业创新创业基地示范城市。2016 年,杭州人才净流入高达 8.9%,超过北京、上海、广州等一线城市,在全国范围遥遥领先,成为新的造梦之城。在创新资金方面,杭州市早在 2007 年就出台了《杭州市重大科技创新专项资金管理办法》,明确"十一五"期间每年不低于 8 000 万元。2016 年又先后出台了《杭州市小微企业创业创新基地城市示范竞争性资金管理办法(试行)》和《杭州市重大科技创新项目资金管理办法》,增加创新支持力度,规范资金管理办法。以杭州高新区滨江为例,滨江每年研发投入占 GDP 比重平均达到 13%—15%,位列全国高新区前茅。

  成都市则从创新、创业、创投三个方面,重点解决技术、人才、资本三个生产要素的供给问题。在技术创新方面,成都提出争取国家重大平台布局、探索成果转化模式、建立知识产权交易大市场等政策措施,抢占新经济发展的"码头";对技术创新与成果转化类国家创新基地给予最高 100 万元的支持,对进入工业互联网平台、行业互联网平台的,给予最高 300 万元奖励;鼓励企业将高校院所未确权科技成果转化为生产力,形成产品并实现市场销售的,企业可获得不低于 30% 的知识产权。在人才创业方面,则从外引、内培和人才服务三个维度提出了具体政策措施。一是借助在外川籍人才的家乡情结,推进"蜀才归蓉";借助校友会、行业协会等"朋友圈",吸引顶尖人才"蓉漂";通过奖励政策调动猎头公司积极性,为成都新经济挖掘输送急需人才。二是支持在蓉高校和职业技术院校设置新经济领域相关专业;鼓励新经济企业与在蓉高校联合办学,加强"互联网+"领域企业家、实操人员培训,培养"接地气"的实用型技能人才。三是创新建立年收入 50 万元以上的新经济人才库,对入库人才提供分类分级优先服务保障,为新经济人才开辟"绿色通道",让人才安下心、留得住。另外,还搭建校政企人才合作平台,鼓励在新经济企业设立博士后科研工作站;选派一批优秀干部到新经济领域知名企业嵌入式学习,打通企业和政府人才交流的通道;等等。在创投资金方面,成都从加大补助力度、扩大金融储量、创新服务模式等方面提出政策措施。比如,对新设立或迁入的境内外法人金融机构、金融总部给予最高 4 000 万元的补助;通过奖励手段,吸引国内外知名创投机构落地,扩大金融"蓄水池"储量,增强其在成都生根发展的动力;通过建立新经济项目储备库,创新项目接口机制。此外,政府还分别设立 2 亿元的新经济天使基金和 100 亿元的新经济发展基金,采取直投、引投和跟投方式,对企业发展的初创、成长、爆发阶段,提供全过程的融资服务,坚定企业在成都落地生根的信心。

作为改革开放试验田之一的苏州工业园区,经过多年转型发展,现今已基本形成以电子信息和机械制造两大主导产业、生物医药、纳米技术和人工智能三大新兴产业为主体的"2+3"产业体系。2016 年,园区新经济实现产值 1 200 亿元,已成为国内领先的新经济集聚区和产业转型升级示范区。自 2008 年全球金融危机以来,苏州工业园区便积极寻求产业转型升级,并将新经济作为新发展方向。园区先后出台科技领军人才创新创业工程、金鸡湖"双百"人才计划、高层次和紧缺人才优惠政策等一系列文件,并将人才政策汇编成册,向全社会公开招募优秀人才。目前园区大专以上人才总量居全国开发区第一,入选国家"千人计划""江苏省高层次创新创业人才"总数均在江苏省位居领先。在创新创业资金方面,园区则先后出台了生物医药、纳米技术、云计算产业、智能制造等新经济领域发展的实施意见。2012 年以来每年用于新经济发展的财政补助资金达 10 亿元,从创业资金、技术研发、产业化发展、金融支持等多方面给予扶持。

三、搭建创新创业平台

杭州以国家自主创新示范区建设为重要抓手,将创新创业作为发展的最强动力引擎,积极为大众创业、万众创新清障搭台,充分激发广大群众智慧和创造力,促进众创空间蓬勃兴起,推动各类创新要素融合互动,打造"创新创业新天堂",使创新创业成为一种生活方式。杭州城西科创大走廊基于此应运而生,成为杭州实现创新驱动,加快转型升级的重大战略平台,并已上升为浙江省级"十三五"创新发展的重大战略平台。

成都为了发展"六大形态"(数字经济、智能经济、绿色经济、创意经济、流量经济、共享经济)的新经济,提出建设"电子信息＋新一代信息技术、智能制造、数字娱乐、新文创、大健康、新金融"七大产业核心区;各区(市)县结合自身产业禀赋、区位优势,依托66个产业园区,围绕新经济六大形态各领域和细分产业,确定本地新经济产业功能区,从而形成了整体谋划成都市新经济发展的"7+N"空间版图。另外,还提出要积极争取国家级国际化重大创新平台在成都布局,努力建设国家重大科技基础设施、国家制造业创新中心、国家级工业互联网平台、国家文化创新研究中心。实施工业互联网重大专项工程,对进入国家级工业互联网平台、行业互联网平台,给予财政配套和扶持奖励。

"十二五"以来,苏州工业园区则累计建成各类科技载体超380万平方米、公共技术服务平台30多个、国家级创新基地20多个,引进国家级科研院所近10家,其中国际科技园、创意产业园、苏州纳米城等新经济集聚载体已初步建成,智慧园区"云彩试点"项目深入推进。如今,园区已经集聚了百度开发者创业中心,华为业务总部暨研发基地,腾讯众创空间,中科院纳米所、电子所、兰化所等重大项目和科研机构,以及葛兰素史克、辉瑞制药、住友生命等一系列国际知名和新三板上市企业。

四、提高公共服务效率

为了提高政府服务效率,杭州先后实施行政审批制度、行政管理体制、要素市场化配置、商事制度等系列改革,为新经济发展提供便利快捷的公共服务。2014年,杭州推出了"四张清单一张网"改革,将政府权力清单、企业投资负面清单等全部晒出来,使得审批事项精简了七成多。2017年又开启了"最多跑一次"改革,独立的国地税联合自助办税服务厅、地税局房产交易办税系统,以及全国最快的房屋交易、税收和不动产登记先后亮相并领跑全国。

成都在《关于营造新生态发展新经济培育新动能的意见》中则明确提出,要放宽准入,变事前设限为事中划线事后监管,原则上不对提供信息中介服务的平台企业设准入门槛,不急于纳入负面清单,以包容的态度管理、服务新生业态、新模式。同时,要深化"放管服"改革,全面推进政务公开,建立企业服务公共平台,提供公开公平的政务服务和公共服务,营造公平竞争、宽松便利的市场环境。针对政府各部门间信息数据还未实现互联互通、"信息孤岛"等问题,提出建设全市统一公共信息资源共享开放平台,推动公共服务领域产生的数据主动向社会全面开放,实现数据资源的开放共享。同时,探索建立数据交易平台,推动数据资源社会化开发利用和数据资产平台化运营。

第四节 新经济高质量发展的战略重点与路径对策

一、"四大形态":新经济高质量发展的战略重点

为了适应新时代经济高质量发展的战略需求,江苏应当沿着供给侧结构性改革这条主线,围绕经济转型升级目标,立足江苏现实区位条件和产业基础,推动新经济既快又好的高质量发展。为此,我们提出江苏应当从全球视野来确立新经济发展的战略重点,即围绕智能经济、枢纽经济、绿色经济和创意经济这四大形态,重点发展智能制造、生产性服务业、新能源和节能环保产业以及创意设计产业。

(1)以智能经济为引领,加快发展以智能制造为重点的新制造产业,建设具有国际竞争力的全球先进制造业基地。智能制造是智能经济的

核心内容之一,是"中国制造2025"的主攻方向。江苏作为制造业大省,具有良好的智能制造基础,应当主攻智能制造来建设具有国际竞争力的先进制造业基地。重点是要加快推进智能制造关键技术装备、核心支撑软件、工业互联网等系统的集成应用,提升重大成套装备集成能力和智能化水平。进而以智能装备制造业为支撑,对传统产业进行智能化改造,建设一批智能车间、智能工厂,发展"江苏智造",最终促进制造业提质增效升级。

一是基于工艺流程升级的制造装备智能化和生产方式智能化,促进制造工艺仿真优化、数字化控制、状态信息实时监测和自适应控制,实现基于消费需求智能感知的制造模式变革。二是基于产品升级的制造产品智能化,使得产品具备自动存储数据、感知指令、与控制中心通信的能力。三是基于功能升级的设计智能化和服务智能化,推进智能化、数字化技术在企业研发设计、生产制造、物流仓储、经营管理、售后服务等关键环节的深度应用,实现全生命周期制造活动智能化。四是基于链条升级的新兴智能制造业发展,如3D打印、工业机器人、智能汽车、智能家电、智能家居等。

(2)以枢纽经济为核心,加快发展以生产性服务业为重点的现代服务业,建设具有国际影响力的全球资源要素集聚配置中心。枢纽经济作为流量经济的重要表现形式,是指一种以交通或物流枢纽、金融或信息服务平台等要素资源集聚平台为载体,以聚流和辐射为特征,以科技制度创新为动力,以优化经济要素时空配置为手段,重塑产业空间分工体系,全面提升区域和城市能级的经济新模式。发展枢纽经济,首要的是建立"虚实结合"的基础设施网络体系。其中,"实"网络包括便捷和高效的公路、铁路、航空、城际交通网络体系以及油气管道网络体系,"虚"网络则主要是指互联网、物联网和市场网等信息通信网络。

江苏区位优势优越,应充分发挥"一带一路"的陆路交通和长江经济带的水路交通优势,通过水陆通道无缝对接,实现水陆联运、海陆互动,打造海陆空"三位一体"的立体综合交通网络和交通运输体系,发展港口经济、高铁经济和空港经济。具体而言，就是通过高水平建设交通、信息基础设施网络及其区域一体化，吸引跨国公司区域总部、研发中心、采购中心、财务管理中心、电子商务中心和结算中心等生产性服务功能机构，推动生产性服务业向专业化和价值链高端延伸，加强对全球创新要素的集聚、控制、配置和整合能力。

（3）以绿色经济为支柱，加快发展以新能源和节能环保为重点的生态化产业，建设国际化的全球生态宜居示范区。实施生态文明建设战略，是江苏推进生态省建设的首要任务和核心内容，是建设现代化经济体系的内在要求。为了加快生态文明建设，江苏应积极推动新能源利用，大力推进节能减排，形成节约能源资源和保护生态环境的产业结构、增长方式和消费模式，加快实现向绿色经济转型。

一是加快清洁能源的储能和转化利用。加快推进太阳能电池的研发、生产和利用，积极构建城市能源互联网，建设清洁能源受端城市和市场化示范基地。二是积极发展低碳技术和绿色制造。着力推进节能减排，推进能源、原材料等传统重化工业的集约化、清洁化和循环化；着力发展碳纤维、纳米材料、石墨烯等战略性新材料，加快建设国家级新材料高新技术产业基地。三是加快推进宜居生活城乡建设。以生态宜居为标准，贯彻节能、节水、节材的城乡设计理念，在城市建设中加大新能源、新材料、节能环保产品开发利用，改造提升垃圾收集处理及利用产业，积极发展绿色交通、绿色建筑、绿色餐饮等绿色业态，加快新型城镇化和新农村建设。

（4）以创意经济为补充，加快发展以创意设计为重点的文化创意产业，建设国际知名的全球创意设计产业基地。发展文化创意产业是构建富有地域特色的新经济产业体系的重要路径。而加快发展创意设计，则对于企业提高自主创新能力，提高产品附加值，实现品牌国际化，推动制造业与服务业融合，全面实现制造业转型升级具有重要意义。研究表明，美国企业工业创意设计平均投入1美元，可以带动销售收入2 500美元；年销售收入10亿美元以上的大企业，工业设计的投入产出比高达

1∶4 000。许多国际知名制造业企业的销售收入中,工业设计的贡献率超过50%。

江苏应当把创意设计作为转型升级的重要动力,依托沿沪宁线高等院校、科研院所、文化园区等创意设计资源高度集中优势,促进工业设计、工程设计、软件设计、数字内容等产业的优势互补和产业协作。在建设沿江创意设计城市群和沿运河创意设计特色产业带的基础上,打造国际知名的全球创意设计产业基地。一是发展工业创意设计。以工业设计园为载体,促进工业企业与设计服务企业的对接合作,加快形成具有江苏特色的工业设计创新体系和全国一流的工业设计中心。加快支持苏南等有条件地区构建3D打印、虚拟制造和设备共享等公共技术支撑平台,根据各市资源基础和产业优势,选择性发展集成电路和电子设计产业集群、船舶和港口机械设计产业集群以及消费电子、医疗器械、文体用品设计产业集群。二是发展数字创意设计。加快推进国家级数字出版基地建设,着力打造南京新城科技园中国游戏谷、江苏(国家)未来影视文化产业园、国家动漫游戏产业基地、国家数字电影产业园等一批国际知名、国内领先的数字娱乐和动漫游戏产业集聚区。

二、"五新":新经济高质量发展的战略路径

(1) 以新技术为驱动,聚焦前沿技术,打破转化壁垒,让科技成果尽快转化为现实生产力。新经济发展的前提和根本是技术创新,尤其是瞄准前沿、引领变革、替代传统的新技术。只有在关键领域上核心技术的突破,才能强化在价值链上的主动权,遵循新技术驱动新经济发展的客观规律。

一是实施前瞻性产业技术创新专项。围绕未来网络、现代通信、新材料、新医药、智能制造等领域,组织实施省重点研发计划项目,突破产业前沿技术,培育形成若干具有较强竞争力的产业创新链。二是实施重大科技成果转化专项。聚焦培育形成下一代互联网、纳米科技、机器人

及智能装备、高端医疗器械、先进碳材料、智能电网等一批辐射力强、带动力大、附加值高的创新型企业集群,构建与完善科技创业孵化平台体系,集成推进自主创新重大成果产业化,有效促进科技成果迅速向现实生产力转化。

(2) 以新产业为基础,大力发展高新技术产业和战略性新兴产业,打造一批新经济聚集区。顺应新经济发展大趋势,抓住新经济产业发展风口,突出先导性、支柱性和高端性,聚焦细分行业和领域,坚持高端化、智能化、绿色化、服务化、品牌化方向,推动具有前瞻性先进技术和比较优势的高新技术产业和新兴产业规模发展,并以高新技术装备推动传统产业升级。比如,适应创意经济发展大趋势,新增加"数字创意产业";适应航空航天产业发展形成的巨大市场空间,将"海洋装备产业"拓展为"空天海洋装备产业";适应能源生产和消费变革需求,将"智能电网产业""新能源产业"整合提升为"新能源与能源互联网产业"。同时,围绕集群化、品牌化和国际化的战略目标和方向,打造具有世界影响力的新经济产业集群和知名品牌。

一是坚持系统化思维,延伸拓宽产业链分工网络,提升新经济产业集群化水平。围绕制造强省建设领导小组确定的新型电力装备、工程机械、物联网、生物医药、纺织服装、集成电路、海工装备和高技术船舶等13个重点产业,提升集群化水平。二是坚持高端化思维,积极构建产业集群创新网络,推动新经济产业集群品牌化发展。按照"1+3"功能区战略布局,以扬子江城市群建设为重点载体,推动省内全城一体化。同时对接长江经济带和长三角一体化国家战略,鼓励企业跨市、跨省进行整合和并购,优化产业组织,合力打造几个世界级新经济产业集群品牌。三是坚持全球化思维,主动构建全球生产网络和全球创新网络,全面提升新经济产业集群国际化水平。通过"高水平引进来"和"大规模走出去",在全球范围内广泛吸收和雇用国外先进技术、管理经验和高级人才,将全球创新人才、技术知识和智力成果为我所用,主动构建以我为主的全球生产网络和全球创新网络,推广本土产业集群品牌,全方位构筑新经济产业集群的竞争优势。

(3) 以新组织为主体,推动各类创新组织和创新企业迅速成长,培育扶持一批"独角兽"和"瞪羚"企业①。新组织是新经济发展的重要载体,也是实现其高质量目标的有力保障。从美国等发达国家的新经济发展实践看,经济范式的转变在使生产模式转变的同时,也带来企业组织模式的变革,企业生产模式的变革客观上要求组织模式创新。"独角兽"和"瞪羚"企业是新经济发展的重要推动力,是新经济爆发式增长的重要标志。

首先是相关企业的筛选认定。从国家战略发展和美好生活的需求出发,根据技术、模式等方面的领先性或稀缺性,通过召开研讨会、"海选"、发布"排行榜"等方式,在高科技领域的众多高成长性企业中遴选一批具有潜力的发展对象。比如,对"车置宝""福佑卡车""好享家""通付盾""思必驰"等江苏本土具有"独角兽"和"瞪羚"基因的企业,包括那些仍然处于萌芽状态的具有潜质的小微企业,给予重点关注与支持。然后是相关企业的培育扶持。根据不同企业的成长特点,在省级层面制定类似《高成长性企业培育指导意见》的政策文件,在明确高成长性企业定义的基础上界定分类标准,建立企业遴选、审定、扶持等一整套政府支持机制,实施"一企一策",整合优势资源打造"爆点",针对不同类型企业在土地(用房)、财税、融资、人才招引等方面以及从企业生长的全过程、全生命周期上采取精准配套支持政策和服务。

(4) 以新业态为引擎,积极实施"互联网+",推动信息技术与工业化、城镇化、农业现代化加速融合。技术裂变催生的新业态创造了新需求,形成了新的发展引擎。随着互联网技术的不断发展和应用普及,"互

---

① "独角兽企业"是美国风险投资家 Aileen Lee 于 2013 年提出的,通常是指代那些成立时间不超过 10 年、估值超过 10 亿美元的初创企业。其主要出现在高科技领域,特别是互联网领域,故被视为新经济发展的一个重要风向标。"瞪羚企业"一般是指以科技创新或商业模式创新为支撑,创业后跨过"死亡谷",进入高成长期的中小企业;这类企业像瞪羚一样,成长性好,具有跳跃式发展态势,是"四新"企业的代表。

联网＋"将信息技术的创新成果深度融合于经济社会各领域之中,企业内部价值链和外部产业链环节的分化融合、行业跨界整合,形成新型的企业、商业乃至产业的组织形态,互联网金融、精准医疗、互联网教育、IP经济等基于"互联网＋"的新业态成为新经济时代的重要特征和发展动力源泉。

一是在信息技术与工业化融合方面,推动新一代信息通信技术在装备和产品中的融合应用,促进信息技术向市场、设计、生产环节渗透,利用"互联网＋"推动信息化与研发设计、过程控制、经营管理的融合,促进智能网联汽车、服务机器人等产品研发、设计和产业化,推动传统产业的智能化升级。二是在信息技术与城镇化融合方面,加大信息网络基础设施的建设力度,推进"三网融合"。一方面,加快推进智慧城市建设,发展一批专门的信息化软件提供商和信息化实施及监理机构,将信息技术广泛运用于各类公共服务,提升服务效率。另一方面,还要结合信息化建设和城市化进程,加快发展电子商务、网络动漫、软件服务和电子娱乐等新兴产业,推进发展物联网、传感网、云计算等新技术,拓展新兴消费。三是在信息技术与农业现代化融合方面,加快农村信息通讯基础设施建设,并以农村电子商务工作为抓手,不断探索互联网商业发展新模式,全力助推精准扶贫和乡村振兴。

(5) 以新模式为支撑,依托"分享经济＋平台经济",为新经济高质量发展塑造新动能。经济发展模式是一种生产力增长机制、运行规则的表现形式,不断创新发展模式的目的就是增加生产关系与生产力发展的适应性。分享经济和平台经济都是以互联网为基础,通过整合多主体资源和关系,从而创造价值并使多主体利益最大化的一种新型经济模式。数据表明,全球15大互联网公司均采用平台模式运行,全球最大100家企业中的60家,其主要收入模式来自平台模式。依托这两种新经济模式,可以通过资源系统整合,优化资源配置利用,构建行业发展生态圈,为创新创业企业拓展渠道、降低风险等提供支撑。

因此,应当积极充分运用"互联网＋",创新发展共享服务模式,构建多元化的创新服务平台。比如,利用"互联网+科技服务""互联网+商务服务""互联网+金融服务"及"互联网+政务服务",搭建共性技术平台、产学研合作平台、技术市场推介平台、投融资平台、品牌推广平台、信息共享平台、标准化检测公共服务平台等创新服务平台。此外,还需要在重点区域整合公共服务资源,建立"跨区域公共服务平台",形成区域性公共服务竞争力,吸引更多创业人才、创业团队开展创业创新活动。

三、推动新经济高质量发展的对策建议

(1) 对标国内外成功案例,加强新经济发展的顶层设计。新经济意味着发展理念、产业形态、组织方式、制度环境的全新变革,必须充分解放思想,大胆创新体制机制。首先,要认真把握新时代,要以党的十九大精神和习近平新时代中国特色社会主义思想为指导,重新审视和思考新经济发展的理念和方法、动力和机制,勇于改革创新,为新经济发展提供足够的思想基础和动力源泉。其次,要充分学习借鉴国内外新经济发展经验。以美国、德国、以色列、新加坡等国家和北京、上海、深圳、杭州等国内城市的成功案例为标杆,总结和学习其发展经验和做法,结合江苏基础条件,开创一条具有江苏特色的新经济发展新路子。再次,要加强专项规划引导。省级层面要尽快出台关于加快新经济发展的意见及实施办法,构建一套新经济发展的统计考核体系,并进行跟踪监测和评估。同时,根据新经济发展的新趋势、新动向来修订和完善规划,发挥规划对新经济发展的引导作用。

(2) 实施精准的产业政策,推动新经济发展的主体培育。围绕智能制造、生产性服务、新能源、节能环保、创意设计等重点产业领域,实施精准的产业政策,做优存量、做强增量,打造专业化的产业集群,培育一批具有较强活力和竞争力的市场主体。首先,扩大市场准入。降低各类新经济企业的市场准入门槛,推动新经济领域有序开放,逐步放开外资准入限制,鼓励个人、企业、机构和社会资金以各种形式发展新经济企

业,落实先照后证等企业登记注册的相关政策措施。给予众创空间以更多的政策优惠和执行权限,扶持和孵化一批科技型企业。其次,培育龙头企业。在各行业内选准一批产品特色明晰、竞争优势突出、外溢效应显著、辐射功能强大的核心企业,在政策上给予重点照顾,帮助其完善要素供给和产业链配套,促使其成长为行业的"独角兽"企业。再次,创建知名品牌。加强创意设计与其他新经济领域的融合,加强产品外观、内涵等创意设计,赋予品牌文化内涵,提升产品品牌价值。建立品牌数据库,利用互联网和第三方服务机构,集中宣传推介一批有潜力的活动、企业和产品,打造一批江苏特色的新经济产品、企业和集群品牌。

(3) 吸引全球创新要素集聚,强化新经济发展的要素支撑。坚持以创新需求和企业成长壮大为导向,扩大对外开放,充分发挥市场对资源配置的决定性作用,促进各类创新要素向新经济领域和企业流动集聚,为新经济发展提供丰厚土壤。一是在技术要素上,积极申报创建国家实验室,加强前瞻性基础研究;推进官产学研协同创新,努力在引领性原创成果和关键共性技术上取得重大突破。二是在资本要素上,可通过设立技术研发基金、产业投资基金、新经济天使基金和发展基金,为新经济企业的创业投资、技术研发、品牌运营等提供全过程融资服务。三是在人才要素上,出台新经济人才引进办法,鼓励企业和创新创业团队对新经济人才的引进使用。引进培育一批猎头公司,强化对新经济人才招引的市场化运作。依托省内雄厚的高校、科研院所和企业培训资源,建立新经济人才培训和实训基地,重点培养高层次研发、创新和应用人员。四是在信息要素上,加快完善新一代信息基础设施,积极建设面向大数据应用的互联网数据、云计算和数据中心,整合现有公共数据资源,建立全省统一公共信息资源开放平台。围绕人才聚合财政资金、产业资本、技术、科研设备、众创空间、孵化器等要素资源,为新经济发展提供充足的要素支撑。

(4) 优化制度供给,完善新经济发展的服务体系。发展新经济塑造新动能,需要政府不断完善制度供给和公共服务来推动。首先,要加强政府管理服务改革和创新。集中力量支持新经济核心关键技术攻关、产业链协同、重大应用示范、标准规范制定和公共服务平台搭建,加快推进综合性和专业领域的产业创新中心建设。其次,要提高政府服务效率。清理妨碍企业创新的制度规定和行业标准,简政放权,减少甚至免去项目审批环节。强化底线思维,制定新经济领域的产业负面清单,放宽新经济领域企业登记条件,提高新经济企业创业投资效率。再次,加强新经济领域的行业监管与法治保障。加强政府监管,建立以信用为基础、以新一代信息技术为支撑的动态包容审慎的监管体系。加强对知识产权保护、专利商标认定、标准化和质量监督管理、企业并购等地方立法,开展知识产权综合管理改革试点,搭建知识产权分析评议服务平台。加快建立依法保护多种所有制经济产权的长效机制,完善权利平等、机会平等、规则平等的市场环境。

(5) 加强创新创业引导,营造新经济发展的社会环境。有利于集聚创新创业资源的良好社会环境与氛围是新经济成长的沃土。一是要培养新时代企业家精神。充分尊重各类人才的社会贡献,培养出一批具有诚信意识、全球眼光、创新能力和社会责任感的企业家、技术专家团队。对新经济领域中有发展潜力和突出贡献的优秀企业家和领军人才,进行广泛宣传和大力表彰。二是引导和鼓励创新创业投资。引导各类人才投身新经济领域,对新经济领域的创新创业进行宣传鼓励、物质激励和精神奖励。鼓励创业成功者做天使投资人、创业导师,使后续创业者能够借助其启动资金、资源网络和创业经验,加快实现从创业者到企业家的转变。三是营造创新创业文化。政府要大力倡导鼓励敢为人先、勇于创新、宽容失败、允许试错的价值取向,形成"创新—成功—再创新"的良性循环,"创业—失败—再创业"的创业文化,以及开放性、包容性、公平性和多样性的社会环境,让创新创业内化为城市的文化基因。另外,通过广泛的教育宣传和信用平台机制建设,提高社会的诚信度,为新经济企业成长提供一个开放、包容、诚信的人文社会环境。

参考文献：

[1] 包海娟:《关于新经济发展的点滴思考——以杭州为例》,《杭州(周刊)》2016年第16期。

[2] 成都市委、市政府:《关于营造新生态发展新经济培育新动能的意见》(成委发〔2017〕32号),2017年11月30日。

[3] 范锐平:《学习新思想发展新经济加快建设新时代现代化经济体系》,《先锋》2017年第11期。

[4] 黄群慧:《"新经济"基本特征与企业管理变革方向》,《辽宁大学学报(哲学社会科学版)》2016年第5期。

[5] 姜天海:《北京:创新引领打造全国科技创新中心》,《科学新闻》2017年第5期。

[6] 兰建平、江胜蓝、王倩:《新经济:信息技术驱动经济转型——以杭州为例》,《浙江工业大学学报(社会科学版)》2017年第4期。

[7] 李丽珍:《上海、苏州新经济发展经验及对宁波保税区的启示》,《宁波通讯》2017年第23期。

[8] 石晓鹏、魏向杰、陶菊颖等:《独角兽企业的发展态势及成长路径》,《群众》2018年第4期。

[9] 童晶:《新经济发展趋势与中国的应对策略》,《开放导报》2018年第3期。

[10] 吴志强:《美国新经济的表现及对我国的启示》,《中国商论》2018年第28期。

[11] 张敏敏、周长城:《新经济:概念辨析、发展动态与生活方式的变革》,《黑龙江社会科学》2017年第5期。

[12] 张占斌、孙飞:《从成都新经济发展战略引发的思考和建议》,《先锋》2017年第11期。

第十章 区域高质量发展

由于受资源禀赋、区位条件、经济基础、开放程度等因素影响,江苏的区域发展也存在着不充分不协调不平衡的问题,而失衡与扭曲的区域发展状况势必会带来经济的低效与社会的不安。因此,在工业化转型、城市化优化、国际化提升的背景下,江苏需要以深化改革突破发展制度约束、以包容式发展突破社会危机障碍、以创新驱动突破技术依赖约束,增强空间布局的合理性、产业发展的协同性、基础设施的配套性、公共服务的均衡性,实现"整体大于各部分之和"的系统效应。在更高水平上构建区域发展的协同机制与融合机制,形成区域彼此正向促进、互惠互利、良性循环的发展态势,以便推进区域高质量发展取得实效。

第一节 区域高质量发展的背景机遇

区域发展必然在一定的空间环境中进行,系统与环境是相互依存的,区域发展与宏观环境也是相互选择、相互磨合的。既有的宏观背景和时代机遇都将影响到区域发展的战略选择与经济决策,因而,在展开区域高质量发展研究之前,有必要对区域宏观环境的特征与趋势进行梳理,以期更加有效地实现区域发展与时代同行、与世界接轨。

一、区域一体化进程显著提速

进入新世纪,不同国家虽然保持着独立,但是国家之间相互依赖的程度却在不断提升,地区之间经济联系、人文交流、科技渗透也更加密切,经济全球化与区域一体化已然成为世界发展不可逆转的大趋势。区域一体化旨在整个区域范围内进行资源的配置与产业的布局,以达到提高区域总体经济效益与社会效益的目的。区域一体化也是通过统筹、协调政府间政治、经济、社会、公共事物所组成政府统一体的过程,其中蕴含着管理理念的创新与革命。目前,区域一体化进程已从单纯的区域基础设施一体化演进到区域政治一体化、区域经济一体化、区域信息一体化、区域环境治理一体化、区域公共服务一体化等多个领域,并且正在形成全方位、紧密型的一体化空间格局。在区域一体化进程显著加快的背景下,谋划区域高质量发展,需要以区域互联互通互惠互利为理念,以区域整体利益为重,将区域各个板块的发展作为一个有机体进行综合安排与统一规划。针对区域之间的差异性及互补性,因地制宜地进行城市群、产业带、创新区的建设,构建开放型经济体系推进良性竞争,避免恶性竞争,形成与区域一体化相适应的经济基础。

二、大都市与城市群作用突出

第二次世界大战后,伴随工业社会的生产组织方式在全世界范围内迅速展开,大型城市在社会经济生活的各个方面显现出日益重要的影响。1957年,法国地理学家 Gottman J. 在《大都市带:东北海岸的城市化》的论文中首次提出的"大都市带",认为对于地区具有空间支配作用的,已不再是单一的大城市或都市区,而是若干都市区在人口流动、经济活动以及各种社会联系基础上形成的巨大整体,即"大都市带"。十九大报告提出,"要着力解决好发展不平衡不充分问题,大力提升发展质量和效益"①,这个发展理念将成为我国新时代区域发展的指导思想。而在事实上,以培育城市群来引领城市发展,不仅有利于缓解人口、产业和优质资源向超级大城市过度集中而造成的"城市病",而且也有利于发挥核心城市辐射作用和增强各种中小城市的吸引能力。为此,我国新型城镇化规划确定打造 20 个城市群,包括 5 个国家级城市群、9 个区域性城市群和 6 个地区性城市群,而长三角城市群就是重点建设的 5 个国家级城市群之一。在各大城市群建设的背景下,江苏的区域发展需要遵循"核心带动、多极协同、一体发展"的原则,调整和优化区域的内部格局,构建以南京为核心并辐射次中心城市与外围城市的一体化、开放式框架结构。

三、城乡互动关系呈现新态势

我国区域经济的显著特征就是城乡经济的二元结构,这一结构极大地影响着我国整体经济的协调性和公平性。为此,改革开放以来,我国实行了一系列经济体制改革,使得城市和乡村突破了计划经济体制下特殊政策所导致的二元经济分割格局,城市与乡村再也不是相对隔离、自我循环的,而是产业关联和经济依存的。目前,通过生产力的梯度转移和优势互补,来获取协调发展与一体化发展已经成为城乡关系的主流,城市和乡村不断呈现相互结合和融合之势。城市化进程也不再是简单的人口向城市的迁移,而是呈现出人口和非农业活动向城市的集中和强化、城市景观的地域推进和蔓延、城市文明在乡村的转播和扩散等多维度的推进过程。在地域上,城市与乡村之间那种截然的分界线已经消失,取而代之的是一个城乡要素逐渐过渡、相互作用、相互渗透的"城乡交错带"。为此,在现阶段江苏区域的高质量发展也必须把握城乡关系日趋紧密与融洽的机遇,致力于减缓城市与农村发展平台的坡度,为营

---

① 习近平:《决胜全面建成小康社会,夺取新时代中国特色社会主义伟大胜利——在中国共产党第十九次全国代表大会上的报告》,来源:新华社,2017 年 10 月 27 日。

造城乡一体化的区域环境而努力。

第二节 区域高质量发展的目标解析

"区域高质量发展"是一种以质取胜、追求卓越的区域发展观,它需要全方位地体现区域发展中"以人为本""均衡有序""集约高效""创新驱动""绿色持续"的特征,不断地增强区域的内生凝聚力、外向辐射力、生态承载力、文化引领力、管理组织力,将资源开发优势、产业规模优势、生态环境优势转化为区域发展的品质优势,推进发展从单纯追求速度向速度与质量并重转变。

一、价值取向:从单极增长向共同繁荣转换

为了兼顾空间资源配置的"效率"与"公平",近年来,中国的区域发展正在从"单极增长"走入"多轮驱动"的发展轨道。区域高质量发展必须推动各个地域板块之间的融合发展,通过不同地域单元的协作分工、优势互补、有序竞争来提升区域发展的整体绩效,全方位地增强区域发展的协调性。就政府而言,需要以"协调、平衡"为取向,减少区域发展的落差、优化区域发展的结构,避免新的"区域分化";需要以"效率、活力"为取向,加强区域之间的经济联系、功能互补;需要以"公平、公正"为取向,完善区域发展政策,促使公共服务、社会福利、发展机会在区域之间均衡配置,使生活在不同地域的居民都能拥有相似的获得感。

二、资源使用:从物质资源向智力资源演化

随着农村剩余劳动力的减少和人口老龄化的加重,全球资源供需矛盾和碳排放权争夺日益激烈,依赖劳动力廉价供给或者粗放式消耗资源

生态来推动区域发展的方式已难以为继。为了实现高质量发展,江苏必须推动区域资源利用种类与方式的根本性变革,摒弃以往以大规模地消耗原材料、能源、资金和人的体力为基础的发展模式,转而将智力资源、有效信息、制度体系作为区域资源结构中最有生命力的组分,积极挖掘区域的无形资本和可增值资本,注重技术进步、自主创新、品牌建设、智力资源等高级要素的投入,逐步实现区域资源结构的柔化与优化,以此减少实物型资源对区域发展的束缚作用,拓宽区域发展的空间、延长区域发展的时间。

三、环境塑造:从基础设施向创新氛围转变

在追求发展速度的时期,基础设施作为区域发展的硬环境,一直倍受重视。而在强调发展质量的背景下,区域只有通过不断地学习与创新,才能立于不败之地,而创新环境与学习氛围就成为区域发展最为关键的软环境。江苏应充分发挥高校密集、研发活跃、人才众多的优势,整合创新资源,促进创新主体之间的配合、衔接、沟通,构建类型多样、机制灵活、充满活力的科技创新体系,以提高创新效率,降低创新成本。积极营造尊重知识,运用智慧的氛围,以强化公民增强自己学识的自觉性。加强企事业单位人才继续教育和终身学习的制度化和法律化建设,不断提高劳动者素质。除了创新创业氛围的塑造,还应重视治安环境、诚信体系、金融生态的完善,应以高效廉洁的办事作风、科学民主的决策方式、透明公平的市场环境、安全稳定的治安状况、诚实友善的信用环境来实现区域的高质量发展。

四、用地方式:从粗放蔓延向"精明增长"转变

城市化是区域发展进程中的重要内容,但是,城市化并非扩地运动,乱占土地、滥用土地必然使城市患上只求数量不求质量的"城市虚胖

症",同时,也使得城镇建设陷入征地矛盾和土地财政的怪圈。"精明增长"是美国提出的规划理念,其核心内容是:用足城市存量空间,减少盲目扩张;加强对现有社区的整治,重新开发废弃、污染工业用地;城市建设相对集中,密集组团,生活和就业单元尽量拉近距离,以节约设施成本和通勤成本。在美国这样土地资源丰富的国家,都开始反思粗放利用土地的城市发展模式,在江苏这样人口密集的区域,更加需要提高用地效率,优化用地结构。在城市化进程中,江苏需要遵循外部蔓延与内部挖潜相结合的原则,一方面,积极规划城市的外延型发展;另一方面必须注重内涵型发展,加大旧城改造的力度,充分发挥现有建成区的效益,只有双管齐下,才能提高区域空间利用效率。

五、发展要素:从刚性主导向刚柔并济转变

"高质量"意味着发展将从以 GDP 为导向的"增长主义"阶段,转入更加注重社会进步和人文精神的全面发展阶段。区域发展不仅取决于产业、设施、制度等刚性元素,还依赖于文化、精神、品位等柔性元素,刚柔相济才能提升区域的综合竞争力。江苏在空间布局、景观风貌、历史名胜上都蕴含着浓厚的文化底蕴,自然秀美的山水与内涵丰厚的文化珠联璧合,为此,有必要将科学主义与文化内涵有机结合,使江苏的区域发展拥有其他地区无法复制与模仿的魅力。江苏需要积极利用媒体宣传、会展经济等手段,将江苏的精神文化形象介绍到更大的范围,扩大地区的知名度和影响力,为招商引资、发展旅游业以及增加公民对所在地区的认同感与归属感而服务。

第三节 区域发展质量的现状评价

区域发展质量是区域客体实力的展现,一个区域发展质量的高低是

相对于其他区域而言的,在此,本书将江苏的苏南、苏中、苏北地区进行横向的对比分析,借此了解江苏省域内各区域单元之间发展质量的相对高低。

一、构建区域发展质量的评价体系

按照测评的客观性、整体性、可行性原则,本文选择使用"多指标综合评定法"进行区域发展质量的评估,因为"多指标综合评定法"拥有多维度的评价因子,以简单明了的基础性统计数据为支撑,操作难度不大,结果清晰直观,适合多个客体之间的对比研究。通过区域发展质量的目标与内容分析,这里拟定11项评价因子,16个解释性指标,共同构成区域发展质量的评价指标体系,并且运用特尔菲法确立各因子的权重,具体内容如表10-1。

表10-1 区域发展质量评价指标体系

	评价因子	权重值	解释性指标	
A1 区 域 发 展 质 量	C1 规模体量	0.10	V1 年末常住人口	
	C2 经济水平	0.15	V2 人均国内生产总值	
	C3 开放程度	0.05	V3 进出口总额	V4 实际使用外资
	C4 服务功能	0.10	V5 第三产业占GDP的比重	
	C5 辐射外联	0.12	V6 公路客运量	V7 公路货运量
	C6 资金丰度	0.08	V8 一般公共预算收入	V9 金融机构存款余额
	C7 土地丰度	0.10	V10 土地面积/常住人口	
	C8 生活水平	0.08	V11 居民人均可支配收入(元)	
	C9 创新能力	0.09	V12 普通高校在校学生数	V13 专利申请受理量
	C10 城市化水平	0.08	V14 城镇人口比重	
	C11 信息化程度	0.05	V15 电信业务总量	V16 互联网宽带接入用户

二、收集并整理解释性统计数据

本文以江苏省的苏南地区(南京、苏州、无锡、镇江、常州)、苏中地区(泰州、扬州、南通)、苏北地区(宿迁、连云港、徐州、淮安、盐城)作为被试地区,收集相关解释性数据,进行测评,数据来源于《江苏统计年鉴2018年》。由于原始数据具有量纲,异类数据不具有可比性,因此,根据各类解释性指标的作用性质,采用标准化模型消去量纲的限制。由于本指标体系中的指标皆为规模越大越好,所以采用极大值标准化法计算,具体数值如表10-2所示。

表10-2 江苏区域发展质量的解释指标及数据

区域	原始数据			标准值		
解释性指标	苏南	苏中	苏北	苏南	苏中	苏北
V1 年末常住人口(万人)	3 347.52	1 646.51	3 035.27	100	49.19	90.67
V2 人均国内生产总值(元)	150 200	106 637	66 934	100.00	71.00	44.56
V3 进出口总额(亿美元)	5 003.22	585.68	322.49	100.00	11.71	6.45
V4 实际使用外资(亿美元)	153.90	50.77	46.69	100.00	32.99	30.34
V5 三产占GDP比重(%)	41.2	40.9	37.6	100.00	99.27	91.26
V6 公路客运量(万人)	53 106	17 235	34 225	100.00	32.45	64.45
V7 公路货运量(万吨)	61 656	22 568	44 691	100.00	36.60	72.48
V8 一般公共预算收入(亿元)	4 913.16	1 246.30	1 507.69	100.00	25.37	30.69
V9 金融机构存款余额(亿元)	85 770.25	22 930.40	21 242.23	100.00	26.73	24.77
V10 人均土地面积(km^2/万人)	8.389 8	13.924 6	18.075 8	44.48	77.03	100.00
V11 居民人均可支配收入(元)	46 592	31 863	24 294	100.00	68.39	52.14
V12 高校在校学生数(万人)	137.32	23.72	33.41	100.00	17.27	24.33
V13 专利申请受理量(件)	308 864	118 856	86 731	100.00	38.48	28.08
V14 城镇化率(%)	76.4	65.7	62.0	100.00	85.99	81.15
V15 电信业务总量(亿元)	1 197.63	339.46	511.53	100.00	28.34	42.71
V16 互联网宽带接入户(万户)	1 789.21	649.46	920.55	100.00	36.30	51.45

三、计算区域发展质量的综合评价值

区域发展质量的空间差异是地理数据离散程度的体现,而地理数据分布的离散程度可以利用极差、离差、离差平方和、方差、标准差和变异系数来计算。由于变异系数是以上公式的集成,而且可有效地消除样本自身数值大小对差异程度的影响,因而我们采用变异系数。变异系数:

$Cv = \frac{1}{\overline{x}} \sqrt{\frac{\sum_{i=1}^{n}(x_i - \overline{x})^2}{n-1}} \times 100\%$,变异系数在0—1区间,数值越大,表明样本值越离散,也就是区域差异程度越大。我们将江苏三个地区发展因素的评价值、综合评价值分别作为X变量,代入公式,得到变异系数,具体计算结果如表10-3所示。

表10-3 江苏区域发展质量的评价值与变异系数

		苏南评价值	苏中评价值	苏北评价值	变异系数(%)
区域发展质量	C1 规模体量	10.00	4.92	9.07	33.82
	C2 经济水平	15.00	10.65	6.68	38.61
	C3 开放程度	5.00	1.12	0.92	98.01
	C4 服务功能	10.00	9.93	9.13	4.99
	C5 辐射外联	12.00	8.22	4.14	48.41
	C6 资金丰度	8.00	2.08	2.22	82.39
	C7 土地丰度	4.45	7.70	10.00	37.77
	C8 生活水平	8.00	5.47	4.17	33.12
	C9 创新能力	9.00	2.51	2.36	81.88
	C10 城市化水平	8.00	6.88	6.49	11.01
	C11 信息化程度	5.00	1.62	2.35	59.48
	综合评价值	94.45	61.10	57.53	28.67

四、评价结果解释

区域发展不平衡是我国经济社会发展长期存在的突出问题。例如：以黑龙江黑河—云南腾冲的"胡焕庸线"为界，以东43.7%的国土面积集中了全国94.4%的人口，以西56.3%的国土面积仅拥有5.6%的人口。而由于受自然禀赋、经济基础、区位优势、开放效应、产业政策等因素的影响，江苏经济发展也形成了苏南、苏中、苏北三个经济梯度。近年来，在江苏全省上下的共同努力下，苏南的"锦上添花"，苏中的"釜底加薪"，苏北的"雪中送炭"成效显著，区域经济协调发展能力不断提升。但是，从上表的评估可以看出苏南、苏中、苏北区域发展质量的差距依然显著，特别是开放程度、资金丰度、创新能力三个因素的变异系数很大，说明在这些领域，苏南、苏中、苏北发展的差距巨大。为此，未来时期，江苏有必要在更高平台上加快区域高质量发展，重点推进苏南、苏中、苏北三大板块的有机联系与分工协作，达成高层次、宽领域、紧密型的合作，以便通过江苏经济自组织能力的提高，来提升区域发展的整体质量。

第四节 区域高质量发展的基本方略

目前，江苏在区域发展中还存在着产业结构趋同显著、区域政策难以落地、协调机制尚不健全、地区差距依然较大等问题，为此，江苏需要从空间结构、发展要素、地域单元等多维度，综合增强区域发展的系统性与整体性，使得区域成为一个要素分工得当、板块相互依存、空间通达有序的有机体。

一、在空间结构上，推进"点轴结合、圈层联动"

近年来，我国空间开发重点转向功能开发，即依托城市群和主体功能区形成区域分工,以带动区域发展转型。在新一轮的区域发展中,江苏也有必要通过塑造新的城市群、增长极、发展轴,找寻具有支配作用的经济单位,来优化区域经济的空间组织结构,撬动区域发展质量的抬升。目前,需进一步完善"点—轴—面"开发模式,以"点"状分布的"优区位"为增长点,以交通线、信息网、河道为发展通道,由点带轴,以轴带面,有效地调节增长极的"回流效应"与"扩散效应",逐步形成高密度、网格化的城市体系。巩固提升沿沪宁线、沿东陇海线、沿江、沿海发展轴的带动作用,扎实推进苏南国家自主创新示范区建设,探索推进宁杭发展轴与沿运河发展轴,其中,宁杭发展轴应以核心城市南京和杭州的竞合发展为动力,带动沿线中小城市的产业升级、延伸融合和集聚发展;长江以北的沿运河发展轴应注重彰显运河文化、推进南北融合,改变江苏现有区域发展"东西"互动有余而"南北"联动不足的局面。巩固强化南京、徐州、苏锡常都市圈的辐射效应,突破行政区划束缚,通过相邻城市之间高效的经济互动与紧密的治理协作,形成共赢型的城市共同体。细化都市圈在市场共建、产业协同、设施共享、人才交流等方面的政策,遵循生产要素的互补性原则和产业结构的差异性原则,积极推进圈内的产业分工协作与产业空间重构。构建灵活多样的城市合作方式,促使更多的"流动资本"地域化,以提升都市圈的资源聚集度、辐射带动力、综合竞争力。

二、在发展要素上,推进"虚实耦合、创新驱动"

目前,区域发展的三大要素(物质、能量、信息)都在发生深刻变化,交通高速化、产业柔性化、城市智慧化、市场网络化、管理扁平化为区域高质量发展提供了更多的可能性。江苏必须发挥好新一轮技术革命对于区域创新发展的协作效应、衍生效应、增强效应,通过信息流、资金流、人才流的交汇,突破经济空间的分割与割据,优化区域的空间布局。实体的物理空间应依托虚拟的信息空间,进行跨时空的动态合作,以实现区域经济结构的扁平化、组织的弹性化、活动的并行化。切实推动江苏区域创新发展,通过体制创新、科技创新、政策创新、服务创新、管理创新,来激发区域高质量发展的潜力。顺应创新2.0共同创新、开放创新的趋势,推进创新型城市、创新型省份的建设,通过大学校区支撑和引领、高新园区集聚和辐射、城市社区统筹和承载,将高校院所的科研资源、龙头企业的产业资源、政府力推的孵化资源进行有效整合,形成区域各方协同创新的态势。遵循"空间扩散理论","创新"源自不同等级的增长中心,通过波状扩散、辐射扩散、等级扩散以及跳跃扩散等形式向周围扩散,因而,江苏应将创新成果的扩散活动与城镇等级体系形成对应关系,依托城市节点推进创新行为的互动和合作,提升创新对于周围腹地的辐射和带动,促进创新资源在更广范围内有序流动,高效配置。

三、在地域单元上,实现"深度融合、城乡一体"

在地理空间上,推动各个地域单元的协调发展,是区域高质量发展的应有之义。而"协调发展"首先意味着区域性专业化分工必须合理,国民经济发展的步伐基本一致,区域之间能够形成优势互补、各展所长、相互依存、相互促进的经济发展格局;其次意味着区域间公平竞争的环境基本形成,开放度、政策倾斜度、经济发展自主权、基础设施等方面的地区差别基本消除,区域间相互辐射的渠道畅通,发展机会趋于均等。为此,现阶段,江苏区域高质量发展需要不断推进各个地域单元之间的协调发展与共同繁荣,特别是推进城乡之间生产要素的合理流动与优化组合,通过生产力在城市与乡村之间的科学配置,达到城乡经济社会的紧密互动与深度融合。江苏必须充分尊重城乡发展的经济规律,优化城乡空间布局、塑造城乡特色风貌、完善城乡公共服务、创新城乡管理体制,推动城乡关系从"分割"到"共存"再到"共荣"的演化。在实施城乡一体化的过程中,江苏需要以科学规划为引领,按照片区化、整体化的规划理念,高水平编制镇村规划,强化规划管控,以实现发展的整体性与持续性。推进城乡一体化规划与土地利用规划、交通设施规划等专项规划的衔接,加强部门间政策制定和实施的统筹配合,引导人口、土地、就业、社保、资金、住房、生态等方面的政策和举措形成合力,将城乡融合落到实处。积极推进"乡村振兴战略",将特色小镇建设作为城乡融合发展的着力点,让农村"融入"城市,使得广大农村既能保持优美的田园风光和鱼米之乡的特色,又能享受到高度发达的现代文明。

第五节 区域高质量发展的重点领域

目前,江苏需要增强推动区域高质量发展的使命感、责任感、紧迫感,按照高质量发展的精神实质和丰富内涵,找寻发展的突破口与切入点,攻坚克难,在"一带一路"、长江经济带建设、苏南国家自主创新示范区、沿海开发、长三角发展一体化等国家级区域战略的指引下,逐步发展成为亚太地区重要的国际门户、全球重要的先进制造业基地、具有较强国际竞争力的世界级城市群的重要组分。

一、补齐基础设施短板

基础设施是区域经济布局合理化的前提,也是区域高质量发展的关键,特别是综合交通设施与现代信息网络对于推进区域之间的分工协作与优势互补,促进城乡互动与产业融合,具有重要的先行引领作用。江苏区域高质量发展必然离不开集约高效、便捷公平、智慧绿色的基础设施体系的支持。目前,江苏亟需加快推进"三纵四横"高铁网建设,构建沿江两岸高铁环线,优化过江通道,实现沿江两岸的"拥江融合",提升区域的可达性;以多式联运、集约发展为导向,构建运输成本更低、运输效率更高、辐射范围更大的供应链系统,以降低交通物流成本。大力开发沿海港口资源,提高欠发达地区的经济开放效能。以公交优先、畅通便捷为导向,为人民群众提供更有获得感、幸福感、安全感的出行服务。以灵活调度、智能适配为导向,构建高速、移动、安全、泛在的新一代信息基础设施,深入推进"三网融合",促进信息网络技术广泛运用,形成万物互联、人机交互、天地一体的网络空间。加快推进网络通信、芯片、软件、云计算、大数据等技术和应用向工业领域延伸,健全"网+云+端"(工业宽带、工业云、工业智能终端)的工业信息基础设施规划与布局,以满足企业的高带宽专线服务等需求。在基础运营商领域,进一步加大"宽带江苏""无线江苏""高清江苏""企企通"等工程建设投入,推动信息基础设施建设水平再上新台阶。以综合交通运输体系与现代信息网络体系的建设,引导城镇空间重塑、推动区域协调发展。

二、健全区域创新体系

区域创新体系是区域内与创新有关的各种要素相互作用而"编织"起来的统一体。区域创新体系可以有效地整合创新所需的各种资源,提高创新效率,降低创新成本,因此,健全区域创新体系是满足区域高质量发展的核心工程。目前,江苏需要按照地域性、系统性、开放性原则,全方位地优化区域创新体系,使其结构和布局符合区域创新发展的需要,与区域经济形成相辅相成、共同演进的态势。按照空间组织的等级序列,区域创新体系框架包括城市、开发区、工业园区三个载体层次,一级创新载体以中心城市为主,建有大型的基础科学实验室、图书馆、大学、大公司总部和风投机构,任务是进行基础创新。二级创新载体以高新技术开发区为主,任务是进行应用创新。三级创新载体以工业区为主,任务是完成增值创新。各级创新载体都是区域经济的创新增长点,因而,需要有序规划创新载体的功能建设与品质建设。例如,推进创新载体居住、办公与服务混合布局,形成空间结构紧凑、公共交通通达、网络信息分享,有利于知识共享与技术合作的人才集聚空间。同时,不断提升创新载体聚集、共享、传播全社会各类创新资源的能力,降低区域内的创业创新成本,形成大众创造、释放众智的格局。同时,需要站在整个区域的立场,推动各级创新载体之间的互动和合作,提升创新载体对于周围腹地的辐射和带动,促进创新资源在更广范围内有序流动、高效配置。为了顺应创新活动"开放化""草根化"的趋势,江苏还需要积极利用大众力量,通过公益机构支持、企业帮扶援助、个人互助互扶等多种方式,开拓集智创新、便捷创业、灵活就业的新途径,共助小微企业和创业者成长。鼓励各类线上虚拟众创空间发展,为创业创新者提供跨行业、跨学科、跨地域的线上交流和资源链接服务;支持创客空间、创业咖啡、创新工场等新型众创空间发展,推动基于"互联网+"的创业创新活动加速发展,以更高的效率、更低的成本满足人们生产生活中的创新需求,为塑造新的经济增长引擎,营造相得益彰的发展环境。

三、优化高新产业集群

与传统的产业集群相比,高新技术产业集群具有快速增长性、创新推动性、功能灵活性、网络协作性等特质,是区域高质量发展的增长极。目前,江苏高新技术产业集群的发展虽然成绩斐然,但是,产业布局趋同化、地区发展不平衡、企业互动性不强等问题依然存在,需要在新一轮的发展中给予解决。现阶段,江苏需要致力于在高新技术产业集群内培育起富有活力的创新网络,通过主导产业与辅助产业的融合、企业家与创业者的培育、天使资金与风险资金的催化、政府与非正式组织的支撑,推动产业集群的可持续创新。依托高新产业园区与基地的快速孵化、就地转化、对外磁化的"聚裂变"效应,引进转化培育一批能够形成高新技术产业链的规模型项目。同时,积极助推中小企业成长,使得中小企业的"灵活"和大企业的"实力"有机结合,增强产业发展的关联度,形成互惠互荣、分工协作的专业化共生产业体系。继续深化苏南苏北"园区共建"模式、"飞地经济"模式,以产业园区的协作为切入点,进行多元主体的产业园区开发,衍生与拓展主导产业链。注重理顺地区之间产业发展链条,形成区域间产业合理分布和上下游联动机制。利用大数据、云计算等新技术,加强实体经济与互联网嫁接,推动产业模式与业态的创新,通过产业开放、合作、融合,促进产业集聚与升级。深化股权激励改革,完善价格机制、补偿机制、激励与约束机制,构建精准管理、高效服务的产业集群发展环境。

四、融入国家区域战略

党的十九大在"3＋4"的区域发展总体格局(以"一带一路"建设、京津冀协同发展、长江经济带发展三大战略为引领,统筹推进西部大开发、东北振兴、中部崛起、东部率先四大板块联动发展)的基础上,将区域发展总体战略正式提升为区域协调发展战略。江苏的区域高质量发展也必须以协调发展为指向,将区域协同与对外开放紧密结合,积极对接国家战略,融入国家的区域发展格局,重塑经济地理,拓宽发展空间。"一带一路"是关乎世界经济地理的重大战略,江苏是"一带一路"的交汇地区,理应围绕"一带一路"建设,形成强大的发展合力,打造辐射带动力强的新型开放门户。目前,亟需强化连云港、徐州新亚欧大陆桥经济走廊节点城市的带动作用,加强与沿线地区在基础设施互联互通及商贸、物流、旅游、产业、工程、海洋经济上的交流与合作,以此提升淮海经济区与东陇海地区的综合实力,构筑江海联动的发展基地。长江横穿江苏东西425公里,历来是江苏发展的重要依托。作为长江流域第一经济大省,江苏目前需要以扬子江城市群建设为动力,以密集的科教资源为支持,强化创新驱动作用,推进产业优化升级、延伸融合和集聚发展,以期在长江经济带中发挥更加重要的创新引领作用。2018年11月5日,中国国家主席习近平在首届中国"进博会"上宣布将长三角区域一体化发展上升为国家战略。为了进一步健全长三角城市群体系、优化区域协调发展格局、辐射带动泛长三角地区,江苏需要亟需挖掘与长三角地区合作的潜力、提高合作的绩效,推进合作从由单纯的线性协作向全方位、多层次、交互式、宽领域的深度合作转变。重点推进与上海的交流合作,强化与浙江的两翼互动,推进与安徽的经济协作,统筹基础设施和信息网络建设,丰富现有多地产业联动集聚区、共建工业园区的模式与经验,积极开展技术合作、战略联盟、服务外包等非产权合作,开辟地区间融合发展的新途径,以期为长三角一体化蓝图再画上浓墨重彩的一笔。

五、优化区域合作组织

区域合作是提升区域发展质量的重要途径,而实现区域合作必须有相得益彰的组织体系与制度安排加以保障。为此,江苏需要构建以省域成员共同利益为价值取向的、具有协调、约束、激励作用的多层次、多元化的区域合作组织。省级层面的组织机构统筹江苏全域各个地区的利益,对各地政府及其行为进行约束与激励,具有综合性与权威性;市县层面的组织机构以自愿合作的形式建立,承担市县内的统一规划与外部协调联络功能;民间组织则需在官方组织"失灵"的微观领域发挥作用,例如,行业协会可制定区域行业共同发展规划、行业市场规则,推进该行业区域市场秩序建立,探索区域各类市场资源的整合。区域合作组织机构如果只是依靠松散型的柔性机制,则难以达到紧密型合作的预期。国外经验表明:区域合作组织的运行都有强有力的制度法规保障。例如,欧盟一体化依赖于一系列的"协议""协定""公约""条约";美国和加拿大的大都市区管理政府的成立也是建立在法律的基础上;日本的大都市圈建设也是法律先行。因而,江苏区域合作组织也应制定具备法律约束力的文件、反行政性垄断条例和与之相对应的责任追究制度,通过引入法治,来保证各地政府在追求地方利益的同时不会对区域共同利益产生负面影响。

第六节　区域高质量发展的动力支持

区域高质量发展是一项多因素、非线性、开放型的系统工程,可在外力推动下计划进行,也可在内部利益驱动下自发进行,而实际上,外力和内力的结合将产生最佳的动力效果。因而,江苏区域高质量发展需要利用政府力量与市场力量的功能互补,来协调区域发展关系、弥补区域发展短板、拓宽区域发展空间。

一、细化区域发展的政策供给

区域政策是政府部门制定并组织实施的调控区域经济宏观运行的文件制度。区域政策分为强迫型与诱导型两类,强迫型有命令与禁令,通常以规划、规定、法规的形式出现;诱导型政策则是提供咨询信息、给予融资和税收等优惠。为了推进区域高质量发展,江苏需要综合使用这两类政策工具,按照空间规划的重点,实施分类指导,即分散进行、分块规划、分别实施,为区域高质量发展提供具有前瞻性、统一性的顶层设计。区域政策需要更加强调区域特性,重视各种社会经济矛盾和问题,综合平衡社会、环境和经济发展目标,同时强调不同层级空间政策以及空间规划与社会经济发展目标之间的整合。针对区域高质量发展的新要求,江苏目前需要建立内涵清晰、措施有效、管理规范、分类指导的区域政策体系,并且将其与财政政策、货币政策、产业政策、投资政策、消费政策、价格政策进行匹配,以提升政策工具的组合效度。按照"公平、协调、共享"的区域发展原则,将区域政策聚焦于推进区域社会事业均衡发展和基本公共服务均等化,重点解决市场失灵所造成的"马太效应""极差乘数效应"、生产与消费的负外部性等问题,从效率优先转向兼顾效率与公平。按照不同地区的主体功能定位和经济发展水平,建立动态化的政策供给体系。探索构建区域政策实施跟踪评估与优化改进系统,按照程序调整、完善或废止相应的政策。加强区域规划的执行力度,建立健全区域法律法规,形成行政手段、经济手段和法律手段的共同推动力。

二、引导产业跨区域动态转承

产业是区域高质量发展的基础动力,产业空间优化也是区域生产要素的空间再分配与再组合的过程,推动生产要素的跨区域流动,应以产业空间的转化与配置为突破口,实现产业区位的下层渗透。积极鼓励产业主体,特别是在一地过度集中而导致投入增加、拥挤成本、污染加重等集聚不经济现象的产业,进行跨区域"有机疏散",能够有效地释放产业空间布局优化的能量。近年来,为了推进区域之间产业空间的动态转承,江苏积极实施产业的梯度推移战略,鼓励苏南地区将占地多、耗能高的加工业和劳动密集型产业向苏北和苏中转移,采取产业、财政、科技、劳动力"四项转移"政策、"南北共建开发区""南北挂钩"等措施,强化区域之间的产业关联纽带,减少地区之间的发展差距。今后,江苏需要进一步创新产业空间转移的模式,满足产业转移中劳务、技术、价格、投资等要素的联系需求,给予企业的跨区域布局行为以政策扶持,减少企业迁出的摩擦阻力。江苏各地可以充分发挥其在区位、产业、生产要素等方面的比较优势,积极利用区域资源,发展特色经济,形成区域性的主导产业、优势产业以及合理分工和互补的产业体系,从而优化资源的配置和产业链的价值整合。

三、加强区域之间的经济互动

在江苏区域高质量发展的过程中,必须发挥市场在资源配置中的决定性作用,避免政府在区域管理中的"本位主义"和"地方保护主义",克服行政职权与地方考核对资源要素流动的干预,拓宽外向循环渠道,在更大范围内建立起区域之间的经济合作与交流。通过组织制度建设和区域经济合作,推动城市之间、城市与农村、农村之间的资源优势互补、产业错位发展、市场体系共建、生态环境共保,形成以资源共享为基础、资产联结为纽带、生产要素优化组合为导向的区域发展合力。完善服务型政府的职能,纠正自然垄断、信息不对称、分配不公、经济波动、地区封锁等市场缺陷,为市场主体创造统一开放、竞争有序的市场环境,防止人为分割市场导致市场扭曲的行为。优化对市场主体的监督模式,增强全社会的信用意识,形成以道德为支撑、产权为基础、法律为保障的社会信用制度,杜绝假冒伪劣、坑蒙拐骗、逃债废贷、违约合同等现象。积极培育多种形式的城市联盟与城乡联盟,构建互认机制、共享机制、促进机制、统筹机制,减少区域产业雷同、重复建设所造成的内耗。推进江苏各地产业的战略协同与错位竞争,通过产业链和价值链,将上、中、下游企业衔接起来,在生产、商品、市场、营销、培训等方面增强交流,制定统一的市场准入标准,共同开拓市场,建设互惠互荣、彼此衔接、布局合理的产业共同体。在产业的跨区域布局中,也需要积极发挥企业的力量,构建出于企业需要的共赢型合作关系,对各方的产权进行重新界定,使各方明确在合作中自身如何受益、受损、补偿,从而对自己行为可能给自己带来的收益或损失形成一个合理的预期,走一条符合发展规律、具有长效性的经济互动之路,只有各个利益主体都能公平获利,区域合作才会有源源不断的动力。

四、创新跨区域管理体制机制

区域高质量发展必须依靠区域互动与区域合作,而区域合作的阻碍主要来自地方保护主义,其本质与现行的制度安排与考核体系有关,地方保护主义、地方市场分割实际上是行政力量在资源分配过程中占据上风的结果,是地方政府对微观经济主体控制权膨胀的体现。因而,推动江苏区域高质量发展必须创新跨区域的管理体制机制,必须厘清政府与市场的关系,使两者形成有利于区域一体化进程的优势互补的区域管理机制。就政府管理层面,需要减少各地政府在招商引资、土地批租、外贸出口、人才流动、技术开发、信息共享等方面政策上的差异,统一各地的户籍制度、住房制度、就业制度、医疗制度、教育制度、社会保障制度,实现江苏全域基本公共产品供给的均等化。各地政府之间针对区域协调发展所达成的共识,也必须要以制度性的规则来保证,规则是地方政府间相互博弈的产物,规则不仅要为合作行为提供足够的激励,而且要对违反"游戏规则"者与采取机会主义者予以一定的惩罚。地方政府的合作也必须遵循区域利益分享和补偿机制,通过地方与地方之间的利益转移,实现各种利益在地区间的合理分配,而在这一过程中,上级政府需要进行协调与统筹,尤其是涉及财政转移支付。新区域主义以治理理论强调在跨区域发展过程中多元主体的参与,在现阶段,江苏的区域管理中也要进一步强化多元主体的参与作用,注重发挥政府部门的综合协调作用、企业的资源配置作用、非营利组织的沟通交流作用、专家学者的参谋咨询作用,从而建立起网络型结构的区域治理协调机制。

参考文献:

[1] 王庆五、吴先满主编:《江苏决胜全面小康研究》,江苏人民出版社2016年版。

[2] 方维慰:《江苏产业空间优化的实践模式与动力机制》,《江苏社会科学》2017年第5期。

[3] 刘西忠:《跨区域城市发展的协调与治理机制》,《南京社会科学》2014年第5期。

[4] 孙久文:《从高速度的经济增长到高质量、平衡的区域发展》,《区域经济评论》2018年第1期。

[5] 戚国生:《区域经济协调发展的趋势及特征探讨》,《科技经济导刊》2018年第14期。

第十一章　高水平推进全面深化改革

　　江苏一直是改革的热土。党的十八大以后,尤其是党的十八届三中全会以来,江苏深入落实中央关于全面深化改革的决策部署,同时结合江苏实际,出台了一系列改革举措,为江苏发展提供了强有力的制度保障。当前,江苏高质量发展全面推进,一些制约高质量发展的深层次矛盾和问题更加凸显,必须采取更加强有力的改革举措为高质量发展清障破隘,释放制度潜能,激发内生活力。

第一节　全面深化改革的实践进展

一、推进中央改革顶层设计落地生根

　　在新的改革大势下,江苏坚持系统化谋划、特色性探索,深化改革实现了新突破。一是系统学习习近平总书记全面深化改革重要思想,不折不扣落实中央全面深化改革的顶层设计和具体部署,为"强富美高"新江苏建设提供充沛的改革动能。二是坚定推进改革的决心和信心,遵循改革的大逻辑,把握改革的大趋势,系统梳理江苏在改革"深水区"面临的

突出矛盾问题,敢于突破惯性思维和利益固化的藩篱,政府坚持刀口向内,用自身权力的减法换取市场活力的乘法;深化要素市场改革,破除行政性垄断;深化国有企业改革,促进各类所有制经济公平竞争,有力有序推进改革向纵深发展。三是以经济体制改革为主轴,深刻反思、调整传统"强政府"模式,构建政府和市场"双强引擎",减少政府对经济活动的直接干预,强化政府的职责意识、边界意识和服务意识,重构政府与市场关系,以经济体制改革牵引和带动其他领域改革。

二、江苏全面深化改革标志性成果

在改革40年进程中,江苏领时代风气之先,在发展乡镇企业、开放型经济、开发区建设等方面创造了一系列的标性改革品牌。党的十八大以来,江苏继续大胆探索,创造新的改革品牌。其中,"放管服"改革尤其引人瞩目。江苏将行政审批制度改革作为全面深化改革的"先手棋"、转变政府职能的"当头炮",更加彻底地"放",制定"企业投资项目省级部门不再审批清单",市县编制"不见面审批事项清单",实行国家级开发区全链条审批赋权清单,制定经济发达镇赋权清单。到2017年年底,五年间累计取消、下放、调整887项行政审批事项。更加有效地"管",以事中事后监管为原则、事前管为特例,开展企业投资项目信用承诺制试点,企业按照政府设定的准入条件和标准,作出具有法律效力的书面承诺就可以开工建设,新项目建设速度显著提高。更加精准地"服",大力推进政务服务"一张网"建设和"不见面审批"模式,"企业3个工作日内注册开业、5个工作日内获得不动产权证、50个工作日内取得工业建设项目施工许可证"改革初见成效。"放管服"改革使江苏营商环境不断优化,为企业解开"枷锁"、轻装上阵,释放市场活力和社会创造力,成为江苏改革品牌的代表。科技创新是江苏改革的重点和亮点。江苏在全国省域层面率先成立省产业技术研究院,"一所两制、合同科研、项目经理、股权激励"等改革举措释放出强大创新势能;建设省技术产权交易市场和江苏国际知识产权运营交易中心,促进创新资源交流整合;探索开展知识产权权益分配改革试点,激发科技人员创新创造积极性;深化南京国家科技体制综合改革试点,推进苏州工业园区开放创新综合试验,推广常熟市、海安市科技创新体制综合改革试点经验,激发基层科技创新工作动力活力。此外,江苏积极开展国家标准化、国家监察体制、江阴县级集成改革等试点,不断积累新的改革优势。

1. "放管服"改革。"放管服"改革是全面深化改革的"先手棋"和转变政府职能的"当头炮"。江苏省先后推出"517"改革、"不见面审批(服务)"改革、"3550"改革等创新举措,激发市场活力和社会创造力。一是推进"不见面审批"改革标准化、规范化建设。省编办、省审改办制定《不见面审批标准化指引》,努力实现全省"不见面审批"事项"三级六同",即事项公布、实现方式、基本流程、申请材料、办理时限、缴纳费用在省、市、县三级实现标准统一。二是全面推进"3550"改革。在行政审批制度改革中,"3550"改革目标是优化营商环境的关键之举。"3550"即是指,3个工作日内开办企业、5个工作日内获得不动产登记、50个工作日内取得工业建设项目施工许可证。江苏凝聚各地各部门合力,进一步减少环节、优化流程,实现信息共享,推动涉及"3550"改革事项全部实现网上办理。三是完善创业创新环境评价。参照国务院第五次大督查评价指标,扩展江苏省创业创新环境评价体系,在原有开办企业、办理施工许可和办理不动产登记等三项指标基础上,增加企业接电、纳税服务等指标。四是深化相对集中行政许可权改革试点。总结前期试点经验做法,解决部分试点地区存在的人员不到位、事项不到位、监管不到位等问题,探索扩大试点工作。五是扎实推进"证照分离"改革试点。指导全省45个国家级新区、经开区、高新区开展试点,建立事中事后监管机制,解决"办照容易办证难""准入不准营"等问题,形成可复制、可推广经验做法。六是通过机构改革巩固"放管服"改革成果。深化综合行政执法体制改革,逐步实现县级层面一个领域一支队伍、乡镇层面一个区域一支队伍。复制国家级开发区、经济发达镇简约高效的体制机制,实现省级以上开发区一层全链审批、乡镇扁平管理服务。

2. 苏州工业园区开放创新综合试验。一是探索开放合作新机制。设立全国首个境外投资服务示范平台,实行"备案为主、核准为辅"新模式,在"一带一路"沿线国家和地区进行产业布局;改革招商管理体制,以亩产、效益、能耗、环境"论英雄";开展一般纳税人资格试点、跨境电子商务综合试验区、全球保税维修业务试点等改革,经认定的省级总部机构占全省的20%;利用国际资本助推自主创新,开展中新跨境人民币创新业务、跨国公司资金集中运营等改革试点。二是打造创新驱动新模式。设立一批中外合作创新中心,引进一批大院大所,集聚一批国际名企新型研发机构。先行先试高层次外籍人才及本地居民出入境政策。建立专利导航新兴产业发展实验区,生物医药、纳米技术应用、人工智能产业年均增速30%左右,生物医药产业竞争力居全国高新区首位。三是优化管理体制新格局。叠加复制自贸区、自创区政策功能,推广自贸区经验,每年新增各类市场主体约1.5万家,是改革前的2.7倍。实施大部制机构改革,95%以上的审批业务可实现"不见面审批",基本实现"2333"改革目标。智慧城市架构基本形成,中新社会治理合作试点持续深化。按照省委深改委会议要求,苏州工业园区将编制实施开放创新综合试验2.0版,加快建设世界一流高科技产业园区,努力成为国际投资贸易最便利、行政服务最高效、综合治理最规范、法治体系最完备的区域之一。

3. 江阴集成改革试点。2017年7月,江苏省按照"开展集成改革试点、形成改革集成效应"的总体要求,在江阴市开展县级集成改革试点,精心部署、滚动推进,成效令人瞩目。江阴市在集成改革中紧紧围绕"提高县域治理体系和治理能力现代化水平"的目标定位,在夯实党建统领这一根本保障的基础上,着力构建县域治理"四大体系"。一是构建便捷高效的政务服务体系,按照"江阴急需、市县同权、法律许可"思路,承接江苏省和无锡市"赋权";根据"能放则放、应放尽放"原则,赋予镇街经济社会管理权限;围绕"园内事园内办"目标,开放园区承接设区市经济管理权限,通过"授权+赋能"构建起权责匹配、科学规范的市镇(街)园新型权责体系;组建市行政审批局,全面推行"网上办、集中批、联合审、区域评、代办制、不见面",实现行政审批大提速。二是构建沉底到边的基层治理体系,将全市所有"人、地、物、事、组织"等要素全部纳入网格,织密基层治理网格;市级层面成立市城市综合管理局,镇街层面组建综合执法局,设置全能型中队,构建起市镇联动、权责统一、精简高效的综合执法体系;打造市、镇、村三级综合管理服务平台,形成发现问题、信息汇聚、派发处置、跟踪监督的处理闭环。三是构建精准有力的社会救助体系,通过部门救助全参与、内容全覆盖、信息全共享,实现对所有救助对象的精准救助、常态救助、阳光救助;充分发挥、持续扩大江阴公益慈善"首善之城"优势,以慈善捐助、结对帮扶等形式,定向救助、定位帮扶贫困群体;在城乡医保、大病救助、医疗救助、商业保险不断健全完善基础上,实施互助式深度救助。四是构建温馨周到的生活服务体系,整合原有各类服务平台、服务热线,以市场化方式打造"一体化、一端口、一站式"的 24 小时在线智慧生活服务平台——"最江阴"APP 客户端;深化整合各类生活服务资源,为市民提供行政、公共、便民、公益、资讯"五位一体"综合性服务,用"互联网+"打通服务群众的"最后一米"。

4. 洪泽农村小型水利工程管理体制改革。小型水利工程在防汛抗旱、城乡供水、灌溉排水、改善环境等方面发挥着重要作用,为农村经济社会发展提供了重要支撑和保障。然而,长期以来,小型水利工程重建轻管,管护责任难以有效落实,严重影响着工程安全运行和效益充分发挥。早在 2012 年,淮安市洪泽区就启动局部试点,并于 2014 年底获批全国第二批农村改革试验区,主要承担农田水利设施产权制度改革和创新运行维护机制试点任务。洪泽区积极创新,整合农村小型水利工程管护、农村环卫保洁、农村交通设施管护、农村公共绿化设施管护和农村公共场所管护的资金安排、人员统筹等事项,探索出"五位一体"管理和运行新模式,有力地解决农村劳动力不足,农田水利建设组织难、投入难、管理难等问题,2018 年,在中央全面推行河长制湖长制的大背景下,洪泽区探索将河长制湖长制工作与"五位一体"村庄环境长效管护工作相融合，有效统筹了河湖功能调理、资源管理和生态环境治理，初步打造出具有县区特色的治水机制升级版。该区整合区、镇级河长办与农村公共服务"五位一体"管护办公室力量，抽调环保、卫生、规划、交通、水利等部门技术骨干集中办公，并成立2个巡查组每天巡查河道日常保洁情况，形成巡、护一体化长效机制，全面提升巡查实际效果。洪泽区"五位一体"管理和运行模式，其典型示范效应在全省乃至全国范围引起了极大关注，成为农村小型水利工程管理体制改革的典范。

三、凝聚改革共识形成推动改革的磅礴力量

习近平总书记运用历史唯物主义原理，高屋建瓴地指出，要"充分调动群众推进改革的积极性、主动性、创造性，把最广大人民智慧和力量凝聚到改革上来，同人民一道把改革推向前进"。面对新时代繁重的改革发展任务，江苏高度重视凝聚改革共识。一是大力营造干事创业的好生态，按照习近平总书记关于"三个区分开来"的要求，建立健全鼓励激励、容错纠错、能上能下"三项机制"，并结合各地各行业实际细化具体化，旗帜鲜明为敢于担当、踏实做事、不谋私利的干部撑腰鼓劲，让想干事的有机会、能干事的有舞台、干成事的受尊敬，让各级领导干部"既当改革的促进派，又当改革的实干家"。二是鼓励引导广大劳动者把个人梦想融入国家前途和江苏发展，在平凡的岗位上兢兢业业，干好本职工作；引导企业家大力弘扬适应新时代的"四千四万"精神，积极适应时代的"千变万化"，主动经受创新的"千锤万炼"，在发展的前沿展现"千姿万态"，在新的征程上奔腾"千军万马"；引导各类人才抓住大有可为的时代机遇，在各自领域施展才华、建功立业、成就梦想。三是善于运用宣传文化的力量凝神聚气，大力宣传新时代江苏改革发展的火热实践，大力宣传基层一线的创新创造，把干部群众的信心鼓舞起来、干劲激发出来，共建共享幸福美好生活。

第二节　全面深化改革面临的突出问题

一、改革系统性仍待增强

随着改革进入"深水区",一些深层次领域的矛盾与问题相互交织,不同利益攸关方诉求不同,甚至同一利益主体也有多层次利益诉求。面对日益复杂的矛盾问题,如果改革举措缺乏系统研究与整体设计,以"碎片化"方式存在,则必然会使效果大打折扣。例如,江苏省一些地区同城化、一体化进程每年都有新的举措出台,但现实效果并不明显,一些老大难问题长期得不到解决,群众获得感不强,根本原因还在于受制于区域行政壁垒,没有形成区域协调的内生动力机制。"头痛医头"式改革举措仅仅触及问题的表层或部分领域,并不能从根本上解决问题。江苏可借鉴上海一揽子出台"扩大开放 100 条"等改革举措,在一些事关改革发展的重大领域,出台一揽子改革举措,形成系统破解改革发展难题的改革方案。当然,江苏针对自身发展推出改革举措,不是要简单地追求数量多少,而是要形成系统合力,防止因"碎片化"而失去改革效力。

二、改革"空转"现象仍然存在

改革开放以来,江苏推进改革始终走在全国前列,这种改革"先行一步"形成的改革先发效应,不仅有力支撑了江苏发展水平上的领先,也发挥了为全国发展探路的示范效应。改革开放初期,江苏率先冲破计划经济的束缚,闯出乡镇企业发展新路;当乡镇企业转型遇到困难时,江苏大胆推进乡镇企业改制,推进乡镇企业向现代企业转型;抢抓开放机遇,江苏昆山"自费办开发区"、苏州工业园区闯出了中外合资办开发区的新路,开发区一举成为江苏开放高地、发展主阵地。江苏改革先发效应取得巨大成效,不仅在于时间上领先一步,更在于改革举措切中要害,具有实际效果。近年来,江苏扎实推进改革,改革步伐稳健,同时改革先发效应有所弱化。究其原因,一方面由于改革"时间差"不足,另一方面也在于一些改革举措不同程度存在"空转"现象,不能落地见效。例如,科技人才丰富是江苏的重要家底,近年来相关部门和地区围绕如何激发科技人才积极性出台了大量改革举措,但与深圳等发达地区相比,江苏省科技人才创业仍然存在束缚手脚的问题,科技人才激励机制不足,导致一些科技人才流失,现有的科技人才创新潜能没有得到最大限度释放。江苏省产业技术研究院取得令人瞩目的创新成就,与其在制度设计上对接国际前沿、最大限度发挥市场机制作用、充分保护科技人才利益有关。2018年4月,习近平总书记在博鳌发出了改革开放再出发的动员令,各地迅速跟进。2018年,上海出台"扩大开放100条",中央在2017年底宣布放宽银行等行业的外资比例限制,此次"上海100条"第一条中即明确取消这一限制。特斯拉以独资形式落地上海成为"上海100条"的鲜活案例。北京围绕高质量发展,出台117条改革举措,措施力度大、含金量高,具有明确路线图和时间表,必将产生巨大的改革效应。实践一再表明,即使是同样的改革举措,抢占先机、"吃头啖汤"才能最大程度释放改革红利;如果只是"随大流",待大家都实行这一改革举措时,改革红利将会大为衰减。面对新的改革开放态势,如何再造改革开放的领先效应,是江苏需要思考应对的重大课题。

三、政府与市场的关系尚需进一步理顺

近年来,江苏市场内生性不断增强,但政府干预的惯性仍未完全清退。比如,这些年,我们在科技创新上投入不少,但效果不尽如人意,这与政府不当干预引发激励扭曲、甚至出现逆淘汰不无关联。开发区是江苏的核心优势,江苏为全国贡献了丰富的开发区管理运营经验。同时,我们也要看到,江苏一些开发区还存在体制机制不活、内生活力不强的

问题。根据有关统计,目前深圳产业园总体数量超过 200 个,深圳政府负责确定产业战略方向、制定产业扶持和吸引人才政策,具体运作则大多交给第三方中介公司,完全按照市场化方式配置资源,在实践中运转高效,非常具有竞争力。深圳产业园区的经验给我们深刻启示,充分发挥市场的内生动力机制有着巨大的改革空间。另一方面,"有为政府"是"有效市场"的重要保障。只有更有效的监管、更精准的服务,才能让政府更充分的放权,市场活力才能得到有序释放。江苏省政府规范运作水平、社会治理水平都处于较高水平,但也面临不少亟待解决的问题与短板。比如,江苏省一些生态领域的顽疾长期存在,一些需要监管的领域出现漏洞,一些充分市场化的领域出现竞争乱象,等等,出现这些问题都与政府治理能力不足有关。

四、开放领先地位受到挑战,开放倒逼改革效果弱化

经过 20 世纪 90 年代的第二次转型,江苏经济确立了高外向度的发展格局,开放型经济全国领先。当前,江苏开放型经济面临不少变数。中央在 2017 年底宣布放宽银行等行业的外资比例限制。2018 年上海推出"对外开放 100 条"第一条中即明确取消这一限制。特斯拉以独资形式落地是上海扩大开放的鲜活案例。100 条举措中,有 34 条需要进一步争取国家支持,也就是说,在国家未给予支持前,上海就写到行动计划中,敢于先做起来。上海提出,对国家统一实施的开放政策,争取率先落地项目;对国家统一部署的开放安排,争取先行一步试点;对国家没有条件全面铺开但有战略需要的开放项目,主动争取在沪实施并服务全国;对国家还在探索研究中的开放举措,主动争取压力测试。当前,对外开放形势空前复杂,面对传统开放型经济的优势衰减、新优势尚待培育等状况,江苏在新一轮开放中的领先地位受到挑战。开放倒逼改革是我国改革深化的重要推动力。如果江苏对外开放不能抢占制高点,就难以充分获得国际一线资源,就难以产生参与前沿国际竞争中危机感和紧迫

感。可以说,江苏省当前在一定程度上存在的改革危机感不足,与远离国际一线竞争有关,失去了强大的外部压力,内部改革动力也将出现钝化。

五、区域营商环境与世界先进水平仍有差距

进入经济发展新常态以来,传统低价格竞争优势已逐步失去吸引力,惟有构建良好的营商环境,才能成为一个地区的真正吸引力和竞争力所在。2018年,深圳推出20项改革举措126个政策点,努力营造服务效率高、管理规范、市场最具活力、综合成本最佳的国际一流营商环境。在"北京117条"改革举措中,优化营商环境的举措达到29条,是所有改革最大的一个。"放管服"改革、人才引进体制机制的完善、知识产权保护是三大改革重点。近年来,江苏高度重视营商环境的塑造,瞄准审批事项最少、办事效率最高、创业创新活力最强的"三个最"目标,深化"放管服"改革,区域营商环境建设取得了重大进展。但对标世界先进水平,目前营商环境仍存在不少问题:比如企业开办便利度不高、政府部门内部协调不畅;企业缺乏获取政府部门相关信息的畅通渠道,对于监管流程存在不清晰、不可预期的担心;市场准入限制较多,部分民营企业通过"戴红帽子"的方式来获得准入;政府监管理念滞后,难以适应新经济发展;投融资审批体制环节多、时间长,等等。面对新的竞争态势,江苏惟有加大改革力度,强化服务效能,真正构建国际化、法治化的最优营商环境。

第三节 新时代全面深化改革的创新路径

一、推动新时代江苏改革再出发

1. 发挥改革"深刺激""强刺激"作用。改革的本质是提供更加有效

的制度供给。有效的制度供给,可以为企业"松绑"、为群众"增利",可以吸引集聚更多更高端的资源要素,形成发展的特色与核心竞争力。相比于制定出台一些临时性、救急性的"浅刺激""微刺激"政策措施,唯有改革才是真正能发挥长效作用的"深刺激""强刺激"。谁在改革上赢得先机,谁就能取得发展的主动权;谁在改革上贻误时机,谁就只能做一个追随者,甚至被淘汰出局。推进产业迈向中高端,既面临外部的"双向挤压",更受制于内部的体制机制束缚,必须向改革要动力、要空间。坚持使市场在资源配置中起决定性作用,更好发挥政府作用,推动重要领域和关键环节改革。以完善产权制度和要素市场化配置为重点,全面深化经济社会各领域的改革,激发各类市场主体活力。深化科技体制改革,建立以企业为主体、市场为导向、产学研深度融合的技术创新体系;深化"放管服"改革,建立健全公平开放透明的市场规则,营造自主经营、公平竞争的良好环境;深化社会治理体制和城乡融合发展体制机制改革,完善社会保障体系,健全住房制度,稳步推进农村土地制度改革,为现代化经济体系建设提供有力的制度保障。

2. 遵循改革的大逻辑。江苏推进改革开放再出发,要全面系统深入地学习习近平新时代中国特色社会主义思想,深刻领会、精准把握其中蕴含的改革精神、改革部署、改革要求;坚定推进改革的决心和信心,遵循改革的大逻辑,把握改革的大趋势,敢于突破惯性思维和利益固化的藩篱,有力有序推进改革;坚持和加强党对改革的集中统一领导,牢牢把握改革的正确方向,不断开创江苏省全面深化改革新局面。重点要把握好"全面"和"重点"的关系,蹄疾步稳推进各项改革,重点领域改革先行突破。首先,以发挥好"两个作用"为核心,以完善产权制度和要素市场化配置为重点,激发多种市场主体活力特别是民间蕴藏的巨大潜力,全面深化经济社会各个领域的改革。其次,在全面改革的基础上,力争部分重点领域改革率先破题、起到为全国探路的示范作用,比如科技体制改革、"放管服"改革、社会治理体制改革等,营造公开透明、办事高效、充满活力的良好创新创业环境。再次,强化改革的责任担当和正向激励,着力解决好改革动力向下层层递减的"倒三角"问题,形成上下齐心、攻坚克难的浓厚氛围。

3. 增强改革系统性集成性。江苏改革开放再出发,要重视增强改革开放的系统性集成性。全面深化改革、扩大开放,涉及多项内容、多种要素、多个层次,改革开放越深入,新老矛盾越是交织叠加、错综复杂;改革开放越深入,越会触及深层问题、体制弊端。因此,要围绕党的十九大部署来明确江苏改革方向、改革任务和责任主体,以系统化思维丰富完善改革开放思路和举措,确保各项措施上下顺畅、左右贯通、前后呼应,加快形成全面改革开放新格局。特别是在国家改革开放的大布局中,找准江苏位置、增加江苏分量、塑造江苏优势、扩大江苏影响。

二、以思想解放推动改革再深入

以思想解放推动改革再深入,重在有的放矢,有破有立。一是以习近平新时代中国特色社会主义思想为指导,荡涤清除与这一重要思想不相适应的地方,破除不合时宜的陈旧思想、落后观念,树立对"新思想"的遵循,对新发展理念的践行。二是破除对传统模式、传统路径的依赖,不仅要破除对粗放型增长方式、对跟随型策略、对速度情结等惯性依赖,更要从根本上清理这些惯性思维、观念依赖形成的深层次体制根源。三是兴利除弊、破旧立新,在产业上,破除"大而不强""结构不优""发展粗放"等突出短板,建立面向全球科技创新中心的高新技术产业化基地,建成若干世界级先进制造业集群,逐步树立中高端产业的主导优势;在区域上,破除区域壁垒、产业同构、各自为战的弊端,减少内耗、加强联动,树立各具特色、各展所长的区域协调发展格局;在政府与市场关系上,破除政府直接干预经济活动、市场主体较为保守、企业家精神不发达等不足,理顺政府、市场、社会关系;在开放上,破除对国际代工模式、跟随模仿模式的依赖,辩证看待江苏缺少自贸区等重大开发平台的影响,主动进入新时代国家开放前沿,推动习近平总书记在2018年博鳌论坛上提出的扩大开放重大举措在江苏率先落地，树立江苏开放型经济新优势；在创新上，破除科技创新成果转化的障碍，打通产学研用协同创新通道，建立自主可控的产业体系，打造江苏发展核心竞争力。

三、夯实高质量发展的体制基础

坚持向改革要动力、要空间，超前谋划、系统部署实施新一轮改革，塑造江苏体制新优势，为高质量发展走在全国前列提供强有力体制支撑。一是全面落实中央在改革开放 40 周年这一历史性节点推出的新一轮改革开放部署，率先发力、前瞻布局。二是坚决摒弃速度情结，变速度焦虑为本领恐慌、质量焦虑，更加关注经济增速背后的质量效益，更加关注经济增长背后的综合效益，加快形成推动高质量发展的指标体系、政策体系、标准体系、统计体系、绩效评价、政绩考核，创新和完善高质量发展制度环境。三是持续深入推进供给侧结构性改革，把提高供给体系质量作为主攻方向，进一步增强经济发展的质量优势。

四、推动重点改革形成新品牌、新优势

新形势下，江苏要加快推进已经启动的各项改革发展事项，突出抓好具有标志性、引领性、支柱性的重点改革，塑造江苏改革新优势、新动能，推动重点改革先行突破，形成品牌。一是进一步提升"放管服"改革品牌效应，建立健全公平开放透明的市场规则，努力把江苏省打造成审批事项最少、办事效率最高、创新创业活力最强的区域之一。二是加大科技体制改革力度，进一步释放省产业技术研究院科技体制改革"试验田"效应，进一步推进苏南国家自主创新示范区先行先试，进一步完善释放人才活力的配置机制，进一步完善科技成果转化机制，构建全链条式科技创新创业服务体系，打造与国际接轨的产业科技创新生态。三是把握国企国资改革的窗口期，优化国有资本结构，提高国有企业配置效率；

推进混合所有制改革,继续探索推进企业上市作为国企混改的主要形式;规范国资系统完善市场化改革,有效调动员工积极性、主动性和创造性;改革投资监管方式,严控非主业投资,防范化解投资风险。四是加强改革的系统集成,扎实推进江阴市县级集成改革试点,探索创新更加有效的社会治理方式,推动社会治理体制改革迈开新步伐,形成一批新的改革品牌。

五、以实干推动改革落地见效

改革开放新举措重在落地见效。在改革开放新举措的谋划设计环节,就要以解决实际问题为指向,着力谋划能够解决难点、祛除痛点、打通堵点的真招实招,坚决不搞"中看不中用"的花架子,坚决治理"遇事绕着走"的畏难情绪和不作为做法,切实提高抓落实的穿透力。新江苏建设的美好蓝图需要接续奋斗,新一代江苏人低调务实不张扬,撸起袖子加油干,以改革开放再出发的新作为、新成果谱写"强富美高"新江苏建设的新篇章。

参考文献:

[1] 汪海波:《中国经济体制改革》,社会科学文献出版社2018年版。

[2] 中国社会科学院经济研究所学术委员会:《改革开放四十年:理论探索与研究》,中国社会科学出版社2018年版。

[3] 吴敬琏:《中国经济改革进程》,中国大百科全书出版社2018年版。

[4] 刘霞辉、张鹏、张平:《改革年代的经济增长与结构变迁》,格致出版社2018年版。

[5] 程恩富:《改革开放与中国经济》,中央编译出版社2018年版。

第十二章 大力提升开放型经济水平

2018年是中国经济新旧动能转换和国际经济格局急剧变化的关键时点。依托对外开放,江苏经济在过去40年取得了巨大成就,未来江苏经济实现高质量发展也必将通过进一步扩大开放得以实现。靠代工支撑外资外贸的传统开放型经济模式难以为继,如何以科技第一生产力提升国际竞争力,如何在经贸战局里加速全省建设高水平的开放型经济为新旧动能转换助力,成为我们工作的当务之急和重中之重。在此关键时刻,我们需要头脑清醒,认识清晰,明辨形势,解放思想,积极探索,从而精准定位,把握时机,主动出击,实现更高水平的开放,助力江苏高质量发展。

第一节 开放型经济理论的演进与挑战

开放型经济理论是我国改革开放40年里对如何更好地融入全球经济的开创性经济理论研究,是我国各个时期改革开放的规划与政策制定的重要依据,对战略方案的顺利推进做出了重要贡献。多年来,伴随着经济全球化的扩大和深入,开放型经济理论也在不断突破与创新。

一、开放与经济发展的辩证关系

关于开放与经济发展的辩证关系的研究主要涉及经济全球化理论等。

"经济全球化"这个词最早是由 T. 莱维于 1985 年提出的现代世界经济演进现象,目前还没有统一的定义。20 世纪 90 年代以来,在信息经济完全产业化条件下,世界经济发生了重要的、本质性的变化,从经济国际化发展成为经济全球化。世界经济生产关系的变化,主要是交换关系的变化使经济全球化首次实现了经贸网络全球覆盖,极大地促进了各种生产要素在全球迅速流动,于是逐步出现了贸易、投资、金融和科技全球化的局面(程极明、李洁,1996)。国际货币基金组织(IMF)将经济全球化解释为"跨国商品与服务贸易及资本流动规模和形式的增加,以及技术的广泛迅速传播使世界各国经济的相互依赖性增强"。经济合作与发展组织(OECD)则将经济全球化看作一种过程,在这个过程中,经济、市场、技术与通讯形式都越来越具有全球特征,民族性和地方性在减少。归纳国内外研究成果,经济全球化有以下三个主要表征:一是世界各国经济联系的加强和相互依赖程度日益提高;二是各国国内经济规则不断趋于一致;三是国际经济协调机制强化,即各种多边或区域组织对世界经济的协调和约束作用越来越强。

我国改革开放以来一直坚持出口导向模式,因此前 40 年的开放以对外开放为主。对外开放的目的是通过强化国外市场的需求效应、加快国内资本积累以及促进竞争等渠道拉动经济快速增长。与此同时,对外资开放市场,"以市场换技术",着重吸引跨国公司投资建厂提升我国技术水平和配套能力,产生技术外溢效益,形成和拉长产业链。学术界对外贸外资与国家、地方经济增长及产业发展关联度做了大量的研究。从改革与开放的进程中可以发现,二者实际上是相互联系的,改革为开放提供制度基础,而开放则为改革特别是市场化进程提供了动力和外部压力。贸易开放程度的差异也成为经济发展方式差异的重要方面。

随着经济一体化和全球化的不断深入,各国经济发展与外部要素的关系日益密切。从许多国家的发展实践来看,对外开放在提供发展机遇的同时,也会带来严峻的挑战。一方面,贸易开放可以为本国的经济发展水平、产业结构优化调整、就业水平以及福利水平的提升带来重要的发展契机,而另一方面,对外开放也可能使得本国经济对外依赖度不断增强,这不仅意味着本国产业可能受到更多竞争压力并遭遇市场挤占问题,对于整个经济运行而言风险也会随之加大,这在我国的经济发展过程中也有着类似的表现。

"十二五"后期,特别是"十三五"以来,国际贸易保护主义抬头、逆全球化势头上扬的同时,国内面临经济下行压力加大、金融风险增大的突出矛盾与问题。在这样的背景下,2016年中国发展研究院课题组提出了"二次开放"概念,并在次年提出我国应以促进经济转型与结构性改革为导向、实施自由贸易战略为基点、以推进"一带一路"为支撑、以服务贸易为重点推进"二次开放",是国家在经济全球化新十字路口的重大选择和务实行动(迟福林,2017)。

党的十九大报告明确提出,中国特色社会主义进入了新时代,我国社会主要矛盾已经转化为人民日益增长的美好生活需要和不平衡不充分的发展之间的矛盾……新时代中国要推动形成全面开放新格局,建设开放型世界经济。这是中国全面提升对外开放水平的重大战略性任务,标志着经济全球化和中国经济发展进入新的历史阶段。这意味着,今后,中国对内将继续积极推动更高水平的开放;对外将更加主动推动建设开放型世界经济,担负起构建人类命运共同体的大国责任。

二、传统经济学相关理论的作用和局限

传统经济学涉及开放与经济发展的理论主要存在于区域经济学与发展经济学中,简要概括如下。

1. 增长极理论

由法国经济学家佩鲁在 1950 年首次提出,后来法国经济学家布代维尔(J. B. Boudeville)将增长极理论引入到区域经济理论中,之后美国经济学家弗里德曼(John Friedman)、瑞典经济学家缪尔达尔(Gunnar Myrdal)、美国经济学家赫希曼(A. O. Hischman)分别在不同程度上进一步丰富和发展了这一理论。该理论被认为是西方区域经济学中经济区域观念的基石,是不平衡发展论的依据之一。增长极理论认为:经济增长通常是从一个或数个"增长中心"逐渐向其他部门或地区传导。因此,国家应选择特定的地理空间作为增长极,以带动经济发展,达到均衡发展目标。

增长极理论的突出优点在于,重视区位经济、规模经济和外部经济,尤其重视创新和推进型企业的作用,鼓励技术革新,符合社会进步的动态趋势。因而被世界各国广泛应用到国内区域发展和跨国区域一体化中。然而,近年来很多国家的实践表明,增长极理论指导的区域发展政策并没有引发增长极腹地的快速增长,反而扩大了它们与发达地区间的差距,尤其是城乡差距,这使得该理论受到广泛争议。其缺陷主要在于:极化作用导致增长极在初期会对周边产生长期负效应;单纯依靠外来资本可能造成国民经济过于脆弱等等。

2. 依附理论

依附理论由阿根廷学者劳尔·普雷维什在 20 世纪 60—70 年代提出。该理论认为广大发展中国家与发达国家之间是一种依附、被剥削与剥削的关系。在世界经济领域中,存在着中心—外围层次。发达资本主义国家构成世界经济的中心,发展中国家处于世界经济的外围,受着发达国家的剥削与控制。该理论是新马克思主义的一个重要理论学派之一,对世界经济发展理论和国际关系学都产生了巨大影响。依附理论衍生出的多种理论流派之间的发展程度和分歧、差异很大。激进派提出附属国应与宗主国"脱钩"来摆脱依附关系;改良派则借鉴东亚发展经验提出要利用与资本主义世界经济体系的联系来为本国的发展服务。依附论很好地解释了二战以来独立的民族国家所面临的生存困境,但是却由于其过度强调外因决定论调以及新兴市场国家的崛起的反证而逐渐受到广泛质疑。事实上,对于所谓的不发达国家而言,不管是加入世界经济的过程还是与其隔离闭关自守,这些都不能必然保证一国经济的发展,起决定性的因素应是一国改造自己国家经济的能力。

三、开放型经济面临的新挑战

综上所述,进入20世纪90年代后,经济全球化成为世界发展潮流,越来越多的国家打开国门对外开放,全球化理论成为各国发展的主流理论。迄今为止,经济全球化表现为以市场经济为基础,以先进科技和生产力为手段,以发达国家为主导,以最大利润和经济效益为目标,通过分工、贸易、投资、跨国公司和要素流动等,实现各国市场分工与协作,相互融合的过程。但是,随着全球化的深化,开放型经济在新阶段的发展面临着理论上的重大挑战。

1. 全球化理论的困境

中国和美国无疑是全球化的两大赢家。中国通过改革开放,基本实现工业化,成为"世界工厂",人民生活水平即将全面迈入小康,科技实力迅速提升,拥有越来越多的国际尖端科技自主知识产权,对世界格局的影响力和话语权不断加大;美国则在科技、投资和贸易链的制高点上长期享受全球化带来的廉价生产要素和消费等红利。

但是这种"中国制造——美国消费"的不平衡模式是不可持续的。与此同时,公认的经济一体化程度最高的欧盟也因为贫富分化严重等问题导致英国脱欧。经济全球化要求打破国家界限实现全要素自由流动,这在现行主权国家各自为营的条件下是无法实现的。相反,当全球化发展到一定阶段,由于生产与分配的跨国化导致财富在全球范围集中流向知识经济部门,造成贫富差距不但在国家之间进一步拉大,而且在一国内部同时拉大的双重不平衡矛盾加剧。这种矛盾积累到一定程度,势必导致没有分享到全球化红利的阶层与部门对全球化的激烈反对在政治层面有所表现,于是,发达国家带头出现的"逆全球化"开始形成风潮。

2. 开放型世界经济理论的开拓

与此同时,中国等新兴大国的崛起触动了美国等国际利益,动摇了美国"一超独霸"的国际经济格局,使得美国不得不重新评估中国,首次将我们视为战略对手,从贸易和投资扩展到科技领域频繁挑起争端,试图威胁我国经济安全,遏制我国经济发展。

西方理论界对这次贸易摩擦面临的世界经济转型存在思想混乱和理论空白。原因主要包括:新古典经济学的一般均衡框架以及新"知识经济"的王牌理论——罗默的内生增长论都无法解释中国崛起挑战美国的经济学机制。特朗普发动贸易和科技摩擦,实质上夺的不是美国蓝领工人的就业,也不是西方高科技企业的知识产权,而是美国对世界资源、世界市场和世界金融的控制权。这是诺德豪斯和罗默的理论无法解释的问题。

因此今后的开放型经济理论研究必须从经济学基础理论的更新出发,吸取中国改革开放的经验以及发达国家的生态危机、福利危机教训,避免西方发达国家片面工业化的覆辙,坚持中国特色的新型现代化道路,创建出创新包容和公平分享的开放型新经济理论。

第二节 开放型经济发展脉络与创新

从"六五"规划到"十二五"规划的胜利完成,江苏开放型经济的建设与发展始终走在全国的前列,是中国对外开放的前沿阵地和主攻手。随着"十三五"规划的顺利推进,江苏率先实现了富民强省的发展目标,再次承担起中国开放型经济转型升级的探索与实践重责。江苏开放型经济多年来发展迅速,堪为全国外向经济发展模式的样板,其原因是多方面的,既有国际经济秩序、国际分工变化等外在因素的影响,也有不断推动经济政策改革、转变经济发展战略等内在因素的影响。但究其根源，江苏取得的巨大成就其实正是改革开放时期我党一脉相承又与时俱进的理论创新和勇于实践的成果。

一、开放型经济 40 年发展阶段划分

江苏探索和推进开放型经济的过程按照驱动力的不同可以划分为以下三个阶段：

1. 要素驱动阶段(1979—1999)

这一阶段，对外开放以廉价充足的劳动力资源为优势招商引资，以发展劳动密集型加工制造业为主要开放内容。对外贸易和利用外资是江苏开放型经济建立与腾飞的推进器。对外开放的基本思路在前半段是单纯的出口创汇、弥补资金不足、拉动经济增长等分散和短期目标，随着工业化的推进，在后半段逐步转变为推动技术进步和产业升级、强化江苏经济社会现代化发展的总体目标和长远目标。

这二十年，江苏迅速从对外开放第二梯队跃升为全国开放型经济水平较高的先进省份。全省对外贸易进出口总额翻了五番多，年均增长率达到 31.5%，出口额增长率也达到 27.5%；利用外资成绩卓著，累计利用外资协议额达到 713.28 亿美元，其中实际利用外资 358.9 亿美元，占到全国实际利用外资总额的 1/8，仅次于广东居第二位；对外经济技术合作发展迅猛，累计对外承包工程和对外劳务合作合同金额达到 33.2 亿美元。到 1999 年全省拥有国家级开发区 11 个，省级开发区 68 个，市、县开发区数百个，遍布全省各地，已经形成了全面对外开放的格局。共批准进区企业 2.5 万家，总投资 3 431 亿元，开发区实际利用外资占全省实际利用外资 1/3，成为江苏经济建设的新增长点。

对外开放极大地促进了江苏经济的发展，尤其是 20 世纪 90 年代以后，对外开放已经成为江苏经济腾飞的强大推进器。1990—1997 年利用外资对江苏 GDP 增长的贡献率平均为 7.94%，外贸出口对 GDP 增长的

贡献率平均为35.39%,外资外贸两者合计达到43.33%,加上劳务出口与旅游收入等,对外开放对江苏GDP增长的直接贡献将近占50%。考虑到对外开放对经济增长的间接促进作用,比如引进先进技术与管理方法、员工培训、现代企业的示范效应等则对对外开放的贡献更加巨大。

2. 投资驱动阶段(2000—2014)

世纪交替之际,国内外宏观经济环境发生了很大的变化:一方面高科技产业、知识经济突飞猛进,正在逐步成为主导全球经济的大趋势,既有的经济发展模式、国际分工格局和企业竞争方式都发生相应变化;另一方面世界经济的结构性矛盾日益突出,一般性商品出现严重的全球性生产过剩,导致世界经济大幅波动,结构调整和产业转换将进一步加快。我国经过二十年改革开放和经济快速发展,不仅彻底告别了"短缺经济",而且出现了"相对过剩",经济主要矛盾已经从数量扩张转为结构优化。在这一形势下,江苏对外开放的跨世纪发展,势必从粗放增长向集约增长转化,注重提高质量和效益。

到2000年,江苏外贸进出口总额达到456.4亿美元,是1978年的100多倍,外贸依存度(进出口总额占GDP的比重)已经近50%。江苏实际利用外资到账累计达到460亿美元,名列全国前茅;2003年开始,江苏始终居全国直接利用外资榜首。

2001年是中国加入世界贸易组织(WTO)之年,对江苏而言,机遇大于挑战,这一阶段开放型经济的发展需要新思路。从开放新内容看,在加入WTO的新一轮对外开放中,服务业的开放是个重点。江苏抓住了机遇,主动逐步对外资开放金融、保险、旅游、电信、咨询等人才密集型、智力密集型、知识密集型的服务市场。南京市商业银行率先在全国开启了与外商合资的先河。

实现贸易战略和引进外资战略的转型。在贸易战略上,这一方面继续利用江苏比较优势,进一步扩大劳动密集型产品的出口;另一方面,调整贸易格局,逐步从产业间贸易为主向产业内贸易为主过渡,以符合国际质量标准和规格的差别产品参与同一产品市场的国际竞争。在引进外资方面,加快适应WTO的规则,改变原来主要以优惠政策吸引外资的做法,给予外资国民待遇,创造内外资平等竞争的市场条件。把吸引外国跨国公司投资作为吸引外资的重点。应该说,在之前以发展劳动密集型产品加工出口为特征的外资外贸发展中,江苏不如广东优势明显。但是,在这一轮吸引跨国公司为重点,发展资本、技术乃至知识密集型产业的开放型经济竞争中,江苏是有相对优势的。

江苏还创造条件,欢迎外资以收购和兼并等方式进入江苏市场,利用外资进行国有经济的改组改造和产业结构升级。努力提升江苏企业的国际竞争力。随着国际贸易和国际投资的日渐融合,企业在国际市场上的竞争优势不再单纯表现为贸易优势或投资优势,而是贸易投资一体化优势。一方面,由于要素流动壁垒的降低,一国企业将无法独享基于本国资源禀赋的比较优势,外国跨国公司通过直接投资也可以加以利用,从而整合为竞争优势;另一方面,本土企业也可以利用全球化机遇,在整合全球资源的基础上,创造企业的竞争优势。因此,全省各级政府将创造合适的环境与机制,大力培育具有国际竞争力的本土企业作为对外开放的一项新的重点工作。

江苏在开放型经济发展战略上的与时俱进,不仅打牢了建立国际先进制造业的基础,而且建成国际服务业外包基地;不仅要建立世界工厂,而且要成为世界办公室。2009年仅南京一市的新增外包额就占到全省的一半,占全国的1/8。江苏发展国际外包服务,达到国内领先水平。

3. 创新驱动阶段(2014年至今)

2014年习近平总书记指出:"我国发展仍处于重要战略机遇期,我们要增强信心,从当前我国经济发展的阶段性特征出发,适应新常态,保持战略上的平常心态。"以新常态来判断当前中国经济的特征,并将之上升到战略高度,表明中央对当前中国经济增长阶段变化规律的认识更加深刻,正在对宏观政策的选择、行业企业的转型升级产生方向性、决定性的重大影响。接着,国家提出在进一步扩大对外开放的同时对内开放和建设"一带一路"倡议。

2013年江苏省人均GDP已经超过一万美元,实现经济发展的动力机制转换,增创开放型经济新优势是中长期内江苏面临的主要任务。

由于国内外市场疲软,江苏对外贸易进入相对低迷的发展阶段,但总体上仍然保持了较为稳定的发展态势,特别是2017年外贸回暖趋势明显。作为持续调整产业结构、优化产业布局的成果之一,江苏外贸结构持续优化。在国际资本收缩、跨国投资增长乏力的情况下,江苏产业优势、服务优势凸显,利用外资额度在全国占比不断增长,利用外资质量效益进一步提升,截至2017年,五年累计实际使用外资1 353.8亿美元,规模仍居全国首位。从投资领域看,传统产业利用外资占比持续下降,而新能源、新医药、服务外包等新兴产业利用外资占比不断提高。2016年,江苏省服务业利用外资占比达到47%,以先进制造业和高新技术产业为主导的十大战略性新兴产业实际外资占比达到40.4%。

"走出去"步伐加快。在国家"一带一路"、促进国际产能合作等重要战略的推动下,越来越多的江苏企业"走出去"了,加大国际投资,寻找更多经济增长点,形成"海外江苏"。2016年江苏对外投资142.2亿美元(约占全国对外投资额的12%),是2014年的2倍,2010年的6.5倍,2000年的790倍,连续16年刷新历史纪录。

积极融入"一带一路"建设,中哈(连云港)物流合作基地、中阿(联酋)产能合作示范园、柬埔寨西哈努克港经济特区建设在扎实推进中。南京江北新区、中韩(盐城)产业园、昆山深化两岸产业合作试验区获国务院批准设立。深化开发区体制机制改革,复制上海自贸区经验,开发区向现代产业园区转型发展、特色发展步伐加快。认真落实国家长江经济带发展战略,积极推进长三角区域发展一体化,加大对口支援工作力度,加强区域和省际合作。

二、高水平打造开放型经济的新动能

高水平全面推进开放型经济,需要加快新旧动能转换。江苏开放型经济的新动能主要包括以下几点。

1. 技术产品创新

四十年的对外贸易和利用外资,将充足的劳动力资源与外国资本、先进技术的大规模组织整合,大大提高了江苏整体技术水平和生产能力,推动了江苏产业结构的调整与升级,形成了以机电、计算机等多个制造业的主导产业和相对比较优势,直接推动了江苏工业化进程的加速。下一阶段的扩大对外开放必须坚持扩大省内外国内外资源利用的范围,继续通过引进国外大资本和先进高新科技,通过"走出去"挖掘海外市场和稀缺生产要素及资源,进一步改善本省生产要素的供给条件,提高科技生产力,培育更多的拥有自主知识产权的龙头企业,培育和巩固更多的精品名牌,推动江苏经济的可持续发展和平稳增长。

2. 商务业态创新

2015年,江苏服务业占GDP比重首次超过第二产业,成为江苏外贸转型升级的新引擎。特别是苏州、南京江北新区等地入围国家服务贸易创新发展试点,契合了全省经济"调高调轻"的发展方向,对于推进苏州加工贸易转型升级和南京服务业发展都产生重要影响。江苏凭借优良的营商环境、雄厚的产业基础和突出的科教人才优势,在服务外包领域发展尤其迅猛。全省服务外包合同金额持续数年两位数增长,信息技术外包、业务流程外包和知识流程外包是江苏服务外包的主要业态,其中知识流程外包增速最为显著,显示出服务外包产业发展呈现由价值链低端向价值链高端转型升级的良好趋势。

3. 平台载体创新

开发区是江苏开放型经济发展的主要平台和载体,在全省转型升级中发挥了十分重要的支撑和引领作用。江苏省开发区建设一直走在全国前列,在管理体制创新、资源配置、技术研发、外向型经济发展、产业优化、城市建设等诸多方面发挥了重要的示范作用。2017年江苏省已拥有20家全国百强开发区,是入选百强榜园区数量最多的省份且发展强劲。全省国家级开发区26家,国际级高新技术产业开发区17家,开发区完成业务总收入超过 30 万亿元,地方一般预算收入 5 600 亿元。此外,全省出口加工区达到 15 家,综合保税区 10 家,已经成为全国海关特殊监管区数量最多、功能最全、建设水平最高的省份。以苏州工业园为首的全省开发园区与时俱进,积极探索以互联网、电子商务等新业态为主体的机制体制创新与突破,以更高效率地为园区企业提供先进优质平台与载体的现代化网络化服务。

第三节　中美摩擦对开放型经济影响及预期

2018 年,中美贸易环境恶化,事实上,贸易逆差只是美国政府发动贸易战的借口,中美经贸摩擦的根本原因在于,中国的产业结构升级改变了中美两国在全球价值链中的相对位置。为了维护"美国优先",美国政府不惜通过发动贸易战来遏制中国的技术进步和产业升级,进而削弱中国的国际经济竞争力。贸易、投资和技术摩擦将成为我国今后相对一段时期的外向型经济常态。

一、近年江苏开放型经济发展实际情况

这里,我们对 2018 年上半年和下半年江苏外向经济发展作对比及对兄弟省市外向经济情况进行比较,对中美摩擦对江苏近期经济影响做出大致趋势判断。

1. 2018 年上半年江苏开放型经济总体情况

总结 2018 年上半年江苏省开放型经济形势,"总体平稳、稳中向好、好中育新"局面依旧保持,经济结构不断优化,经济生态持续完善,整体呈现稳、好、新。外贸形势也平稳增长,进出口增幅接近两位数。苏州工业园、昆山开发区、江宁开发区和南京开发区位列全国国家级经济技术开发区前十。7 月初,2018 中国县域经济 100 强出炉,江苏再登榜首,共

占25席,苏州地区包揽前4强,再次证明了江苏开放型经济的领先地位,展现了开放型经济的强大实力和坚实基础。

上半年,全省完成货物进出口总额20 460.2亿元,同比增长9.4%;出口12 326.6亿元,增长7.5%;进口8 133.6亿元,增长12.4%。出口结构进一步优化。一般贸易出口6 239.9亿元,同比增长11.2%;占出口总额比重达50.6%,比上年同期提高1.7个百分点。高新技术产品出口4 553.5亿元,同比增长8.8%,占出口总额比重达36.9%,比上年同期提高0.4个百分点。对重点贸易伙伴进出口保持增长。全省对欧盟、东盟进出口分别增长7.9%、10.3%。2017年江苏位居全国对"一带一路"国家进出口第二位,2018年江苏对"一带一路"沿线国家出口持续快速增长,出口总额3 077.2亿元,同比增长8.3%,高于全省出口增幅0.8个百分点,对全省出口增长贡献率为27.3%,拉动全省出口增长2个百分点。

7月中美加征高额关税之前,江苏部分出口加工企业已经出现订单减少的情况,但总体而言,尚未形成大范围的影响,投资与进出口总体仍然保持增长态势。其中,一般贸易和其他贸易进出口增幅较大;民营企业和高新技术产品、机电产品及纺织品是外贸增长主力军;市场多元化已见成效(详见表12-1至12-4)。

表12-1 2018年江苏省进出口分贸易方式完成情况

金额单位:万美元

贸易方式	出口				进口			
	6月当月		1—6月累计		6月当月		1—6月累计	
	金额	同比±%	金额	同比±%	金额	同比±%	金额	同比±%
总值	3 641 945	14.1	19 250 303	15.5	2 132 479	14.0	12 714 778	20.9
一般贸易	1 943 790	25.1	9 746 214	19.6	1 042 145	15.5	6 157 107	19.4
加工贸易	1 275 323	1.3	7 258 459	2.5	837 624	11.9	4 950 734	18.3
其他贸易	422 833	11.6	2 245 630	56.9	252 709	15.3	1 606 936	36.3

表 12-2 江苏省进出口分企业性质完成情况

金额单位:万美元

企业性质	出口				进口			
	6月当月		1—6月累计		6月当月		1—6月累计	
	金额	同比±%	金额	同比±%	金额	同比±%	金额	同比±%
总值	3 641 945	14.1	19 250 303	15.5	2 132 479	14.0	12 714 778	20.9
内资企业	1 728 059	23.5	8 692 725	25.0	650 913	27.7	3 729 372	29.4
国有企业	439 260	21.2	2 270 824	32.1	190 097	30.2	1 099 126	27.2
民营企业	1 288 799	24.3	6 421 901	22.7	460 816	26.6	2 630 246	30.4
外资企业	1 913 886	6.7	10 557 579	8.7	1 481 566	8.9	8 985 407	17.6

表 12-3 2018年江苏省进出口分企业性质完成情况

金额单位:万美元

商品结构	出口				进口			
	6月当月		1—6月累计		6月当月		1—6月累计	
	金额	同比±%	金额	同比±%	金额	同比±%	金额	同比±%
总值	3 641 945	14.1	19 250 303	15.5	2 132 479	14.0	12 714 778	20.9
高新技术产品	1 232 180	6.1	6 945 221	15.6	867 766	11.5	5 237 239	24.9
机电产品	2 323 859	13.6	12 651 570	16.6	1 230 275	8.8	7 428 102	22.5
纺织服装	498 582	11.7	2 304 668	8.2	27 273	11.3	155 421	16.2
纺织品	225 984	17.4	1 154 420	12.1	21 802	10.3	119 606	11.5
服装	272 597	7.5	1 150 247	4.5	5 471	15.6	35 815	35.4
农产品	37 187	15.3	199 073	9.4	147 062	70.0	809 928	27.4

表 12-4　2018年江苏省进出口分主要市场完成情况

金额单位：万美元

主要市场	出口				进口			
	6月当月		1—6月累计		6月当月		1—6月累计	
	金额	同比±%	金额	同比±%	金额	同比±%	金额	同比±%
总值	3 641 945	14.1	19 250 303	15.5	2 132 479	14.0	12 714 778	20.9
亚洲	1 608 747	20.3	8 788 313	19.5	1 436 081	12.5	8 624 039	20.7
香港	349 434	46.2	1 815 197	45.1	3 242	−60.1	17 958	−53.0
日本	244 175	8.3	1 429 190	8.6	249 754	2.6	1 498 311	13.8
台湾	95 521	10.3	542 038	10.7	259 947	6.1	1 584 961	18.5
韩国	194 686	28.8	1 043 219	19.8	457 217	25.0	2 681 039	29.0
东盟	403 756	25.7	2 211 551	19.7	256 322	8.5	1 546 521	17.3
中东	143 506	−7.7	785 741	4.3	89 368	56.4	493 917	43.5
非洲	91 153	9.3	484 840	15.9	32 276	90.0	171 420	98.1
欧洲	748 695	8.8	3 922 912	13.2	293 732	9.1	1 714 314	21.0
欧盟	677 905	8.9	3 557 535	12.7	261 534	6.6	1 574 980	23.0
拉丁美洲	204 400	20.4	1 015 261	14.0	134 988	43.6	634 468	29.6
北美洲	903 394	10.9	4 515 827	11.8	137 119	1.4	977 847	12.0
美国	849 579	10.6	4 251 699	12.0	111 878	−3.8	837 466	12.1
大洋洲	85 557	−14.0	523 151	4.4	98 024	25.7	591 373	15.8
澳大利亚	71 209	2.8	406 994	19.5	85 198	19.6	516 821	12.8

外资方面，江苏实际利用外资增长较快，2018年上半年增长10.9%，同比提高16个百分点；外资大项目增长较快，1—5月新设及净增资1亿美元以上企业107家，增长15.1%。相比北京、上海直接吸引外资企业地区总部进驻的路径有所不同，江苏主要依托前期工业化成果，在产业转型过程中，引导外资制造企业衍生出综合服务功能，以存带增、以商引商，形成一批功能型、职能型总部，全链条优势明显。特别是一批研发中

心的设立,标志着外资企业从纯制造向研发制造并重,持续凸显创新外溢效应。

2. 2018年兄弟省市外资外贸形势预警

然而,中国面临的外部环境已经发生了质的变化,中国与美国及其他国家地区的经贸冲突与摩擦将会越来越多,贸易条件持续恶化,需要我们认清形势,未雨绸缪。

迄今为止,中美贸易战的不断升级对美国而言在持续加大外资投资回流和进出口收缩的可能性;与此同时,美国现在举国上下在推进恢复制造业大国地位,招商力度加大也在强化美国对国际资本的吸引力,2018年英特尔、LG家电、印度巨头Infosys、三星电子甚至富士康都纷纷启动在美投资建厂项目;另一方面,人民币对美元贬值压力的上升及贸易保护主义抬头都加大了中国本土企业"走出去"的风险。可以预见,我国在宣布进一步扩大对外开放的国策之后,国家对外经济政策也必然即将进行相应调整。

尽管2018年上半年贸易战对江苏尚未出现显著影响,但需要警觉的是,广东和深圳已经先一步显现出比较明显的负面影响。当地统计局公布数据显示2018年1月,广东吸收实际外资82.5亿元,同比下降52.3%,核准境外投资新增中方协议投资额2.8亿美元,同比下降38%;对外实际投资3.5亿美元,同比下降43.7%。统计局数据显示,上半年广东省核准境外投资新增中方协议投资额51.7亿美元,同比下降34.1%;对外实际投资83.1亿美元,同比上升97.5%。1—7月,实现货物进出口38 783.6亿元,同比增长4.3%。其中:出口22 816.5亿元,下降2.0%;进口15 967.1亿元,增长14.9%。一般贸易同比增长10.7%,快于同期加工贸易增速7.6个百分点。

而深圳2018年1—4月累计合同外资金额同比下降69.4%,实际使用外资金额同比下降7.7%,其中外资来源地香港下降15.2%,美国下降92%;同期货物进出口方面,国有企业和三资企业出口同比下降分别为8.9%和6.4%;进口方面分别下降19%和14.2%。其中机电和高新技术产品出口表现较好,同比分别增长9.4%和17.4%。民营企业和一般贸易也表现不俗,进料加工贸易占出口比重的36.6%和进口比重的25.6%。据海关统计,1—7月全市进出口总额16 094.04亿元,增长10.6%。其中,出口总额8 545.89亿元,下降2.8%(其中国有企业、三资企业和民营企业增幅分别为-19.2%、-2.5%和0.1%;机电产品和高新技术产品增幅分别为2.5%和8.3%);进口总额7 548.14亿元,增长31.0%(其中国有企业、三资企业和民营企业增幅分别为-23%、-21.2%和137.3%)。

与此同时,逆势增长表现较为突出的是上海,2018年1—5月,累计实现外贸进出口总额1.3万亿元,同比增长5.1%。私营企业以两位数的增长率成为上海出口保持正增长的关键力量。从贸易方式看,一般贸易进口与出口均为正增长;加工贸易出口已出现负增长。从主要贸易产品看,与深圳相似,机电产品进口和出口均为正增长;高新技术产品出口增长3.7%,进口略有下降。从主要出口市场看,对欧美出口持平;对日本出口增长7.1%;对香港出口下降3.0%。投资方面,上海表现更加不俗,尽管工业行业外商合同金额有所下降,但第三产业签订外商直接投资合同金额仍然保持小幅上升。上半年,全市外商直接投资合同项目2 177个;外商直接投资合同金额215.04亿美元,比上年同期增长18.1%;实际到位金额85.61亿美元,增长6.3%。7月美国特斯拉宣布将在上海独资建厂,无疑为上海今后两年的利用外资带来利好。

比较江苏与广东、深圳和上海的外向型经济形势可以得出如下发展趋势。一是贸易战以来,我们主力贸易产品和企业群体日益清晰:机电和高新技术产品是支撑各地货物进出口增长的主力产品;民营经济在外贸中的地位日益增强;一般贸易在贸易构成中的比重不断增加。二是经贸重点地区有所转移。香港作为主要投资来源地的地位有较大幅度下降;一带一路周边地区的经贸往来增长迅速;而影响欧美日的经贸投资因素比较复杂,需要具体问题具体分析;随着我国加大对外开放力度,服务贸易及服务业外资将成为新热点。

3. 中美贸易战对开放型经济、对江苏的影响预期

2018年6月15日,美国贸易代表办公室公布了针对中国进口的价值约500亿美元商品加征关税的清单。价值340亿美元的818项8位HS编码商品作为第一批商品,已经在7月6日开始征收美国海关25%的额外关税;第二批价值约160亿美元的284项商品,在走完听证程序后实施征税。7月10日,特朗普总统宣布计划再对新一批价值2000亿美元的中国商品加征10%的关税,已于9月24日正式实施,同时,美国还威胁会在来年将关税比例提高到25%,甚至未来可能对其余的2670亿美元中国输美商品加征关税。这意味中美贸易战在不远的将来有可能会全面开战并持续数年。

6月的清单上主要产品包括机电产品,光学、医疗器械,交通运输设备等工业中间品、零部件。在7月的2000亿清单上,机电产品依然是主要征税目标,而杂项制品特别是一些直接消费品(比如游戏用品、家具、坐具、灯具及照明装置等等)比例明显增加;同时,7月清单涉及的产品领域也大幅增加。22个行业大类中,6月清单只涉及8个行业,而7月清单除了武器弹药领域和未分类商品没有被波及之外,其余行业都未能幸免(详见图12-1)。尽管如此,由于我国出口机电、纺织等产品品种繁多,目前较为安全,还未被列在征税清单上的产品,仍然主要集中在机电、纺织、杂项制品、鞋帽制品等行业。因此,下半年江苏省外贸走势不会产生太大波动,反而因为贸易条件恶化的预期在新一轮征税之前发生提前突击交易的扎堆现象。根据最新统计局数据,1—11月江苏主导产业的机电产品出口增加13.1%,占同期全省出口总额67.4%,进口增长更快(13.1%),优势明显,特别是6月部分商品加征关税以来,进出口增长更加显著;而传统劳动密集型产品则增长日益缓慢,同比增长仅1%。但2019年2000亿美元出口商品加征25%关税甚至扩大到全部中美贸易品的话,涉美进出口企业特别是出口商及相关产业链都将受到明显冲击,需要尽早调整生产和市场。

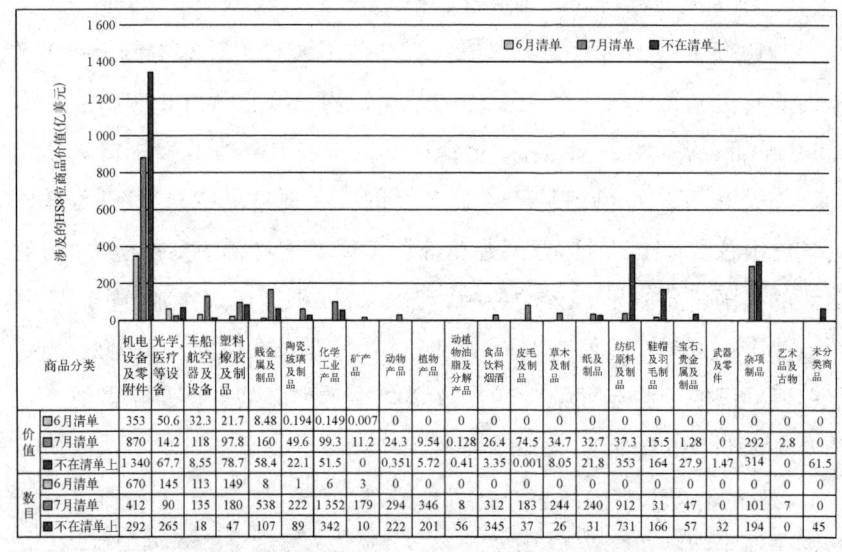

图 12-1 美国征税清单大类产品分布

资料来源：马弘、滕越根据美国统计局数据整理，经济日报网站，2018.7.18。

从以上的分析可以看出，贸易战对江苏开放型经济的影响表现为近小远大，负面影响在2018年下半年逐渐显现，2019年以后将有较明显的体现。出口企业和外贸公司及其产业链将受到直接冲击，企业转型和劳动力就业的压力加大。

中美贸易战预示，在当前国际分工体系下，中国出口在全球的份额已触及天花板。2018年7月，国家信息中心预计，受地缘政治、美国货币政策的溢出效应等因素影响，2018年下半年全国出口增幅会在8%左右，进口增幅12%左右，较上半年均有所下滑。江苏情况应能略优于全国水平。

（1）短期影响

从短期看（2018年末到2019年），出口企业及其上下游产业链是首当其冲的对象。特别是9月对2 000亿美元商品加征关税以后，大宗商品和零部件制造业相关企业，特别是电子产品、消费电器、家具和汽车零部件生产商受到新关税措施的直接冲击。

加征关税会立刻提高出口商的成本,这些额外的成本,会迫使中美两国出口商降低出口价格,部分地"分担"消费者和下游行业生产商所面临的价格上涨。而不能完全分担的部分,则会"传导"至消费者那里,形成税后进口价格。国内的生产企业被迫降低价格以后,价格对出口量的影响不会很大。如果国内企业可以在其他市场(美国以外的国家地区或者国内市场)把产品卖掉,负面影响就可以成功抵消了。

(2) 中长期影响

从中期看(至少今后两年),中国的贸易条件恶化是难以避免的。贸易条件的改善,进口需求和供给的弹性,最终取决于商品的可替代性。商品如果很容易找到替代品的话,生产企业就没有议价的能力。尽管贸易战对双方都不利,但双方的损失并不是同等的,谁的商品可替代性更大,谁就处在不利位置。

但是,我们既要认识到不利的一面,也要看到可能的利好的一面,准确把握时机,逆势而上。根据商务部2018年7月12日公布的最新数据显示,上半年美国企业对华投资额同比增长29.1%,而且近期美国企业投资中国的步伐还在进一步加快。此外,主要投资来源地上半年对华投资均保持增势,其中,英国对华投资额同比增速达82.5%,韩国达43.8%,新加坡达19.7%。分行业看,制造业吸收外资额同比增长4.9%,占中国吸收外资总额约30%,其中高技术产业占比约五分之一。外资正在加速流入高技术制造业,医疗仪器设备及仪器仪表制造业吸收外资额几乎是2017年同期的2.8倍,电子及通信设备制造业、计算机及办公设备制造业吸收外资额增幅均超过30%。这意味着江苏利用外资进入了新的机遇期,江苏主管部门和企业应未雨绸缪,做好吸引高质量外资(特别是高端制造业和现代服务业外资)、建设总部经济和研发院的准备。

中美贸易战是否还会升级的不确定性给全球价值链的正常运行带来了极大的干扰,并迫使中外企业家们在考虑全球生产布局时,在考虑效率和成本的同时将政治因素也考虑进来,从而改变现有生产链分布。

但另一方面,国内巨大市场将吸引另一些技术及资本密集产业向我国集聚。比如,因为电脑零部件产品全被列入征税清单,就可能反而将导致出口商加快将加工装配转移到中国,出口成品电脑。

第四节　高水平开放型经济建设的重点与策略

高水平开放型经济建设要结合国内发展需求和国际大环境下的现实条件,实事求是制定发展方向和发展重点,进而提出可行对策。

一、发展方向和重点

当前国际经贸局势对江苏省今后利用外资的影响是与产业结构和资本质量直接相关的,即处于价值链低端的加工贸易类别的外资更容易转移到成本低的其他发展中国家和地区,而处于全球价值链中高端的制造业和服务业则可能将加速进入,这种趋势将有利于江苏提升外资质量,促进产业转型升级,完善市场经济体制机制,实现经济高质量发展。

而"走出去"战略也必须根据具体情况进行灵活调整。目前,本土企业旨在获取高新技术的"走出去",正受到美国火力全开的阻击,欧日等国也有可能跟风阻挠;2019年及未来若干年,"走出去"获取先进技术的道路肯定会变窄,从而倒逼本土企业加大自主创新动力和力度。中长期看,本土企业旨在输出过剩产能的"走出去",也将会日益受到亚非拉地区东道国政局变化、无法偿还债务等问题的困扰。因此,今后本土企业要顺利地"走出去",就必须更多进行商业利益考量。

因此,今后江苏开放型经济的工作重点主要是要解决好以下两大问题。一是创新体制机制,打破壁垒,在转型中实现生产要素的自由流动;二是借鉴自贸区先进经验在二次开放的基础上实现区域经济新突破。

二、短期应对策略

为抵御贸易摩擦负面影响,维护社会安定团结,无论是从保民生稳就业方面出发,还是从供给侧调结构方面来看,加速推进高水平开放型经济都已经刻不容缓。在此危机与机遇并存的关头,政府及相关部门应该着重抓好以下几点。

1. 解放思想,转变观念,将开放型经济发展重心进一步转向质量发展。产业发展与布局必须考虑长远,有大局观,着重引导产业调整,服务企业兼并整合,不能过于计较短期收益损失。政府和相关主管机构对企业特别是中小民营企业的金融、技术、信息等方面的帮扶至关重要。需进一步向地方"放权",允许各地结合实际,因地制宜,充分调动发挥地方和企业的积极性和自主性。

2. 进一步树立为企业、为居民服务的意识。不但对企业和居民要全面实施"一个窗口"一条龙服务、网上办公等便利化高效优质的公共服务,而且各主管部门及联合办公室之间也要进一步职能对接,合理精简程序和流程,统筹安排对各园区的管理和服务,减少和避免重复的汇报及检查验收,提高办事效率和服务水准。

3. 加强政府及主管部门服务意识,便利相关咨询教育等服务,完善产业进入与退出机制。为受贸易战冲击的产业工人提供及时再就业培训和转岗帮助,为下岗职工及时提供困难补助;为转产企业提供便利资讯服务和技术及资金支持,引导和帮助企业尽快转产。同时,加速健全知识产权等保护机制,激励企业自主研发;引导和激励企业进行差异性精准定位,提升其产业链中的地位。支持企业在市场体制下不断拓展发展空间,提高资源配置的效率,提升国际市场竞争力。

三、中长期发展任务

中长期以科学规划,优化布局和持续创新为核心任务。

1. 加速完善基础设施一体化建设，实现全省便利化。以南京都市圈、苏锡常都市圈、徐州都市圈及上海都市圈为中心，对接水陆交通通信基础设施，对接生活基础设施，对接公共管理和公共服务标准。使我们能够在新的起点上，实施更加高水平的服务贸易开放和引进高端制造业及高科技，增创江苏开放新优势。

2. 突出企业主体地位，创新平台载体服务功能。尊重企业经营自主权，突出服务功能，以平台建设助推抱团出海，不断增加和完善"走出去"的金融、法律、咨询等配套服务和风险防控、预警服务。提高行业商会地位，整合国企驻外办事机构，使之有效发挥功能作用，成为企业和社会资本"走出去"的助力。

3. 推进内外贸一体化，加速国际国内两个市场接轨的体制与机制改革。率先清理整顿省内市场，清除贸易壁垒和行政壁垒；并且从各层面上加速推动和促进长三角、长江经济带、"一带一路"的贸易自由化进程，积极建设和完善各类区域贸易与投资平台，帮助受贸易战冲击较大的企业开发有效的新市场。尤其是，我国自身就有庞大的国内市场，开拓国内市场应该是本土企业甚至是部分转型外贸企业的主攻方向，江苏需要尽快出台相应的打破壁垒、融通资金政策和其他配套措施，鼓励企业在扩大国内投资和调整产品结构，在丰富或满足国内多层次需求上多下功夫。

4. 科学总结40年来开放经验，发扬好的传统，持续扩大优势。学习借鉴国内外自贸区、自由港先进创新经验，主动接受自贸区"溢出效应"，取长补短。结合江苏实际，积极探索，勇于突破，打造独具魅力的江苏开放品牌，形成新的特色和优势。

参考文献：

[1] 国家发展和改革委员会国际合作中心对外开放课题组：《中国对外开放40年》，人民出版社2018年版。

[2] 樊纲、马蔚华主编：《中国新一轮对外开放》，中国经济出版社2015年版。

[3] 门洪华:《中国对外开放战略(1978—2018年)》,上海人民出版社2018年版。
[4] 对外经济贸易大学国际经济研究院课题组:《对外开放四十年:回顾与展望》,人民日报出版社2019年版。
[5] 桑百川:《新一轮对外开放:目标、布局与政策选择》,人民日报出版社2016年版。
[6] 朱梓烨、王高峰:《第三次对外开放:一带一路框架下中国企业海外布局与风险管控》,石油工业出版社2017年版。

第十三章 城市建设高质量

城市发展是我国改革开放成就的集中体现,随着中国特色社会主义进入新时代,城市发展也由高速增长阶段进入高质量发展阶段。江苏是城市体系较为完整、城市密度较高的区域之一,推进城市建设高质量既是城市建设的新时代内容,也是全省高质量发展的重要组成部分。改革开放以来,江苏城市建设取得巨大成就,城镇化进程显著改善了城乡生产要素资源配置效率,成为现代化建设的重要引擎。在快速城镇化的过程中,江苏城市建设也面临各种挑战,亟待转向高质量发展轨道,遵循城市发展规律,顺应产业转型升级、人民对美好生活需求层次提升的发展趋势,着力从发展理论、城市布局、城市规划、土地利用、投融资体制、产城融合等方面进行突破,高质量推进城市建设发展。

第一节 推进城市建设高质量的一般理论

一、城市建设高质量基础理论

城市建设高质量是高质量发展在城市建设领域的实践和要求,思路、理论上需要创新,首先要解决理论认知问题,要以习近平新时代中国特色社会主义思想为指导,全面落实五大发展理念,同时充分吸收借鉴相关理论的积极成果。一是田园城市理论。高质量城市建设应把生产空间、人居空间和自然生态空间有机融合起来,把良好生态环境融入城市之中,在城中就能望得见山、看得见水,使城市居民回归自然,让田园之美融入现代城市之中。二是绿色城市理论。城市发展不能以破坏生态环境为代价。高质量城市建设应以绿色为底色,保护好山、水、田、林,下大气力修复好已破坏的生态环境,城乡留白空间用绿色填充,使绿色生态成为城市的核心竞争力。三是智慧城市理论。高质量城市建设必须充分考虑以互联网、大数据、云计算、物联网、人工智能等为引领的信息技术创新要素,着力打造智慧城市,为可能发生的业态创新预留发展空间。四是精明增长理论。高质量城市建设不能再采取"摊大饼"式的无序蔓延,应更加注重集约节约用地,建设紧凑型城市,推动城市由外延式扩张向内涵式提升转变,提高城市发展效率和发展质量。五是产城一体理论。高质量城市建设需统筹考虑产业和城市的关系,基于产业发展方向设计城市的规模、容量和功能,既以产定城,也以城定产,考虑城市的自然条件、土地状况、经济特点科学选择产业,形成符合比较优势、具有发展前景的现代产业体系。六是城乡统筹理论。高质量城市的发展不能以牺牲农村为代价,新型城镇化不是城市"吃掉"农村,而是实现城市与农村同步发展、城乡共赢。七是以人为本理念。高质量城市建设应对重物轻人、重土地城镇化轻人口城镇化这一导向进行根本性扭转,明确人的因素才是城镇化建设的根本动力机制。强调新型城镇化是为了让人们的生活更美好,通过打造优美的生态环境、完善的城市功能、健全的城市治理、宽松的营商环境,提高人们在城市生活的品质和幸福指数。八是历史文化传承理念。历史文化是一个民族最深的乡愁。高质量城市建设必须充分挖掘几千年来的文化底蕴,强调人文理论,注重人文城市建设,坚持传承和延伸历史文化,保存城市的文化记忆,使宝贵的历史文化能够留下来、活起来并凝聚成城市的独特气质。

二、城市建设高质量的内涵特征

城市建设高质量必须充分体现五大新发展理论的要求,使创新成为推动城市建设的第一动力,协调成为城市发展的内生特点,绿色成为城市空间的普遍形态,开放成为城市建设的必由之路,共享成为城市建设的根本目的。在内涵上,新时代城市建设要坚持以"人民为中心",坚持以人民为中心的发展思想,着眼于人民日益增长的美好生活需要,转变城市发展方式,完善城市治理体系,提高城市治理能力,着力解决城市发展中的突出矛盾和问题,不断提升城市环境质量、人民生活质量和城市的竞争力,走出一条中国特色的城市发展道路。在内在特征上,新时代城市建设应体现包容、紧凑、绿色、安全、文化、幸福等特征。其中,包容体现在城市的包容性和凝聚力高,能够消除城市空间层面和群体层面的隔离,实现城市共建共享共赢。紧凑体现在城市空间上避免城市蔓延,功能上注重整体性组织和灵活性嵌入,明确街区、地块和建筑的适当紧凑度和建成区的混合经济功能,促进资源的优化配置。绿色体现在资源节约、环境友好和绿色生态,通过发展绿色经济,为城市经济和就业带来源源不断的活力。安全体现在城市的适应性和弹性,城市有能力去应对各种突发事件和长期压力。文化体现在城市历史和个性中,既要"望得见山、看得见水、记得住乡愁",又要以创新思维推动城市文化多样性。幸福体现在实现了"城市,让生活更美好"的目标,能够提升居民在城市建设发展中的获得感。

第二节 城市建设高质量的基础优势

一、城市体系完整,形成以都市圈为引领的省域城镇化网络

2019年2月,国家发改委发布《关于培育发展现代化都市圈的指导

意见》,明确指出都市圈是城市群内部以超大特大城市或辐射带动力强的大城市为中心的、以1小时通勤圈为基本范围的城镇化空间形态。培育和发展都市圈是区域高质量发展的重要推动力。江苏是全国发展都市圈综合条件最为优越的省份之一,较为发达的都市圈构成江苏城市高质量发展的鲜明特征。其一,江苏城市群属于长三角城市群的重要组成部分。根据由清华大学中国新型城镇化研究院和北京清华同衡规划设计院联合撰写的《中国都市圈发展报告2018》,长三角已经进入都市连绵区发展阶段,属于成熟型都市圈。在长三角都市连绵区内部,江苏城市数量、规模都处于领先地位,特别是大中小城市结构较为合理,以扬子江城市群为引领,全省正在形成以若干都市圈为支撑的省域城市网络格局与跨区域都市连绵区格局。其二,南京都市圈、苏锡常都市圈、徐州都市圈是江苏发展较为成熟的三大都市圈,是引领全省城市高质量发展的核心区。以南京都市圈为例,根据2019年2月南京都市圈党政领导联席会议审议通过的《南京都市圈一体化高质量发展行动计划》,到2020年,南京都市圈基本建成一体化程度较高、具有较强影响力和竞争力的国家级现代化都市圈,创新融合、市场融合、交通融合、生态融合、智慧融合等更加紧密,服务长三角区域一体化、服务长江经济带、服务"一带一路"、服务全国大局的能力进一步增强,初步建成长三角高质量发展合作示范区。发达的都市圈是城镇化进入高级阶段的重要体现,将带动全省城市建设达到更高水平。其三,江苏城镇体系较为完善。江苏既拥有南京、苏州、无锡三座GDP突破万亿元的高能级城市,其他各地级市均跻身全国百强。与此同时,江苏拥有数量众多的全国"百强县""百强区""千强镇",近年来持续涌现一批特色小镇。这种大中小城市以及城镇的完整体系,使江苏拥有在全国处于领先地位的城市化网络,为全省城市高质量发展奠定了坚实基础。其四,江苏城市创新功能与产业空间富有活力。一方面,以区域中心城市为核心,城市集聚了大量的优质创新资源,成为引领全省高质量发展的创新引擎;另一方面,江苏各类城市在转型发展过程中培育了大量富有竞争力的产业空间。例如,江苏拥有发达的园区经济,随着园区进入产城一体阶段,新园区与新市区融为一体,不仅成为城市化的有机组成部分,也促进了产业空间的升级。以苏州为例,产城一体深度发展,成为具有产业创新功能的新市区,全市累计拥有14个国际级开发区、8个海关特殊检管区,成为全国开放载体最多、功能最优、发展水平最高的城市之一。南京市在整合全市开发区的同时,积极探索打造硅巷等新型创新空间,为城市高质量发展赋予强大动能。

二、城市综合基础设施体系健全,正高水平推进一体化规划建设

江苏历来高度重视基础设施建设,形成了以城市为中心的省域综合基础设施体系。交通、能源、水利、通信等现代基础设施体系日趋完善,综合支撑能力进一步增强。近年来,江苏新一轮城市总体规划编修全面展开,城市地下综合管廊、海绵城市、智慧城市建设加快推进,城市基础设施在更高水平上推进规划建设并取得积极成效。例如,南京先于国内同类城市十年建设,地铁总里程高居全国第四,拉动市民公交出行率超过50%。在城内构建发达线网的同时,南京系统推进高快路、轨道交通向南京都市圈及共同辐射,为南京巩固提升中心城市、特大城市地位提供了有力支撑。江苏是中国智慧城市启动最早、进步最快的地区之一,目前13个设区市均制定出台详细的智慧城市建设规划。例如,根据《无锡市信息基础设施专项规划(2018—2020)》,无锡市以加快构建"宽带、融合、安全、泛在"的下一代信息基础设施为目标,按照"统一规划、合理布局、远近结合、共建共享"的原则,统筹基站、局房、管线等基础设施规划,加强与城市其他基础设施的有机衔接,提升信息基础设施的覆盖水平与质量,到2020年全市光纤到户实现100%覆盖,所有网络设施支持IPv 6;4G室外覆盖率不低于98%;5G网络覆盖主城区及重点区域,并开始规模商用。海绵城市是新一代城市雨洪管理概念,是指城市在适应环境变化和应对雨水带来的自然灾害等方面具有良好的"弹性",即下雨时蓄水、渗水、净水,需要时释放蓄存水并加以利用。海绵城市是城市建

设高质量的重要体现。在国家明确提出海绵城市之前,江苏已将海绵城市理念运用于城市规划建设之中。2016年,江苏省全面启动海绵城市建设省级试点示范创建工作,首批确定了常州、昆山等9个省级试点城市和15个示范项目,以试点示范促进全省面上工作整体推进。南京市以江北新区、江心洲为重点开展海绵城市试点,力争到2020年、2030年城市建成区分别有20%以上、80%以上的面积达到海绵城市建设目标要求。针对苏州水系发达、土壤渗透性差等特点和面源污染突出、水质相对较差等问题,苏州市提出以"净化、蓄滞"为主,兼顾"渗、用、排"等功能需求的海绵城市建设主体思路,强调在源头上控污减流,力争建成平原河网城市"城水共生"的典范。

三、城市文明达到较高水平,文明城市建设全国领先

城市建设高质量离不开强有力的文化引领与文化支撑。习近平总书记用"社会文明程度高"来描绘新江苏图景,是对拥有深厚人文底蕴的江苏的美好期许,就是要求江苏要在社会文明程度达到高水平,让高度发达的社会文明成为新江苏的特色特质。全国文明城市是中央文明委授予全国各类城市中精神文明建设成绩显著,物质文明、政治文明、精神文明以及生态文明建设协调发展的综合性荣誉称号,是目前我国城市综合类评比中的最高荣誉,也是城市建设和发展的重要品牌。2017年4月,中央文明委在张家港市召开全国创建文明城市工作经验交流会。这是继1995年10月中宣部、国务院办公厅在张家港市召开全国精神文明建设经验交流会之后,在江苏召开的精神文明建设领域又一次重要会议。这是对江苏创建全国文明城市工作取得卓越成就的充分肯定,是江苏全国文明城市建设水平一次集中展示,是江苏打造道德风尚高地的一个缩影。根据2017年11月发布的《第五届全国文明城市名单和复查确认继续保留荣誉称号的往届全国文明城市名单》,江苏省宿迁、徐州两个设区市及如皋、丹阳、宜兴、江阴、常熟、溧阳等6个县级市新晋上榜,加

上继续保留荣誉称号的南京、南通、苏州、扬州、常州、镇江、无锡、泰州、张家港等9市,江苏全国文明城市增至17个,总数全国第一,占比全国第一。其中,无锡于2015年首次跻身"全国文明城市"行列。此次江阴、宜兴双双创成全国文明城市,标志着无锡大市率先建成全国首个文明城市群。此前,无锡还获得过全国首个生态城市群,全国首批、全省首个"绿色交通城市""中国宜居城市"等称号。南通于2008年首次荣获"全国文明城市"称号,此后在2011年、2014年成功蝉联,2017年继续保留"全国文明城市"荣誉称号,实现"四连冠"。城市精神是一个城市精神面貌、文明水平的集中体现。江苏各个城市在改革开放的伟大进程中奋力拼搏,形成富有地域特点、时代气息的城市精神,成为响亮的城市名片。例如,"崇文、融和、创新、致远"的苏州城市精神,充满了古韵今风的城市魅力,是苏州这座创造了时代发展奇迹的千年古城精神风貌的集中体现。此外,以南通薪火相传的"莫文隋现象"为代表,江苏每个城市都在艰苦奋斗中产生了属于自己和时代的精神地标,成为新时代城市高质量发展的强大精神动力。

四、坚持以人民为中心,城市治理与服务水平显著提升

城市的核心是人,城市治理和服务状况是检验城市工作的重要标准。城市治理与服务既是高水平城市建设的重点领域,也是城市建设高质量的重要保障。江苏省高度重视城市治理与服务工作。2017年9月,江苏在扬州召开全省城市治理与服务工作现场推进会,明确提出美好的城市生活,应该是安定有序、便利舒适,应该是绿色健康、人与自然能够和谐相处,应该是文化多元、机会公平、开放包容,应该是和睦友善、富有人情味、能够给人以归属感;要坚持以人民为中心的发展思想,把提升老百姓的获得感、满意度作为城市工作的根本追求,更加注重问题导向,更加注重依法治理,更加注重人文涵养,更加注重共建共享,努力把城市建设成为和谐有序、绿色文明、创新包容、共建共享的幸福家园。江苏各地

积极推进城市治理与服务，取得了积极成效。例如，扬州市下大力气治水治气，大力建设"不淹不涝"城市、"清水活水"城市，实施"绿杨城郭新扬州"行动计划，持续改善城市生态环境；着力打造城市公共活动空间，建设公园城市和书香城市，到家门口的公园休憩健身、到家门口的书房读书看报，已成为扬州市民的日常生活习惯；公园不仅增强了市民体质，而且提升了市民气质，有力促进了城市文明水平、治安水平和社会和谐程度的提升。徐州市突出加强基层建设，着力完善城市治理机制。常州市以塑造高质量的管理明星城市为目标导向，在优化政务管理上，加大"放管服"改革力度，实施智慧政务建设工程，加快政务信息系统整合共享，推进政务服务由网下向网上转变，营造一流的营商环境；在提升城市管理上，坚持城乡统筹、多规合一，切实提高总规修编水平，进一步完善城市功能布局和运行管理，推进城市交通畅行工程三年行动计划，加快推动数字城管向智慧城管转变；在做精企业管理上，积极引导企业建立现代企业管理制度，促进企业健康发展，市属国有企业要带头搞好企业管理，实施好经营管理提升工程，促进国有企业提质增效、降低风险；在创新社会治理上，深化全域文明城市建设，进一步提升市民文明素质和社会文明程度，深化平安常州、法治常州建设，完善全要素网格化社会治理体系，高度重视做好信访维稳工作，确保社会大局和谐稳定。江苏省积极实施城市治理与服务"十项行动"，加快转变粗放型城市治理方式，全面提供精细化城市公共服务，集中力量解决"城市病"等突出问题，切实提升城市环境质量、人民生活质量、城市竞争力，努力建设和谐宜居、富有活力、各具特色的现代化城市，让人民群众在城市生活得更方便、更舒心、更美好。随着城市治理与服务水平的提升，将为全省城市建设高质量创造更为有利的条件。

第三节 城市建设高质量面临的突出挑战

一、南京首位度偏低,对全省高质量发展带动力有待提升

长期以来,受到历史、区位、现实基础与复杂态势的多重影响,南京在全省经济社会发展中的首位度偏低是不争的事实。南京经济总量长期位居全省第三,直到 2014 年才超越无锡。更为重要的是,南京城市创新力偏低,不仅影响到自身经济高质量水平,也影响到南京对全省经济带动力的质量水平。在较长时期内,南京经济发展质量水平受到三重约束,一是科技创新产业化机制不活、渠道不畅,富集的科教资源没有高效顺畅的转化为产业化优势和市场竞争优势;二是产业结构偏旧,石化等传统产业占比高,新兴产业和新兴业态发育相对滞后,在上一轮互联网浪潮中,新经济方面的表现与杭州形成质的差距,直接影响到城市竞争的位势;三是枢纽短板突出,枢纽网络不健全特别是航空枢纽能级不足、高铁未形成网络,极大限制了南京枢纽中心地位的形成。近年来,南京紧紧抓住提高首位度这个关键环节,在建设"创新名城、美丽古都"的总定位下,做足创新文章,全力打通科技创新与产业化之间的通道,优化创新生态系统,城市创新力快速提升;调整优化园区布局,整合盘活各类创新资源,聚力突破集成电路、软件信息、新能源汽车等重点产业,全市产业形态开始发生质的飞跃;高水准谋划建设综合交通体系,枢纽功能快速提升,正在崛起为一座与世界城市群次中心相匹配的全球枢纽节点。在经济增速上,南京回归全省前列,2018 年增速全省第一、多项创新指标快速增长,表明南京新旧动能转换在全省率先取得突破,传统动能转型升级取得重大突破,新兴动能已具备较大规模并保持高速增长态势。当然,南京首位度的提升不可能在短时期内实现根本转变,面对更趋激烈的区域竞争态势,惟有持续突破,才能实现首位度名副其实的提升,不断

增强对全省及南京都市圈高质量发展的带动力。

二、区域中心城市短板突出,影响全省高质量发展整体水平

城市高质量发展在全省高质量格局中占据关键环节,特别是区域性中心城市的高质量发展水平,引领全省高质量发展的高度与未来方向。在全省区域中心城市建设中,苏州、徐州等城市已经形成了显著的综合竞争优势,在推动江苏高质量发展走在全国前列发挥着至关重要的作用。当然,具体分析各区域中心城市,均存在突出的短板。苏州经济总量高居全国同类城市第一,同时也面临不少突破问题,如产业竞争力相对于深圳等创新领先城市明显存在薄弱环节,发展后劲受到影响。究其根源,一个重要的原因在于苏州等苏南地区在开放型经济浪潮中走出了一条以国际代工为特色的高速成长之路,在低成本竞争优势明显以及国际经济大循环通畅的格局中,这一模式极富效率,带动经济规模的快速扩张。但在经济发展新常态以及新的国际大格局中,国际代工模式中内生创新力不足的弊端凸显,制约了区域创新力的形成。2008年国际金融危机之后,苏州市外向型经济受到剧烈冲击,在艰难转型中取得了重大进展,保持了经济稳健增长。尤其重要的是,苏州及早转向创新型经济,经过多年调整,在科技创新、产业创新、企业创新上均已形成一定优势。苏州的开放伴随着外资的进入,开放的深化又带动苏州产业结构优化升级,外企投资已从过去代工厂模式转向研发中心和总部建设。如今,昔日被称为外资高地的苏州,正把开放优势转化为创新优势,引领高质量发展。据统计,2018年,苏州市进出口总额达到3 541.1亿美元,增长12%,其中高新技术产业出口占比达52.8%。① 但与深圳转型为国际创新之都、杭州网络经济快速崛起相比,苏州市创新转型成效并不显著,不仅导致发展速度相对迟缓,更影响到长期发展潜力特别是未来城市竞争

---

① 王伟健:《苏州在开放中集聚创新优势》,《人民日报》2019年2月28日。

力的塑造。近年来,徐州市致力于推动淮海经济区发展,在区域内的中心地位快速提升,已成为公认的淮海经济区中心城市。江苏省委要求,徐州市要切实摆脱"地级市思维"、破除传统的"苏北意识",卸下"老工业基地"的包袱,以更大的视野建设中心城市。当前,徐州区域中心城市地位快速提升,进入了集聚突破的关键时期。但是,由于基础较为薄弱,徐州经济总量、综合功能在区域内首位度不高,自身仍处于功能集聚阶段,对周边地区的辐射带动力不足,做强区域中心城市功能仍需久久为功。除了南京、苏州、徐州等区域中心城市之外,其他设区市在城市能级上均跻身全国百强,彰显江苏城市综合竞争实力雄厚;同时在经济能级、枢纽地位、产业集聚度、城市服务功能、城乡一体化水平等方面均存在明显短板,在推动中心城市高质量发展上同步面临做大规模、提升质量的任务,对本地区及周边地区高质量发展的带动力仍需积蓄力量、练好内功。例如,海洋经济是江苏经济的潜力所在,也是高质量发展的未来主战场之一。但长期以来,江苏海洋经济发展相对滞后,特别是沿海地区海洋经济潜力远远没有充分挖掘。造成这一局面的一个关键原因,在于南通、盐城、连云港沿海三市中心城区在集聚海洋高级要素、带动区域海洋经济高质量发展方面缺乏带动力,这是沿海中心城市综合功能较弱的具体表现之一。近年来,区域中心城市在带动本地区发展中的关键作用越来越凸显。面对新的发展态势,江苏聚力提升苏州、徐州等区域中心城市综合功能和竞争力,锻造城市高质量发展核心区,是推动全省经济社会高质量发展的重要途径。

三、城镇化发展质量和水平不够高,城市格局亟待调整优化

江苏城镇化水平较高,特别苏南地区城乡一体化水平走在全国前列,这标志着江苏城市化质量水平较高,但仍面临不少突出问题。一是农业转移人口城市化问题仍然存在,2018年全省常住人口城镇化率69.9%,户籍人口城镇化率64.9%,两者之间相差5个百分点,较2013

年减少2个百分点,表明仍有一定数量农业转移人口尚未全面融入城市社会。二是城镇内部存在新的二元结构矛盾,突出表现在城市原居民和城市外来农民工所形成的二元结构,并在居住结构上出现了一定的空间分异,导致城市弱势群体向特定空间集聚,而这些区域在基础设施建设、公共服务、产业功能等方面与中心城区和高成长性的新兴城区之间存在明显差距。三是人口城镇化滞后于土地城镇化,城镇建设土地开发粗放低效,2016年全省开发强度达20.99%,居全国各省(区)之首;其中无锡已超国际警戒线,苏州、南京、常州逼近国际警戒线,扬州、泰州、南通三市开发强度逼近20%的国际公认宜居标准。一方面,城市可用的可开发土地规模逐步缩小;另一方面,即使在苏南等地也普遍存在土地利用效率低下的问题。一些建设用地尚未根本摆脱传统"摊大饼"模式的影响,同时仍有不少土地存在用而不足、产出不高的问题,提高土地"亩均产出"、走内涵式发展道路成为大势所趋。与世界上处于相同发展阶段的国家和地区相比,江苏城镇化总体上滞后于工业化,且区域差异较大。缺乏高质量城市化的引领,江苏工业化难以转入高质量发展的深度工业化阶段;而工业化的浅层次发展,也限制了城市化质量水平的提升,需要协同推进城镇化与工业化,逐步实现高质量城镇化与工业化的深度融合。四是城乡发展形态、空间布局和城镇结构体系亟待调整优化。《江苏省新型城镇化与城乡一体化发展规划(2018—2020年)》指出,江苏一些城市边界扩张速度过快,部分大城市主城区人口压力偏大,与资源环境承载能力的矛盾逐步加剧。城市发展定位趋同,城市群内部功能互补性不强,集群效应不高。中小城市和小城镇产业和人口集聚能力较弱,潜力尚未充分发挥。城乡建设个性不够鲜明,建设性破坏城乡自然环境和古街区、古村落等文化传承的现象在一些地区不同程度存在。

四、城市公共服务配置不尽合理,均等化水平呈现动态非均衡性

拥有供给充沛、布局合理、品质优良、服务上乘的均等化公共服务配

置,是城市建设达到高水平的重要表现,也是城市建设高质量发展的重要基础。江苏城乡公共服务均等化水平较高,城市内部公共服务均等化水平也在逐步改善,但仍面临不少突出问题。一是优质公共服务需求旺盛与供给不足的矛盾突出。近年来,随着人民生活水平的质的提升,群众对优质便利的医疗卫生服务、高水平的基础教育、高品质的养老服务、丰富的文化娱乐等方面的需求呈旺盛增长势头,同时"二孩政策"、人口老龄化以及城市新市民的产生,也使得相关群体对教育、医疗、养老等公共服务的品质和结构性供给上提出了更好要求。但是,由于历史上欠账多、基础水平低、空间布局不合理等原因,导致城市优质公共服务在较长时期内难以满足变化了的新需求,从而产生各类矛盾,成为新时代城市建设高质量必须解决的现实难题。二是低端公共服务供给过度与优质新兴服务供给不足并存,结构性错配问题突破。面对人民群众对公共服务更高品质、更富个性化和人性化的供给需求,目前一些低水平、同质化的公共服务供给出现了过剩状态,如部分城市医疗服务结构性过剩,利用率不高,但同时又面临优质医疗服务供给不足问题。在市场需求与技术创新的驱动下,一些新兴业态的公共服务需求不断增长,但相应的供给缺口很大,导致供需不匹配。三是公共资源和公共服务配置水平在不同城市间差异过大。例如,南京等城市建设水平较高,在公共资源和公共服务供给上总体上进行了品质提升阶段。近年来,南京市持续推进扩大学前教育供给、均衡发展中小学教育、提升养老服务水平、完善健康医疗服务体系、创新推进智慧便民等举措,提升城市优质公共服务供给水平;同时,积极推进棚户区改造、加大住房保障力度、改善小区居住环境、提高物业管理水平、整治提升水环境等提升城市功能品质等举措。特别是改善老街背巷、推进老小区"出新"投资力度大,对改善城市品质起到了积极成效。在一些政府财力不足、城市发展水平较低的城市,由于缺乏足够的公共财力,公共资源与公共服务供给仍处于增量扩面阶段,尚未进入品质提升阶段。

第四节　新时代城市建设高质量的重点路径

一、提升城市间协调发展水平

江苏省根据全国新型城镇化空间布局、全省生产力布局的总体框架和未来发展趋势，在全面实施省主体功能区规划的基础上，按照新形势下推进新型城镇化的新要求，进一步优化城镇化战略布局，形成以沿江、沿东陇海线为横轴，以沿海、沿大运河为纵轴，以轴线上区域性中心城市为支撑，以周边中小城市和重点中心镇为组成部分，大中小城市和小城镇协调发展的"两横两纵"空间布局和城镇体系。一是依托"1+3"重点功能区布局推动全省城市间的协调发展，扬子江城市群要强化各城市之间的网络联通水平，以创新为引领、以产业为主导，协同推动创新型城市群的集群发展，建设具有国际水平的战略性新兴产业策源地和先进制造业中心，打造江海一体的高端生产服务业集聚区和我国服务贸易对外开放的先导区；沿海经济带以南通、盐城、连云港为中心，加快建设以区域中心城市为支撑、以沿海综合交通通道为纽带、以近海临港城镇为节点的新兴城镇化地区；徐州致力于建设淮海经济区中心城市，拓展江苏发展纵深；江淮生态经济区发挥生态优势，提升城市生态竞争力。二是以区域中心为引领，持续打造优质创新生态。进入新常态以来，区域竞争越来越从成本之争、要素之争、配套之争转向创新之争、生态之争、体系之争，创新生态体系越来成为先发区域的制胜之本。国内外经验表明，能否率先营造适应的创新生态至关重要。当务之急，是在省域层面进一步畅通基础设施网络、优化营商环境、降低制度成本之外；不平均用力，聚焦区域中心城市，更高标准强化新一轮基础设施和公共服务水平，更大力度深化市场化改革和推动全面开放，围绕重点产业发展，营造国际一流的创新生态，打造创新"强磁场"和创新热带雨林，推动创新"高原"

上竖起更多"高峰"。在城市建设高质量版图中,依托区域中心城市构筑起的区域创新生态高地,将成为全省高质量发展的战略引领区和枢纽区。三是加快发展中小城市,优化产业和公共服务资源布局,在资源环境承载力强、发展潜力大的中小城市和县城实施经济社会发展重点项目,塑造高质量发展的多元化动能。四是分类建设发展小城镇,创新发展特色小镇,让小城镇从为传统增长方式所主导的区域转型为涵养高质量发展的新型空间。

二、强化城市空间精明增长

江苏土地资源少、环境容量小,"摊大饼"没有空间,拼资源缺乏支撑,高排放容纳不下,必须走节约紧凑、"精明增长"、绿色发展的路子。在新时代推进城市精明增长,一是要在观念层次实现革新,摆脱传统粗放式城市发展的窠臼,不搞唯 GDP,不搞贪大求洋,而要以内涵发展为主,注重提升城市集约发展水平,彰显城市个性、提升城市品质,告别千城一面,把城市建成新发展理念的典范。二是强化规划引领。规划在一定程度上是决定一个城市品质品位的"染色体",必须坚持规划引领、先谋后动,先布棋盘再落子,提升规划的前瞻性、可行性和权威性。三是以产业结构优化促进城市精明增长,积极探索不同城市产业功能定位,聚焦特色优势产业定位,在区域形成差异化分工定位,对与城市定位不一致的产业进行疏解转移或转型升级,促进产业布局与城市功能的匹配。四是在科学保护利用中彰显城市品位。针对江苏许多城市拥有深厚历史人文底蕴的现实,要更加自觉地加强历史保护,切实解决城市发展普遍存在的"重物质、轻文化,重局部、轻整体,重保护、轻延续"的问题,推动城市建设与历史文化实现完美结合。

三、提升城市建设文化内涵

强化优秀文化对城市建设的涵养功能,为城市建设高质量注入深刻的文化内涵,持续彰显江苏城市人文魅力。城市文化建设既不能搞大呼隆,更不能搞大跃进,而是要突出内涵建设,让提升城市文化品位成为一个润物无声的过程。一是突出核心价值引领。从最能形成共识的"爱、敬、诚、善"入手,推动社会主义核心价值观教育日常化、具体化、形象化、生活化。二是推进书香城市建设。在城市公共场所倡导设立城市书房、文化驿站、漂流书屋,引导党政机关、企事业单位、学校、社区开展读书节、读书月、读书周活动,持续提升市民阅读率。三是建设和谐社区。开展社区邻里节、"相聚在社区""好邻居赛金宝""向陌生人微笑"等社区活动,引导人们走出小家、融入大家,增进人际互信。四是完善社会诚信体系。组织开展创建诚信单位、诚信家庭、诚信行业、诚信经营示范店、诚信街区等主题实践活动,推进政务诚信、商务诚信和互联网诚信等方面建设。建立完善信用信息基础数据库,加快构建全省覆盖、运行高效的信用信息系统,健全守信联合激励和失信联合惩戒的联动机制。五是深化"文明江苏"志愿服务行动。完善"志愿江苏"平台功能以守望相助为主题,引导居民积极参与基层民主自治,支持社会组织、社会工作专业人才、志愿者参与邻里互助、居民融入、纠纷调解、平安创建等社区活动。六是树立文明新风。通过多种形式,积极培育自尊自信、理性平和、积极向上的社会心态。广泛传播心理健康知识,健全咨询服务网络。大力倡导绿色低碳消费理念,重点开展"文明餐桌"活动,探索节俭用餐奖励措施和管理办法,有效治理"舌尖上的浪费"。开展移风易俗主题活动,破除大操大办、炫富斗阔、封建迷信等陈规陋习。七是加强行为规范引导。开展交通、旅游、居住等不文明行为专项整治,加强制度和法治建设,促进市民文明行为养成。深化拓展未成年人"八礼四仪"养成教育,从进学校向进社区、进家庭、进公共场馆、进校外活动阵地延伸。

四、提高城市精细管理水平

顺应城市管理新形势、改革发展新要求、人民群众新期待,落实精治共治法治要求,坚持问题导向,坚持系统治理、依法治理、源头治理、综合施策,推动城市管理法治化、标准化、智能化、专业化、社会化,着力加强城市日常运行管理,着力加强体制机制保障,推动城市管理向城市治理转变,构建权责明晰、服务为先、管理优化、执法规范、安全有序的城市精细化管理体系。一是坚持以人为本,把"人"作为城市精细化管理的出发点和落脚点,切实解决城市生活中影响群众获得感的痛点、堵点问题,同时充分激发、调动群众参与城市管理建设的积极性。二是注重标准先行,推动建立精细化管理标准规范体系,重点完善城市街巷、道路交通、河道管理、园林绿化、市容环卫、城管执法等领域的标准规范,制定管理清单、责任清单和网格清单,逐步实现城市管理领域标准规范全覆盖,使精细化管理有章可循。三是强化科学管理,坚持以专业化为基础,界定服务范围,优化服务流程,广泛采用新技术、新装备、新模式,全面提升专业化服务管理水平。四是加强依法治理,建立健全符合城市精细化管理要求的地方性法规体系和执法队伍体系,提高运用法治思维和法治方式解决城市管理顽症难题的能力。五是深化科技应用,重点推进智慧城市建设,打造维系城市运行的"超级大脑"。建设高速通畅、质优价廉、服务便捷的宽带网络基础设施和服务体系,创新网络基础设施建设管理方式,实现集中统一建设和专业化运营。建立健全综合性城市管理数据库,推动城市大数据开放、信息共享和集成运用,努力形成"用数据说话、用数据决策、用数据管理、用数据创新"的城市治理新方式。六是引导多元共治,畅通公众参与城市治理的渠道,围绕城市治理突出问题和重大事项,开展社会公众共商共议活动;健全城市管理公众评价机制,完善公众意见采纳情况反馈机制,不断凝聚社会共识。

参考文献:

[1] 侯景新、肖龙、石林:《城市发展前沿问题研究》,经济管理出版社 2018 年版。

[2] 陆铭:《空间的力量:地理、政治与城市发展》,格致出版社 2017 年版。

[3] 叶南客、李程骅:《中国城市发展:转型与创新》,人民出版社 2011 年版。

[4] 江苏省住房和城乡建设厅:《江苏城市实践案例集》,中国建筑工业出版社2016年版。
[5] 黄南:《探索城市高质量发展路径》,《群众》2018年第7期。
[6] 沈坤荣:《以城市群推动经济高质量发展》,《人民日报》2018年8月6日。

第十四章 农村建设高质量

推进高质量发展,是保持经济持续健康发展的必然要求,是适应我国社会主要矛盾新变化所作出的必然选择,更是江苏作为东部发达省份必须扛起的重大责任。江苏推进高质量发展的一个重要任务,就是高质量推进农村建设。

第一节 农村建设高质量的内涵与基础

农村建设高质量以更好满足人民日益增长的美好生活需要为主要宗旨,以五大新发展理念为根本要求,以体制创新为主要手段,最终实现农民生产生活条件的全面改善。

一、农村建设高质量的基本内涵

与城市建设相比,农村建设有其自身的特点和规律。农村建设高质量就是农村基础设施、公共服务、生产生活条件从无到有、从有到优的过程。从建设内容上看,农村建设高质量包括农村基础设施高质量、公共服务体系建设高质量、农民居住条件建设高质量等多个方面;从建设要求上看,农村建设高质量包括农村建设的高品质、城乡建设的均等化等。

(1) 农村基础设施建设高质量。农村基础设施是为农村生产发展及农民生活改善提供公共产品的各种设施的总称。作为农村公共产品的重要组成部分,它涉及农村的经济、社会、文化等方方面面,主要包括几个层次:生产性基础设施,如农田水利、物流;生活性基础设施,如交通、通讯、水、电、燃气、新能源、商超、互联网;发展性基础设施,如学校、医院、休闲娱乐设施;生态性基础设施,如水库、河道、森林保护、水资源治理、污水排放、空气治理等。

(2) 农村公共服务体系建设高质量。农村公共服务就是政府向农村和农民提供教育、健康、养老、文化娱乐等公共产品和服务。公共服务高质量就是要不断强化公共服务职能和公共服务意识,为农村提供快捷、方便的信息服务渠道,简化公共服务程序,降低公共服务成本,推行公共服务的市场化和社会化,逐步建立统一、公平、公开透明的现代农村公共服务体系。

(3) 农村居住条件建设高质量。农村居住条件包括农民的住房、生活设施和居住环境等。居住条件高质量就是不仅把房子建好,更要完善水、电、气、路、网络、雨污管网等的配套;不仅生活的硬环境好,还要提高软环境,养成好习惯,形成好风气;不仅住得进去,还要因地制宜,发展产业,让群众有收入来源,留得下来,既住上好房子,又过上好日子。

二、农村建设高质量的重大意义

农村建设高质量作为"强富美高"新江苏和"两聚一高"新实践在"三农"工作上的有效抓手,作为推进农业供给侧结构性改革、在全国率先实现农业现代化的新路径,作为传承乡村文化、留住乡愁记忆的新载体,对江苏乡村振兴战略的实施具有十分重要的意义。

(1) 农村建设高质量是繁荣农村经济的需要。农村建设高质量与农村经济繁荣相辅相成。农村基础设施和公共服务是农村经济社会发展的动脉,也是拉动农村产业发展的重要纽带。长期以来,农业农村基础设施建设和公共服务对农村经济社会发展产生了巨大的直接效应和间接效应,是推动农业农村发展的动力引擎。一是农村建设高质量促进农业供给侧结构性改革。围绕农业生产布局和农业产业化生产组织要求,进一步提升农村建设质量和服务水平,以优质的基础设施和公共服务推动农村特色产业发展,深化农业供给侧结构性改革。二是农村建设高质量促进农村经济繁荣。推进农村建设高质量,积极探索农村建设可持续发展的长效机制,既有利于促进农村经济繁荣,又有利于稳定和提升各级财政对农村建设发展的投入支持,进而进一步增强农村建设的发展后劲和动力。农村高质量建设要服务农村产业和全域旅游发展,将农村建设与农村旅游景区、田园综合体、特色小镇、乡村旅游等产业项目组合开发。

(2) 农村建设高质量是建设社会文明的需要。农村建设高质量作为社会文明的重要载体,改善农村出行环境,提升农村整体品质,进一步保障农村居民共享普惠服务。一是农村建设高质量推动农村文化建设。农村建设应充分结合江苏各地方文化特色,充分尊重和挖掘乡俗、乡风、乡史,探索农村建设与地域文化的结合,丰富农村建设文化内涵,展示江苏特色乡韵文化,为农村社会文明建设做贡献。二是农村建设高质量促进城乡文明的融合。四通八达的农村路网和城乡客运的发展打破了农村封闭、落后的束缚,带来了城市文明新风尚和不同地区之间思想观念、生活方式的交流及融合。高质量的农村建设,对城镇格局和人口集聚具有引导和服务作用,对新型城镇化和城乡一体化发展也具有积极的促进作用。

(3) 农村建设高质量是建设美丽乡村的需要。坚持把农村建设高质量作为生态文明的必由之路,高质量服务美丽乡村建设,进一步推进人与自然和谐共融。一是以环境承载力为准绳划定农村建设发展红线。绿水青山就是金山银山,要打造农民安居乐业的美丽家园,让良好生态成为乡村振兴支撑点。这就要求在推进农村建设过程中,必须将绿色发展理念融入农村建设全过程和各方面,全面打造生态绿色农村路,服务"美丽乡村"建设。在农村建设高质量过程中,必须完善生态保护制度体系,用最严格的制度、最严密的法治保护生态环境,一旦与生态保护发生冲突和矛盾时,必须毫不犹豫地把保护生态放在首位。二是以加快发展绿色建设为重点推进生态环境保护。要按照"因地制宜、经济适用、绿色生态"原则,从设计与标准入手,建立健全农村建设生态环境保护沟通协调服务机制,统筹制定农村建设规划、建设过程中的生态保护方案。

(4)农村建设高质量是提高农民生活水平的需要。走江苏特色乡村振兴道路,必须重塑城乡关系,走城乡融合发展之路,要坚持农业农村优先发展,坚持以工补农、以城带乡,把公共基础设施建设的重点放在农村,推动农村基础设施建设提档升级。一是农村建设高质量促进农民收入显著提高。在农村供应链中,农村交通是连接供应链的重要枢纽,是农村物流业的重要基础和依托载体。让农产品更加便捷地运出田间地头,有效地降低农村物流成本,让老百姓获得更实际、更直接的发展利益,是推进交通建设必须思考的问题。通过加快推进农村物流网络节点建设,构建覆盖县乡村三级的农村物流网络,整合交通、邮政、商贸、供销等物流资源,培育农村物流服务主体,创新农村物流模式,从而有效增加农民收入,使广大群众得到更多的实惠。二是农村建设高质量支撑全面小康社会建设。要始终把农村基础设施建设列入"为民实事工程",全面推进农村基础设施建设、公共服务均等化,多措并举确保全面建成小康社会的实现。三是农村建设高质量服务"强富美高"新江苏。农村建设高质量要始终坚持把提升人民群众幸福感和获得感作为出发点及落脚点,让农村建设成果更多、更好普惠于民,有力地践行"执政为民"的宗旨,回应群众对美好生活的期盼。

三、农村建设高质量的现实基础

改革开放以来,江苏农村基础设施建设不断迈上新台阶,环境面貌显著改善,公共服务得到加强,综合改革深入推进,农村建设已经由从无到有的发展阶段进入到从有到优的新发展阶段。下面以2017年第三次全国农业普查数据为基础,分析江苏在农村建设高质量方面取得的主要成就。

1. 农村基础设施日益完善

农业农村基础设施建设是乡村振兴的强力支撑,是实现农业强、农村美、农民富的重要抓手,将贯穿农业农村现代化的全过程。

(1) 四通八达的交通网已经形成。以县城为中心、乡镇为节点、行政村为网点的农村公路交通网络基本形成。截至2017年底,江苏农村公路总里程达到14.2万公里,占全省公路总里程的89.5%,农村公路网面积密度和高等级公路比重在全国均处于领先地位,农村公路面积密度达到138公里/百平方公里,三级及以上公路比重为28.98%。基本实现县到乡通二级、乡到乡通三级、乡到村通四级公路。行政村通客运班车比例达到100%,镇村公交通达率达到72.4%。

(2) 农村能源、通讯快速发展。农村能源、通讯、网络建设有了明显进步。2016年末,100%的村通电,14.2%的村通天然气,100%的村通电话,99.7%的村安装了有线电视,99.3%的村通宽带互联网,37.4%的村有电子商务配送站点。

表14-1　2016年江苏省行政村能源、通信设施　　　　单位:%

项目	全省	苏南地区	苏中地区	苏北地区
通电的村	100.0	100.0	100.0	100.0
通天然气的村	14.2	29.9	11.7	9.2
通电话的村	100.0	100.0	100.0	100.0
安装了有线电视的村	99.7	99.7	99.9	99.6
通宽带互联网的村	99.3	99.6	100.0	98.8
有电子商务配送站点的村	37.4	41.8	38.1	35.3

资料来源:江苏省第三次全国农业普查主要数据公报。

(3) 农村环境卫生有了明显改善。2016年末,江苏99.6%的乡镇集中或部分集中供水,98.6%的乡镇生活垃圾集中或部分集中处理。98.9%的村生活垃圾集中或部分集中处理,36.5%的村生活污水集中或部分集中处理,94.5%的村完成或部分完成改厕。

表14-2　2016年江苏乡镇、村卫生处理设施　　　　单位:%

项　目	全省	苏南地区	苏中地区	苏北地区
集中或部分集中供水的乡镇	99.6	100.0	99.5	99.6
生活垃圾集中或部分集中处理的乡镇	98.6	98.2	99.5	98.3
生活垃圾集中或部分集中处理的村	98.9	99.2	99.3	98.5
生活污水集中或部分集中处理的村	36.5	73.4	32.4	23.6
完成或部分完成改厕的村	94.5	99.1	99.3	90.3

资料来源:江苏省第三次全国农业普查主要数据公报。

2. 农村公共服务不断提高

把社会事业的发展重点放在农村,促进公共教育、医疗卫生、社会保障等公共服务向农村倾斜,初步建立健全全民覆盖、普惠共享、城乡统一的公共服务体系,推进城乡基本公共服务均等化。

(1) 文化教育快速发展。农村文化教育的硬件设施建设水平有了大幅度提升。2016年末,江苏99.8%的乡镇有幼儿园、托儿所,99.5%的乡镇有小学,99.6%的乡镇有图书馆、文化站,44.1%的乡镇有剧场、影剧院,49.8%的乡镇有体育场馆,89.6%的乡镇有公园及休闲健身广场。

表14-3　2016年农村文化教育设施　　　　单位:%

项　目	全省	苏南地区	苏中地区	苏北地区
有幼儿园、托儿所的乡镇	99.8	100.0	100.0	99.6
有小学的乡镇	99.5	99.4	100.0	99.4
有图书馆、文化站的乡镇	99.6	100.0	100.0	99.4
有剧场、影剧院的乡镇	44.1	62.8	49.0	35.2

续表

项　目	全省	苏南地区	苏中地区	苏北地区
有体育场馆的乡镇	49.8	81.1	41.4	42.5
有公园及休闲健身广场的乡镇	89.6	97.0	85.7	88.8
有幼儿园、托儿所的村	36.0	28.6	18.1	40.0
有体育健身场所的村	79.3	88.0	86.1	62.7
有农民业余文化组织的村	47.7	64.7	47.8	34.6

资料来源：江苏省第三次全国农业普查主要数据公报。

(2) 医疗和社会福利机构基本实现乡镇全覆盖。农村医疗卫生事业快速发展。2016年末，江苏99.9%的乡镇有医疗卫生机构，99.9%的乡镇有执业（助理）医师，98.2%的乡镇有社会福利收养性单位，93.5%的乡镇有本级政府创办的敬老院。

表14-4　2016年江苏乡镇、村医疗和社会福利机构　　单位：%

项　目	全省	苏南地区	苏中地区	苏北地区
有医疗卫生机构的乡镇	99.9	100.0	100.0	99.8
有执业（助理）医师的乡镇	99.9	100.0	100.0	99.8
有社会福利收养性单位的乡镇	98.2	97.6	97.6	98.7
有本级政府创办的敬老院的乡镇	93.5	93.9	91.9	94.2
有卫生室的村	88.9	78.5	85.4	94.7
有执业（助理）医师的村	79.3	67.8	74.8	86.1

资料来源：江苏省第三次全国农业普查主要数据公报。

(3) 市场建设快速推进。农村商品市场、专业市场建设快速推进，成为推进农村经济发展和方便农民生活的重要举措。2016年末，96.8%的乡镇有商品交易市场，62.8%的乡镇有以粮油、蔬菜、水果为主的专业市场，17.0%的乡镇有以畜禽为主的专业市场，17.6%的乡镇有以水产为主的专业市场。73.9%的村有50平方米以上的综合商店或超市，4.1%的村开展旅游接待服务，45.6%的村有营业执照的餐馆。

表 14-5 2016 年江苏乡镇、村市场　　　　　单位:%

项 目	全省	苏南地区	苏中地区	苏北地区
有商品交易市场的乡镇	96.8	98.8	98.1	95.5
有以粮油、蔬菜、水果为主的专业市场的乡镇	62.8	57.3	61.0	65.7
有以畜禽为主的专业市场的乡镇	17.0	10.4	17.6	19.0
有以水产为主的专业市场的乡镇	17.6	15.9	18.6	17.7
有 50 平方米以上的综合商店或超市的村	73.9	70.2	74.1	75.2
开展旅游接待服务的村	4.1	9.1	2.8	2.7
有营业执照的餐馆的村	45.6	60.3	41.5	41.5

资料来源:江苏省第三次全国农业普查主要数据公报。

3. 农民生活条件明显改善

改革开放以来,随着农民收入水平的不断提高,江苏农民居住条件有了较大改善。

(1)住房条件明显改善。农民住房的数量和质量都有明显提升。2016 年末,99.8% 的农户拥有自己的住房。其中,拥有 1 处住房的 907.68 万户,占 77.7%;拥有 2 处住房的 239.49 万户,占 20.5%;拥有 3 处及以上住房的 18.9 万户,占 1.6%;拥有商品房的 209.38 万户,占 17.9%。农户住房主要为砖混和砖(石)木结构。住房为砖混结构的 803.61 万户,占 68.8%;砖(石)木结构的 206.54 万户,占 17.7%;钢筋混凝土结构的 154.36 万户,占 13.2%;竹草土坯结构的 1.17 万户,占 0.1%;其他结构的 2.79 万户,占 0.2%。

表 14-6 2016 年江苏住房数量与结构构成　　　　　单位:%、万户

项 目	全省	苏南地区	苏中地区	苏北地区
按拥有住房数量划分构成				
拥有 1 处住房	77.7	73.1	80.4	77.8

续表

项目	全省	苏南地区	苏中地区	苏北地区
拥有2处住房	20.5	24.2	18.4	20.3
拥有3处及以上住房	1.6	2.5	1.1	1.6
没有住房	0.2	0.1	0.2	0.3
按住房结构划分构成				
钢筋混凝土	13.2	13.7	12.0	13.7
砖混	68.8	80.0	71.1	62.8
砖(石)木	17.7	5.8	16.7	23.1
竹草土坯	0.1	0.1	0.0	0.1
其他	0.2	0.3	0.1	0.3
拥有商品房户数	209.38	56.38	63.57	89.43
拥有商品房农户所占比重	17.9	24.1	18.1	15.3

资料来源:江苏省第三次全国农业普查主要数据公报。

(2) 主要生活能源实现电气化。农村生活能源已由传统的柴草为主转变为电气化为主。农民做饭取暖使用的能源中,主要使用电的841.39万户,占72.0%;主要使用煤气、天然气、液化石油气的1 016.05万户,占87.0%;主要使用柴草的309.54万户,占26.5%;主要使用煤的5.76万户,占0.5%;主要使用沼气的2.07万户,占0.2%;主要使用太阳能的3.45万户,占0.3%;使用其他能源的0.82万户,占0.1%。

表14-7 2016年江苏主要生活能源构成　　　　　　　　单位:%

项目	全省	苏南地区	苏中地区	苏北地区
柴草	26.5	10.8	33.3	28.7
煤	0.5	0.0	0.1	0.9
煤气、天然气、液化石油气	87.0	97.2	89.3	81.4
沼气	0.2	0.1	0.2	0.2
电	72.0	76.6	64.1	74.9
太阳能	0.3	0.3	0.1	0.4
其他	0.1	0.0	0.0	0.1

注:此指标每户可选两项,分项之和大于100%。
资料来源:江苏省第三次全国农业普查主要数据公报。

第二节 高质量推进农村建设面临的主要问题

对照高质量发展要求,江苏城乡建设中不平衡、不充分的问题还很突出。相对于城市建设而言,农村仍然是高水平全面小康的突出短板,特别是在新型城镇化快速发展进程中,农村基础设施供给与现代农业发展需求不匹配,公共服务供给还不能满足农民的美好生活需要。主要表现为以下几个方面:

一、城乡基础设施和公共服务仍有较大差距

农村基础设施和公共服务数量、质量远低于城镇,农村地区的基础设施和公共服务既有总量不足的问题,也有质量不高的问题。乡镇交通、水利、信息等基础设施仍不完善,尤其是苏中苏北多数城镇公共基础设施不全或等级偏低。文体活动场所等公共基础设施不足、商业配套设施缺乏、绿化覆盖率低、污水收集管网建设仍较滞后。

(1)农村道路质量较低。农村道路质量还难以适应农业农村现代化建设的需要。一是农村公路建设技术标准相对偏低。双车道四级路占乡村道总规模的比重较低,且存在"三路一桥"(断头路、瓶颈路、年久失修路和危桥)等安全隐患。2017年,全省农村公路发生交通事故占全省交通事故总量的56.5%,死亡人数占交通事故死亡总数的58.8%。危桥基数大,安全隐患很大,虽然每年安排资金专门用于危桥改造工作,但因危桥比例较高,且存在桥梁养护投入不足、养护人员专业化欠缺等问题,加速了农村公路桥梁技术状况的退化,造成了危桥绝对数和比例仍然很高的现状。二是农村公路养护体制急需完善。地方政府主体责任未有效落实,财政资金投入不足,不能满足农村公路路况维护需求。随着建设红利逐步减少,农村公路将全面进入大中修工程周期,尤其

是大量的乡村道需要加大养护投入。三是路域环境需加大整治力度。农村公路绿化美化水平亟待提高,集镇路段部分脏乱差路域环境有待整治。

(2) 农村环保设施不足。农村环境设施无论是从关注度还是具体经济投入量上都要远远低于城市。2017年江苏镇村生活垃圾集中收运率为85%,大部分镇区建成垃圾处理中转设施,但中转能力多数仅能满足镇区需要。随着经济社会的发展,农村环境问题逐步积累并日益突出,一些因环境恶化诱发的恶果开始陆续显现。

(3) 偏远农村教育设施较差。随着镇村合并和中小学教育资源配置的调整,一些偏远的村撤销了小学和幼儿园,留下来的学校也存在学校规模较小、教育质量不高的问题。自改善薄弱学校工作启动以来,多个地市区域调整较大,多所学校面临撤并、搬迁,部分计划项目及分配资金也因此出现变动。2016年,江苏只有36.0%的村有幼儿园、托儿所。

(4) 部分行政村仍没有卫生室。相对于城市较好的医疗设施和较高的医疗水平,农村的医疗设施和医疗水平是个明显的短板。2016年,江苏省仍有11.1%的村没有卫生室,20.7%的村没有执业(助理)医师。

二、部分地区农民生活条件较差

工业化、现代化加速过程中,苏北地区一部分农村却凋敝了,一些人离开祖祖辈辈耕耘的家园,部分村庄不可避免地出现了衰落。

(1) 苏北地区农民住房较差。多年来,虽经新农村建设和村庄整治,苏北农民的居住条件有了很大改善,但整体水平依然落后。即使是沿街的房子,有些粉刷得很漂亮,但也都是普通砖瓦房,且年久失修,难以经得起风雨。房屋老旧、配套缺失、安全和舒适性不高。在苏北农村,一些低矮落后的"趴趴屋"格外刺眼,与百姓向往的宜居宜业生活相距甚远。"苏北可能成为全国农村住房条件最差的地方。"江苏省委书记娄勤俭在省委十三届四次全会上的一席话振聋发聩。苏北地区农村群众住房水平普遍不高,如果再不重视解决,等到中西部地区通过扶贫搬迁等措施实现脱贫后,苏北就可能成为全国农村住房条件最差的地方。

(2) 部分农户饮用未经处理的水。江苏仍有一些农户饮用未经处理的井水、泉水和江河湖泊水等。2016年,江苏农村有1 086.41万户的饮用水为经过净化处理的自来水,占93.0%;71.6万户的饮用水为受保护的井水和泉水,占6.1%;8.92万户的饮用水为不受保护的井水和泉水,占0.8%;0.6万户的饮用水为江河湖泊水,占0.1%;0.04万户的饮用水为收集雨水,占0.0%;0.53万户的饮用水为桶装水,占0.0%;0.37万户饮用其他水源,占0.0%。

表14-8 2016年江苏按饮用水来源划分的住户构成　　　　单位:%

项 目	全省	苏南地区	苏中地区	苏北地区
饮用水来源构成				
经过净化处理的自来水	93.0	98.9	99.8	86.5
受保护的井水和泉水	6.1	0.8	0.1	11.9
不受保护的井水和泉水	0.8	0.2	0.0	1.4
江河湖泊水	0.1	0.0	0.0	0.1
收集雨水	0.0	0.0	0.0	0.0
桶装水	0.0	0.1	0.0	0.1
其他水源	0.0	0.0	0.0	0.0

资料来源:江苏省第三次全国农业普查主要数据公报。

(3) 仍有部分农户使用旱厕。2006年起,江苏将农村改厕列为重大公共卫生服务项目,各地快速推进农村厕所革命,但仍有部分农村厕所没有得到改造。2016年,江苏农村有682.27万户使用水冲式卫生厕所,占58.4%;20.93万户使用水冲式非卫生厕所,占1.8%;187.98万户使用卫生旱厕,占16.1%;272.42万户使用普通旱厕,占23.3%;4.88万户无厕所,占0.4%。

表 14-9　2016 年江苏按家庭卫生设施类型分的住户构成　　单位：%

项　目	全省	苏南地区	苏中地区	苏北地区
水冲式卫生厕所	58.4	94.3	72.7	35.4
水冲式非卫生厕所	1.8	0.7	1.2	2.6
卫生旱厕	16.1	3.0	15.5	21.7
普通旱厕	23.3	1.8	10.2	39.8
无厕所	0.4	0.3	0.4	0.5

资料来源：江苏省第三次全国农业普查主要数据公报。

三、农村建设的推力机制缺失

在城镇化的"拉力机制"作用下，江苏部分农村出现了人口减少、村舍空置和景观荒芜的所谓"乡村空心化"问题，而农村内生发展的"推力机制"即"谁来建设农村的机制"缺失，导致农村发展活力不足，进而影响乡村振兴的进度和质量才是农村发展的真问题所在。

（1）农村建设能力不足。农村人财物流失成为农村高质量建设的重要制约因素。一是农村人才流失。主要表现为乡村发展能力的空心化，人才引不来、留不住、净流出。特别是乡村人口净流出背景下，乡村人口结构不断恶化，农村青壮年特别是高知青年大量流向城市，造成乡村发展能力进一步减弱。二是"人、地、钱"等关键环节改革不到位。与城镇化快速发展相适应的乡村人力资本开发体制机制不健全，职业农民制度和鼓励各类人才参与乡村振兴事业的政策体系不完善，也一定程度上加剧了乡村发展能力短缺的问题。

（2）城乡协调发展机制不健全。不协调、不平衡一直是江苏省城乡建设中的"短板"，多种消极的不平衡在城乡建设发展过程中导致财富和发展要素由弱势的农村部门转移到强势的城市部门。一是规划上城乡脱节。城乡基础设施互联互通机制、农村基础设施建设机制、农村公共服务设施运行机制等一系列推动形成城乡基本公共服务均等化的体制机制不健全。二是"城市偏重"。在城乡建设发展过程中的财富积累和公共资源配置,主要配置在城镇,农村公共资源分配失衡,生产要素向城镇单向流动。例如在农村义务教育布局调整中,大量农村中小学被撤并,中学进入县城、小学进入乡镇,教育基础设施及优质师资力量向城镇集中,农村土地、资金、劳动力等资源也大量流入城镇。三是"城乡相互为壑"。在城乡迁移过程中,大量进城的农村劳动力在城市生产中创造财富,却不能在再分配机制中得到必要的福利,难以有效转化成为城市居民;到中老年后,由于缺乏足够的社会保障,既无法在城市永久居留,又难以返回农村。多种机制构成了"消极的不平衡",成为影响乡村发展和制约城乡协调发展的症结所在。

(3)管理不善。由于镇级基本没有公共行政的执法权,社会治理能力相形见绌,与小城镇建设、市场发展和社区治安管理的需求不相适应,农村建设管理水平也有待提高,不少小城镇在建设过程中注重经济效益、忽视地域文化,注重外延扩张、忽视内涵塑造,造成特色褪失。部分地区仍存在规划执行不到位、规划执法难、不严格履行基本建设程序等问题,导致开发粗放甚至无序,质量安全隐患不容忽视。

第三节 农村建设高质量的基本路径

要立足江苏农村实际,坚持创新、协调、绿色、开放、共享的发展理念,对现有农村建设发展相关项目进行整合升级,进一步优化山水、田园、村落等空间要素,统筹推进乡村经济建设、政治建设、文化建设、社会建设和生态文明建设,塑造田园风光、田园建筑、田园生活,建设美丽乡村、宜居乡村、活力乡村,展现"生态优、村庄美、产业特、农民富、集体强、乡风好"的江苏特色田园乡村现实模样。

一、坚持以人民为中心的根本宗旨

农村建设的目的是增进社会福利、改善和提高社会公众的美好生活水平。高质量农村建设就是要用新发展理念指导农村建设实践,积极改善百姓居住条件,营造宜居环境。长期以来,农村建设投入严重不足,城乡发展不均衡、不充分更加突出和明显,农业和农村长期处于相对落后状态。当前和今后一个时期,江苏必须紧紧围绕农民对美好生活的向往,为农民提供更适宜的创业就业条件、休闲文化场所、居住房屋环境以及人车交通便利,加快建设生态宜人、内涵品质跃升的美丽农村新家园,更好地满足农民对美好生活更加强烈的期盼,让全体农民都能感受到农村建设发展带来的获得感和幸福感。为此,需要进行科学的农村规划和建设,包括建设良好的基础设施和公共服务体系,为农村生产和生活提供公共产品的供应保障。

二、坚持以城乡协调推进为重要手段

农村建设高质量是一项复杂的系统工程,必须加强顶层设计,坚持城乡融合发展。立足江苏农村建设需要,将协调发展作为高质量农村建设的内生特点,促进生产关系与生产力、上层建筑与经济基础相协调,速度与结构质量效益相统一,城市与乡村相融合,经济增长与人口资源环境相和谐,经济发展与农村建设相促进。必须按照乡村振兴 20 字总要求,综合考虑农业农村农民,兼顾当前和长远,合理确定长期目标和阶段性任务,既积极作为、尽力而为,又量力而行、久久为功,最终实现城乡基础设施比较均衡以及基本公共服务的均等化。

三、坚持以绿色发展为基本要求

农村建设要牢固树立"绿水青山就是金山银山"的发展理念,保护特色景观资源,构建生态网络,彰显生态特色,实现绿色低碳循环发展。农村绿色发展的关键是生产、生活、生态的统筹布局,形成有利于节约资源和保护环境的新空间格局、生产和生活方式,从而从根本上减少农村建设、发展和运行中的生态影响,使农村运行更有效率。深入推进节约型镇村建设,倡导绿色生产生活方式,引导建设产业提质增效升级。江苏农村建设要在完善功能的基础上更加注重品质提升、农村管理要在强化精细管理的基础上更加注重共建共治共享,在农村生态系统构建、人居环境改善上彰显绿色,能够动态满足农民日益增长的美好生活需要,使绿色成为农村建设的普遍形态,绿色成为农村建设高质量的必然模式。

四、坚持以体制机制创新为主要动力

在高质量农村建设过程中,必须发挥市场在资源配置中的决定性作用,并更好发挥政府作用,使政府有形之手、市场无形之手、群众勤劳之手同向发力。将创新作为农村高质量建设的第一动力,将改革作为高质量建设的重要保障,全面推动农村产权制度、要素流动、投融资体制等改革,激发多种市场主体参与农村建设的动力。树立鲜明导向,优化制度设计,进一步健全鼓励激励、容错纠错、能上能下"三项机制",激发各级干部推进农村高质量建设的积极性、主动性、创造性。尊重农民对农村发展决策的知情权、参与权、监督权,鼓励社会力量通过各种方式参与农村建设、管理,真正实现农村共治共管、共建共享。

第四节 农村建设高质量的重点任务

结合省委十三届三次全会对城乡建设高质量的要求,江苏农村建设高质量的主要任务包括农村建设高品质、城乡发展相协调。

一、推进农村基础设施建设高质量

农村基础设施是乡村振兴的重要内容,是农村经济社会发展的重要支撑。要持续加大投入力度,围绕农村公路、供电供水、水利工程、能源、物流、新一代网络建设等多个领域开展基础设施建设重大工程,加快补齐农村基础设施短板,促进城乡基础设施互联互通,推动农村基础设施提档升级。

(1)加快农村公路提档升级。要想富,先修路。按照省政府"四好农村路"实施意见,积极推进农村地区"四好农村路"建设。一是完善乡村交通基础网络。按照推进规划保留村庄通公路,加强农村公路建设要求,突出行政村断头路、瓶颈路、年久失修路和危桥改造。二是建设外通内联区域交通骨干网络。推动国家和省连接农村地区的重大交通项目建设,充分发挥高铁城际互联功能和公路干线的支撑作用,畅通经济薄弱地区与周边综合枢纽、集疏运体系对接,增强对外拓展能力。三是提供普惠可靠的客运服务。加强经济薄弱地区城市公交、城乡客运、镇村公交的衔接,强化与毗邻地区公交线路、镇村公交的互联互通。

(2)加快农村水利基础设施建设。水利是农业的命脉。继续加强防洪保安能力建设。全面推进水生态环境保护和修复,加紧实施长江堤防防洪能力提升等工程,切实解决流域防洪安全隐患。完善南水北调、江水东引、引江济太三大工程体系,增强流域和区域水资源配置能力。继续加强农田水利工程建设力度。进一步完善灌排系统,加强小型水源工程建设,合理布置输配水渠系,真正实现灌得上、排得出、降得下,全面提高农田水利建设标准。继续加强水资源保障能力建设。推进农村饮水安全与城乡统筹区域供水同步实施,加快实现同水源、同管网、同水质、同服务的城乡一体化供水目标。继续加强水生态保护能力建设。实施农村河道疏浚、灌区节水配套改造工程。继续加强水利设施管理体系建设。

(3)加快农村能源基础设施建设。健全的农村能源基础设施是建设资源节约型和环境友好型社会的基础。要把新能源基础设施建设纳入农村建设总体规划,完善农村能源基础设施网络,加快新一轮农村电网改造升级,加快中压配电网主干网建设,提高农网地区配电变压器布点密度。在农村建设分布式清洁能源网络,逐步扩大农村清洁能源供应范围,不断提高农民清洁能源使用比例,实现农村地区生活用能可持续发展。加快推进生物质热电联产、生物质供热、规模化生物质天然气和规模化大型沼气等燃料清洁化工程。推进农村能源消费升级,提高电能在农村能源消费中的比重,积极稳妥推进散煤替代和清洁利用。推广农村绿色节能建筑和农用节能技术、产品。大力发展"互联网+"智慧能源,全面提升农村能源消费智能化、高效化水平。

(4)加快农村物流基础设施建设。农村物流业的建设与发展,离不开基础设施的支撑。围绕农村产业发展,着力提升农村物流发展水平,降低物流成本,发展安全便捷的货运物流,形成城乡一体化物流配送体系。建设一批多功能的农村物流配送中心和货运场站等物流节点设施,以及农村快递投递点和村邮站等,逐步完善农村配送网络。要对部分现有基础设施,减免租借费用,要继续深入贯彻国家鲜活农产品物流"绿色通道"发展政策,在现有基础上开放更多农村物流车辆专用关口,减免过桥过路费。要加大对物流硬件设施的投入力度,如对相关企业购买先进物流设备进行补贴,对进口物流设备减征进口税。

(5)加快农村信息基础设施建设。农村信息化建设对于农业农村现代化建设有特别重要的意义。要坚持走新型工业化、信息化、城镇化、农业现代化同步发展道路。加快推进新一代农村信息基础设施建设,着力构建宽带、融合、泛在、共享、安全的信息基础设施网络,让农村信息化跟上网络强省、数据强省、智造强省和智慧江苏建设步伐。编制发布信息基础设施空间布局规划,逐步降低基础运营企业租赁信息管道成本、加快落实信息基础设施用电扶持政策、切实降低信息基础设施进入公共区域成本、加快推广光纤宽带网络和终端普及应用。

二、推进农村公共服务体系建设高质量

继续把社会事业的发展重点放在农村,促进公共教育、医疗卫生、社会保障等公共服务向农村倾斜,逐步建立健全全民覆盖、普惠共享、城乡统一的公共服务体系,推进城乡基本公共服务均等化。

(1) 全面改善基础教育办学条件。把"补短板"、满足基本需要放在首位,严格对照"底线要求",督促各地针对薄弱环节,实施有针对性的补缺行动,确保标准执行不走样,找准差距促整改。加强上下联动机制,在规划、国土、发改、财政等方面加大协调力度,要健全体制上的保障,密切配合,落实费用减免、教育用地优惠等政策,开辟绿色通道,进一步引导全省各级政府教育职能部门充分认识改善薄弱学校办学条件的重要意义,把其纳入推进省、市、县级政府义务教育发展和保障教育公平的重要内容,列入主要工作安排,切实将改薄工作的要求与义务教育学校标准化建设、校安工程及教育现代化示范区建设工作相结合,统筹规划实施,提升改薄工作效率,保障改薄工作取得实效。

(2) 加强卫生服务能力建设。卫生服务能力不足是农村公共服务体系的明显短板。要合理规划布局乡村卫生机构,加快乡村卫生机构提档升级,在中心乡镇建设区域性医疗卫生中心,推动优质医疗卫生资源下沉,健全"15分钟健康服务圈"。进一步改善经济薄弱地区医疗卫生服务条件。深化医疗卫生机构"一对一"帮扶,在医疗机构"一对一"帮扶全覆盖基础上,加大对经济薄弱地区疾控、卫生监督等公共卫生机构的帮扶力度。通过医学生订单定向培养、基层卫生骨干人才遴选等措施强化经济薄弱地区医疗卫生人才综合培养。

(3) 完善农村养老服务体系。农村老龄化的到来,对农村养老服务体系提出了新的要求。养老服务业发展要围绕服务均等化、科技化、付费化来展开。加快建立以居家为基础、社区为依托、机构为补充的多层次农村养老服务体系,提升农村养老服务能力。以乡镇为中心,建立具

有综合服务功能、医养结合的养老机构,与农村基本公共服务、农村互助养老服务、农村特困供养服务相互配合,形成农村基本养老服务网络。要尽快提升乡镇卫生服务机构为老年人提供医疗保健服务的能力,统筹推进农村五保供养服务机构提质转型,逐步发展区域性养老服务中心。充分利用互联网等新兴技术,推进农村养老服务体系提档升级。鼓励村集体建设用地优先用于发展养老服务。

三、推进美丽宜居乡村建设高质量

要以美丽宜居乡村建设为抓手,推进农村建设高质量。要对现有农村建设发展项目进行整合升级,进一步优化山水、田园、村落等空间要素,加快推进美丽宜居乡村建设。

(1) 加快推进新型农村社区建设。要推进农民集中居住,加快建设新型农村社区,以此提高土地利用率和乡村公共服务水平,改善农村居民居住条件。相对集中居住是推动乡村振兴的工作抓手,目的在于通过资源整合和设施配套,让农民群众共享改革发展的成果。按照城镇化规律推进苏北地区集中居住,既有利于乡村振兴,也符合群众意愿,顺应"四化同步"要求。要按照"强富美高"的要求,进行高水平的系统规划,确保集中居住后群众的住房条件、人居环境、公共服务和文明程度有显著提升。农村相对集中居住工作涉及制度的深刻变革、利益的深度调整和资源的深度整合,必须坚持问题导向和底线思维,切实解决好人往哪里去、土地怎么转、钱从哪里来、权益如何保障这些关键问题,用好政策和好前景来唤起群众对集中居住的向往。要加强村庄规划、加大政策扶持,充分利用城乡建设用地指标增减挂钩等政策,因势利导的推进新型农村社区建设。

(2) 不断改善农村人居环境。始终把推进农村人居环境整治当作建设"强富美高"新江苏的重要内容来抓。新型农村社区建设要按照城乡融合发展和基本公共服务均等化、标准化要求,遵循"先地下、后地上"原则,做好道路、供排水、粪污处理、垃圾收运、供气、供电、照明、通信、绿化等设施配套,合理设置党群服务、教育医疗、文化体育、健康养老、农贸商业、金融物流等公共服务设施。建设美丽宜居乡村需按照乡村定位及特点分类指导,强化技术支撑,还需发动社会力量,实现农村产业融合发展与人居环境改善互促互进,打通城乡要素、人员流动的畅通渠道,为企业家、乡贤等"富人""能人"到乡村居住、投资、创业开辟绿色通道。

第五节 农村建设高质量的政策举措

随着乡村振兴战略的实施,农村建设面临难得的历史机遇。要把基础设施建设重点和社会事业的发展重点放在农村,持续加大投入力度,加快补齐农村基础设施和社会事业发展的短板,促进城乡基础设施互联互通,推动农村基础设施提档升级,促进公共教育、医疗卫生、社会保障等公共服务向农村倾斜,建立健全全民覆盖、普惠共享、城乡统一的基础设施和公共服务体系。

一、坚持规划引领

推进农村建设高质量的一条重要措施,就是规划先行。在农村高质量建设过程中,要通过"多规合一"和考核评比,实现理念、技术和平台统一。农村建设规划不能简单照搬城镇规划,更不能搞一个模式,要突出乡村优势特色,体现农村风土人情。江苏省于2016年完成了镇村布局规划优化调整,确定了规划发展村庄和一般村,这为深入推进农村建设高质量奠定了重要基础。要按照乡村振兴的要求,对有建设需求的村庄,逐村编制村庄建设规划设计,并与县乡土地利用总体规划、生态文明建设规划等加强衔接,鼓励推行多规合一。要推行实用性村庄规划设计,对每个规划发展村庄的建筑风貌、水气供应、交通出行、生活设施、污水治理等内容作详细规划,并对房屋户型、建筑风貌等提出具体方案,逐步推进。要下大力气抓好规划执行,切实发挥规划引领发展、指导建设、优化布局的作用。赋予规划极强的法律权威和约束力,强调规划的可持续性、执行刚性和适度超前性以解决农村建设进程中自发、盲目、不平衡、不充分的问题,做到质量第一、效率优先、城乡协调。

二、健全农村建设体制机制

要完善农村建设决策、投入、建设、运行管护体制。要加强建设力量集成,政府要在规划制定、政策支持、工作导向、制度建设等方面发挥主导作用,同时要充分发挥村民主体作用,并积极探索有效方式和渠道,让农民参与到农村建设中来。地方各级党委政府一把手是农村建设高质量工作的第一责任人,要亲自抓、亲自管,切实把实施农村高质量建设摆在优先位置,坚持城市农村一起抓,把农业农村优先发展的要求落到实处。县级是农村建设高质量的关键环节,县级党委政府要切实担负起主体责任,做好规划编制优化、项目落地、资金使用、推进实施等工作。乡镇党委和政府要做好具体组织实施工作。政府各相关部门和单位要按照职责分工,齐心协力推进农村基础设施建设、公共服务体系建设和农村居住条件改善等各项工作。要坚持建管并重,在建设之初就要研究明确管护责任、管护资金和管护人员等。将农村建设高质量纳入高质量发展评价指标体系,制定具体的考核验收标准和办法,以县为单位进行检查验收,使考核监督真正起到激励和约束作用。

三、强化农村建设资金投入

农村基础设施和公共服务体系建设,需要大量资金投入。遵循"政府引导、规范运作、分类管理、防范风险"的基本原则进行设计和运作,加快形成财政优先保障、金融重点倾斜、社会积极参与的多元投入格局。

明确各级政府事权和投入责任，构建事权清晰、权责一致、县级负责、省以上给予适当补助的农村基础设施投入体系。发挥政府投资的引导和撬动作用，采取直接投资、投资补助、资本金注入、财政贴息、以奖代补、先建后补等多种方式支持农村基础设施建设。除了要加大财政资金投入外，还要着重做好金融资源和社会资本引导的文章。支持符合条件的企业通过发行债券方式融资，用于农村供电、电信、广电网络设施等基础设施建设。鼓励按照"公益性项目、市场化运作"理念，通过政府和社会资本合作（PPP）等方式，创新农村基础设施建设和运营模式。要切实改变农村建设资金投入"碎片化"状态，通过农村建设引领涉农资金全面整合，解决部分乡村基础设施条件差、发展速度慢、美丽乡村建设工作成效不明显等问题。

四、发挥农民群众主体作用

农民群众是农村高质量建设的主要力量，也是最终受益者。农村高质量建设既要兴产业、修公路、建新房、搞绿化、美环境，更要培育新型农民，提高农民素质，激发农民共建共享的热情。要把美丽宜居乡村建设作为民心工程、民生工程来打造，搭建有效平台，让农民在美丽宜居乡村建设中看到效果、得到实惠，赢得农民群众的理解、支持和主动参与。要充分尊重农民意愿，更加深入细致地做好宣传动员工作，广泛开展文明教育，注重农民群众日常生活习惯的养成和自律意识的提升，倡导简约适度、绿色低碳、健康文明的生活方式，使高质量建设成果能够长久保持。

参考文献：

[1] 谈镇：《让高质量镶入城乡建设全过程》，《群众·大众学堂》2018年第3期。
[2] 徐惠中：《加快推进江苏农业信息化建设》，《江苏农村经济》2018年第8期。

第十五章　文化建设高质量

文化的高质量建设和发展，从逻辑上讲是一个相对概念，站在历史角度上看却是一个绝对概念；从逻辑上讲是一个递进过程，站在历史角度上看却是一次飞跃。新时代中国特色社会主义文化的高质量建设和发展，既是历史发展之必须，又有内在逻辑之必然。对其开展相关理论研究，应基于马克思主义"历史与逻辑相统一"的方法论，一方面对中国社会主义文化的现代发展与创新进程的核心要素进行梳理，一方面对多元化背景下对中国文化特色的坚守、在全球化背景下对中国文化内涵的提升进行科学研判，在此基础上，进一步探索新时代中国特色社会主义文化实现高质量发展的创新体系及相应路径。江苏肩负着为全国发展探路的重任。在江苏推进文化高质量发展，既要遵循文化高质量发展的一般规律，也要着眼江苏省情，努力把握新时代江苏的新方位、新坐标，聚焦如何进一步增强优势、补齐短板、拓展空间，将"走在前列"作为奋斗目标。因此，需要以全新认识来谋篇布局，强化其重要支撑点和发力点，明确其高端目标、实践路径和重点保障等。

第一节　新时代文化创新中文化高质量发展

新时代中国特色社会主义文化的质量提升,也是为了能够成功应对经济全球化带来的资本主义意识形态全球扩张和资本主义文化霸权的严峻挑战。为此,需要进一步坚守中国文化特色,为维护世界多元文化的多样性提供中国方案和中国路径;通过提升中国文化内涵,在积极参与甚至主导全球文化一体化的融通对话过程,维护中华民族的文化安全。

一、多元化背景下的文化特色坚守

多元化背景下的文化特色坚守,其背后支撑它的是对文化立场的坚守。新世纪之交,中国特色社会主义建设进入全面开放、多元文化迅速交融交流的时期。执政党以怎样的文化立场去对待多元文化、去丰富人类精神世界、去引领社会前进方向,就显得尤为重要。为此,党的十九大报告提出了要"坚守中华文化立场"。这个要求,是在经济全球化国际发展大背景下提出来的,旨在正确处理中西文化关系。对此,朱康有先生曾于 2017 年 11 月 20 日《人民政协报》中做过较为简明的解读:"坚守中华文化立场,就是按照主要在中国大地上产生并发展的共同文化价值观、思维方式、人文理念、核心思想来分析和处理问题。""中华文化立场反映了中华民族的最大公约数,总结了我们党在文化建设上一以贯之的整体理念,包含着把中国化马克思主义作为指导思想的战略旨向,亦应运当今世界多元文化相处的格局。"正如他所说,坚守中华文化立场,一是文化自信的体现,二是维护国家文化安全的决心的体现。以共同语言、共同理念、共同价值标准、共同思维方式、共同审美情趣、共同生活方式等所构成的文化体系,一直就是中华民族存在意义的主要载体,也是构成中华民族命运共同体的前提条件。坚守中华文化立场,为新时代中国特色社会主义的文化发展战略提供了强大定力,以此支撑起中国梦、中国力量、中国精神、中国价值、中国智慧、中国故事、中国话语等在高质量层面上的诸多文化方式表达。

文化多元化的理论参照系是"文化一体化"。这里所说的"文化一体化",并非指"文化单一化",而是指同一历史条件或社会环境下、在一定地域中,相互影响、相互比照甚至相互依存的多元文化主体及其多样文化形态之间的共生共存生态。文化的多元化及其产生多样化和本土化,需要在某种一体化的文化生态中进行。在世界文明发展和进步中,文化的多元化和多样化已形成今天和未来的明显趋势。各种文化主体的发展,不仅有赖于它之所以存在的一元性的内在发生机理,同时也离不开其外部由多元主体共建的特定文化生态。也就是说,每一种文化主体的外部生态都存在着影响自身的一定疆界范围,在彼此之间产生一定交集时,便会形成上述"文化一体化"意义的某种文化生态。因此,对于文化多元化特点,必须放在"一体化"视野中去分析。现代社会发展受到全球经济一体化和科学技术一体化的深刻影响,加深了各地域、各民族、各类型思想文化之间的相互渗透和交流。伴随全球经济一体化和科学技术一体化的,将会是上述意义上的文化一体化。如今,一个地区乃至全球的社会发展,不再仅仅依靠经济一体化或科学技术一体化等实体性力量。因此,在文化多元化大趋势中如何坚持中国文化的民族特性,如何立足于当代去创造性继承和创新性发展优秀文化传统,应当有自己具体的文化对策。这些具体对策的根本依据,就是"双百"方针、"二为"方向和"两用"策略。面对经济全球化带来的资本主义意识形态全球扩张和资本主义文化霸权,新时代中国特色社会主义文化的高质量建设与发展对策,首先应当能够为民族自尊和文化自信来构筑一道坚实的底线防护圈,同时为保护当代世界的文化多样性提供中国方案与中国贡献。

二、新时代文化高质量发展的本质内涵

沿着上述思路,我们认为,新时代中国特色社会主义文化的高质量发展,在其价值理性层面,首先要求在全球化时代更要坚守中国的文化主权。民族性是文化多元化的现实社会基础。文化是民族性的主要象征之一。我们对于马克思所指出"各民族的精神产品将成为全人类公共的财产"这句话中的深刻含义可从另一个角度来理解,这就是没有民族个性的精神产品,也许只能是私人的,但绝不可能是全人类的"公共的"财产。由此可见,具有较强民族性特点的文化将具有较强的存在价值和生命力,因而也就越能以其独立身份走向世界。如果缺乏个性和差异,就不可能有实质性的创新和发展。中华民族因共同的历史形成了共同的性格和精神,因共同利益形成了共同的文化纽带,由此构成中华民族命运共同体的坚实基础。这些共同的性格、精神和文化纽带,是中华民族多元化中那些能够共同产生交集的部分,表现为共同的信念、喜好、标准、愿景以及相似的心理倾向性、思维方式和行为方式等。这些交集之外部分所彰显的,则是不同民族各自的文化独立性和独特性,即表现出不同民族主体在其生存权益、生活方式以及性格特征等方面独立的文化特征,且在彼此之间存在不可互相取代的个性和差异。一般而言,某一被称为"民族文化"的东西,对其内部意味着文化上的共同性和统一性,意味着共同的规范和习俗;对其外部意味着文化上的独立性和多样性,意味着自主的意识与权利。由此,民族文化往往是一个民族身份的标签,也由此才能进一步体现中华民族对于世界文化做出独特贡献的特殊意义。

文化多元化还是文化多样性的前提和基础。保有并发扬文化的民族性和个性,也符合联合国对维护当代世界文化多样性的倡议。尊重和宽容、支持和鼓励民族文化去充分发展自己的文化个性并以此呈现出生动的文化多样性生态,这应当成为新时代中国特色社会主义文化高质量

发展的合理需求和历史使命。在上述意义层面来讨论"文化一体化"前提下的民族文化多元化,其哲学规律也十分鲜明的,即普遍存在于特殊之中,共性存在于个性之中。任何世界性的文化共性,都无不存在于且仅仅存在于文化的民族个性及其多样性之中。离开了个性和多样性去追寻某种超越个性和多样性的普遍,无异于缘木求鱼。2014年6月28日,习近平主席出席在北京"和平共处五项原则发表60周年纪念大会"主旨演讲中指出:"'万物并育而不相害,道并行而不相悖。'我们要尊重文明多样性,推动不同文明交流对话、和平共处、和谐共生,不能唯我独尊、贬低其他文明和民族。"在多个双边、多边外交场合,中国国家领导人都提倡文化多样性,倡导不同文明交流互鉴、和谐共处。随着中国国际影响力的提高,中华文明倡导的"和而不同"、和谐共生理念,必将为缓解文明冲突、促进文化间交流对话、促进世界和平发展做出贡献。这些也应当成为新时代之中国特色社会主义文化高质量建设的重要内容。

　　新时代中国特色社会主义文化的高质量建设和发展,不是简单的增量建设和递进发展,而是一次较高水准的质量飞跃。它的实现,需要全球视野、全局思考、底线思维和规制保证。从宏观上讲,应当形成"一个基调、三个体系和三项突破"为主要内容的系统工程目标,即坚持社会主义意识形态导向这个基调,建构高质量水平的新时代中国特色社会主义文化的价值观念体系、现代话语体系和评价标准体系,在此基础上首先实现文化安全、文化出口和文化惠民三个方面的重点突破,由此建构一种"文化硬核——防护带"式的文化高质量建设的新型文化体系结构。

三、文化现代发展与创新的高质量体系

　　新时代中国特色社会主义文化的高质量建设,其基本向度主要体现在现代发展和创新。围绕这两个基本向度去建立的高质量体系,应当在目标、标准和路径等方面有别于传统意义上的文化建设体系。其中,通过建设新的价值观念体系、现代话语体系和评价标准体系,努力在文化

的全球一体化和文化多元化的时代境遇中,形成中国特色社会主义文化高质量发展的比较优势和竞争优势。

相对于传统文化建设体系,上述三个体系建设进行质与量的大幅度提升。在深度方面,通过创造性继承和创新性发展,进一步深度挖掘传统文化价值观的现代意义,形成能够引领新时代文化高质量建设的新的现代价值观念体系;在广度方面,由于中国特色社会主义文化的高质量建设是一项面向世界、面向未来的历史性伟大工程,因此需要建立一套新的话语体系,来向世界准确表达高质量建设的中国文化所具有的现代意义和创新,准确表达中国文化的现代价值观念,准确表达中国文化的民族身份和对世界文化的贡献方式等;在高度方面,立足"文化的全球一体化"视野,力争在多元文化中发挥足够影响力,新时代中国特色社会主义文化的高质量建设首先必须建立一个能够推动其走在世界前列的较高水准的高质量评价标准体系。而在上述三个有待新建的体系中,我们首先且特别关注为什么及如何去建设新的话语体系。

当代西方马克思主义关于话语权与话语体系研究的代表人物,是法国思想家米歇尔·福柯,提出了"话语就是权力"的观点,为我们解答了为什么要建立新的话语体系的问题。他还系统论述了话语与权力、话语与诸多学科谱系、话语知识结构与其实践方式等关系,结构出一种由"知识话语、权力话语、生命话语"三个维度所构成的话语系统,这为我们提供了如何建构新的话语体系的理论模型。我们认为,针对新时代中国特色社会主义文化的高质量发展去建立一套新的话语体系,起码存在三个必要性:一是强化国家意识形态安全、文化安全和文化主权。通过相关话语体系的创新,能够为国家积极提供具有地方性特色的问题意识、思想资源和解决途径等贡献。在文化多元化的世界环境中,通过不断加大中国文化话语和中国文化符号的研究与发布,鼓励研究者们积极运用中国理论和中国话语,从一个特殊角度增强中国文化的世界地位和影响力。二是立足建构中华民族命运共同体。通过不断完善中国特色或中华民族性的时代话语体系,更为准确地关注中国问题、提出中国命题、开展中国反思、形成中国认识、形成中国模式,最终在解决新时代全球文化问题上通过中国道路和中国方案,由此逐步改变全球文化发展中的话语格局,逐步培育能够促进世界和平发展的中国文化全球话语共同体。三是推动中国经济社会文化的现代化发展。"一路一带""人类命运共同体"等倡议,它们首先呈现给世界的是现代文化建设的观念。建构具有传承性、民族性、原创性和时代性、系统性、专业性的新的话语体系,是让这些文化观念获得更多国际社会认同的客观需要。

四、新时代文化高质量发展的基本路径

选择新时代中国特色社会主义文化的高质量建设和发展的基本路径,首先需要开展高水准的理性研判,减少甚至防止对文化高质量建设在理解和行动方案方面的随意性或盲目性。为此,可在以下三个主要方面首先开展探索、实现突破。

一是强化文化安全。通过社会主义意识形态引领文化前进方向和发展道路,实现对社会主义文化安全的高质量保证。习近平总书记在党的十九大报告中指出:"意识形态决定文化前进方向和发展道路。必须推进马克思主义中国化时代化大众化,建设具有强大凝聚力和引领力的社会主义意识形态,使全体人民在理想信念、价值理念、道德观念上紧紧团结在一起。"这种对象具有非常精准的现实针对性。如法国著名哲学家德里达所指出的那样,占据世界主流文化思潮的欧洲文化中心论,其目的是想把全世界"漂白",要让全世界以欧洲文化范式进行思考,首先要全世界像欧洲一样地说话,从语言推广到思维方式推广再到意识形态推广。实际上,德里达提醒了我们,国家的安全包括文化安全、语言安全、思维方式的安全和意识形态的安全。如果一个国家失去了独特的语言、思维方式和意识形态,这个国家的文化也就名存实亡了。因此,以社会主义意识形态的价值导向引领新时代中国文化的前进方向和发展道路,这是坚定社会主义文化自信和文化安全的根本保障。这方面,需要

通过高质量的文化建设进一步体现新时代中国文化建设的科学性和始终为了人民利益的人民性；需要通过社会主义意识形态引导并整合现代社会多元化的文化价值观，推动社会主义意识形态和多元文化价值观之间互通并存与双向构建的社会文明进步；需要以社会主义意识形态去抵制和批判错误的文化价值观，如十九大报告所指出的那样："坚持正确舆论导向，高度重视传播手段建设和创新，提高新闻舆论传播力、引导力、影响力、公信力"；需要以社会主义意识形态中的核心价值观来夯实文化软实力，努力促进文化软实力转化为国家核心竞争力。

二是加大文化出口。通过进一步加大文化的改革开放力度，以高质量的文化形象、信息、服务及产品出口，在世界文化舞台上赢得更为广泛的文化影响力。随着改革开放的继续深入，中华文化大踏步"走出去"的时代已经到来。经济全球化并不等于文化全球化。世界文化是由具有各自鲜明特点的民族文化组成的，世界上不存在也不可能存在单一价值体系的所谓"全球化"了的文化，不存在超然于各民族文化之上的统一的"世界文化"。中华文化与世界其他国家或民族的文化是相通的。新时代的中国文化发展，既面临良好机遇，也面临严峻挑战。与美国等西方大国国际文化战略的核心内容是凭借其经济、科技的强势地位去推行文化霸权不同，中华优秀文化借"一带一路""人类命运共同体"等倡议而走向世界，参与甚至主导世界文化间的平等对话交流，已成为不可逆转的趋势。因此，中华文化"走出去"比"引进来"更加重要。中华文化只有不断提高"走出去"的能力和实力，才能回应日益激烈的国际文化竞争所提出的严峻挑战，才能跨越充满西方文化渗透性与扩张性的"文化全球化"陷阱。当今社会如托夫勒等人所指出的那样，军事力量和经济力量已不再作为衡量国家实力的主要目标，知识的控制是明日世界争夺的焦点。谁的文化成为主流文化，谁将掌握未来的世界。为此，在新时代中国特色社会主义的高质量文化建设和发展规划中，需要更加系统地、有针对性地开展国际文化发展战略研究，进一步积极构建或完善新时代中国文化的对外发展战略，研究如何在全球文化格局中确立中华文化的重要地位和重大影响力。

三是加大文化惠民。立足"一切从人民出发",通过大胆赋予"双百"方针、"二为"方向和"两用"策略以新时代中国特色社会主义的新内涵,大胆探索它们在新时代经济与科学技术全球化、全球文化多元化背景下的实践方式,真正为全国人民提供高质量的文化惠民服务。这方面的突破,是对党的十九大方针的重要遵循,是中国特色社会主义文化高质量发展的根本价值所在,将成为国内各地开展文化高质量建设和发展规划落实的具体行动。

第二节　文化高质量发展的系统思维

江苏文化的高质量发展,面临深化改革和解放思想两大机遇,也面临几大挑战,即高标准、高水平的内涵提升;系统化、体系化的业态整合;由大变强、优胜劣汰的行业竞争。文化发展的高质量,区别于底线层面的基础性发展要求和文化领域的日常工作要求。

江苏文化的高质量发展,需要通过专门系统谋划,综合遴选文化领域各行业相关行动方案中的着重点和突破点,凝练出政府进行战略引领、总体掌控、动态监测和综合评估的一套抓手。因此,建立江苏文化高质量发展体系非常必要。

一、推进文化发展的高质量,需要对文化质量现状进行科学界定和系统梳理

从江苏省文化领域各部门及行业的若干"推动文化建设高质量工作方案"中发现,存在着"聚焦不够清晰、层次不够分明"的现象。我们认为,高质量发展,首先应当做出这样三个方面的基本研判:一是"新定位",即在全国范围内,江苏文化高质量发展的水平究竟如何?二是"新

坐标",即哪些地区性优势和竞争性优势有待进一步拔高?哪些低质量的方面急需补齐弱项短板?哪些有高质量潜力的发展空间有待大力拓展?三是"走在前列",即哪些方面应当继续确保留在前列?哪些方面需要加大努力迈进前列?哪些方面曾经处于前列而今已经落后?

其次,目前各文化部门或文化单位对高质量发展的发展目标及其主要任务安排,因为缺少可以公允的标准,导致或者只能和自己原先水平比增量,或者与他人没有的项目比增项,或者说,要么设计了一些新的文化方式,要么设计了一些对原有项目的数量增加量,往往缺乏赋予它们应有的高质量的功能性,也缺乏某一高质量的数量等级判定。如今,社会经济发展和人民群众日益增长的文化需求,都对文化高质量发展提出了新要求,各省份都在纷纷应对文化高质量发展的全国性挑战,但是,究竟达到什么水平才是真正意义上的高质量水平?这个衡量标准尚不明确。因此,对江苏现有文化发展质量进行一次科学界定和梳理是非常必要的。这就需要建立一个能够提供对标、规范、协调、监测、评价和引导等重要功能的江苏文化高质量发展体系,以此为根据进行对标梳理,系统形成江苏文化高质量发展的基本现状、基本问题和基本方向等准确判断。

二、文化高质量发展,需要高端站位的规划布局和科学精准的系统设计

目前不少文化单位推进高质量发展工作方案中,普遍存在"内涵不够深入,重点不够突出"现象。不久前公布的《江苏发展高质量指标体系》中,设有一级指标"文化高质量发展指标"。其二级指标包括"社会文明测评指数、文化及相关产业增加值占 GDP 比重、人均拥有公共文化体育设施面积、村(社区)综合性文化服务中心建成率和全面综合阅读率"等 5 项。应当说,这些指标还停留在基本面上而并非严格意义上的高质量指标,它们的涵盖面也存在较大局限性和片面性。有不少部门推动文

化建设高质量的工作方案中,含有较大篇幅的一般性工作内容。与上述指标体系相比,江苏文化高质量发展体系,将聚焦高质量发展的中心工作、比较优势和未来走向等,是一个比基本指标体系更科学、更精准、更清晰的高水准质量体系。

目前,国家文化发展质量体系的指导性文件,是文化部颁布的《文化标准化中长期发展规划(2007—2020)》。然后陆续出台了各文化行业标准,比如《古籍定级标准》《演出场馆电声系统工程规范》《公共文化服务标准》《图书馆评估定级标准》等。这些标准是一些确保基本面的底线标准或常态工作规范。我们认为,文化高质量发展,并不是指文化发展要比正在执行的行业规范做得好一些、进一步就可以了,仅仅定性方面做了一些项目还不够,还需要进一步形成高端目标定量。在现实工作中,不同文化行业制定的不同标准,已不断呈现阶段性、层级化等明显特点。若干文化发展规划和行业标准等,更多呈现为一些在某一段时期要实现的保障性、基本面、基础性的底线标准。应当承认,不少底线标准实际上达不到高质量标准要求。因为常规工作有其相应的规范标准要求,那么,高质量发展就不能是面面俱到、样样兼顾,它不是一般意义上的"质量提升",也不是指将基础性工作做得更好一点。高质量发展是一种重点推进发展,是一种向高端标准的提升,更是一种系统性统筹推进,是去拼高端水平、竞争力水平甚至高峰冲刺水平。因此,高质量发展主要是内涵式发展、创新式发展、优势发展和精特强发展。仅仅做得比现在好一点或增添一些新项目新建设,这还算不上高质量。高质量发展,是一个高端水平、竞争力水平甚至冲刺水平上的发展,它应当明确提出"要做好到一个什么程度"这样的高要求。因此,不仅需要对文化领域的一系列高质量发展目标及其高质量程度进行精准量化,为以后的精准投入提供基础,更需要以战略高度和全局视角,切实开展针对性的科学规划、重点推动及动态监测等工作安排。因此,建立江苏文化高质量发展体系,是开展全省文化领域高端目标集群规划、优质资源科学布局及安排实践路径和工作步骤等的有效对策之一。

三、文化高质量体系，需要形成相关子体系的系统集成

目前，全省文化领域各部门单位解放思想大胆探索，分别形成推动文化建设高质量的工作方案。在充分肯定这些方案的同时，我们发现在全省统筹谋划方面还存在"体系不够规范，配套不够系统"的现象，其中对发展目标和主要任务的安排，大都采取一般性工作计划的方式，其目标体系与直接影响"如何高质量"的政策体系、统计体系、标准体系和绩效评价、政绩考核办法等之间，关联度不够密切、对应性不够精准、操作性不够具体。江苏文化高质量发展体系，是若干相关子体系的系统集成。这些子体系主要包括聚焦于"如何高质量"的一系列目标体系、政策体系和统计体系，还包括与之一一对应的标准体系、绩效评价和政绩考核办法等。经过改革开放四十年，我们在文化建设方面出台了许多相关政策，形成多种统计方式，运行了若干层面的考核办法，等等，这些需要放在"如何高质量"的视域下，重新遴选其中适用于高质量发展要求的内容，若有缺项甚至还需要专门设立。针对"高质量发展"的上述若干体系，应当与高质量发展目标体系中的高质量发展任务一一对应匹配。

四、形成"精准对标"与"系统推进"相结合的江苏模式特色

至今，其他先进省市对文化高质量发展的推进方案，分别表现出"品牌引领、专题突破、跨界创新、标准先行、优势发展、重点提升、错位发展"等基本取向特点。现简要列举如下：（1）上海，强调品牌引领、凸显发展优势。2018年4月出台《关于全力打响上海"四大品牌"率先推动高质量发展的若干意见》，通过打造"上海服务""上海制造""上海购物""上海文化"四大品牌，努力彰显功能优势、增创先发优势、打造品牌优势、厚植人才优势。在打造四大品牌的具体任务中，实际上夹带了《上海市加快建成国际文化大都市三年行动计划（2018—2020年）》中的许多常规内容。

但是,专门针对文化高质量发展尚未发现专门方案。(2)四川,强调问题意识。这次高质量发展专题突破几大问题:一是艺术创作有高原、无高峰,二是文化遗产保护,三是推动乡村文化振兴,四是推动文化产业发展,五是增强各级党委政府的文化自觉,让文化真正被喊在嘴上、摆上议程、抓在手上,六是人才队伍"大而不强"。(3)北京,强调跨界创新。这次文化高质量发展,北京突出以文化为基因,以创意为翅膀,让文化加上各种创新发展的元素,融合互联网、新媒体、高科技等手段,实现从传统的单一文化产品到多元、现代、高科技的文化产业转型升级,既拓宽了文化产业的覆盖面与内涵深度,又增加了产业附加值与竞争力。然而,尽管"文化+旅游""文化+金融""文化+电商""文化+创意"……文化产业的新业态、新模式呈现出文化创客们的活力,展示了创意的魅力,文化产业的跨界融合为文化的发展提供了新机遇,但这些都还不是文化内涵提升和打造竞争力。(4)广东,强调标准先行。提出打造"质量广东",除了总体发展水平领先全国外,还要求质量基础设施建设水平、质量领域改革创新和"四大质量(产品、工程、服务和环境)"领先全国,因此强调通过改革创新调整和制定新的标准体系。然而,广东省政府政策研究室2018年2月关于广东高质量发展专题的报告中,却没有提及文化高质量发展。(5)浙江,强调优势发展。浙江十五年前开始实施"八八战略",内容包括体制机制优势、区位优势、块状特色产业优势、城乡协调优势、生态优势、山海资源优势、环境优势和人文优势。面对当前的高质量发展,浙江依然以"八八战略"为基本推动,将文化高质量发展贯穿其中。在另一份报道中,浙江省政协也只是提及任何通过都在"之江文化"带动文化高质量发展。

除上述主要省市外,其他省市还从不同角度出发,探索了重点提升或错位发展等推进模式。然而我们发现,其他省市至今尚未专门针对文化发展高质量形成独立完整的推进方案。值得一提的是,南京市积极贯彻省委加强对标意识的要求,各区各部门于2018年4月完成各自的对标方案。尽管这些对标目标及其相关工作尚未跳出基础性工作的旧框架,却在对标方向和联动方式方面为建立江苏文化高质量体系做出有价值的探索。

凸显"江苏贡献"需要形成"江苏模式"。鉴于上述省市尚未专门针对文化高质量发展提出一个比较完整系统的推进方案,建议江苏运用系统思维,选择"以强带弱,整体推进"的方式,通过进一步解放思想,在全国建立第一个综合性的江苏文化高质量发展体系,针对文化高质量发展实施"精准对标"与"立体联动"模式,由此形成在文化高质量发展方面一项特色鲜明的"江苏贡献"。

五、构建江苏文化高质量发展体系有利于处理好文化高质量发展中的一些重要关系

一是处理好政府主导和共同参与的关系。建立文化高质量发展体系,应当强调"政府主导"原则,加强政府宏观指导和政策导向。文化高质量发展体系将在社会主义市场经济条件下运行,也需要分清政府、行业协会、企业三者责任,善于利用市场力量,根据国家需要和文化行业发展需要,鼓励相关行业协会和企业,积极参与制定文化高质量发展体系。二是处理好普遍性和特殊性的关系。建立文化高质量发展体系,需要将标准化工作的普遍原则与文化行业竞争的特殊情况相结合,需要将发达国家普遍经验与中国特殊国情相结合,突出中国特色和江苏亮点。三是处理好重点支持和需求导向的关系。我国文化发展质量的标准化工作刚刚起步,任重道远。因此,文化高质量发展体系中的重点支持项目,必须紧密结合未来文化建设的中心工作、基础工作、行业需求和社会需求等,分别轻重缓急分步实施。

江苏文化高质量发展体系的高效运行,离不开省政府综合协调。因此建议成立江苏文化高质量发展工作委员会并形成相关协调机制。同时建议成立江苏文化高质量发展专家指导委员会,有效开展各类文化高质量发展问题的专题剖析,提出可操作解决方案,开展专项质量提升、评

估及考核等指导工作。

第三节　文化建设高质量面临的问题向度与推进路径

一、文化高质量发展"走在前列"的问题导向

我们认为,"走在前列"不仅要体现在问题意识要超前,体现在解决方案超前,更要体现深化文化体制机制改革的信心超前、力度超前和水平超前。

(1)"走在前列",需要进一步解放思想。2018年,江苏组织对省直文化部门和单位进行了"解放思想推动全省文化发展高质量"专题调研,发现不少问题的主要原因是思想还不够解放、改革步伐还不够放开。因此,需要针对各单位的具体问题,拿出较大的勇气和决心,进一步解放思想,对现有难点、堵点和热点等问题,应当大胆而细致地通过深化改革得到根本性解决。

(2)"走在前列",需要打破传统局限和约束。长期实践提示我们,文化发展的相关统计方式需要进一步深化改革和勇于创新。目前文化领域的统计方式有多部门、多口径、多标准等现象。比如文化产业统计,有文化系统小文化口径标准,有宣传部大文化口径标准,有不同文化行业各自口径标准,有财政综合口径标准,更有国家委托高校的若干评估体系(比如《发展报告》)口径标准等。这些统计标准目前都是"底线水平"的,尚无针对"发展高质量"以及"走在前列"专门推出的统计标准体系,缺乏文化高质量发展方面的大数据支撑,缺乏上述多口径统计之间的有效协调机制等。由于缺乏有效统计依据和界限范围,造成目前任何部门都无法真实统计出江苏文化发展的基础数据,更谈不上统计出高质量发展数据,直接降低了政府投入的精准度和资金效率。这一方面,可以选作江苏文化高质量发展的深化改革试点。

（3）"走在前列"，需要加大体制机制创新。比如对文化类的高端专门人才和高端复合型人才，相关引进政策和用人政策应当与时俱进，甚至可以学习上海经验大胆探索"一类一策""一单位一策"甚至"一人一策"的改革和创新。

二、文化建设高质量的推进路径

文化发展与建设的高质量，是宏观政治环境下区域文化发展的基本逻辑和当代语境。追求质量和效率，将成为文化高质量发展的指路标和着力点。江苏文化高质量发展体系的建立，将有助于创建和完善江苏文化高质量发展的制度环境和推动机制。在大力推进江苏文化高质量发展中，需要贯彻习近平总书记"发展是第一要务，人才是第一资源，创新是第一动力"的基本要求。本着"大事难事看担当，做大做小看格局"的基本认识，遵循省委提出的"增强优势，补齐短板，拓展空间"的要求和"用好用活历史文化资源，打造文化标识，讲好江苏故事，建好精神家园，把文化强省建设推向新的高度"的具体任务，将"守住峰值、提升强项、补齐短板"等重点，贯穿于江苏文化高质量发展体系的基本构架中。

我们认为，江苏文化高质量发展体系并不是分类单列若干质量标准的"合订本"。相反，它将有机融合与高质量发展密切相关的目标体系、政策体系、统计体系和绩效体系，适度参引各文化部门或行业的现行标准和指标体系，由此形成一个比较整体的文本构架。

江苏文化高质量发展体系的基本结构，将参照标准化规范，形成一个功能复合的有机整体。其中设立"文化高质量发展的基本构成"，分为五个部分及其第一级指标占比（％）。其中：（1）文明建设高质量。重点落在"重塑新时代江苏精神"和"建立全省社会文明节点"。（2）文化品牌高质量。重点落在确立"全省文化高质量品牌体系"和"全省文化竞争力目录"。（3）文化人才高质量。重点落在建立"全省文化高端人才引培体系""全省文化知识产权体系"和"全省文化创意创新体系"。（4）文化服务高质量。重点落在建立"全省文化精品生产体系"和"全省文化服务质量提升计划"。(5)文化产业高质量。重点落在建立"全省现代文化企业体系"和"全省现代企业家队伍"。

在"文化高质量发展的基本构成"的下一级,分别设立"文化高质量发展的具体目标"及其第二级指标占比(%)。再向下一级,针对具体目标分别设立"文化高质量发展的具体措施及其第三级指标占比(%)",与具体措施相对应,在下一级设立"文化高质量发展的主要保障"及其第四级指标占比(%),其中涉及相关政策、统计、绩效、保障等多方面。

上述体系框架的设计还需要进一步的调查研究并设立专项课题来完成,其中,应当注重体现推进文化高质量发展的多项功能:一是合理安排宣传部门、文化部门、文化行业及各个企事业单位推出的《文化高质量发展行动计划》中的相关重点目标。二是重新整理一套针对文化高质量发展的标准体系和统计体系,使之成为文化高质量发展大数据的基本来源,也可作为文化高质量发展相关财政投入的主要依据。三是为各相关行业深度融合发展提供结合点及具体目标项目。四是充分体现文化领域的供给侧结构性改革,体现思想解放和深化改革开放,形成一批文化高质量发展的目标集群,安排进度时间表,将上述五个基本向度的具体工作责任落实到相关部门和单位,推出政策引导、专项资金、人才支撑、绩效评价、政绩考核等相应配套措施。

文化高质量发展体系的每个层级都有其侧重点和着力点。江苏文化的高质量发展,应当通过深、优、特、新、强等几个特点来展现,聚焦在"文明程度做深,文艺产品做精,传媒宣传做新,公共服务做优,文化产业做强"这几个主要方面,以此凸显江苏文化高质量发展的基本脉络。

我们坚信,建立江苏文化高质量发展体系,极具探索意义和示范价值。通过对江苏文化高质量发展体系建设的积极探索,形成推进江苏文化高质量发展的一系列有效抓手,充分展现"江苏贡献"和"江苏领先"。

参考文献：

[1] 夏锦文、樊和平、余日昌主编:《2018年江苏文化发展分析与展望》,社会科学文献出版社2018年版。

[2] 徐四海:《江苏文化通论》,东南大学出版社2016年版。

[3] 张敏:《江苏文化产业发展路径分析》,南京大学出版社2013年版。

[4] 蔡尚伟、车南林:《文化产业精要读本》,江苏人民出版社2015年版。

[5] 梁勇、叶南客:《文化建设迈上新台阶》,江苏人民出版社2015年版。

第十六章　社会建设高质量

　　社会建设概念的提出,是在中国共产党领导下我国探索性、创新性发展的一种体现。我国的社会建设成就,既包括民生事业的发展,特别是在消除贫困方面成效显著;也包括社会治理模式的探索,特别是"共建共治共享"社会治理格局的提出;还包括覆盖范围最广、覆盖人群最多的社会保障体系的建立。应该说,中国"和谐社会"的建设,为促进人类和平与世界和谐做出了贡献、提供了经验。但也要看到,我国的社会建设总体仍处在一个较低的水平,面临着多方面的问题,需要向高质量推进。党的十九大对我国社会建设向高质量推进提出了更明确的要求。对于经济较为发达的省份,比如浙江、江苏、广东等,更具有社会建设向高质量推进的基础和条件。

第一节　社会建设进入高质量推进的新阶段

一、社会建设的理论及其最新阐释

1. 社会建设的概念及其阐释

　　"社会建设"作为一个重要的概念,其产生的背景就是,在经济取得快速发展的同时,随着我国改革开放的深入和社会变迁的加剧,社会层面出现了一系列的矛盾和问题。而我国"社会建设"的出现,是相对于"经济建设"提出来的,是我们党在经济建设取得巨大成就的同时,对我国社会发展规律的认识进一步深化。因此,从党的十六届四中全会开始(党的十六届四中全会提出了构建社会主义和谐社会的战略任务,强调要"加强社会建设和管理"),学术界及社会大众开始关注"社会建设"的概念。

对于社会建设的意义和含义,清华大学知名学者李强教授在"学术前沿论坛"指出,社会建设的提出,既要满足社会成员的基本需求、强调解决社会问题、实现社会公正,也是对过去片面强调GDP、单纯强调经济指标做法的纠正。具体来说,社会建设是为了社会的总体利益,具有共同性;社会建设要求关注经济建设无法解决的问题,如弱势群体问题;社会建设要求缓和社会矛盾,构建和谐社会。社会建设的最终目标是要实现社会公正,包括机会的公平、程序的公平和结果的公平。

其实,对"社会建设"的解读更多的来源于党的重要文献。党的十七大报告把社会建设作为我国的四大建设(即经济建设、政治建设、文化建设、社会建设)之一,当时强调要加强以民生为重点的社会建设。对于社会建设的主要内容,党的十七大报告提出了六大方面的内容,即教育、就业、收入分配、覆盖城乡居民的保障体系、医疗公共卫生体制、完善社会管理维护社会稳定和团结。从社会整体利益考虑,提高全体国民的平均受教育水平,让绝大部分劳动适龄人口充分就业,处理好效率和公平关系,建立内容广泛的社会保障体系(包括最低生活保障线、低收入者的问题、社会救济问题、住房保障问题、养老问题,等等),加快医疗公共卫生体制的建设,建立一套能够解决当前的社会矛盾和社会问题社会机制,都是为了最大限度地维护社会的整体利益。

当然,社会矛盾的缓和、社会利益的协调并不是短时间能够解决的,特别是在经济转型期,往往也是社会矛盾凸显期。因此,社会建设更是需要高质量地推进。党的十八大报告强调,加强社会建设,促进社会和谐,要以保障和改善民生为重点,多谋民生之利,多解民生之忧,解决好人民群众最关心最直接最现实的利益问题。党的十八大以来,社会治理开始取代社会管理的概念,成为我国社会建设的重点。强调在社会治理方面要与经济发展水平相匹配、与建设社会主义现代化强国要求相协调,与全面依法治国相匹配、与国家治理现代化相适应。其目标即是形成共治、共建、共享的社会治理格局,使社会发展质量获得全面提升。

2. 新时代社会建设的理论要点

马克思和恩格斯对社会建设的基本阐述是,社会关系总和构成了社会,社会建设从根本来说就是社会制度建设。其基本观点包括:无论是对一个社会的经济发展来说,还是对整个社会的运行来说,社会保障都是必需的;"所有人共同享受大家创造出来的福利";未来理想社会,"将是这样一个联合体,在那里,每个人的自由发展是一切人的自由发展的条件"。党的十八大以来,习近平同志形成了一整套社会建设的理论观点和思想体系,把马克思主义社会建设思想推进到新的历史发展阶段。习近平对社会建设的主要观点,仍然把人民对美好生活的向往作为我们的奋斗目标,同时强调社会公平正义,坚持贯彻社会保障制度。

一是强调民生在社会治理、社会建设中的重大意义。十八大以来,习近平总书记鲜明地提出,要深刻认识民生建设和社会治理的重大意义,落实以民为本、以人为本的执政理念,不断实现好、维护好、发展好最广大人民根本利益,做到发展为了人民、发展依靠人民、发展成果由人民共享,在幼有所育、学有所教、劳有所得、病有所医、老有所养、住有所居、残有所扶上持续取得新进展,夺取全面建成小康社会决胜阶段的伟大胜利,实现"两个一百年"奋斗目标、实现中华民族伟大复兴的中国梦,等等。

二是明确把人民美好生活作为社会建设的主要目标。习近平总书记非常系统地论述了人民对美好生活的向往,并指出这就是全党、全国人民的奋斗目标。要通过社会制度建设,促进社会公平正义,让广大人民群众共享改革发展成果,特别是通过不断促进教育发展,让全体人民更公平的机会获得更多的成果。要把做好就业工作摆到更加突出位置,多渠道创造就业岗位,从而让老百姓有基本稳定的收入。同时需要通过建设更加公平可持续的社会保障制度,让老百姓的生活无后顾之忧。

三是强调加强和创新社会治理作为社会建设的重要手段。习近平总书记指出:"治理和管理一字之差,体现的是系统治理、依法治理、源头治理、综合施策"。在社会治理中,仍然要民生放在首位,因为"平安是老百姓解决温饱后的第一需求,是极重要的民生"。同时要维护社会和谐稳定,善于妥善处理社会矛盾,因为现阶段我国处于社会矛盾凸显期,社会矛盾错综复杂。在手段上着力提高社会治理社会化、法治化、智能化、专业化水平,提高预测预警预防各类风险能力。总之,在社会治理方面要切实维护公共安全和社会稳定,完善中国特色社会主义社会治理体系,走出一条中国特色国家安全道路。

二、新时代对高质量社会建设的要求

中国特色社会主义进入新时代,"新时代"具有特定的含义和指向。其基本背景就是我国社会主要矛盾已经变化,具体就是人民日益增长的美好生活需要和不平衡不充分的发展之间的矛盾。在我国稳定解决了十几亿人的温饱问题,总体上实现小康,不久将全面建成小康社会,人民美好生活需要日益广泛的情况下,老百姓不仅对物质文化生活提出了更高要求,而且对社会建设,具体包括"民主、法治、公平、正义、安全、环境"等方面的要求也日益增长。因此,对不断促进社会公平正义,形成有效的社会治理、良好的社会秩序,使人民获得感、幸福感、安全感更加充实、更有保障、更可持续的社会建设也提出了更高的要求。

国家行政学院党委委员、副院长陈立在"学习贯彻十九大精神,促进新时代社会建设健康发展"研讨会上提出,"新时代的理想社会治理要突出底线思维,突出重点,完善制度,引导预期,抓住人民群众最关心、最直接、最现实的利益问题,尽力而为又要量力而行。最终实现人人心情顺朗、忧愁减少、财富增加、文明程度提高的目标,开创新时代中国特色社会建设的新局面。"①

从普遍意义来说,民生的保障和改善会带来人民幸福感的提升,带来人民满意度的提升,但二者并不是一个绝对的正相关的关系。当民生发展到一定程度之后,财富增加到一定程度之后,它跟群众的获得感、幸福感不再是一个线性的正相关的关系,可能还会出现其他一些影响因素。这些因素的一个重要方面就是社会建设。新时代提出的社会心理建设问题,是我们对社会建设的认识更加深化的结果,强调人民群众的主观感知。从这个意义上来说,新时代社会建设的重要目标,就是使人民获得感、幸福感、安全感更加充实,更有保障,更可持续。

新时代的社会建设,要处理好改革要惠及多数人的问题。改革开放以来,我国在收入方面的分化非常严重,既出现了一些超高收入者,也出现了数量庞大的中等收入者,还有很大一部分群体刚刚脱离温饱。应该说,市场经济社会出现收入的分化是正常的,因为一些改革措施常常会对某些人的利益大一些,对某些人的利益小一些,而有些阶层甚至利益受损。在新时代,我们的社会建设要特别注意惠及多数人。作为改革出台的措施,目标应该是绝大多数人的最大利益,使全体国民共享改革发展的成果。

第二节 十八大以来社会建设的创新与实践

党的十八大以来,在中国特色社会主义理论体系特别是党中央治国理政新理念新思想新战略指引下,我国在社会建设的实践创新方面取得了重大进展。一方面,国家高度重视社会建设,提出要在经济发展的基

---

① 张瑾、李莹:《"学习贯彻十九大精神,促进新时代社会建设健康发展"研讨会综述》,《中国社会组织》2017年第11期。

础上加强社会建设,并从顶层设计方面提出了社会建设的宏观框架;另一方面,社会建设的微观方面,既包括各个社会领域的深入改革,也包括基层政府大胆地创新和实践,基本实现了从各领域系统地、全方位地深入推进,取得了新突破、新进展、新成效。以下从几个主要方面阐述十八大以来社会建设方面的创新和实践。

一、保障和改善民生

保障和改善民生始终被认为是社会建设的一项基础性工作。社会建设千头万绪,但有一个最根本、最基本的方面,那就是保障和改善民生。在当前阶段,脱贫攻坚与就业创业无疑是保障和改善民生首要的任务。

1. 脱贫攻坚

帮助贫苦人口脱贫是在特殊阶段社会建设工作中基础的基础。打好脱贫攻坚战就是要补齐我国整体社会建设中最大的短板。正因为此,以习近平同志为核心的党中央,提出要把贫困人口全部脱贫作为全面建成小康社会的一项底线任务,并将此作为是否全面建成小康社会的重要指标。在这一要求下,全国范围"一个不落"地脱贫攻坚战成为重要的政治任务,也成为这个阶段社会建设的主要任务之一。江苏历届省委、省政府高度重视农村扶贫工作,多年持续推进农村扶贫开发。中央提出的全国扶贫标准是到2020年贫困人口人均收入大约4 000元,江苏到2015年年底已实现这一目标。2016年年底,江苏制定了《江苏省"十三五"农村扶贫开发规划》。按照部署,新一轮扶贫开发工作以人均年收入6 000元为标准,主要帮扶对象是全省乡村6%左右的低收入人口、6%左右的经济薄弱村、苏北6个重点片区和黄桥茅山革命老区,涉及农村低收入人口300万左右。江苏新一轮扶贫开发工作,是根据中央精神和江苏的实际来考虑的,和全国扶贫开发所不同的是,江苏的标准较高,内涵更丰富。江苏省"十三五"扶贫开发总的定位,是集中力量减少相对贫困,缩小收入差距,促进共同富裕,确保全省人民共同迈入全面小康社会,并以新一轮扶贫开发工作探索助力开启基本实现现代化新征程。"十三五"时期,作为东部较为发达的省份,江苏已经开始认真按照中央关于东部地区"率先探索减少相对贫困、实现共同富裕有效途径"的要求,积极探索扶贫工作新的内涵、路径和新的方法、举措,努力取得新的成绩、积累新的经验。

2. 促进就业创业

就业创业是保障和改善民生的根本。对于绝大部分老百姓来说,就业才意味着有收入,才能保证"油盐酱米"等生活的基本来源,也才能保证家庭子女教育、赡养老人、看病治病等基本的支出。近几年,我国宏观经济持续平稳运行,经济结构优化升级,创新能力不断提高,为就业改善提供了良好环境。为保持就业稳定增长,党中央、国务院出台了一系列"稳增长、保就业、惠民生"的措施,包括《关于做好当前和今后一个时期促进就业工作的若干意见》等,深化收入分配制度改革,以创业创新带动就业增长。不仅如此,在经济发展进入新常态、增长速度放缓的情况下,政府通过实施扶持就业政策,广泛推行"大众创业,万众创新",持续推进"放管服"改革,促进了就业创业人员稳定增加,近4年来每年新增就业超过1 300万人,城镇就业稳中有增,失业率平稳下降,2018年就业形势总体稳定,核心指标运行良好,城市新增就业平稳增长。这些为改善民生和维护社会稳定发挥了重要作用。近年来,国务院和各级地方政府积极推进"大众创业、万众创新",搭建创业创新平台,完善创业创新支持政策,做好创业创新公共服务。创业创新带来新业态和新动能的成长发展,也对促进就业起到了重要作用。

二、基本公共服务建设

基本公共服务是由政府主导、保障全体公民生存和发展基本需要、与经济社会发展水平相适应的公共服务,是公共服务中最基础、最核心的部分,是最基本的民生需求,也是政府公共服务职能的"底线"。

1. 基本公共服务均等化

2007年,《中共江苏省委关于深入学习贯彻党的十七大精神,率先全面建成更高水平小康社会的意见》,将"社会事业取得更大发展,基本公共服务均等化程度显著提高"列为民生改善的重要方面。2008年,江苏省委、省政府《关于切实加强民生工作若干问题的决定》,再次强调要"改善和落实改善民生的普惠政策,大力推进基本公共服务均等化,使全体人民都能享受到良好的公共服务和社会保障"。2011年,《江苏省国民经济和社会发展第十二个五年规划纲要》将"积极构建和谐社会,着力保障和改善民生,提高基本公共服务均等化水平,维护社会公平正义,促进人的全面发展和社会全面进步"作为今后五年经济社会发展任务之一。2013年,江苏省政府颁布《江苏省"十二五"基本公共服务体系规划》。

到"十二五"末,江苏基本公共服务均等化目标总体基本实现。江苏全省住房保障体系健全率达88%,实现保障性住房覆盖20%的家庭。全省100个县区整体通过全国义务教育均衡发展督导评估,成为全国首个实现县域义务教育基本均衡全覆盖省份。江苏已形成较为完善、覆盖城乡的五级公共文化设施网络体系,覆盖率达到90%以上,数量和质量均领先全国。在医疗卫生方面,以基层为重点的基本公共服务网络全面建立,资源布局更趋合理,设施标准化和服务规范化、专业化、信息化水平不断提高,基本实现社区(村)以上都建有相对集中的公共服务供给平台,城乡居民能就近获得基本公共服务。

2. 基本公共服务标准化

2016年,《江苏省"十三五"基本公共服务均等化规划》颁布。2016年底,江苏省委省政府《关于聚焦富民持续提高城乡居民收入水平的若干意见》提出要"提升基本公共服务惠民水平",2017年,江苏先后发布《江苏省"十三五"时期基本公共服务清单》(以下简称《清单》)、《江苏省"十三五"时期基层基本公共服务功能配置标准(试行)》(以下简称《标准》),使改善民生、基本公共服务均等化、标准化的任务更加清晰化、明确化、具体化。

《标准》按照到2020年全面建成小康社会的目标要求,明确提出了政府能够、应该、必须提供的基本公共服务。在功能配置时,做到既尽力而为,该兜底的坚决兜住;又量力而行,综合考虑全省各地的发展水平和公共服务供给能力,做到可操作、可持续,合理引导社会预期。《标准》鼓励各地因地制宜,按照"共建共享"原则,引导服务方式类似的各类平台和机构集中设置,提高基层资源配置效率,增强综合服务能力。《标准》颁布的目的就是让群众"可观、可感",功能配置"可量化、可持续",工作进展"可检查、可考核",推动《清单》明确的服务项目真正落到实处。通过《标准》的发布、实施,能够让老百姓清楚地知道自己身边有哪些基本公共服务项目,每个项目能提供什么样的服务功能,让各级政府明确基层基本公共服务配什么、谁来配、在哪配,真正实现以标准化推动均等化、提高普惠性,解决好人民群众最关心、最直接、最现实的利益问题。《标准》的制定在全国尚无先例,是江苏省委省政府的一个创新举措。

三、创新社会治理体系

党的十八大以后,我国的社会治理理论实现了由社会管理到社会治理的跃升。党的十九大对社会治理提出了新要求,即打造共建共治共享的社会治理格局。在这一总体指导和要求下,江苏以新的社会治理理论为重点,进行了大量的实践创新,特别是一些县、区进行了耳目一新的社会治理创新,成为整个社会建设创新和改革的亮点。

1. 构建共建共享的社会治理格局

江苏省发挥党委、政府的主导作用,在整合各方资源、调动各方力量、凝聚社会共治合力方面,全面推行"政社互动",完善基层民主管理,推进"三社联动",形成基层党组织领导下、以城乡社区为平台、社会组织为载体、社会工作专业人才为支撑的社区治理架构。江苏构建社会治理系统化布局,把工作着力点放在健全工作体系上,统筹各方资源力量,协调推进重点工作,不断丰富和完善"六大体系",即社会矛盾化解体系、流动人口服务管理体系、特殊人群服务管理体系、公共安全体系、社会组织管理体系、网络综合管理体系。同时,江苏注意通过现代信息手段与传统有效做法紧密结合,在互为补充、互为支撑中提高社会治理效能。江苏加快建立全面覆盖、联通共享、功能齐全、动态跟踪的综治信息系统,结合智慧城市建设大力推进全天候视频联网监控系统和各类政法信息平台建设,积极推进政法机关网络设施共建和信息资源共享工程建设。

2. 注重提高百姓安全感和满意度

江苏在创新社会治理体系、构建共建共治共享社会治理格局的过程中,始终注意发动群众、深入基层。推动领导干部联系点、走访群众、"三解三促"、定期接访下访等制度常态化长效化。改革信访工作制度,构建全省网上信访信息综合平台,全面打造"阳光信访",建立群众诉求分析、转办、督办、反馈机制。不断健全基层综合服务管理平台,完善网格化管理、社会化服务,初步建立以县(市、区)社会管理服务中心为枢纽、乡镇(街道)政法综治工作中心为支撑、社区(村)综治办为基础的基层综合服务管理平台。近5年来,江苏社会治安综合治理绩效考核保持全国领先,社会公众安全感达96.5%,群众法治建设满意度进一步提升,信访总量五年累计下降36.3%。

四、社会事业全面发展

江苏经济持续、高质量的增长为江苏社会的全面发展奠定了雄厚的基础,基本实现了经济社会全面、快速、跨越式发展,教育、医疗卫生、文化、体育等领域成绩斐然。

1. 教育事业全面均衡发展

党的十八大以来,江苏始终坚持教育优先,大力实施"科教兴省"战略,着力提升办学条件,不断壮大教师队伍力量,促进义务教育均衡发展,加快普及学前教育和高等教育步伐。从2012年开始,学龄儿童入学率、小学在校生巩固率、初中阶段毛入学率、九年义务教育巩固率多年来一直保持100%,男女生接受义务教育的性别差异已消除。2016年,全省6岁及以上人口平均受教育年限达9.5年。高中阶段毛入学率达99.2%,高等教育毛入学率达54.7%,学前三年毛入园率达97.8%。

2. 医疗卫生水平全面提升

江苏加快全省医疗卫生事业发展,深入推进医疗卫生体制改革,加强基层医疗机构自身的功能,为广大人民群众提供高质量、便捷的医疗卫生保健服务。首先表现在医疗卫生经费、资源稳步增长,居民健康水平普遍提高。2016年,全省卫生总费用712.8亿元,人均医疗费用达到了891.1元,医疗卫生经费占公共财政预算支出的比重为7.1%。2016年全省人均期望寿命77.5岁,比2010年提高0.9岁,高于全国平均水平1.2岁。江苏2020年的目标是:全省人均预期寿命接近80岁,居民健康水平总体处于全国前列,接近高收入国家水平。

3. 文体事业得到蓬勃发展

江苏文化机制创新和文化产业发展取得新突破。截至2015年年底,全省文化产业实现增加值3 481.9亿元,文化产业增加值占GDP的比重为5%。在公共文化服务体系建设方面,在全国率先建成"省有四馆、市有三馆、县有两馆、乡有一站、村有一室"五级公共文化设施网络体系,设施覆盖率达到95%以上。2016年,所有设区市、县(市、区)均建成省级公共体育服务体系示范区,人均拥有公共体育设施面积达2平方米,全面建成城市社区"10分钟体育健身圈"。所有行政村100%建成农民体育健身工程,98%的乡镇建设有体育总会,基本实现乡镇、街道体育总会、社会体育指导员协会、老年人体协和两个以上单项体育协会的全覆盖。

第三节　社会建设的短板及面临的主要问题

当前,中国特色社会主义已经步入了新时代,社会的主要矛盾已经转化为人民日益增长的美好生活需要和不平衡不充分的发展之间的矛盾。这一社会主要矛盾在江苏主要体现在以下几个方面。

一、社会发展仍然不均衡

江苏社会发展面临的不均衡主要包括三个方面。一是区域发展的不均衡。江苏苏北、苏中、苏南的区域差异不仅表现在经济方面。以2015年的数据为例,苏南人均 GDP 为 12.5 万元,苏中、苏北分别约为苏南地区的 66.7% 和 43.5%。苏南人均一般公共预算收入为 12 594 元,苏中、苏北分别约为苏南地区的 62.5% 和 50%。[①] 江苏的区域差异还表现在社会建设方面。社会建设的基础,体现民生的收入差距,2015年苏南居民人均可支配收入为 39 476 元,苏中、苏北分别约为苏南的 66.7% 和 52.6%。[②] 二是城乡发展的不均衡。江苏省虽然是整体经济较为发达的省份,但也摆脱不了城乡收入差距较大的现状,农民在就业、教育、卫生、享受社会保障等方面,与城镇居民相比,依然处于弱势地位。基本公共服务满意度方面,2017年,城镇满意度得分为 75.9 分,而农村满意度得分为 73.6 分,比城镇平均水平低 2.3 分;城市和谐社区建设达标率 94.2%,农村和谐社区建设达标率 88.4%,比城市低 5.8 个百分点[③]。三是即使在同一城市,不同区之间社会发展也不均衡,优质医疗、教育、

[①] 徐莹:《江苏经济社会发展的主要短板与改革建议》,江苏社科网,2018-08-08。链接网址 http://www.qunzh.com/jdfc/jdhc/jcck/201705/t20170508_30734.html。
[②] 同上。
[③]《江苏基本公共服务供给能力显著提升》,江苏统计,2018-08-09,来源:澎湃新闻.问政。

文化等资源集中于城市主城区,而主城区房价相对较高,这就给居住在其他城区的百姓在就医、求学、就业等带来一定困扰。

二、民生保障机制仍然不够稳定

到目前为止,江苏居民收入持续增长机制尚未形成。其中作为收入主体的工资性收入,在工业化升级、实体企业发展乏力的情况下面临增长后劲不足的问题。不仅如此,江苏还存在转移性收入增长空间狭窄、财产性收入增加缺乏强劲支撑的问题。虽然江苏的民生保障达到了较高的水平,但在经济结构深度调整、经济转型尚未完成的情况下,特别是政府财政收入增速普遍降低的情况下,对一些刚性的民生支出水平和保障力度带来新压力。在老百姓的需求方面,随着需求结构升级,人们对公共产品和公共服务供给具有了更高的期盼。不仅如此,江苏基本公共服务体系均等化长效机制还没有完全建立,其中供给不足、服务不均、效率不高、机制不活问题仍然没有得到根本性的解决。在保障和改善民生推进工作方面,党委政府组织领导、相关部门协同推进、社会各界广泛参与、人民群众共建共享的工作机制尚未真正形成。一些地区受重视程度、工作基础、经济条件等因素影响,推进成效不显著,需要进一步加大工作力度。

三、矛盾叠加增加了社会稳定风险

随着改革的深入,城镇化的快速推进,目前利益格局进入深度的调整中,给社会治理能力和水平带来新挑战。"三期叠加"的新形势可能引发更多的社会风险,再加上互联网信息技术给社会管理带来的难度,需要在社会建设中更加注重公平正义,加快提升社会治理能力和水平。近年来江苏出现的一些群体性突发事件造成了较大反响。尽管问题的成因是多方面的,但绝大多数反映的是民生和经济利益方面的诉求,如教育的均衡和公正问题、提高征地拆迁补偿标准、抗议企业环境污染、追究医疗事故责任,等等。综合这些事件,既有直接利益冲突的群体性事件,也有的是不满情绪的宣泄。但无论是哪种类型,都具有难以预测、扩散迅速、容易引起大规模混乱的特点。另外还有一些食品安全和环境安全事件,在网络信息快速传播的情况下,很容易引起民众恐慌。面对这些风险,我们的社会治理明显缺乏机制性的应对,在一些方式、方法、手段等方面明显不足。比如对政府的高度依赖,而社会参与层次较低,社会参与的专业协作度和连续性低,社会力量整合层次低,大量社会民间资源和力量没有得到充分利用。

四、基层社会治理机制尚未建立

社会治理的一个很重要的方面就是把问题化解在基层。目前基层发生的一些社会纠纷和社会矛盾,在基层往往无法得到满意的解决。在江苏的很多地方也面临这样的问题。对老百姓来说,"打官司"成本太高,而且相当一部分群众"信访不信法",所以越级上访,跨过街道、区县、市、省直接到北京上访的现象到目前为止没有得到根本性的解决。在有些地方,有些多年累积的社会问题引起了较大民怨,这些很容易因一些意外事情成为导火索导致群体性事件。所以,如何降低社会治理的成本,形成有效地把问题化解在基层的社会机制,是社会治理体制需要探索的新问题。虽然江苏服务型的社会组织得到了快速发展,但社会组织在社会治理的实践中并没有充分发挥作用。这其中有多方面的原因,比如社会组织法律法规还不够健全,现有的管理条例、文件等不具有针对性和可操作性,不仅导致社会组织不能规范发展,对其管理也缺乏相应的法律依据,在监管中也缺乏必要的技术手段。当然,社会组织本身尚不具有参与社会治理的能力也是重要原因。相当一部分社会组织的独立性、自主性不强,难以承担一些社会治理和公共服务职责,再加上基层政府对社会组织的不信任,直接导致代表社会力量的社会组织难以参与到基层治理中。

五、多项社会事业需要改革创新

虽然江苏社会事业整体发展良好,但一些社会问题也不容忽视。比如人口深度老龄化的问题,与之直接相关的是养老服务问题、潜在劳动人口增长乏力、人口素质总体偏低的问题。江苏省于1986年进入老龄化社会,比全国早13年,是全国最早进入老龄化的省份,也是老龄化程度最高的省份,总体具有基数大、增速快、年龄高、空巢比例高、失能失智比例高的特点。2017年底,全省60周岁以上老年人口达到1 756.21万人,占户籍人口的22.51%,高于全国5.3个百分点。又比如教育体制问题,与之相关的是教育发展不均衡问题、老百姓对教育不满的问题。还有医疗体制改革问题,与之直接相关的是"看病难、看病贵"的问题,医疗资源过度集中的问题。目前,江苏以城镇职工基本医疗保险、城镇居民基本医疗保险、新型农村合作医疗制度为主体的多层次社会医疗保障体系已基本建成,但因制度壁垒、政策设计、社会经济发展水平等原因,全省不同户籍、职业、地域的人民在参保机会、筹资机制、费用支付、医疗服务利用等方面还存在很多不公平问题。这些问题到目前为止都没有得到根本性的解决,也缺乏解决问题的阶段性路线图。

第四节 社会建设高质量推进的思路与对策

一、持续保障和改善民生,稳定社会建设的基石

1. 稳定就业,多途径增加百姓收入

在目前经济增速换挡、财政增收难度加大的情况下,民生投入保障面临较大压力。在这种情况下,我们更需要积极调整财政支出结构,更

加注重保障基本民生、关注低收入群众生活。增加收入是改善民生最直接最有效的方式。要加紧建立居民收入持续增长机制,稳住工资性收入主体地位。要注意保护劳动所得,健全工资决定和正常增长机制,努力实现劳动报酬增长和劳动生产率提高同步,特别是要通过提高就业者整体素质、提升就业层次来提高人均工资水平。要通过完善资本市场体系,壮大股份合作经济,使城乡居民尽可能多地拥有财产性收入,形成增收新增长点。要贯彻落实"双创"部署要求,进一步降低创业门槛,优化创业服务,打造创业平台载体,最大限度激发群众创业热情,发挥创业带动就业的乘数效应,让更多有条件有能力的人通过创业增加收入。强化转移性收入济困托底。贯彻中央扶贫开发会议精神,以低收入农户、经济薄弱村、集中连片地区为重点,继续加大扶贫攻坚力度,完善社会救助体系,提升救助帮扶实效,增强自我发展能力,帮助困难群体和经济薄弱地区居民实现增收。

2. 持续推进基本公共服务标准化

相对来说,让一部分人"先富"起来比较容易,但要实现整体富民,必须通过基本公共服务水平的提高。提高基本公共服务水平是一种"普惠富民"的举措,其标准化既包括对政府提供基本公共服务目标的标准化要求,也包括通过对管理和服务流程的再造以达到标准、统一、规范的要求。基本公共服务标准化的建设是从基层群众需要出发、倒逼政府机构改革创新的一个重要抓手和切入点。目前,江苏基本公共服务体系的基本建立、国家层面部分标准化的确立以及部分地区、行业标准化的试点和实践为江苏基本公共服务标准化的推进奠定了良好的基础。进一步推进基本公共服务标准化,一方面要通过统一标准的制定整体提升全省的基本公共服务的水平,突破城乡和区域的差异,通过提高"底线"提升弱势群体的生活水平;另一方面,要通过标准化的制定,发挥基本公共服务的保底、保障作用,为老百姓的创新、创业富民打下稳固的基础,起到消除后顾之忧、保障基本的作用。重点应该是以标准化建设提高公共服务治理水平,制定系统完整的基本公共服务标准体系,落实"十三五"基本公共服务规划和标准,通过标准化的建设为富民提供有效保障。推进的措施应该包括专业的顶层设计和发展规划,通过试点的方法逐步推动,通过打破分割整合资源整体推动,通过流程再造服务提高政府服务水平,将现代信息技术充分应用到标准化建设。

二、构建"共建共治共享"社会治理新格局

1. 不断创新并构建符合实际的社会治理机制

"共建""共治""共享"进一步强调了我国社会治理进入新时代的新特点和新要求。充分调动人民群众的聪明才智,才能不断开创社会治理的新局面。发挥民智、依靠民力,落到具体的工作中,要求各级机关创新社会治理思路,创新组织群众、发动群众的机制,鼓励和引导企事业单位、社会组织、人民群众积极参与社会治理,让政府、社会、公众各归其位、各担其责。促进政府有效调动外部资源、政府与社会协力合作、私人机构弥补政府的不足。社会治理的国际经验之一就是:多元公共政策目标,多元治理主体,多元公共服务供给主体,合作性的政府与社会关系。目前,诚信、信任是促进合作共建的重要基础。在共建共治中,要使各治理主体相互信任,必须用法律和制度的形式对各自的权利、责任和义务加以规范。要实现协作中各项事项、信息的公开、透明,要建立参与主体之间多元对等的沟通模式,要本着尊重、平等、互惠的原则,用平等的话语和思路来应对协作框架建构中的诸多问题,特别是政府在与私人部门或第三部门的合作中,不能以权压人。

2. 充分发挥社会组织在社会治理中的独特作用

用制度保障人民群众在社会治理中的"参与"机会和权利,要充分发挥社会组织的作用。党和政府要为公民参与治理创造条件,推进社会治理社会化,要特别重视社会组织在供给侧结构改革中的作用。十九大报告在加强社区治理体系建设方面提出,要推动社会治理重心向基层下移,发挥社会组织作用,实现政府治理和社会调节、居民自治良性互动。

这些年江苏社会组织的发展如火如荼，数量"井喷式"增长。很多社会组织人士，都是一些真正热心公益、真正想将这些服务作为一种职业的人员，他们成为与最基层老百姓接触最亲密、最紧密的人，也是老百姓最愿意信任的人，对他们的信任远远高于对社区居委会或基层政府人员的信任。要促进社会组织把政策倡导和影响公共政策作为重要的工作目标，运用灵活多样方式，构建起有效的相互沟通和交流协商机制，发挥各自的专业优势，直接或间接参与支持政府推行决策的科学化、民主化的进程，推进社会公共政策和决策的优化与执行。形成人民群众、民间组织与各种社会力量之间博弈互动、相互监督、自动制衡的结构，形成各级党组织的政治领导、政府的培育扶助、监督管理和民间组织依法按章有序运行之间良性互动的新型社会格局。

三、加快社会领域法治建设

1. 做好依法治理的顶层设计

"依法治国"是我国已经确立的基本治国方略，也是国家治理现代化的基本特征。党的十八届四中全会以后，我国进入法制建设的新阶段。顺应这一发展趋势，加快社会建设领域的法制建设，依法治理。江苏社会建设领域依法治理，应该在顶层设计和摸着石头过河相结合的基础上，全面制订社会建设各领域的法律法规，切实改变无法可依的状况，做到政府依法管理，社会依法参与，公民依法维权，活而有序，活而不乱。一要做好各领域的顶层设计、系统设计。目前已经推开的各项社会建设，大多已有长短不等的一段时间的实践，问题有所暴露，各地也形成了一些经验。现在亟需尽快组织专门力量，对各个社会建设的项目进行目标、方针、原则、资源配置方式、主要政策等方面的顶层设计和系统设计。

2. 加快制定社会各领域法律法规

当前迫切需要制定社会建设财政预算原则、社会组织、养老服务、住房保障、县域医疗卫生体系、公民诉求表达及处理程序、政府聘用人员权益保护等法律法规。在国家立法之前,先出台省级行政法规。现在许多社会建设领域无法可依、无章可循的局面很多情况下是地方政府被动等待中央出台统一规定,而中央统一规定又一时难以作出造成的。在这种情况下,建议中央先出指导性意见,省级政府根据中央意见出台具有指导性、规划性、规范性、约束性的地方行政法规或暂行办法。省辖市可以直接按省级行政法规或暂行办法施行,也可以对省级政府决定制定"实施细则"。即使是一些不成熟的、尚未看准的事,也要制订具有权威效力的暂行办法,使基层有章可循。省级政府规定如与后来的中央政府规定不符,应执行中央规定,并妥善解决相关人员利益调整问题。省级行政法规、暂行办法、实施意见等,应当规定施行或试行期限,到期进行评估修订,以期逐步完善。

四、深化社会领域改革发展

1. 深化教育管理体制机制改革

完善教育分级管理体制。适应行政管理体制改革要求,加强省级统筹,形成省、市、县及乡镇(街道)分级管理教育的体制。在学前教育方面,加快完善县级统筹、县与乡镇(街道)共建的学前教育管理体制;在职业教育方面,建立健全市县为主、政府统筹、行业参与、社会支持的职业教育管理体制,探索在有条件的地区整合管理体制,中高等职业学校、技工学校由同一部门进行管理,并建立同级同类学校统一的政策标准。加快转变政府管理职能。深入推进管办评分离,正确处理政府、学校、社会之间的关系,做到政府宏观管教育、学校专心办教育、社会参与评教育。规范教育决策程序,充分听取群众意见,重大教育政策出台前必须组织专家论证、公开讨论、公示听证和风险评估等。推进各级各类学校管理体制改革,逐步取消学校行政化管理模式和行政级别。完善学校内部治理结构。高等教育和职业教育方面,在学校外部围绕正确处理好政府、社会与学校的关系,依法落实和扩大学校办学自主权。中小学校、幼儿园管理方面,健全中小学和中等职校校长负责制,构建校长负责、教职工代表大会和工会参与管理与监督的运行机制,不断提升学校管理的科学化、民主化、规范化水平。

2. 建立公平可持续的社会保障制度

把完善社会保障体系作为增加城乡居民收入,改善民生,促进公平正义的重要途径,站在推进国家治理体系和治理能力现代化的高度推进社会保障制度的改革。全面落实中央要求,同时突出江苏重点;条件成熟的方面大胆改革,先行先试,为全国的改革提供经验。要在精算和顶层设计的基础上,对现行各种"涉农人员"的社会保障制度进行整合,推进不同社会保障制度的衔接转换,实现社保制度之间的合理互通,逐步消除制度"碎片化",提高城乡统筹和一体化水平。研究合理确定社会保障待遇水平的科学方法,建立社会保障待遇正常调整机制,使保障水平持续、有序、合理增长。要根据城镇居民消费价格指数、社会平均工资增长、经济发展水平以及财政承受能力、就业状况,适时提高社保待遇水平。在提高整体水平的同时,要合理界定各类群体的待遇差距,发挥社会保障调节社会分配的功能,逐步形成各类人员社会保险待遇的合理关系。要进一步理顺社会保障行政管理体制,建立与统筹层次相适应的社会保险经办管理体制,更加有效地利用各种管理资源。要加快社会保障规范化、信息化、专业化建设,规范和优化社会保障管理服务流程,推进标准化建设,实行精确管理,提高管理服务水平。"十三五"期间应完成全面推行社会保障卡,实现为城乡所有参保人员"记录一生,保障一生,服务一生"的目标。

3. 科学有效推进医药卫生体制改革

建立有效、公正的政策协调机制。各地政府建立以政府主要负责人为领导、以保障和改善民生、促进社会公平正义为目标导向的政策协调机制,统筹推进医改的深入实施,减少或避免政策设计的部门利益导向,保障政策的顺利实施。协调办公室制定具体实施方案及年度工作计划,细化分解任务,扎实加以推进。以试点探索带动全省全面实施。坚持顶层设计与基层创新相结合,选择部分地区开展深化医改、建设现代医疗卫生体系试点工作,鼓励其大胆创新实践、提供示范经验,率先建立现代医疗卫生体系。对各地的创新做法和成功经验,认真总结,及时推广,更好地指导面上工作。督查考核推进各项改革措施的落实。强化目标导向,将深化医药卫生体制改革的各项改革措施和内容纳入各地各有关部门年度目标考核体系。建立健全深化医改监测评价体系、评价办法,提高监测评估的科学性和有效性,定期对改革进展和建设成效开展评估。适时开展规划实施中期评估,重点分析实施中存在的问题,落实对策措施,确保改革各项目标任务顺利完成。

参考文献:

[1] 夏锦文、陈爱蓓主编:《2018年江苏社会发展分析与展望》,社会科学文献出版社2018年版。

[2] 钟君、刘志昌、陈勇:《公共服务蓝皮书:中国城市基本公共服务评价》,社会科学文献出版社2019年版。

[3] 张贤明:《基本公共服务均等化研究》,经济科学出版社2018年版。

[4] 徐新:《和谐社会与社会事业》,上海大学出版社2009年版。

[5] 李景源、吴元梁主编:《科学发展观与和谐社会建设》,江苏人民出版社2008年版。

第十七章　法治建设高质量

当前,我国经济社会发展已经进入高质量发展阶段。经济社会高质量发展必然要求法治的高质量保障。党的十九大报告明确了坚持全面依法治国的基本方略,体现了全面依法治国的基本要求。全面依法治国基本方略和基本要求反映了法治建设高质量发展的基本内容。这就进一步要求全国各地按照十九大报告提出的法治建设要求不断推动全面依法治国的高质量发展。江苏历来重视法治建设,从依法治省到法治江苏建设,从法治江苏建设走在全国前列到让法治成为江苏发展核心竞争力的重要标志,体现了法治江苏建设从低到高不断发展的历史过程。法治建设高质量发展既是全面依法治国的必然要求,也是法治江苏建设的内在需要。通常来说,立法、执法、司法和守法状况是衡量法治建设效果的基本要素。因此,推动法治建设高质量发展,必须系统地把握法治建设要素,形成立法、执法、司法和守法多要素高质量协调发展。

第一节　立法高质量

法治建设高质量发展首先是立法的高质量发展。立法质量在很大程度上决定了法治建设水平。随着2010年中国特色社会主义法律体系的基本形成,立法工作已经开始从注重数量向提高质量方向转变。十九大报告指出,推进科学立法、民主立法、依法立法,以良法促进发展、保障善治。这是新时代立法工作的基本要求。"科学""民主"和"依法"三个词点出了立法高质量发展的基本要求。江苏高度重视立法高质量发展工作。2016年,江苏省委在中共中央出台的《关于加强党领导立法工作的意见》基础上制定了《关于加强党领导立法工作的实施意见》,对党领导立法工作进行了专门部署,为立法工作高质量发展提供了根本保障。同时,江苏定期召开全省立法工作会议。2018年,江苏召开新一届的全省立法工作会议,对2018年至2022年立法规划进行了全面部署,明确了江苏地方立法高质量发展的基本路径。因此,要做到立法高质量发展,必须在科学立法、民主立法和依法立法三个方面进一步努力。

一、科学立法

我国现行《立法法》第6条规定:"立法应当从实际出发,适应经济社会发展和全面深化改革的要求,科学合理地规定公民、法人和其他组织的权利与义务、国家机关的权力与责任。法律规范应当明确、具体,具有针对性和可执行性。"该条款明确了科学立法的基本要求。从字面上来看,科学立法就是按照科学规律进行立法。这里所说的科学规律,既是指自然和社会规律,也是指立法本身所体现的规律。对于自然和社会规律,立法者要掌握自然科学知识和人文社会科学知识,准确地理解并揭示自然规律和社会规律,使法律与自然和社会相和谐。对于立法规律,立法者要认识到法律概念的特殊性,充分发挥自身立法知识的专业性,制定出符合规范的法律。具体来说,科学立法要从实体和程序两个方面进行探索。

在实体方面,重视立法内容的科学性。立法内容的科学性要求立法者科学把握经济、政治、文化、社会和生态文明规律。马克思曾经说过:

"立法者应该把自己看作一个自然科学家。他不是制造法律,不是在发明法律,而仅仅是在表述法律,他把精神关系的内在规律表现在有意识的现行法律之中。如果一个立法者用自己的臆想来代替事物的本质,那么我们就应该责备他极端任性。同样,当私人想违反事物的本质任意妄为时,立法者也有权利把这种情况看作是极端任性。"[1]这种认识就是从实体角度把握科学立法的内涵。江苏所提出的立法原则中的"有特色"集中反映了立法内容的科学性要求。所谓"有特色",就是要求地方立法应该和本地具体情况与实际需要相结合。这就需要对本地经济社会发展规律进行科学认识,并上升到立法层面来认识。近年来,江苏在一些国家尚未立法的事项上积极探索,先后制定了《艾滋病防治条例》《集体合同条例》《软件产业促进条例》《城市社区卫生服务条例》《社区矫正工作条例》《苏南国家自主创新示范区条例》《南京市重要近现代建筑和近现代建筑风貌区保护条例》《无锡市宜兴紫砂保护条例》《苏州市昆曲保护条例》等具有地方特色的地方性法规,从立法层面予以了规范。这些立法科学把握了不同经济社会领域的发展规律,及时上升转化为立法,有助于规范并推动经济社会发展。

在程序方面,重视立法程序的规范性。立法程序的规范性要求遵循立法自身规律,不能把立法制定和规范性文件制定乃至政策制定混为一谈。要做到这一点,就必须科学安排立法程序,完善立法规划、起草、审议和公布等立法环节,重视法言法语的表达。为了完善立法程序,我国专门制定了《立法法》,对法律、行政法规、地方性法规等法律形式进行了规范。为了进一步落实《立法法》的相关规定,《行政法规制定程序条例》《规章制定程序条例》等法规也相继出台。根据上述法律法规,各地方制定了地方性法规制定条例和规章制定办法。1984年,江苏省人大常委会就出台了《关于制定地方性法规的若干规定》(1993年废止)。1993年8月26日,江苏省第八届人民代表大会常务委员会第三次会议通过了《江

---

[1] 马克思:《论离婚法草案》,《马克思恩格斯全集》第1卷,第183页。

苏省人大常委会制定和批准地方性法规的规定》。2001年2月17日,江苏省第九届人大第四次会议通过《江苏省制定和批准地方性法规条例》,并于2016年1月28日由江苏省第十二届人大第四次会议修正。此外,江苏各设区的市结合本地区制定了地方性法规制定条例。这些法律法规的制定保障了立法程序的科学性。在此基础上,江苏不断完善立法程序。一是建立立法项目征集和论证制度,完善法规立项程序。在编制立法规划和制定立法计划时,既要征求政府及其职能部门的意见,也要积极拓展立法项目来源渠道。在此基础上,对征集的立法建议项目进行科学论证,从必要性、可行性等方面进行分析研究,确保立法项目的科学性。二是加强法规起草程序。既要充分发挥政府及其职能部门承担法规起草工作的积极性,也要增强人大主导起草工作的作用。例如,江苏2014年立法正式项目中,由省人大常委会有关委员会组织起草了《保护和促进香港澳门同胞投资条例》《促进全民阅读的决定》《地方人民政府规章设定罚款限额的决定》和《发展新型墙体材料条例》等。① 三是完善法规审议程序。在立法过程中,科学安排法规审议程序对于提高立法效率具有重要作用。江苏在地方性法规审议过程中实行二审制,重要的地方性法规审议实行三审制。在审议过程中,根据法规草案的具体情况,科学安排审议次数,确保法规审议不仓促,使法规草案更为成熟。立法程序的不断完善使立法工作有序展开,有助于立法质量的提升。

　　从上述科学立法工作情况来看,无论是实体立法还是程序立法均作了有益的尝试。由于经济社会始终在不断发展,因此立法既要保持一定的稳定性,又要及时反映经济社会发展的需要,需要进行更多的探索。在科学论证的前提下,科学立法要求具有一定的超前性,实现现实性与超前性的平衡。只有实现立法规律与经济社会规律的有机结合,才能不断完善立法。

---

① 《江苏地方立法的主要做法和经验》,江苏人大网,http://www.jsrd.gov.cn/llyjh/lwjc/201810/t20181025_507734.shtml,2018年12月27日访问。

二、民主立法

我国现行《立法法》第 5 条规定:"立法应当体现人民的意志,发扬社会主义民主,坚持立法公开,保障人民通过多种途径参与立法活动。"民主立法是人民主权原则的必然要求。由于立法机关本身是通过民主选举方式产生的代表组成的,因此,立法机关本身是按照民主程序展开的。同时,由于立法机关的立法过程常常是封闭的,因此,民主立法要求立法者更多地倾听社会公众意见,及时反映人民的意志。所以,民主立法主要体现在以下两个方面:

一是立法本身遵循民主程序产生和运行。在现代国家,立法机关应该通过普遍选举方式产生代表,并由代表组成立法机关,承担立法任务。我国宪法第 3 条规定:"全国人民代表大会和地方各级人民代表大会都由民主选举产生,对人民负责,受人民监督。"这就保证了拥有立法权的人大及常委会具有民主正当性。同时,为了保证立法的民主性,立法机关在制定法律法规过程中要贯彻落实民主集中制。要实现这一点,就必须保证立法审议者的自由讨论。江苏在地方立法过程中重视人大代表和人大常委会委员的意见建议。如编制 2013—2017 年立法规划时,发函向省各有关部门和单位以及 400 多名全国人大代表和省人大代表征集立法项目建议,并通过网站和报纸等方式公开征集建议,共征集到社会各界提出的立法项目建议 426 件。此外,还收集、整理了近 3 年江苏省人代会上人大代表的议案、建议和省政协委员提案中涉及的立法项目建议,有效地拓宽了立法项目来源渠道。本届以来,省人大常委会高度重视 2018—2022 年立法规划编制工作,由省委书记、省人大常委会主任亲自担任领导小组组长,省人大常委会多次召开座谈会,听取部分常委会委员、省人大代表、人大各委员会、省有关部门意见,还委托省委办公厅征求省委法律顾问的意见。①

---

① 《江苏地方立法的主要做法和经验》,江苏人大网,http://www.jsrd.gov.cn/llyjh/lwjc/201810/t20181025_507734.shtml,2018 年 12 月 27 日访问。

二是公众参与立法过程。民主立法还意味着公众有参与立法过程的权利。因为如果立法仅仅由立法机关代表来进行的话,那么难以保证立法机关所制定的法律反映人民的意志。因此,为了保证立法及时反映人民意志,必须使公众能够随时针对立法问题提出意见建议。在我国,公众参与立法的权利已经得到了法律的确认。现行《立法法》第37条规定:"列入常务委员会会议议程的法律案,应当在常务委员会会议后将法律草案及其起草、修改的说明等向社会公布,征求意见,但是经委员长会议决定不公布的除外。向社会公布征求意见的时间一般不少于三十日。征求意见的情况应当向社会通报。"国务院制定的《行政法规制定程序条例》和《规章制定程序条例》也对此作出规定。现行《行政法规制定程序条例》第20条第二款规定:"国务院法制机构可以将行政法规送审稿或者修改稿及其说明等向社会公布,征求意见。向社会公布征求意见的期限一般不少于30日。"《规章制定程序条例》第21条第二款规定:"法制机构可以将规章送审稿或者修改稿及其说明等向社会公布,征求意见。向社会公布征求意见的期限一般不少于30日。"江苏历来重视公众参与立法工作。一是拓展征求公众意见的广度和深度。建立立法公开制度,省人大常委会法规草案在江苏人大网站上公布,积极探索开通官方微博微信、召开新闻发布会、网上直播审议过程等方式公开立法信息。加强立法调研工作,深入基层听取老百姓意见建议。尝试推广开门立法,通过在《新华日报》《江苏法制报》等媒体公开邀请社会公众对相关立法提出意见建议。二是发挥代表法制专业组、立法专家咨询组作用。在审议地方性法规过程中,发函征求法制专业组代表、立法咨询专家意见。在立法过程中召开座谈会、论证会等会议,根据需要邀请法制专业组代表、立法咨询专家参加。三是建立民主立法联系点。江苏省第十二届人大常委会在13个设区的市选取了15家基层单位作为基层民主立法联系点,把基层民主立法联系点建设作为拓宽公众有序参与立法的途径方式。四是探索开展立法协商。按照党的十八届四中全会决定要求,对于社会关注度较高的重要法规,开展立法协商,充分发挥政协委员、民主党派、工商联、无党派人士、人民团体、社会组织在立法协商中的作用。① 通过公众参与立法过程,能够保证立法有效及时反映社情民意。

从上述江苏民主立法措施来看,民主立法形式丰富,措施创新,取得了一定成果。但是由于民主立法的多样性,这些民主立法形式主要是在人大和政府立法之中,虽然一定程度上向社会公开,但是立法部门和社会公众之间的立法民主机制仍然是临时性的,缺乏制度化的架构。正因为如此,需要进一步强化民主立法内涵。一方面,要强化立法过程本身的民主化。2018年10月26日,江苏省委深改委第二次会议审议了《关于地方性法规制定过程中涉及的重大利益调整论证咨询的工作规范》和《关于地方性法规制定过程中争议较大的重要立法事项引入第三方评估的工作规范》两个文件,体现了立法程序的民主化。另一方面,要加强公众参与立法过程的力度。既要完善基层立法联系点制度,也要将协商融于立法过程,充分调动社会群体参与立法工作的积极性和主动性。

三、依法立法

"依法立法"最早是在2015年9月召开的第二十一次全国地方立法研讨会上提出来的。十九大报告将其与科学立法、民主立法相并列,凸显了依法立法的重要性。依法立法是法治的应有之义,但是依法立法的单独提出体现了对立法的高质量要求。我国《立法法》第4条规定:"立法应当依照法定的权限和程序,从国家整体利益出发,维护社会主义法制的统一和尊严。"依法立法的目的就是要维护法制统一和尊严。特别是随着设区的市的立法权的授予,依法立法的任务更加重要,也更加繁重。对于依法立法这一命题,有学者在制度设计上提出了基本框架:"就'依法立法'这一新理念和新原则而言,其理念外化之核心要求,在制度需求走向上,也预计将呈现出以下几点发展趋势。一是在党的领导下推

---

① 《江苏地方立法的主要做法和经验》,江苏人大网,http://www.jsrd.gov.cn/llyjh/lwjc/201810/t20181025_507734.shtml,2018年12月27日访问。

进'依法立法',党领导立法,党也要依法领导立法。二是有权主体按照法定的立法权限立法,既不能不作为,也不能乱作为。三是有权主体按照法定的立法程序立法,遵守立法程序成为立法之必备。四是立法的合宪性与合法性审查日益受到关注,制度机制建设得以推进。五是以人民为中心、以人大立法监督为核心的立法监督制度不断推进,注重形成各方面合力,相关制度建设得到加强。"①通常来说,依法立法大致分为两个层面:

一方面,依法立法意味着在立法过程中始终遵照宪法、法律等上位法的要求,不得和上位法规定和精神相抵触。江苏十分重视依法立法工作,维护国家法制统一。一是法制委、法工委内部坚持集体讨论制度,及时发现和解决法规草案中的合法性问题。二是召开部门协调会,发挥政府部门同志熟悉各自领域业务的优势,及时发现潜在的合法性问题。三是征求外部专家意见,对法规草案涉及的疑难复杂的法律问题进行论证。② 通过立法过程的合法性问题,从源头上解决依法立法问题。

另一方面,依法立法意味着在立法之后要能够及时纠正不当立法。一是要及时修改和废止法律法规。江苏"省人大常委会和省政府在注意根据实践的需要及时制定有关法规和规章并保持其稳定性的同时,也重视根据实践的变化,适时修改和废止有关地方性法规和政府规章"③。在修改和废止过程中,根据需要及时采用集中清理方式,保证法制统一。二是执法检查。江苏及时启动和开展执法检查工作,通过了解法律法规的实施情况及时修改不适应形势发展需要的立法规定。三是完善备案审查制度。在加强规范性文件备案审查制度建设基础上,江苏高度重视备案审查工作。一方面,主动开展规范性文件审查工作。例如,2014年,法制工作委员会会同内务司法委员会主动审查发现,江苏省《关于加快

---

① 陈俊:《依法立法的理念与制度设计》,《政治与法律》2018年第12期。
② 《关于进一步提高地方立法质量的几点思考》,江苏人大网,http://www.jsrd.gov.cn/rdgk/cwhld/qft/ldjh/201810/t20181015_507459.shtml,2018年12月27日访问。
③ 季秀平:《江苏地方立法的实践经验与完善对策》,《淮阴师范学院学报》2013年第5期。

发展养老服务业完善养老服务体系的实施意见》规定的"对获得驰名商标的养老服务企业给予 100 万元一次性奖励"的措施,与国家新修改的商标法要求和精神不相一致。建议对这一规定重新审慎研究,妥善作出处理。法制工作委员会与相关部门进行了多次沟通,省政府相关部门采纳了法制工作委员会的审查意见,停止了这一规定的执行。① 另一方面,及时处理被动审查事项。江苏省第十二届人大以来(截止到 2018 年 10 月 31 日),法制工作委员会共收到公民、协会提出的审查建议 33 件,其中 2018 年 7 件。33 件审查建议中,对不属于省人大常委会受理范围的,书面回复申请人告知其向有权机关提出;属于省人大常委会受理范围的,法制工作委员会逐一开展审查,并按照程序规定分送相关委员会,同时函送规范性文件的制定机关、审核机关和有关部门征求意见。法制工作委员会综合各方面意见进行研究,提出处理意见并予以一一回复。② 这些机制有助于实现立法事后纠正,保证立法与时俱进。

尽管依法立法是一项新的任务,但是依法立法在提高立法质量方面发挥着不可忽视的作用。十八届四中全会决定指出,要实现立法和改革决策相衔接,对不适应改革要求的法律法规,要及时修改和废止。这就尤其要重视依法立法工作,及时根据上位法修改法律法规,加强立法后评估工作,及时开展法律法规清理工作。

第二节 执法高质量

执法是一个比较宽泛的概念。广义上的执法,是指所有国家公权力机关执行法律的行为,在主体上是包括了立法机关、行政机关和司法机

---

① 《江苏省人民代表大会常务委员会法制工作委员会关于备案审查工作情况的报告》,江苏人大网,http://www.jsrd.gov.cn/bmzy/bm_fgw/bm_fgw_jh/201811/t20181126_508603.shtml,2018 年 12 月 27 日访问。
② 同上。

关。狭义上的执法是指政府及其部门执行法律的行为。十九大报告指出,建设法治政府,推进依法行政,严格规范公正文明执法。这里所说的"执法"应该是狭义上的执法含义。"严格""规范""公正""文明"是执法高质量发展的基本要求。法治政府建设各项任务的落实集中体现在执法行为之上。因此,建设法治政府,推进依法行政,其最终目的是执法的高质量发展。十八大以来,执法高质量发展已经成为法治政府建设的重中之重。十八届四中全会决定指出:"法律的生命力在于实施,法律的权威也在于实施。各级政府必须坚持在党的领导下、在法治轨道上开展工作,创新执法体制,完善执法程序,推进综合执法,严格执法责任,建立权责统一、权威高效的依法行政体制,加快建设职能科学、权责法定、执法严明、公开公正、廉洁高效、守法诚信的法治政府。"2015年中共中央办公厅和国务院办公厅下发的《法治政府建设实施纲要(2018—2020年)》明确提出了坚持严格规范公正文明执法的目标:"权责统一、权威高效的行政执法体制建立健全,法律法规规章得到严格实施,各类违法行为得到及时查处和制裁,公民、法人和其他组织的合法权益得到切实保障,经济社会秩序得到有效维护,行政违法或不当行为明显减少,对行政执法的社会满意度显著提高。"2016年江苏省委省政府制定的《江苏省贯彻落实〈法治政府建设实施纲要(2018—2020年)〉实施方案》也明确了这一评判标准。所以,执法高质量发展已经成为江苏法治政府建设的基本要求。只有紧紧把握执法高质量发展这一目标,才能推动法治政府建设力度。

一、严格执法

执法高质量发展的第一个要件是严格执法。严格执法就是要按照法律规定进行执法工作。所谓严格,就是不越权执法,同时也要及时执法。既要保证执法行为在法治轨道上进行,又要在需要行政执法时及时开展执法工作。

一方面,不能超越宪法法律范围之外执法。为了推动行政机关不越权执法,江苏在全国率先建立了覆盖全省的行政机关负责人出庭应诉制度,出台了省法院、依法治省领导小组办公室、省政府法制办联合下发的《关于进一步做好行政机关负责人行政诉讼出庭应诉工作的通知》和省法院《关于深入推进行政机关负责人行政诉讼出庭应诉工作的若干意见》,通过出庭应诉倒逼严格执法。为了提高应诉质量,江苏多次出台行政机关应诉文件。2016年,江苏省人民政府办公厅下发《关于加强行政应诉工作的意见》,从高度重视行政应诉工作、进一步明确行政应诉的工作责任、着力规范行政应诉工作程序、不断完善行政机关负责人出庭应诉制度、自觉履行人民法院生效裁判、切实加强对行政应诉工作的组织领导六个方面提出了要求。2018年江苏省人民政府办公厅下发关于印发江苏省行政应诉办法的通知(苏政办发[2018]30号),该办法共30条,对全省行政机关的行政应诉工作进行了全面规定。这些规定对于提高执法严格意识具有重要意义。

另一方面,加大执法力度。十八届四中全会决定指出:"依法惩处各类违法行为,加大关系群众切身利益的重点领域执法力度。"江苏在落实《法治政府建设实施纲要(2018—2020年)》实施方案中指出:"整合政府部门内部和部门间相同相近的执法职能和资源,归并执法队伍。由基层监管的事项,除法律法规规定外,省政府部门原则上不设具有独立法人资格的执法队伍。大幅减少市、县两级政府执法队伍种类。合理划分不同层级部门的行政执法职责权限、执法力量配置,减少执法层次,实现执法重心和力量同步下移。"通过改革行政执法体制提高行政执法力度。2018年,江苏省委办公厅出台了《关于综合行政执法体制改革的指导意见》,提出,进一步理顺行政执法体制,加强事中事后监管,切实解决多头执法、多层执法、执法扰民、基层执法力量不足等问题,大力提升执法效率和监管水平,加快推进政府治理体系和治理能力现代化。但是,执法力度不够不足依然是严格执法存在的问题。其集中体现在行政不作为之上。根据统计,江苏行政不作为案件败诉率不断上升:2013年,全省行政复议机关共收到行政不作为类案件891件,责令行政机关履行55件,败诉率达 6.17%;2014 年不作为类案件 595 件,责令行政机关履行 56 件,败诉率达 9.41%;2015 年不作为类案件 538 件,责令行政机关履行 102 件,败诉率达 18.96%。① 加大执法力度依然是严格执法的重中之重。

二、规范执法

执法高质量发展第二个要件是规范执法。规范执法就是要按照法律设定的程序进行执法,不能违反程序任意执法。十八届四中全会决定指出:"完善执法程序,建立执法全过程记录制度。明确具体操作流程,重点规范行政许可、行政处罚、行政强制、行政征收、行政收费、行政检查等执法行为。严格执行重大执法决定法制审核制度。建立健全行政裁量权基准制度,细化、量化行政裁量基准,规范裁量范围、种类、幅度。加强行政执法信息化建设和信息共享,提高执法效率和规范化水平。"这些措施明确规范执法的具体措施。

一是完善执法程序。江苏进一步加强行政执法程序建设。2015 年,江苏省人民政府就制定了政府规章《江苏省行政程序规定》,该规定分为总则、行政程序主体、重大行政决策程序、行政执法程序、行政合同、行政指导、行政调解、公众建议、行政监督、附则,共 10 章 106 条,全面规范行政过程中的各类程序。其中,第四章行政执法程序分为一般规定,程序启动、调查、证据、决定、期限和送达、简易程序、效力,对行政机关依据法律、法规和规章,作出的行政许可、行政处罚、行政强制、行政给付、行政征收、行政确认等影响公民、法人或者其他组织权利、义务的行政行为的程序进行了规范。在此基础上,江苏还积极落实行政执法全过程记录制度,确保执法程序透明化、公开化。

二是明确操作流程。江苏高度重视执法流程管理,加强行政权力清

---

① 徐卫:《法治政府建设任重道远——以江苏行政复议、行政诉讼败诉案件为视角》,《唯实》2016 年第 12 期。

单制度建设。2014年,江苏省政府办公厅下发《关于全面清理行政权力建立权力清单管理制度的通知》,正式启动了行政权力清单制度建设工作。2015年,江苏省人民政府办公厅又下发了《关于印发江苏省行政权力事项清单管理办法的通知》,对行政权力事项清单管理进行了全面规范,明确了由法律、法规、规章或者规范性文件设定的具体行政行为,包括行政许可、行政处罚、行政强制、行政征收、行政给付、行政奖励、行政确认、行政裁决、行政征用、其他行政权力等10类。2014年11月11日,江苏省政府门户网站正式向社会公布江苏省政府各部门行政权力事项清单。2017年,江苏省又发布了省市县(市、区)政府部门行政权力清单,在全国省级层面率先实现行政权力的"三级四同",即省市县三级权力名称、类型、依据、编码相统一。

三是建立重大执法决定法制审核制度。江苏积极推动落实重大行政执法决定法制审核制度,要求从事审核工作的人员,应当按照国家统一法律职业资格制度的规定,依法取得职业资格。江苏在推行行政执法共识制度执法全过程纪律制度重大执法决定法制审核制度过程中积极做好试点工作。苏州市专门出台的《苏州市重大行政执法决定法制审核办法》明确了重大行政执法决定的概念,即行政机关、法律法规授权组织作出涉及重大行政处罚、行政强制、行政许可、行政给付、行政征收、行政确认等的行政执法决定。

四是建立健全行政裁量权基准制度。江苏许多部门和地区都制定了行政执法裁量权基准,并向社会公布。2015年6月1日,《南京市规范行政执法裁量权规定》正式施行,明确了九种行政权力的行政执法裁量权。其规定,同一种违法行为有处罚幅度的,根据违法行为的事实、性质、情节以及社会危害程度划分若干裁量阶次,并列明每一阶次处罚的具体基准。行政裁量权基准制度的实施对于细化行政执法行为提供了参考。

五是完善行政执法权限协调机制。江苏重视行政执法监督建设,完善行政执法与刑事司法衔接机制。通过全省行政执法监督平台完善信息共享机制,及时了解、收集行政执法动态。出台《江苏省办理行政执法机关移送涉嫌犯罪案件规定》,制定行政执法涉嫌刑事案件证据规则,充分发挥"两法衔接"信息共享平台监督作用。2018年,江苏省行政执法与刑事司法衔接工作联席会议办公室又制定了《江苏省行政执法机关移送涉嫌犯罪案件程序规定(试行)》。该规定第3条规定,行政执法机关在依法查处违法行为过程中,按照省行政执法与刑事司法衔接工作联席会议办公室公布的涉嫌刑事犯罪案件移送标准,发现违法行为涉嫌犯罪的,应当依法向有管辖权的公安机关移送。由省、设区的市行政执法机关直接查处的涉嫌犯罪案件,省、设区的市行政执法机关可以指定涉嫌犯罪行为地所在地县(市、区)行政执法机关向同级公安机关移送。行政执法机关移送流动性、团伙性、跨区域性涉嫌犯罪案件,依照公安部、最高人民法院、最高人民检察院等部门《关于办理流动性团伙性跨区域性犯罪案件有关问题的意见》(公通字〔2011〕14号)确定管辖。这就为"两法衔接"工作明确了程序规范。

三、公正执法

执法高质量发展的第三个要件是公正执法。公正执法既要求按照公平原则平等对待行政相对人,也要按照正义原则对待社会弱势群体。"推进依法行政、建设法治政府必须正确理解行政执法的目的和功能,正视行政执法主体与行政相对人的关系,创新行政执法方式,革除行政执法实践中存在的执法权力行使分散化、执法活动运动化、执法手段单一强制化的弊端。"[①]要实现公正执法,就必须创新行政执法方式。

一是推行行政执法公示制度。执法公开是公正执法的前提。江苏积极落实行政执法公示制度。各级政府及其部门根据各自的事权和职能,按照突出重点、依法有序、准确便民和"谁产生、谁公示、谁负责"的原

---

① 陈应珍:《试论行政执法方式的创新及其保障》,《江南大学学报(社会科学版)》2008年第6期。

则,结合行政许可和行政处罚等信用信息公示工作,推动执法部门公开职责权限、执法依据、裁量基准、执法流程、执法结果、救济途径等。江苏海门作为试点地区,积极推行行政执法公示制度,出台《海门市行政执法公示办法》。2018年,江苏省委办公厅公布的《关于深化综合行政执法体制改革的指导意见》中明确提出,按照权力清单标准化要求,制定公布综合行政执法主体的权力清单和责任清单,统一规范执法权力事项"名称、编码、依据、类别",向社会公开具体职责、执法依据、处罚裁量基准、执法程序和监督途径等。

二是加快行政执法信息化建设。信息化是公正执法的重要保障。江苏加快推进行政执法信息化,强化科技装备在行政执法中的应用,完善网上执法办案及信息查询系统等载体,按照电子政务协调发展的要求,建立统一的行政执法信息平台,做好与本级行政权力网上公开透明运行平台、公共信用信息系统、"两法衔接"信息共享平台等的衔接融合工作,实现信息有效共享,提升行政效能和依法行政水平。江苏各地区各部门不断加强"互联网+行政执法"工作力度。例如,南京市公安局建立了执法公示平台,全面公示违法犯罪警情处理、案件办理、涉案财物管理、执法依据、行政处罚和行政复议决定书、治安形势,并附加群众咨询、投诉、满意度评价功能。

三是采用非强制性执法手段。非强制性手段是公正执法的新型方式。江苏全面推行行政指导,推广运用说服教育、劝导示范、行政奖励等非强制性手段。2012年,江苏省全面推进依法行政工作领导小组就下发过《关于印发全面推行行政指导工作的意见的通知》。该意见指出,各地各部门要把行政指导贯穿于行政管理、行政执法工作全过程,综合运用政策辅导、走访约见、规劝提示、奖励引导、示范推荐、信用公示、信息披露、警示告诫、案件回访、行政建议等方式开展行政指导工作。行政指导已经成为公正执法的重要手段。

四、文明执法

执法高质量发展的第四个要件是文明执法。文明执法就是要求行政执法人员在执法过程中不能有不当行为。那么,判断文明执法的标准是什么呢?有学者认为文明执法有四个标准:措施得当;方法得体;公开透明;等距离执法。① 从行政执法实践来看,文明执法主要从行政执法责任制落实展开的。

一是健全问责机制。要按照权责一致的原则,逐一厘清与行政许可、行政处罚、行政强制、行政征收、行政给付、行政检查、行政确认、行政奖励、行政裁决等行政执法权力相对应的责任事项,明确责任主体,确定不同部门及机构、岗位执法人员的执法责任。江苏高度重视行政执法问责机制建设。2007年,就出台了《江苏省行政执法责任制规定(试行)》,分为总则、行政执法责任制的组织领导、行政执法责任制的实施、行政执法责任制的监督检查四章,对行政执法责任制落实进行了详细规定。同时制定《江苏省行政执法责任追究办法(试行)》,分为总则、行政执法责任追究范围、行政执法责任承担主体、行政执法责任追究方式、行政执法责任追究机关、行政执法责任追究程序、附则七章。这些规定为行政执法责任明确了具体制度和程序。

二是加强执法人员素质培训。提高行政执法人员素质是文明执法的重要保障。江苏加强行政执法人员管理。2015年,江苏省人民政府办公厅就制定了《江苏省关于开展综合行政执法体制改革试点工作的指导意见》,提出加强执法队伍建设,要求坚持"凡进必考",推行实名制管理。严格实行行政执法人员持证上岗和资格管理制度,未通过执法资格考试的,不得授予执法资格,不得从事执法活动。加强综合执法装备保障,改善执法工作条件,推动综合执法人员标志标识和执法证件的统一。2018

---

① 刘平:《行政执法原理与技巧》,上海人民出版社2015年版,第81页。

年出台的《关于深化综合行政执法体制改革的指导意见》明确规定,严格实行执法人员持证上岗和资格管理制度,加强对执法人员的业务培训,切实提高执法队伍整体素质和执法水平。在具体要求上,江苏各地各部门还专门制定了行政执法人员行为规范。

三是科学评估行政执法效果。行政执法效果是衡量文明执法的重要窗口。要围绕行政执法社会满意度,创新行政执法外部评议方式,健全公众参与评价行政执法工作机制,发挥特邀行政执法监督员的作用。江苏重视行政执法效果评估工作,将行政执法效果纳入法治江苏建设创建之中。江苏根据《法治江苏建设指标体系(试行)》,印发了《江苏省法治城市考核标准》《江苏省法治县(市、区)考核标准》,明确了法治创建内容,其中包括了行政执法考核工作。

四是完善行政执法监督制度。行政执法监督是文明执法的基本保障。要加强执法监督,建立完善统一的行政执法监督网络平台,建立健全投诉举报、情况通报等制度,针对社会热点难点问题,有计划有步骤地开展行政执法监督检查活动。江苏重视行政执法监督工作。1995年,江苏省人民政府就制定了《江苏省行政执法监督办法》,明确规定,行政执法监督是指县级以上人民政府对其所属工作部门和下级人民政府组织实施法律、法规、规章和其他规范性文件的情况进行督促和检查,并对发现的问题依法进行处理的活动。这一政府规章的制定为行政执法监督工作提供了法律依据。

第三节 司法高质量

司法高质量发展是法治建设高质量发展的重要内容之一。司法的内容十分宽泛。通常来说,司法高质量发展的衡量标准就是公正。公正司法集中体现了司法高质量发展的价值目标,也是司法高质量发展的基本内涵。而要实现公正司法,还必须体现司法的责任性。没有责任司法,公正司法就难以实现。十八大以来,随着司法体制改革的推进,司法高质量发展已经成为法治建设的突破口。2013年2月23日,习近平总书记在主持中央政治局第四次集体学习讲话中指出:"我们提出要努力让人民群众在每一个司法案件中都感受到公平正义,所有司法机关都要紧紧围绕这个目标来改进工作,重点解决影响司法公正和制约司法能力的深层次问题。"这就要求司法高质量发展从公平、正义和责任三个维度展开。

一、公平

公平是法的重要价值之一。十八大报告指出:"公平正义是中国特色社会主义的内在要求。要在全体人民共同奋斗、经济社会发展的基础上,加紧建设对保障社会公平正义具有重大作用的制度,逐步建立以权利公平、机会公平、规则公平为主要内容的社会公平保障体系,努力营造公平的社会环境,保证人民平等参与、平等发展权利。"该报告将公平分为权利公平、机会公平和规则公平三类,也体现了对公平司法的基本要求。

所谓权利公平,实际上就是法律权利的平等或者说就是法律面前人人平等。博登海默在谈到平等时指出:"如果享有实施与执行法律职能的机关能够使赋予平等权利同尊重这些权利相一致,那么一个以权利平等为基础的社会秩序,在通向消灭歧视的道路上就有了长足的发展。"① 司法机关首先要保证权利公平。具体来说,司法机关要通过刑事审判、民事审判和行政审判达到实现维护权利的目的。要实现权利公平,就必须落实权利公平实现机制。在刑事审判方面,江苏积极落实以审判为中心的刑事司法运行新机制。2018年,江苏省高级人民法院、江苏省司法厅联合制定《关于开展刑事案件律师辩护全覆盖试点工作的实施意见》,

---

① [美]博登海默:《法理学:法律哲学与法律方法》,邓正来译,中国政法大学出版社1999年版,第286页。

明确规定,人民法院审理的刑事案件,除《中华人民共和国刑事诉讼法》等法律法规规定的适用通知辩护的情形之外,其他适用普通程序审理的一审案件、二审案件、按照审判监督程序审理的案件,被告人没有委托辩护人的,人民法院应当通知法律援助机构指派律师为其提供辩护。适用简易程序、速裁程序及认罪认罚从宽制度审理的案件,被告人没有辩护人的,人民法院应当通知法律援助机构派驻的值班律师为其提供法律帮助。在行政审判方面,江苏积极推行行政审判集中管辖改革,先在南通、宿迁等地试点,后又将苏州、无锡、泰州等地纳入试点范围。此外,经过最高人民法院批准,南京、徐州铁路运输法院实行跨区域专门管辖一审行政案件。在民事审判方面,江苏积极发挥民事诉讼法规定的小额诉讼机制,积极解决当事人民事争议事项。

所谓机会公平,就是在权利实现过程中所有人都有相应的机会。从机会公平的本意来看,机会公平是以效率和激励为价值取向。司法机关作为公平价值的实现机关,就是要完善司法程序来保证机会公平,其实际上是以过程公平为主导价值。江苏积极维护司法机关依法独立行使职权,特别是通过科技手段完善司法辅助系统。江苏建成了全省统一的政法大数据共享应用服务平台,协同处理案件办理网上流转、电子卷宗网上推送、涉案财物网上管理、执法行为网上监督、办案质态网上评估等事务。江苏法院通过运用移动办案、庭审职能语音转写、裁判文书智能生成等智慧审判系统,大大提高审判效率。江苏检察机关也积极运用智能办案辅助系统,在全省推广使用"案管机器人",能够在审阅卷宗、甄别疑点、推送类案、提出量刑意见、自动生成批准逮捕意见等方面辅助检察官办案。

所谓规则公平,就是权利依据应该是公平的。一方面,权利实现要以法律所确定的统一方式来确定,对相同的人员予以平等对待。另一方面,对于那些由于出身、天赋和受教育等自然差别所产生的不公平,法律规则应该予以矫正以便实现权利。由于司法机关是依据法律开展活动的机关,因此其尤其要注重规则公平。如果规则本身不是公平的,那么其结果必然也不可能是公平的。江苏积极通过审判白皮书、典型案例、司法政策等规则引导公平司法。例如,2018年12月4日,江苏省高院公布江苏法院服务保障民营经济发展八项举措,包括:坚持平等、全面、依法保护民营企业的司法理念;不断加大民营企业产权司法保护力度;依法保护民营企业创新权益;推动解决民营企业融资难融资贵问题;加强民营企业市场救治和退出的司法保障;依法保障民营企业公平有序参与市场竞争;切实维护民营企业胜诉权益;提升服务保障民营经济发展的能力水平。

二、正义

正义也是法的重要价值之一。博登海默认为:"正义的关注点可以被认为是一个群体的秩序或一个社会的制度是否适合于实现其基本目标。满足个人的合理需要和主张,并与此同时促进生产进步和提高社会内聚性的程度,就是正义的目的。"①正义和法律之间具有密切关系。有学者认为:"法律应该遵守正义原则的价值内容包括:法律在整体意义上的合道德性;法律承认利益差别,体现各个利益群体的利益要求;重视社会利益的前提下,尊重个人价值和个体利益。法律应最大限度地实现自由;法律应是平等适用和平等待遇等等。"②在某种意义上说,正义更多地关注对个人利益的保护。"对平等地位的人平等对待,对地位不平等的人根据他们的不平等给予不平等待遇,这是正义。使一些政治和经济物质的拥有者在不同的程度上占有的多些,另一些人占有的少些,这也合乎正义。"③司法机关作为裁判不同利益关系的机关,其必须要以正义观念来指导司法实践。江苏重视正义司法制度建设。

---

① [美]博登海默:《法理学:法律哲学与法律方法》,邓正来译,中国政法大学出版社1999年版,第252页。
② 王人博、程燎原:《法治论》,山东人民出版社1998年版,第104页。
③ [美]艾德勒:《六大观念》,北京大学出版社2004年版,第39页。

一是积极推进诉讼服务中心建设。江苏通过建立诉讼服务中心建设,实现"一站式"、全方位、多层次、低成本诉讼服务。在此基础上,积极推动法院诉讼服务中心向一体化、信息化、智能化综合服务机构发展,正式启动运行统一的12368诉讼服务热线和诉讼服务网,市诉讼服务中心成为集立案登记、涉诉信访、诉讼服务等多项功能于一体的线上线下相融合的综合性服务平台。2017年,江苏还启动了跨域立案诉讼服务试点工作,省法院还起草了《关于运用网上立案系统在全省法院开展跨域立案诉讼服务的规定(试行)》,进一步规范跨域立案诉讼服务工作。

二是积极推进认罪认罚从宽改革。根据全国人大常委会授权,江苏南京积极开展刑事案件认罪认罚从宽制度试点工作,出台《关于开展刑事案件认罪认罚从宽制度试点工作的实施意见》,并成立认罪认罚从宽制度试点工作协调指导小组。根据实施意见规定,对于基层人民法院管辖的可能判处三年有期徒刑以下刑罚的案件,事实清楚、证据充分,当事人对适用法律没有争议,犯罪嫌疑人、被告人认罪认罚并同意适用速裁程序的,可以适用速裁程序办理。

三是加强涉法涉诉工作。江苏加强涉法涉诉联合接访中心规范化建设,建立终结信访案件退出稳控机制,落实领导包案、积案化解责任。2015年,建立江苏省涉法涉诉联合接访中心,并进行实体化运作。该平台是诉访分离、案件督办、政策指导、信息共享的枢纽,重点负责涉法涉诉信访案件交办、督办、会办和指导、检查、考核工作。

四是健全和解、调解、仲裁、公证、行政裁决、行政复议和诉讼有机衔接、相互协调的多元化纠纷解决体系。江苏省法院下发指导意见,加强司法与社会综合治理、网格式管理的衔接协调,推动矛盾纠纷多元化解工作。在所有法院诉讼服务中心、所有基层法庭均设立调解工作室和律师工作站。

五是解决执行难问题。江苏不断强化"执行难"解决机制。江苏建立了"基本解决执行难"工作联席会议制度。2017年,省委办公厅、省政府办公厅在全国率先出台《关于建立对失信被执行人联合惩戒机制的实施意见》,参与联合惩戒实施单位达到 55 家,重点实施 68 项联动惩戒措施,涵盖 30 多个重点领域。建立了覆盖国土、房管、公安等单位的信息查控系统,省高院与省不动产登记局签订不动产登记信息查询协议,并开发了不动产登记信息查询平台。

三、责任

责任是法律上的重要概念。对于司法来说,这里所说的责任包含两个方面的意思。一是司法机关的整体责任,就是要对人民负责。这也是通常所说的司法为民。另一方面,司法者要承担起司法的责任,体现审判独立、中立精神。十八大以来,司法体制改革始终是以司法责任制为突破口,让审理者裁判,由裁判者负责。

一是推进员额制改革。江苏积极遴选员额法官和员额检察官,分类分级制定法官、检察官权力清单、责任清单。省法院制定《关于全省法院全面落实司法责任制实施意见(试行)》及 5 个附件,明确各类司法人员权力清单,积极构建审判权力运行新机制。省检察院按照积极稳妥和遵循司法规律、体现检察特点、符合办案需要的原则,根据不同层级检察院职能、不同类别检察业务特点,研究制定了《江苏省人民检察院检察官职权清单》和《江苏省设区市及基层检察院检察官职权清单》。同时,省法院制定《江苏法院员额法官动态管理暂行办法(试行)》,建立员额法官定期增补和退出机制。在此基础上,全面实行法院院庭长办案制和检察长、处(科)长办案制。

二是完善司法团队建设。江苏健全新型团队工作机制,按照需求组建不同形式的法官、检察官办案团队,规范团队工作流程指引、文书简化格式,形成审判团队和检察官办案组。

三是强化司法活动监督。江苏省委政法委牵头成立省法官惩戒委员会和省检察官惩戒委员会,探索建立法官、检察官惩戒制度。省检察院研究制定了案件分配管理办法、检察官司法办案内部监督工作规定、检察官司法档案管理办法、检察官考评办法、检察官办案绩效考核量化规则等一系列规章制度,加强对检察官司法办案的监督与考核力度。

四是加强人民参与司法工作。江苏积极推进人民陪审员制度改革试点工作,完善人民陪审员选任制度,区别"事实审"与"法律审"的规则适用,扩大合议庭审理模式,切实提高人民陪审员积极性。

第四节　守法高质量

守法高质量发展意味着法治观念的不断提升。十八届四中全会决定指出:"法律的权威源自人民的内心拥护和真诚信仰。人民权益要靠法律保障,法律权威要靠人民维护。必须弘扬社会主义法治精神,建设社会主义法治文化,增强全社会厉行法治的积极性和主动性,形成守法光荣、违法可耻的社会氛围,使全体人民都成为社会主义法治的忠实崇尚者、自觉遵守者、坚定捍卫者。"这一论述体现了对守法高质量发展的要求。这就需要在法治文化、法治理念和法治素养三个方面进行努力。

一、丰富和创新法治文化

法治文化是守法高质量发展的环境要素。由于文化概念本身的多义性,所以,法治文化概念也是一个复杂概念,难以进行准确界定。通常来说,法治文化是一种现代的法律观念。"法治文化是一种与人治文化相对立而存在的先进的文化样态,是社会成员广泛认同和持有的以法治为取向的精神意识、价值判断等。当然,法治文化的概念和一般意义上的法律文化不同,它是一个有着鲜明价值判断和价值取向的概念,是我们要积极倡导和培育的主流性的法律文化。"①也有学者进一步指出:"法

---

① 魏淑君:《和谐社会法治文化的思考》,《中国浦东干部学院学报》2009 年第 1 期。

治文化是法律现象中区别于法律规范体系、法律设施、法制运行等外显实体要素的内在精神部分,主要包括人们对现行法律所具有的思想、意识、感情、信仰、知识、理论等内容。"[1]法治文化对于全社会守法具有导向作用,因此,要推动守法高质量发展,必须丰富和创新法治文化。2012年12月4日,习近平总书记在首都各界纪念现行宪法公布施行30周年大会上强调:"我们要在全社会加强宪法宣传教育,提高全体人民特别是各级领导干部和国家机关工作人员的宪法意识和法制观念,弘扬社会主义法治精神,努力培育社会主义法治文化,让宪法家喻户晓,在全社会形成学法尊法守法用法的良好氛围。"[2]江苏积极推动法治文化建设,丰富和完善法治文化内容。一是将法治文化建设纳入法治江苏建设、文化江苏建设和诚信江苏建设之中,纳入各级党委政府考核评价体系、江苏法治文化建设指标体系和公共文化服务指标体系之中进行考核。二是及时出台法治文化建设指导性文件。2011年,江苏省委办公厅和省政府办公厅就出台《关于加强社会主义法治文化建设的意见》,强化社会主义法治文化理论研究,加强社会主义法治文化阵地建设,推动社会主义法治文化产品创作,开展社会主义法治文化活动,加大社会主义法治文化传播力度。2012年,又制定了《江苏省关于大力推进社会主义法治文化建设的实施意见》,提出以实施"五大行动"推进社会主义法治文化建设,即社会主义法治文化建设组织保障体系完善行动、社会主义法治文化建设能力提升行动、社会主义法治文化作品创作繁荣行动、社会主义法治文化传播体系优化行动、社会主义法治文化惠民行动。在此基础上,通过法治文化建设年、推进年、提升年、巩固年、展示年等活动载体,推动法治文化与经济社会发展同规划、同部署、同建设。三是积极开展各种法治文化活动。江苏积极推动省级法治文化建设示范点建设,加强县(市、区)

---

[1] 张青红:《对法治文化与人的全面发展问题的若干思考》,《韶关学院学报(社会科学版)》2004年第4期。
[2] 习近平:《在首都各界纪念现行宪法公布施行30周年大会上的讲话》,《人民日报》2012年12月5日,第2版。

法宣中心建设,完善市县镇村法治文化阵地,基本形成"市县有场馆、镇街有中心、村居有站点"总体布局。在此基础上,以法治文化示范点创建为抓手,整理地方法治名人、法治典故、法治警言等法治资源,融入剪纸、雕刻、瓷板画等传统文化素材,大力推动法治文化阵地向特色化、差别化、规模化发展。

二、强化法治理念

法治理念是守法高质量发展的价值要素。十九大报告指出,树立宪法法律至上、法律面前人人平等的法治理念。要强化法治理念,就必须推动全民普法宣传教育,创新普法宣传教育内容、机制和形式。江苏认真做好普法宣传教育规划,围绕法治理念开展普法宣传教育工作。一是将社会主义核心价值观融入法治江苏建设。江苏不断推动社会主义核心价值观融入法治江苏建设,将普法宣传教育品牌纳入精神文明创建之中,全力打造"法润江苏德法同行"特色品牌,形成了法治与德治齐头并进的格局。二是认真开展"谁执法谁普法"工作。2015年,江苏省依法治省领导小组办公室、江苏省法制宣传教育工作领导小组办公室、江苏省人民政府法制办公室下发关于印发《江苏省国家机关"谁执法谁普法"责任制实施办法》的通知,明确了"谁执法谁普法"的国家机关是指各级人民政府及其有行政执法权的工作部门,以及法律、法规授权行使行政执法权的组织。2017年,江苏省法治宣传教育工作领导小组印发了《法治宣传教育重点单位"谁执法谁普法"普法责任清单》。江苏积极落实"谁执法谁普法"责任制,形成分工负责、各司其职、齐抓共管、全线联动的大普法工作格局,先后开展了全省机关"万人学法"竞赛、"法律服务进万家"等大规模的普法宣传活动。三是进行以案释法工作。2015年,中共江苏省委宣传部、江苏省依法治省领导小组办公室、江苏省法制宣传教育工作领导小组办公室、江苏省高级人民法院、江苏省人民检察院、江苏省司法厅、江苏省人民政府法制办公室制定了《关于建立法官、检察官、行政执法人员、律师等以案释法制度的意见》，其规定，以案释法的主体包括法官、检察官、行政执法人员等司法执法人员，以及律师、公证员、基层法律服务工作者等法律服务人员；对象既包括案件当事人、参与人和服务对象，也包括社会大众，要加强对各级领导干部、公职人员的宣传，重点加强对企业经营管理人员、青少年、农民和农民工等群体的以案释法工作；内容既有实体法案件，也有程序法案件，重点是易发多发的案件、群众反映强烈的案件、社会广泛关注的案件、具有普遍警示教育意义的案件以及法律效果、社会效果和政治效果较好的案件；方式方法既包括司法执法和法律服务全过程中宣传涉及的法律法规，也包括依托新闻媒体、网络媒体、基层文化活动等载体，运用法治微电影播映、法治漫画巡展、法治故事宣讲、法治文艺演出等方式，面向社会开展的案例宣传。江苏各地区各部门开展了丰富多彩的以案释法活动，如建立以案释法案例库、汇编以案释法资料、进行以案释法宣讲等等。四是开展媒体公益普法工作。2008年，中共江苏省委宣传部、江苏省精神文明建设指导委员会办公室、江苏省法制宣传教育协调指导办公室、江苏省司法厅、江苏省工商行政管理局、江苏省广播电视局、江苏省新闻出版局制定了《关于加强新闻媒体公益法制宣传工作的意见》。2017年，中共江苏省委宣传部、中共江苏省委网络安全和信息化领导小组办公室、江苏省法治宣传教育工作领导小组办公室、江苏省司法厅、江苏省新闻出版广电局、江苏省工商行政管理局、江苏省通信管理局印发了《关于加强媒体公益普法宣传的实施办法》，明确了公益普法宣传的媒体范围，包括广播、电视、报纸、期刊、网站、微博、微信、移动客户端、户外广告等大众传媒。江苏依托12348江苏法网，整合省内专业普法网站、微博、微信、博客等，搭建法润江苏普法平台，建立江苏网络普法联盟，构建了独具特色的普法宣传传播平台体系。

三、提高法治素养

法治素养是守法高质量发展的个体要素。十九大报告指出，提高全民族法治素养和道德素质。同时,提出,各级党组织和全体党员要带头尊法学法守法用法,任何组织和个人都不得有超越宪法法律的特权,绝不允许以言代法、以权压法、逐利违法、徇私枉法。要提高法治素养,就必须突出重点,调动学法用法积极性。江苏积极实施法治素养规划,分类开展提升不同群体法治素养水平。

一是强化领导干部和国家工作人员法治素养。2018年3月10日,习近平总书记在参加十三届全国人大一次会议重庆代表团审议时指出,我们的党政领导干部都应该成为复合型干部,不管在什么岗位工作都要具备基本的知识体系,法律就是其中基本组成部分,对各方面基础性知识,大家都得掌握、不可偏废,在此基础上做到术业有专攻。江苏围绕党政领导干部和国家工作人员开展学法用法工作,不断提高领导干部和国家工作人员法治认识水平。2007年,中共江苏省委组织部、中共江苏省委宣传部、江苏省人大常委会人事代表联络委员会、江苏省法制宣传教育协调指导办公室、江苏省司法厅制定了《关于加强全省领导干部学法用法工作的意见》。2008年,江苏省委办公厅和省政府办公厅还转发了省委组织部、省委宣传部、省级机关工委、省依法治省领导小组办公室、省法制宣传教育协调指导办公室、省人事厅、省司法厅制定的《关于进一步加强全省党政领导干部、公务员学法用法工作的意见》。2015年,中共江苏省委组织部、中共江苏省委宣传部、中共江苏省委省级机关工作委员会、江苏省人大常委会人事代表联络委员会、江苏省依法治省领导小组办公室、江苏省人民政府法制办公室、江苏省法制宣传教育工作领导小组办公室、江苏省司法厅制定了《关于加强领导干部法治教育的意见》。2016年12月30日,江苏省深改组第19次会议讨论通过了《关于加强国家工作人员学法用法工作的意见》,明确了国家工作人员学法用法的目标任务、主要制度、组织领导等重点内容,该意见由中共江苏省委组织部、中共江苏省委宣传部、江苏省法制宣传教育工作领导小组办公室、江苏省司法厅、江苏省人力资源和社会保障厅于2017年下发落实通知。江苏在贯彻落实《党政主要负责人履行推进法治建设第一责任人职责规定》实施办法中明确提出,坚持重视法治素养和法治能力的用人导向,加强法治工作队伍建设和政法机关领导班子建设。为此,在抓好领导干部学法用法的同时,江苏不断强化领导干部和国家工作人员法治能力培训,切实提高法治素养。

二是加强青少年法治素质教育。2012年,中共江苏省委宣传部、江苏省社会管理综合治理委员会办公室、江苏省法制宣传教育工作领导小组办公室、江苏省综治委预防青少年违法犯罪工作领导小组办公室、江苏省教育厅、江苏省公安厅、江苏省司法厅、江苏省文化厅、共青团江苏省委、江苏省妇女联合会、江苏省关心下一代工作委员会制定了《关于进一步加强全省青少年法制宣传教育工作的意见》,就提高青少年法治素质进行了全面部署。江苏积极创新青少年法治宣传教育工作方式,既落实《青少年法治教育大纲》,做好法治课堂知识的学习,也重视知识性、趣味性和互动性,形成了体验式中小学生法治教育新模式。

三是完善企业经营管理人员法治责任。2012年,中共江苏省委宣传部、江苏省法制宣传教育工作领导小组办公室、江苏省经济和信息化委员会、江苏省司法厅、江苏省人民政府国有资产监督管理委员会、江苏省总工会制定《关于加强和改进全省企业经营管理人员学法用法工作的意见》,对深入开展企业经营管理人员学法用法工作进行了全面部署。该意见明确了企业经营管理人员范围,包括:全省各级各类大中型国有及国有控股企业领导班子成员,各部门、分支机构的主要负责人及中层以上管理人员;集体企业的法定代表人及中层以上管理人员;外商投资企业的中方高、中级管理人员;民营企业家及中层以上管理人员;港、澳、台投资企业的中层以上管理人员;其他各类企业的法定代表人及中层以上管理人员,为提升企业经营管理人员法治素养作了整体规划。在基础上,开展"法律进企业"活动,根据不同企业类型制定相应实施办法。

四是提高农民工法治素质。2012年,中共江苏省委宣传部、江苏省依法治省领导小组办公室、江苏省法制宣传教育领导小组办公室、江苏省农民工工作领导小组办公室、江苏省司法厅、江苏省民政厅、江苏省人力资源和社会保障厅、江苏省农业委员会制定《关于进一步加强农民工学法用法工作的意见》,对农民工学法用法工作进行科学谋划。江苏通过举办农民工学法活动周等活动,积极推动农民工普法宣传教育工作,提高农民工通过合法渠道维护自己权益的法治意识。

参考文献:

[1] 最高人民法院中国特色社会主义法治理论研究中心:《法治中国——学习习近平总书记关于法治的重要论述》,人民法院出版社2018年版。

[2] 夏锦文:《法治思维》,江苏人民出版社2015年版。

[3] 公丕祥主编:《当代中国的法治现代化》,法律出版社2017年版。

[4] 江必新:《国家治理现代化与行政法治》,中国法制出版社2016年版。

[5] 刘平:《法治与法治思维》,上海人民出版社2013年版。

[6] 王利明:《法治:良法与善治》,北京大学出版社2015年版。

第十八章　生态环境高质量

优美的生态环境既是高质量发展的应有之义,也是实现高质量发展的重要支撑与推动力。面对新时代新形势,江苏要根据高质量发展时代要求下生态环境保护的定位与作用,明确生态环境高质量的内涵与要求,设计生态环境高质量的路径机制,推动生态环境高质量,形成与经济社会高质量发展协同共进的格局。

第一节　生态环境高质量的内涵和目标

高质量发展是新发展理念实施的重要载体,生态环境高质量是经济社会高质量发展的源头推力。经济社会高质量发展的根本目的是满足人民更美好的生活需要,其中供给优良的生态产品是高质量发展的主要目标,也是社会民生持续改善的内在要求,良好的生态环境是最普惠的民生福祉,承载着人民群众对美好生活的质朴期许和基本要求。生态环境高质量的内涵主要体现在生态环境的持续改善、为经济高质量发展提供更大的环境容量和生态环境支持。

一、生态环境高质量的内涵分析

1. 生态环境高质量的战略地位

推动高质量发展已成为地方经济发展的首要战略目标,而推动生态环境高质量,提供更多优质生态产品、如期实现生态环境目标等是高质量发展的必然要求与重要评判标准。国家统计局等4部门首次公布的2016年度各省份绿色发展指数,更偏重于绿色的综合发展指数,有利于推动地方加快形成以资源高效利用和生态环境保护为核心的高质量发展。随着未来高质量发展的目标任务绩效考核等政策体系落地实施,地方政府将统筹制定涵盖生态环保在内的一揽子政策机制,预期将带动提升生态环境保护的战略地位,尤其是在生态环境短板的突出地区和薄弱领域,生态环境高质量更为重要。

2. 生态环境高质量与污染治理、环境质量改善和经济结构提升

推动生态环境高质量是实现经济社会发展质量、效率、动力全面提升的过程,是生态文明建设融入经济社会发展的过程。在此进程中,绿色低碳环保的经济发展方式、节约资源和保护环境的空间格局、产业结构、生产方式、生活方式将加速形成,从源头提升生态环境状况。加快推动高质量发展需要同步加速环境治理进程,以提供更多优质生态产品来实现高质量发展,这将对生态环境保护工作提出更高的要求,需要生态环境保护在供给侧结构性改革、产业结构转型升级方面发挥更加积极的作用,推动经济发展方式转变、经济结构优化、增长动力转换。

3. 生态环境高质量与环境管理制度变革

生态环境高质量意味着生态环境保护将向精细化、系统化、智能化的高质高效环境管理模式转变。随着高质量发展的阶段性目标实现,环境治理近期以"散乱污"治理、环保督查促进中低端产业淘汰,中长期持续以绿色技术、环保政策标准推动高端产业发展的环境治理路线将逐步明确实施,推动现代化环境治理体系逐步建立健全。

二、生态环境高质量的主要目标

加大生态环境保护力度，营造良好的生态人居环境，提供更多优质的生态产品，满足人民日益增长的优美生态环境需要是生态环境高质量、美丽中国建设的根本目标。为经济高质量发展提供更多更大的环境容量和环境支持是生态环境高质量的重要目标。

1. 将供给更多优质生态产品作为内生动力，实质上是扩大环境容量，目标是引导经济社会发展向高质量发展转变

将持续改善生态环境质量、提供更多的优质生态产品作为生态环境高质量的主要内容之一，制定出与高质量发展相匹配的"高质量生态""高标准保护"的环境目标与责任机制。基于经济社会高质量发展的指标体系、绩效评价体系、政绩考核体系，完善以改善生态环境质量为目标的责任体系、领导干部环境绩效评价考核制度、环保离任审计制度、生态环境损害责任追究制度等，定期发布地区绿色发展指数、环境保护压力指数数据，坚持生态优先，从源头上扩大经济发展的环境容量。

2. 将加快构建生态文明体系作为源头动力，主动引领现代经济体系建设

生态环境高质量以加快构建生态文明体系作为顶层制度的基石，建立起以生态价值观念为准则的生态文明体系和以产业生态化和生态产业化为主体的生态经济体系，从而推动现代经济体系建设。生态环境高质量以全面推进绿色发展方式转变为目标，以低物耗、低能耗、低污染排放等高标准为要求，以低碳清洁高效的技术创新为重点，促进全产业价值链绿色化，提高产品绿色附加值。具体来讲就是建设清洁高效的绿色有机农业体系、绿色制造业体系，以绿色生活方式引领现代服务业发展。培育壮大绿色环保产业，提升生态环保的产业地位。逐步实现经济发展质量和效益显著提升的目标。

3. 坚持环境空间管控政策，形成适度有序的发展建设格局

经济社会高质量发展的突出矛盾是发展的不平衡、不充分，以往发

展中未充分考虑自然规律,导致过度开发、无序开发,经济发展的环境容量已经严重不足,表现为发展格局不合理、产业布局不平衡,从而影响我国高质量发展的整体进程。要进一步落实"生态保护红线、环境质量底线、自然资源利用上线、生态环境准入清单"的空间管控制度,优化地方产业布局、结构与规模,将经济行为、人类活动限制在自然资源和生态环境承载能力之内,推动不同地区产业高端化、绿色化梯度转型升级。

4. 通过打好污染防治攻坚战、着力优化调整经济结构、加强环保督察执行力,保障和巩固高质量发展的重要成果

以蓝天、碧水、土壤保卫战为重点,以着力调整产业结构、能源结构、运输结构、农业投入结构为路径,以解决关系环境民生、经济发展的突出环境问题为先导,以专项行动、标志性战役为抓手,打好污染防治攻坚战,推动地方加速淘汰落后产能、整治违法排污企业的进程,加快满足社会公众对蓝天净水需求的步伐,保障巩固优质的生态产品、中高端产业发展等高质量发展成果的显性化、稳固化、持续化。以中央环保督察为统领,推动地方党委政府高度重视、履职尽责,借势借力推动解决突出生态环境问题。

5. 通过环境税、排污许可等经济、行政手段,营造公平的市场竞争环境

从环保行业、排污企业角度而言,需进一步强化环境税、排污许可、散乱污治理等政策,营造良好的公平竞争环境。通过以环境税为基础的税制改革,加快实施覆盖所有固定污染源的企业排放许可制,推动企业切实履行环境主体责任、规范自身环境行为。全面推进散乱污企业的综合治理,为市场腾出更多的环境容量发展清洁高端的现代产业。在公平条件下强化环保领跑者制度的奖励机制,推动高质量发展。

第二节 中央加强生态文明建设的决策部署

"十八大"以来,我国生态文明建设加快。2018年5月召开的全国生态环境保护大会强调,要自觉把经济社会发展同生态文明建设统筹起

来,充分发挥党的领导和社会主义制度能够集中力量办大事的政治优势,充分利用改革开放40年来积累的坚实物质基础,加大力度推进生态文明建设、解决生态环境问题,坚决打好污染防治攻坚战,推动我国生态文明建设迈上新台阶。

一、生态文明建设的思想理论

1. 我国生态环境质量持续好转,出现了稳中向好趋势,但成效并不稳固

当前,生态文明建设正处于压力叠加、负重前行的关键期,已进入提供更多优质生态产品以满足人民日益增长的优美生态环境需要的攻坚期,也到了有条件有能力解决生态环境突出问题的窗口期。生态环境是关系党的使命宗旨的重大政治问题,也是关系民生的重大社会问题,广大人民群众热切期盼加快提高生态环境质量。要大力推进生态文明建设,提供更多优质生态产品,不断满足人民群众日益增长的优美生态环境需要。

2. 新时代推进生态文明建设,必须坚持六大原则

一是坚持人与自然和谐共生,坚持节约优先、保护优先、自然恢复为主的方针,像保护眼睛一样保护生态环境,像对待生命一样对待生态环境。二是绿水青山就是金山银山,贯彻创新、协调、绿色、开放、共享的发展理念,加快形成节约资源和保护环境的空间格局、产业结构、生产方式、生活方式,给自然生态留下休养生息的时间和空间。三是良好生态环境是最普惠的民生福祉,坚持生态惠民、生态利民、生态为民,重点解决损害群众健康的突出环境问题,不断满足人民日益增长的优美生态环境需要。四是山水林田湖草是生命共同体,要统筹兼顾、整体施策、多措并举,全方位、全地域、全过程开展生态文明建设。五是用最严格制度最严密法治保护生态环境,加快制度创新,强化制度执行,让制度成为刚性的约束和不可触碰的高压线。六是共谋全球生态文明建设,深度参与全

球环境治理,形成世界环境保护和可持续发展的解决方案,引导应对气候变化国际合作。

3. 加快构建生态文明体系

加快建立健全以生态价值观念为准则的生态文化体系,以产业生态化和生态产业化为主体的生态经济体系,以改善生态环境质量为核心的目标责任体系,以治理体系和治理能力现代化为保障的生态文明制度体系,以生态系统良性循环和环境风险有效防控为重点的生态安全体系。通过加快构建生态文明体系,确保到2035年,生态环境质量实现根本好转,美丽中国目标基本实现。到本世纪中叶,物质文明、政治文明、精神文明、社会文明、生态文明全面提升,绿色发展方式和生活方式全面形成,人与自然和谐共生,生态环境领域国家治理体系和治理能力现代化全面实现,建成美丽中国。

4. 全面推动绿色发展

通过调整经济结构和能源结构,优化国土空间开发布局,调整区域流域产业布局,培育壮大节能环保产业、清洁生产产业、清洁能源产业,推进资源全面节约和循环利用,实现生产系统和生活系统循环链接,倡导简约适度、绿色低碳的生活方式,反对奢侈浪费和不合理消费。

5. 把解决突出生态环境问题作为民生优先领域

坚决打赢蓝天保卫战是重中之重,以空气质量明显改善为刚性要求,强化联防联控,基本消除重污染天气。深入实施水污染防治行动计划,保障饮用水安全,基本消灭城市黑臭水体。全面落实土壤污染防治行动计划,突出重点区域、行业和污染物,强化土壤污染管控和修复,有效防范风险。持续开展农村人居环境整治行动,打造美丽乡村。

6. 有效防范生态环境风险

把生态环境风险纳入常态化管理,系统构建全过程、多层级生态环境风险防范体系。加快推进生态文明体制改革,抓好已出台改革举措的落地,及时制定新的改革方案。

7. 提高环境治理水平

充分运用市场化手段,完善资源环境价格机制,采取多种方式支持政府和社会资本合作项目,加大重大项目科技攻关,对涉及经济社会发展的重大生态环境问题开展对策性研究。实施积极应对气候变化国家战略,推动和引导建立公平合理、合作共赢的全球气候治理体系,推动构建人类命运共同体。

二、加强生态文明建设的决策部署

党的十八大以来,中央开展一系列根本性、开创性、长远性工作,加快推进生态文明顶层设计和制度体系建设,加强法治建设,建立并实施中央环境保护督察制度,大力推动绿色发展,深入实施大气、水、土壤污染防治三大行动计划,率先发布《中国落实2030年可持续发展议程国别方案》,实施《国家应对气候变化规划(2014—2020年)》,推动生态环境保护发生历史性、转折性、全局性变化。

1. 全面推行河长制

推行河长制是党中央、国务院的重大决策部署,是促进河湖休养生息,维护河道健康生命,推进水生态文明建设的重要举措,是解决复杂水问题的主要方案。

2. 开始征收环境保护税

2018年1月,环境保护税正式施行,取代了施行近40年的排污收费制度。环保税按季申报缴纳。根据环保税法,征税对象和范围与现行排污费基本相同,征税范围为直接向环境排放的大气、水、固体和噪声等污染物。其中,大气污染物税额幅度为每污染当量1.2元至12元,水污染物税额幅度为每污染当量1.4元至14元。北京、天津、河北、上海、江苏、河南等6个省份税额处于较高水平,其大气污染物税额在每污染当量4.8元至12元之间,水污染物税额在每污染当量4.8元至14元之间。江苏在省内不同区域确定了差异化的税额。

3. 加强环保督察,促使地方加大自查、整改力度

以江苏为例。2018年5月,城市黑臭水体整治环境保护专项行动首批督查组进驻江苏省。此次专项行动的目标,是以推动黑臭水体整治工作为重点,借鉴督查、交办、巡查、约谈、专项督察"五步法"经验,倒逼各地加快补齐城镇环境基础设施短板,提升城镇水污染防治水平。本次专项行动在江苏抽查南京、无锡和扬州3市。对问题严重的城市与市政府进行约谈,对约谈后整改不力的城市,开展环境保护专项督察。

第三节 江苏加强生态文明建设的成效及问题

2014年12月,习近平总书记视察江苏,勾画出建设"强富美高"新江苏的美好蓝图。高质量推进生态环境建设,既是中央的要求,又是百姓的期待。十八大以来,江苏陆续提出并实施"263"专项行动、"1+3"重点功能区战略以及江淮生态经济区与江淮生态大走廊等系列环境保护与生态发展战略,取得了明显的成效。

一、组织推进263专项计划,生态环境逐步好转

生态环境已成为最大民生问题,通过组织实施"263"计划("两减六治三提升","两减"即减少煤炭消费总量和减少落后化工产能;"六治"是重点治理太湖水环境、生活垃圾、黑臭水体、畜禽养殖污染、挥发性有机物污染和环境隐患;"三提升"是指提升生态保护水平、提升环境经济政策调控水平、提升环境监管执法水平),严格抓好中央环保督察问题整改落实,启动实施省级环保督察,省市县乡村五级河长全面履职,节能减排超额完成国家下达的任务,江苏生态环境质量持续改善。

1. 节能减排、治理大气污染成效显著

江苏以减少煤炭消费总量和减少落后化工产能为重点,大力调整长

期以来形成的煤炭型能源结构、重化型产业结构。2017年,关停落后化工企业1421家,安排大气治理重点工程4288项,狠抓减煤减化,整治燃煤小锅炉11761台。在此基础上,2017年,江苏完成减煤1655万吨,超额完成全年1000万吨的减煤任务。2017年全省PM2.5平均浓度为49微克/立方米,同比下降3.9%,比"大气十条"考核基准年2013年下降32.9%,超额完成"大气十条"目标。13个设区市平均重污染天数为3天,同比减少3天,比2013年减少23天。2018年,江苏环境空气质量总体有所改善,PM2.5年均浓度为48微克/立方米,连续6年持续下降,达国家年度考核目标;空气质量优良天数比例为68%,与2017年持平。2018年,江苏PM10、二氧化硫和一氧化碳浓度降至近6年来最低水平,臭氧浓度为177微克/立方米,与2017年持平,空气质量整体呈现改善态势。从PM2.5年均浓度看,13个设区市为41—62微克/立方米;常州、南京、南通3市PM2.5年均浓度同比有所上升,常州升幅最高。

2. 加大水污染治理力度,水质明显改善

2017年,《江苏省生态河湖行动计划(2017—2020年)》正式出台。明确了加快推进生态河湖建设,统筹推进水环境整治和水生态修复,连通水系,改善水质的治理思路。江苏已建立省市县乡村五级河长体系,河长覆盖河道、湖泊、水库,以及各类小微水体近16万个。2017年太湖水质达到1997年的水平。2018年,江苏地表水环境同比有所改善,国考断面水质优Ⅲ、劣Ⅴ比例分别为68.3%、1%,均达国家年度考核目标。2018年,380个省级地表水评价考核断面中,水质优良(Ⅰ—Ⅲ类)断面比例为74.2%,同比提高6.6个百分点;劣Ⅴ类断面比例为0.8%,同比持平。主要污染指标为总磷、氨氮和化学需氧量。380个断面中有342个断面水质达标,达标率为90%。与2017年相比,2018年,江苏长江、淮河流域水质无明显变化,长江流域水质总体为轻度污染,淮河流域水质总体为良好,主要污染指标均为总磷、氨氮和化学需氧量。全省监测的23个重点湖(库)中,水质优良(Ⅰ—Ⅲ类)湖库占60.9%,同比持平;无劣Ⅴ类水质湖库。主要污染指标为总磷。

3. 治理固体废弃物及土地的措施

2017年以来,江苏启动实施"土十条",成立全省土壤污染防治工作协调小组,组织13个设区市编制出台土壤污染防治工作方案,筛选土壤环境重点监管企业名单。2018年12月,第一届全国土壤修复大会在南京召开,江苏两大类的土壤修复极为迫切,一类是工矿企业搬迁后的土壤,另一类是农田土壤。江苏焦化、电镀、印染、农药等化工企业的场地土壤污染与处理是当前面临的主要问题。随着城市化的发展,部分化工企业搬迁后存在土壤修复需要。为了强化土壤污染管控和修复,2018年底,江苏省生态环境厅公布了第一批303家土壤环境重点监管企业名单,要求属地环保部门督促企业履行环保监测、信息公开等义务。

先进技术得到推广使用。国际上较先进的"原位电流加热热脱附"技术在2017年、2018年苏州溶剂厂原址土壤修复治理项目中得到采用,成为截至目前全球热脱附治污投入规模最大的一次实践,修复用时550天,作业面积2万平方米,平均治理深度直至地下18米,最终令残留在土壤里的氯苯等污染物从超标一百多倍降至每吨土壤中仅有零点几克。

二、污染治理投资力度不断加大

2011年至2016年,江苏不断加大在废水和废气项目污染治理项目的投资额度。废水和废气治理逐渐成为江苏工业污染治理项目投资的主体部分。2011年,江苏工业污染治理完成投资额为31.01亿元,到2016年,这一投资为74.78亿元,翻了1倍多。其中,空气污染方面的投资最受重视,治理废气项目完成投资2011年为13.45亿元,2016年达到了46.92亿元,增长了2.48倍。随着空气质量有所好转,投资的重点逐步转向重要水体的治理。2018年江苏水利重点工程建设目标任务达125亿元,其中太湖治理工程是最主要部分。

三、生态修复日益重视,投入力度不断加大

加大林业投资,提高绿化水平是生态修复的重要举措。2011 年,江苏林业总投资为 95.38 亿元。其中,生态建设与保护投资完成 80.72 亿元,林业支撑与保障完成 3.97 亿元,林业产业发展完成投资额为 2.95 亿元,其他涉及林业的相关投资额达到 7.75 亿元。2013 年,江苏林业总投资额首次超过 100 亿元,达到 125.57 亿元。从结构上看,江苏林业投资中生态建设与保护投资是构成林业投资的重要部分。近年来,林业投资持续保持较大的规模,2016 年,江苏林业总投资为 104.94 亿元,2011 年至 2016 年,江苏森林面积与森林覆盖率均保持稳定水平。不断推动生态环保项目银企对接,相关部门不断完善生态环境金融服务平台的建设。

四、能源消费结构变革有力地支撑了生态环境改善

要进一步支撑江苏经济、生态高质量发展,必须构建清洁低碳、安全高效的现代能源体系已成共识。转变能源发展方式,是一场影响深远的变革。江苏不断提高电力系统效率,大力发展电力、天然气、新能源,实现能源结构转换,推动高质量发展行稳致远。

1. 清洁能源快速发展,能源生产结构持续优化

一是江苏省内发电装机结构持续优化。2017 年,江苏新能源发电装机达 1 709 万千瓦,占全省发电装机的 14.9%,比 2012 年提高 10.8 个百分点。其中,光伏发电并网装机 907 万千瓦,风电并网装机 656 万千瓦,海上风电规模居全国首位。2017 年,新能源发电量 290.5 亿千瓦时,占发电总量的 6%。燃气机组装机达到 1 348 万千瓦,占全省发电装机的 11.8%。核电装机 200 万千瓦,2018 年新增 200 万千瓦。

2. 煤炭在终端能源消费中的比重下降,电力的消费比重不断提高

能源消费由传统能源向新能源增长转变,能源消费结构逐步呈现低

碳化、清洁化的趋势。2016年,江苏煤炭消费量占能源消费总量的比重为63.4%,比2012年下降5.6个百分点。大力倡导绿色低碳能源消费方式,是江苏调整能源消费结构的主攻方向,"以电代煤、以电代油"的电能替代稳步推进,清洁电能的占比不断提高,替代电量由2012年不到10亿千瓦时增至2017年的130亿千瓦时,相当于减少散煤消耗727万吨。

五、绿色经济转型取得实质性进展

1. 区域绿色经济发展及生态治理机制不断创新

由单一的治水、治气到综合实施区域环境治理修复,再到跨省市的协同治理如长三角、长江经济带的环境治理,江苏在生态治理体制机制创新领域不断取得突破。2016年,江苏实施《江淮生态大走廊建设规划》,并于同年将该规划列入国家规划。2017年,江苏提出"1+3"主体功能区战略构想。"1"即扬子江城市群(沿长江两岸8个市),"3"包括沿海经济带、以宿迁、淮安为主的生态经济区和淮海经济区中心城市(徐州)。建设包括泰州里下河在内的江淮生态经济区。在体制机制创新上,努力打破以行政区划来配置资源的传统模式,发挥"1+1>2"的效应,在全省范围内形成一个开放融合、协同发展的大生态系统。

2. 大力淘汰落后产能,促使绿色产业体系初步形成

江苏坚决淘汰落后产能。2017年,重点在钢铁、水泥、船舶等严重过剩行业产能化解上,在印染、铅蓄电池、纺织等传统行业提档升级上,在光伏等新兴产业的重组改造上,继续加大力度推进落后产能、低端产能、低效产能的淘汰和过剩产能的压减工作。与此同时,江苏针对重点污染企业的监测力度逐年加大,坚决取缔、淘汰落后产能,始终保持对落后产能的零容忍以及对污染企业监管的高压态势。同时大力发展节能装备产品、水污染防治装备、大气污染防治装备、固体废弃物处理和资源综合利用装备、环境监测仪器、环保材料和药剂,初步形成了以环保装备为主体的绿色产业体系。

六、生态环境建设中存在的问题

江苏生态环境治理与修复取得了明显的成效,但仍处于负重前行、爬坡过坎的"艰苦攻坚期",面临不少压力与挑战,也是高水平全面建成小康社会、实现高质量发展的突出短板。

1. 生态环境质量总体不高,土地开发强度大,生态环境容量趋紧

13个设区市空气质量,2017年在全国74个重点城市中总体处于中等偏下水平。水环境质量总体处于轻度污染,太湖治理形势依然严峻,部分主要入海河流水质下降。环境风险隐患突出,全省重点环境风险企业超过5 000家,长江沿线化工企业、化工码头较多,饮水安全保障压力大。沿海地区一些化工园区污染较重,一些低端落后化工企业向苏北转移。江苏土地开发强度已达21.5%,部分地区接近30%的警戒线。

2. 污染排放总量高,绿色TFP增长慢

长期以来形成的"煤炭型"能源结构、"重化型"产业结构,为江苏生态环境建设带来巨大压力。2016年江苏煤炭消费总量达2.7亿吨,居全国第五位,单位国土面积主要污染物排放强度是全国平均水平的8—5倍。综合考虑经济的投入产出,用绿色全要素生产率来衡量生态环境高质量的程度及变化。国际、国内的研究中大量地用Malmquist-Luenberger生产率指数来计算绿色全要素生产率,有较为成熟的计算方法和过程:

Malmquist-Luenberger生产率指数由以下几个变量组成:ML_TFP是考虑到环境影响的全要素生产率,也可以定义为绿色发展下的全要素生产率。ML_TECH是考虑到环境影响的技术进步率。ML_EFFCH是考虑到环境影响的技术效率变化,也可以认为是资源配置效率。三者的数量关系是ML_TFP=ML_TECH * ML_EFFCH。

本书使用的数据以2005—2016年我国29个省、自治区和直辖市(除去重庆和西藏)的投入产出数据为样本。所有数据均由历年《中国统

计年鉴》《中国环境统计年鉴》《中国工业经济统计年鉴》及各地区统计年鉴整理得出。

首先明确"好"产出。"好"产出用各省、自治区和直辖市的实际 GDP 表示,所有地区 GDP 都根据 GDP 缩减指数折算到以 2010 年为不变价。

其次明确"坏"产出。"坏"产出是经济发展过程中产生的环境污染物,我们选取地区废水排放量和地区二氧化硫排放量作为衡量"坏"产出的指标。

第三明确投入变量。劳动投入采用各省、自治区和直辖市"年平均就业人数"来表示。资本投入用各省、自治区和直辖市的物质资本存量来表示,资本存量目前大多采用永续盘存法,并根据各地区固定资产投资价格指数折算到以 2010 年为不变价。能源投入以地区能源消费量(万吨标煤)来衡量。

单独估计江苏的相关数据,计算结果显示,江苏考虑环境因素的全要素生产率呈改进趋势,但近年来增长乏力。2005—2008 年间,各年的 ML 指数均值呈上升态势,表明江苏每年的生产率都在增长;技术进步起了主导作用,ML_TECH 技术进步指数 2006 年为 1.027 2。2008—2016 年间,江苏考虑环境因素的全要素生产率增长率从 4.05% 上升到 2009 年的 5.23%,然后波动上升至 2013 年的顶峰,TFP 增长率达 7.1%,随后下行,2014 年、2015 年分别为 5.15%、3.33%,2016 年 TFP 增长率为负,当年值为 0.922 6,没有达到 1 的水平。根据 ML 生产率指数,我们进一步将生产率 ML 指数变动分解成技术效率变化 MLEFFCH 和技术进步率 MLTECH。我们发现江苏全要素生产率主要得益于技术进步水平的提高,特别是 2012 年以来,江苏 TFP 增长几乎完全依赖于技术进步率 MLTECH,2008—2016 年间,技术进步率 MLTECH 增长较快,从 2.72% 上升至 2013 年的 7.1%,近年来呈下降态势。而技术效率变化这一指标 2008—2016 年年均增长率仅为 1.000 1,在 2005 年、2006 年低于 1,为负增长。从 2008—2011 年,江苏通过市场化改革、企业股份制改造以及现代公司治理制度引入,在一定程度上优化了资源配置效率,促进了地区技术效率的提高,ML_EFFCH 技术效率变化值分别为 1.013 9 到 2009 年的 1.021 9,通过制度创新所创造的红利随时间逐渐消减,并且阻碍改革进一步深化的因素日益增多。这些都在一定程度上制约了技术效率的提高,2009—2011 年逐步下滑,2011—2016 年,市场化、改革的效应下降到 1 后进入一个稳定状态,导致江苏考虑环境因素的全要素生产率越来越依赖于技术进步,市场化、改革的效应还未能显现。

表 18-1　2005—2016 年江苏 Malmquist-Luenberger 生产率指数及其分解

年份	ML_TFP（绿色全要素生产率）	ML_EFFCH（绿色技术效率变化）	ML_TECH（绿色技术进步）
2004—2005	0.927 4	0.960 6	0.965 4
2005—2006	0.998 5	0.972 1	1.027 2
2006—2007	1.028 0	1.013 9	1.013 9
2007—2008	1.040 5	1.016 9	1.023 2
2008—2009	1.052 3	1.021 9	1.029 7
2009—2010	1.032 9	1.009 1	1.023 5
2010—2011	1.047 6	1.007 2	1.040 1
2011—2012	1.016 9	1	1.016 9
2012—2013	1.071 0	1	1.071 0
2013—2014	1.051 5	1	1.051 5
2014—2015	1.033 3	1	1.033 3
2015—2016	0.922 6	1	0.922 6
2008—2016	1.018 5	1.000 1	1.018 2

　　综合估计各省市数据,结果表明:与东部沿海省市相比,2005 年江苏绿色全要素生产率为 7 个省市中最低,当年的技术效率和技术均有较大幅度的提高空间。2013 年,江苏全要素生率在 7 个省市中低于北京、山东,技术进步仅低于北京,山东得益于技术效率变化值为 1.066 1。2015 年江苏全要素生产率低于北京、天津、上海、广东。

表 18-2　主要年份江苏与东部主要省市 Malmquist-Luenberger 生产率指数比较

地区	2005 年			2013 年			2015 年		
	ML_TFP	ML_EFFCH	ML_TECH	ML_TFP	ML_EFFCH	ML_TECH	ML_TFP	ML_EFFCH	ML_TECH
北京	1.054 2	1.000 0	1.054 2	1.073 1	1.000 0	1.073 1	1.047 4	1.000 0	1.047 4
天津	1.188 8	1.000 0	1.188 8	1.063 4	1.000 0	1.063 4	1.048 8	1.000 0	1.048 8
上海	1.098 4	1.000 0	1.098 4	1.056 2	1.000 0	1.056 2	1.068 4	1.000 0	1.068 4
江苏	0.927 4	0.960 6	0.965 4	1.071 0	1.000 0	1.071 0	1.033 3	1.000 0	1.033 3
浙江	1.029 4	1.028 6	1.000 8	1.033 2	0.983 7	1.050 3	1.009 4	0.993 7	1.015 8
山东	1.019 7	1.008 8	1.010 8	1.120 3	1.066 1	1.050 8	1.001 1	0.980 4	1.021 2
广东	1.022 4	1.040 6	0.982 6	1.072 6	1.063 7	1.008 4	1.045 7	1.034 5	1.010 9

第四节　生态环境高质量发展的思路与对策

　　高质量推进生态环境建设,要以天蓝地绿水清为目标,下决心解决环境保护的突出问题。要以绿色低碳循环为目标,全面推动形成绿色发展方式,按照主体功能区规划,调整不符合生态环境功能定位的产业布局、规模和结构,构建绿色产业链体系,要把各类园区的循环改造作为重中之重。要以宁静和谐美丽为目标,全方位、全地域、全过程开展生态系统的保护修复,着力扩大环境容量、生态空间。把控好生态安全底线,深化生态环保制度综合改革,为生态文明建设提供有力的制度保障。

一、持续深化"263"专项行动,坚决打好污染防治攻坚战

　　在大气污染防治方面。抓紧编制《江苏省大气污染防治三年行动计划》,紧扣 PM2.5 和臭氧浓度"双控双减",升级工业污染治理措施,启动钢铁、焦化等非电行业超低排放改造,推进燃气锅炉脱硝设施建设;升级

燃煤污染治理措施,扩大燃煤发电机组超低排放改造和燃煤锅炉整治淘汰范围;提前实施机动车国六排放标准,全面推广新能源汽车,南京、苏州率先实现电动公交全覆盖;升级面源污染治理措施,落实扬尘控制责任制,大力推行"绿色施工",提高道路机械化清扫水平,加强港口、码头及物料堆场扬尘防治;升级挥发性有机物污染治理措施,组织实施一批重点治理工程,加强餐饮油烟以及汽车维修等重点行业治理;升级应急管控措施,修订重污染天气应急预案,调整预警启动门槛,完善预警响应模式,强化区域联防联控。

在水污染防治方面。按照"保好水、治污水、供优水"的系统治水要求,着力打好水源地隐患歼灭战、劣Ⅴ类水体歼灭战、黑臭水体歼灭战"三场歼灭战",加快改善水环境质量,更好地彰显水韵江苏的优势和特色。加快完成县级以上水源地环境问题整治,确保广大群众饮水安全。率先消除国考省考断面劣Ⅴ类水。基本消除设区市建成区的黑臭水体,县级以上城市建成区污水实现全收集、全处理。

在土壤污染防治方面。尽快完成农用地污染状况详查和重点行业企业用地污染状况详查。严格落实污染地块环境管理联动机制,严控土壤环境风险,确保农产品质量和人居环境安全。严管固废,严禁洋垃圾入境,坚决遏制危废非法转移、倾倒、填埋案件高发势头。全面推进城乡生活垃圾分类管理,解决好"垃圾围城""垃圾下乡"问题。

加强环境监察执法硬仗。以严格的环境监察执法为保障,实现省级环保督察全覆盖。实施工业污染源全面达标排放计划,强化环境司法联动,坚决制止和惩处破坏生态环境行为。深入开展重点企业环境安全达标建设,全面推行区域突发环境事件风险评估,坚决防止发生大的突发环境事件,守住环境安全底线。

二、加快形成促进绿色发展的体制机制,发展绿色低碳循环经济,提高绿色发展水平

一是要完善以"产业准入、区域准入"为核心的最严格环境准入制

度,建立环境质量和污染总量"双控"机制。保护好生态环境,一个重要的前提就是划定并严守生态保护红线,对开发建设和产业发展作出系统规范,严格落实环境保护和生态文明建设规划,严把环保准入门槛,严守生态空间保护红线。围绕生态打造产业链,推进生态经济化、产业绿色化。推动高新区创建国家级生态园区。推广绿色建筑、新能源汽车等环保产品,倡导绿色低碳的生活方式。

二是健全生态治理体系。完善市、县、园区、镇村网格化监管体系,把环境监管向最基层延伸。实施企业排污许可证管理,推动排污权有偿使用和交易。执行生态环境损害赔偿制度,落实差别化环境政策,督促企业把环保责任落到实处。强化环境污染有奖举报,逐步构建全域覆盖、全民行动的环境治理体系。

三是大力引入 PPP 模式,推动生态环境建设高质量。通过政府与社会资本合作模式,吸引社会资金参与生态文明项目建设,探索出生态文明建设资金投入的新方式。由政府与企业共同出资,加快环保基础设施建设进度,由专业化公司建设运行,实现污水处理、垃圾转运、饮水安全工程等民生工程的长效运行。

三、结合实施乡村振兴战略,加快推进农业绿色发展

2017 年 2 月,江苏出台了《关于加快推进农业绿色发展的实施意见》,明确把农业绿色发展摆在生态文明建设全局的突出位置,在农业绿色开发、水生态保护修复、强化产地环境与治理等方面进行制度设计,为江苏扎实推进生态环境高质量再添务实举措。

一是结合实施农村人居环境整治三年行动计划和乡村振兴战略,进一步推广浙江好的经验做法,建设好生态宜居的美丽乡村。

二是要教育引导农民形成符合生态文明要求的生产生活方式。坚定走产出高效、产品安全、资源节约、环境友好的现代农业发展道路,在江苏乡村构建起绿色产业链、价值链。有效减少化肥、农药的使用量,逐

步解决农业面源污染问题；优化畜禽养殖区域布局调整，全面推进生态化养殖，解决畜禽养殖污染问题。

四、推动淮海经济区生态合作发展，加快构建绿色发展新增长极

一是尽早将淮海经济区上升为国家战略，强化生态共建，拓展绿色发展合作空间。淮海经济区是国内最早提出的跨省经济合作区域，这一区域产业结构偏重、跨省际河流众多河流系统治理难，要尽早将淮海经济区上升为国家战略。

二是要积极推动淮海经济区传统产业绿色化改造，培育战略性新兴产业。加快发展高效生态农业，优化分工布局，形成完整的产业链。充分整合现有旅游资源，打造淮海经济区名山大川游、历史文化游、名人古迹游、红色文化游等品牌，实现绿色发展和富民增收。支持苏鲁豫皖四省相关城市打造淮海经济区中心城市建设，打造淮海经济区产业科技创新中心、交通运输枢纽、健康医疗服务中心、文化教育中心，加强对周边城市的辐射能力和服务水平。通过产业横向交流合作和资源共建共享，发挥各地比较优势，促进生态优先绿色发展，让绿色经济成为区域发展新动力。

五、完善"共商共治共享"机制，逐步实现长三角、长江经济带环境污染的共同治理

一是制定长三角区域、长江经济带污染防治与修复方面的协同法，在国家层面建设强有力的推进一体化的协调机构，尤其强化长三角生态保护长效机制建设，建立全流域的水土林气等生态资源的统一调度平台。太湖流域治理，就要上海、江苏、浙江共同行动。强化经济发展、政策法规、机制体制、治理保护和科技合作等方面的一体化，打破区域内"各自为政"的状况，根据各城市的资源环境承载能力、主体功能区规划

等现实状况,统筹谋划经济发展和生态保护。同时,各地在进行地方性环境立法前,应充分征询相互意见,避免地方性法规相互冲突,加快推进重点领域、关键环节体制改革,形成生态环境保护共抓、共管、共享的体制机制。

二是江苏与长江经济带沿线城市加强"共抓大保护、不搞大开发"的交流合作,建立区域联动机制,推动普及绿色发展。在长江大保护方面,将以河长制、湖长制为统领,做好控源截污,强化源头治理,整治水环境,提升水资源承载能力。在流域实施水系沟通、调水引流工程,在湖泊实施退圩还湖、生态清淤工程。具体在长江大保护上,管控好水源地风险,确保沿江供水安全。管控入河排污口,确保水功能区达标。管控生态空间,确保长江资源永续利用。

三是加大生态补偿力度,良好生态的受益人要向地处偏远、环境较好、发展较慢的地方支付更多费用。一些山、江、河、湖跨省市分布,随着经济发展一体化进程加快,环境同步性不断增强,必须突出源头防控、强化管控措施、优化协作机制,共同呵护碧水蓝天。要用法律手段来保护环境。对违规排污、破坏生态的,包括对别的地方环境带来不良影响的,法律都应给予严厉制裁。同时要加快形成跨省区的大生态补偿制度。

六、实施清洁能源替代,以能源生产和消费变革推动污染防治

一是要积极引导并推动终端用能领域的煤改电、油改电。电能替代能够有效减少大气污染、提高能源利用效率促进清洁生产,要不断提高电能占终端能源消费的比重。推进电能替代,在采暖领域,针对燃气、热力管网覆盖范围以外的城区、郊区、农村推广使用蓄热式电锅炉、蓄热式电暖器等替代分散燃煤设施;在建材企业集聚区,规模化推广电弧炉、电窑炉,实现产业升级与节能减排;在粮食烘干、畜禽养殖、蔬菜脱水、花卉养殖等行业推广电保温、电制氧、电加工等技术,在交通运输领域推广使用电动汽车、港口岸电、机场桥载设备。

电能替代涉及面广,需要多方密切配合。电力监管部门要完善电力市场建设,拓展直接交易规模,为电能替代创造良好政策环境。电网企业要简化程序、主动服务,加大推广力度,及时做好电能替代项目配套电网建设改造与电网接入工作。

二是大力发展和使用新能源。在江苏竞争力较强的太阳能发电领域,要稳步推进集中式光伏电站建设,积极推动各地方县市建设风光互补、渔光互补以及与农业设施相结合等不同方式和形态的集中式光伏电站。要积极争取国家能源局光伏电站规模指标。积极开展光伏扶贫实践,探索光伏扶贫开发模式,鼓励开发企业与当地经济薄弱村开展合作。

三是持续扩大江苏天然气消费。2016年江苏天然气已覆盖全省70%以上县区,总消费量达217亿立方米,居全国之首。虽然燃气电价较高、缺乏市场竞争力,但江苏发电用气占天然气消费量37.6%。江苏一方面要对煤电的环境外部性予以税收调整,并设计实施支付转移机制,解决地方政府对于燃气电厂上网补贴的可持续性问题;另一方面,天然气发电的供需机制要尽快市场化,通过跨区配置、跨品种配置、大用户直购、净电量计量等手段的多管齐下,确保产业健康发展。

参考文献:

[1] 索飞:《长三角城市群生态环境质量水平及影响因素研究》,安徽大学,2017年。

[2] 杨煜、张宗庆:《生态文明建设引领经济新常态的动力机制研究》,《西南大学学报(社会科学版)》2017年第4期。

[3] 李凤梅:《以绿色发展理念引领生态文明建设路径研究》,《中国集体经济》2017年第24期。

[4] 张家宏、何榕、朱凌宇等:《以生态文明为引领促进江淮生态大走廊建设》,《环境与可持续发展》2017年第5期。

[5] 谢海燕:《建立环保倒逼机制促进经济发展方式转变》,《中国经贸导刊》2011年第22期。

第十九章 人民生活高质量

实现高质量发展的根本目的,在于让人民群众过上高质量的生活。人民生活高质量既是高质量发展的逻辑起点,也是检验高质量发展的试金石。其核心要义在于切实解决群众最关心、最直接、最现实的利益问题,不断增进人民群众的获得感、幸福感和安全感,让人民群众的生活更宽裕、更便利、更舒适、更安心、更有尊严,进而实现人的全面发展。本章在对人民生活质量国内外研究进行综合述评的基础上,深入阐释了人民生活高质量的概念、主要内容及其时代内涵,分析了"十二五"以来江苏省人民生活质量取得的主要成效,进一步采用熵值法对其绩效进行了科学评估,并结合宏观经济环境,客观分析了江苏人民生活高质量面临的挑战与存在的问题,提出进一步提升人民群众生活质量,实现共享发展的政策建议。

第一节 人民生活高质量的概念与内涵

人民生活质量的提升是社会全面发展的重要反映,也是社会发展的终极目标。联合国《社会发展问题世界首脑会议宣言和行动纲领》指出:

"人民是发展的中心,我们的经济更要有效地为人的需要服务,提高和改善全体人民的生活质量,建立一个以人民为中心的社会发展框架。"因此,人民群众福祉的不断提升是衡量社会发展的根本标准,而生活质量是衡量人民群众福祉的核心内容。

一、生活质量的提出及国外研究进展

"生活质量"概念最早由美国经济学家约翰·肯尼思·加尔布雷思在其著作《富裕社会》中提出。发达国家对生活质量的研究始于经济高速发展的20世纪60年代。美国经济学家罗斯托在其1960年出版的《经济成长的阶段》中,认为世界各国的经济增长要依次经历"传统社会阶段""为起飞准备前提的阶段""起飞阶段""成熟阶段"和"高额群众消费阶段"。在其1971年出版的《政治和成长阶段》一书中,罗斯托将生活质量引入经济成长阶段论的框架,认为在"高额群众消费阶段"后,人们将转向对"质量的追求"亦即"生活质量",因而生活质量是经济发展的第六阶段。他认为,"起飞阶段"和"生活质量"是人类社会发展中两个最重要的"突变",而"追求生活质量"则是"工业社会中人们生活的一个真正的突变",是一切国家发展的终极目标。

此后,世界各国相继聚焦于生活质量,并成立了相应的研究机构,对如何测度并最终提高人民生活质量加以研究。如,美国在20世纪60年代形成了"社会指标"运动,随后建立了生活质量研究中心;德国从80年代开始研究生活质量,并对生活质量进行调查研究;瑞典70年代成立了专门的生活质量研究机构,堪称"斯堪的纳维亚模式"的代表。一些新兴的工业国家和地区,如新加坡、韩国等也在20世纪90年代初开始成立专门的生活质量研究机构。发展中国家在20世纪90年代末期也开始重视生活质量的研究,如泰国在国家发展研究院成立了生活质量研究机构,菲律宾建立了社会气象站,专门监测生活质量,并定期向公众公布。国际组织也十分关注生活质量的研究与提高,联合国制定了一套监测社会发展与生活质量的指标体系,每年定期向世界公布其排序。

历经几十年的发展,欧洲、美国等发达国家对生活质量的研究已经相当成熟,学者们就生活质量概念、生活质量指标体系和生活质量的测评方法做了一系列研究,形成了较为成熟的研究体系,得到为数众多的生活质量测度的指标体系,从而汇聚成不同的综合指数。比较有代表性的指标有:人类发展指数(HDI)、基本生活指数(GPI)、真实进步指数(GPI)、ASHA 等等,为人们研究生活质量奠定了坚实的理论基础。近年来,国外对生活质量的研究主要聚焦于两方面:一是,集中在主客观指标的选取方法和两者间的关系上,在此研究十分突出的人物,有 Estes、Easterlin、Ferriss、Diener 等;二是,每个学科领域内关于生活质量研究的快速发展,主要有哲学方面的精神幸福研究、心理学方面的主观幸福研究、社会学方面的社会指标和生活质量起源研究、经济学和管理学方面的工作生活质量研究,以及医学方面的健康生活质量研究,等等。不仅如此,相关研究成果业已在实践中获得较为成功地应用。可以说,随着世界各国对生活质量研究的不断深入,提高居民生活质量已成为各国社会政策和发展理论的核心内容之一。

二、国内关于生活质量的研究

我国学者对生活质量的研究始于 20 世纪 80 年代中后期,目的在于用生活质量来测度社会发展指标和小康生活标准,因而初始研究大多集中在生活质量的评估指标和研究方法上。考虑到"经济因素在当前我国人民生活质量中仍起着举足轻重的作用,……当前研究生活质量的指标应主要放在客观指标上"。故初期研究成果大多采用消费、收入、吃、穿、住、行、社会文化、社会环境、社会服务、身体健康状况等作为测度居民生活质量的客观指标,如 1993 年国家统计局提出的《我国小康生活标准统计指标体系试行方案》。林南和天津社会科学院社会学研究所于 1985年在天津进行了千户居民生活质量问卷调查,并采用因素分析和结构模式分析法测量人们对生活多方面的感受和满意度,进而提出一整套生活质量结构与指标模式。在1987年召开的全国社会改革与生活方式理论研讨会上,学者们对生活质量的基本概念、具体指标及国外研究情况作了深入探讨。随着改革开放的持续深入以及社会经济的快速发展,人们对生活质量的追求已经超越了物质层面,精神生活、健康生活、感情生活等非物质层面的需求激增,仅用反映物质条件的客观指标难以涵盖居民生活质量的全部内容,同时提高人民生活水平和生活质量已经成为新时期的战略目标。在此种宏观背景下,国内对居民生活质量的研究也在不断地深化,除了客观指标更加丰富外,主观生活质量指标亦被大量引入。如,冯立天、戴星翼(2005)注重从教育、健康、居住和环境的角度进行居民生活质量评价;王伟武(2005)增加了住宅地价、NDVI、地表温度等指标构建了新的评价指标体系;张润清、谢艳辉(2004)把物质条件和主观感受结合起来构建指标评价体系,探究了农村居民的生活质量;曾文、张小林等(2014)在研究评价体系的基础上对江苏省县域居民的生活质量进行了研究;田永霞、刘晓娜等(2015)构建生活质量评价体系,对北京山区经济贫困村的主客观生活质量进行研究。可见,迄今国内对生活质量的研究逐渐发展完善并形成了包括收入、家庭支出、居住和生活条件、健康状况、社会保障和福利水平等在内的一套完整的评价体系。目前,我国已进入全面建设小康社会的决胜阶段,经济由短缺到比较富裕,从量的扩张转向质的提高,提高人民生活质量具备了坚实的物质基础和充分的社会条件。

三、人民生活高质量的概念界定

生活质量是反映社会成员为满足生存和发展需要而进行的全部活动的各种特征的概括和总结,反映了社会成员生活的好坏、优劣,是反映人类生活发展的一个综合概念。国内外学者对生活质量的概念主要存在三种不同的理解:一是,主要从主观感受方面来理解生活质量,因而研究者主要采用反映人们对生活满意程度的主观指标来测量和评估生活质量;二是,主要从影响人们物质生活和精神生活的客观条件来理解生活质量,主要用衣、食、住、行等反映人们生活条件的客观指标;三是,认为生活质量由反映人们生活状况的客观条件和人们对生活状况的主观感受两部分组成,因而从上述两个指标体系中选取若干关键指标进行测量。本书认为,生活质量是一个较为丰富且完整的概念,能够比较全面地评价生活的优劣,它是反映人们生活和福利状况的一种标志,其内涵更具有广泛性,包括人们生活环境的美化等自然方面的内容,以及社会文化、教育、卫生、交通、生活服务状况、社会风尚和社会秩序等社会方面的内容。其中,衣、食、住、行等反映生活条件的客观指标是生活质量的物质基础,但人民生活高质量不仅表现为生活条件的极大提高,还表现在精神生活的充实和生态环境的优良。由此,我们认为人民生活高质量至少应包括以下三个方面的内容:

1. 物质生活高质量。主要体现在:(1)满意的工作和高水平收入。高质量的生活就是人民充分就业、收入不断增长、资产不断累积的生活。收入水平是影响人民生活质量的最重要因素,一般情况下,收入越高物质生活越富裕,物质要求也更容易得到满足。稳定且满意度较高的工作则是收入高水平的重要保障。改革开放 40 多年的发展,我国人民群众的收入水平已能保证温饱有余的生活状态,私人财富也实现了一定程度的累积。(2)高质量的消费。消费能力是人民生活质量的直接表现,也是社会进步和发展成果为人民群众共享的重要体现。当前,人们对物质资料的消费不再满足于享受型消费,越发倾向于发展型消费,更加注重品质与服务,追求个性化、新鲜刺激多样化、高品质,追求精致化的生活理念,这对供给侧提出了新的、更高的要求。(3)高质量的公共服务。更可靠的社会保障、更高水平的医疗卫生服务、更好的教育是社会发达程度的标志,是人民共享发展成果的重要体现。完善的公共服务体系,可以保障群众基本生活,不断满足人民日益增长的美好生活需要,因而是人民生活高质量的"隐形财富"。

2. 精神生活高质量。高质量生活是人民群众能够享有丰富的文娱活动,精神世界充实的生活。"仓廪实而知礼节,衣食足而知荣辱"。当前,人们对精神文化生活的要求越来越高,对品质和品位的要求不断增强。必须充分满足人民在教育、科学、文化等方面的需求。高质量的精神生活主要表现为:(1)较高的工作满意度。高尔基曾说:"劳动是世界上一切欢乐和一切美好事情的源泉。"这不仅是因为劳动创造物质财富,还因为劳动是人们自身精神享受的需要。(2)高水平的安全感。安全感是抵御焦虑并产生精神充实的基础。高质量生活是人民能够充分享有来自国家的物质帮助并拥有安全、和谐、稳定的社会大环境的生活,也是人民享有安全的食物水源、新鲜的空气、良好的生态环境的生活。(3)和谐的人际关系。高质量生活是人民群众拥有和谐社会关系的生活。群体关系融洽和谐,人们的精神便会舒畅,民众的交往需求才能得到满足。

3. 生态环境高质量。居民生活质量不仅与经济和社会发展有关,同时也受自然环境的影响。生态环境是一定区域内人们生存和发展的条件,是提高人民群众生活质量的空间载体和生活质量可持续发展的基础,环境质量的提高是生活质量提高的重要标志。在经济发展的早期阶段,社会的发展是以牺牲环境为代价的,破坏了经济、社会和自然环境之间的平衡,就物质财富而言人们的生活质量得到了显著提升,但就生存环境而言人们的生活质量反而在下降。在人们的基本物质生活条件达到后,民众对安全食品、青山绿水、洁净空气的需求迫切。人们逐渐认识到生活质量,不仅包括物质财富的积累,还包括生存环境。高水平的生活质量应该是经济发达、社会发展完善和良好的生存环境。

四、人民生活高质量的时代内涵

生活高质量既源于人民群众对于美好生活的向往,同时也是社会政策发展与社会治理现代化的必然追求。随着社会经济的发展,人民生活高质量的内涵和外延也在不断地变化。这种变化过程,是指在社会的动态发展中,个人和国家都致力于解决某些问题(例如贫困和营养不良),但同时也会产生其他问题(例如污染和循环系统疾病),因此不存在使他们止步、松懈和所谓"终于发展好了"或"生活质量终于到了最高点"的最终阶段。

20世纪80年代中后期,我国明确提出了要在"七五"计划期间实现人民生活质量进一步改善的目标,"七五"期间(1988—1990年)经济和社会发展的奋斗目标确定为:"……使城乡居民的人均实际消费水平每年递增百分之四到五,使人民的生活质量、生活环境和居住条件都有进一步的改善。"1987年,邓小平提出了国家经济发展的"三步走"战略,旨在提高全国人民的生活水平。我国国民经济与社会发展第十个五年规划纲要提出,"坚持把提高人民的生活水平作为根本出发点,社会主义的本质要求和发展经济的根本要求是不断提高人民的物质和文化生活水平",体现出国家对人民生活质量提高的重视。1992年邓小平同志"南方谈话"后,党的十四大报告把"生活质量进一步改善"的目标上升为"生活质量要有明显提高",即"随着生产发展和社会财富的增加,城乡居民的实际收入、消费水平和生活质量要有明显提高。衣、食、住、行尤其是居住条件,应有较多改善。文化生活更加丰富,体育、卫生事业进一步发展,人民健康水平继续提高。"在党的十六大报告中,江泽民总书记明确提出发展经济的根本目的是提高全国人民的生活水平和质量,并以此作为全面建设小康社会的出发点、归宿点和基本标志。2006年召开的中央经济会议也多次强调要"提高生活质量促进社会和谐",并指出"提高百姓生活质量不仅是经济社会发展的主题,更是社会和谐的基础"。国民经济与社会发展第十三个五年规划纲要指出社会经济发展的主要目标之一是人民生活水平和质量的普遍提高,实现公共服务体系更加健全,基本公共服务均等化水平稳步提高。党的十八大以来,习近平总书记系列重要讲话提出,"让人民过上好日子是我们一切工作的出发点和落脚点",再次强调把提高人民的生活水平和质量作为社会发展的根本目的。由此可见,随着经济社会的快速发展,人民生活质量的提高成为社会发展的核心问题。

党的十八大以来,我国社会经济结构发生了更为深刻的变化,人民群众的物质文化生活水平有了极大的提高,生活质量的内涵也因此具有了新的时代特征。习近平总书记指出:我们的人民热爱生活,期盼有更好的教育、更稳定的工作、更满意的收入、更可靠的社会保障、更高水平的医疗卫生服务、更舒适的居住条件、更优美的环境,期盼孩子们能成长得更好、工作得更好、生活得更好。由此,人民群众对优质教育和医疗、稳定就业和高收入、完善的社会保障、舒适的居住条件和优美生态环境的追求,是对新的历史条件下我国人民生活高质量的重要诠释。随着生活质量内涵的演变提升,既倒逼我们补上"欠账",更要求我们不能再欠下"新账",必须算好经济社会协调发展的"大账"。实践中必须坚持"发展为民"的价值取向、"民生优先"的行动指向、"民意为重"的评价导向,不断解决群众最关心、最直接、最现实的利益问题。

第二节 人民生活质量的绩效评价

"十二五"以来,尤其是党的十八大以来,江苏认真践行以人民为中心的发展思想,深入落实中央关于全面建成小康社会的战略部署和方针政策,大力推进保障和改善民生各项工作,全省人民生活质量得到了较大程度的改善和提高。本节阐述了"十二五"以来江苏省人民生活质量的总体情况,进一步采用熵值法,计算了我省居民生活质量综合指数及其构成,进一步对其演变趋势进行了分析。

一、"十二五"以来人民生活质量的总体成效

1. 居民就业质量与收入水平持续提升

"十二五"以来,江苏省大力落实就业优先战略和积极的就业政策,加大职业技能培训力度,大力促进就业创业,创业带动就业作用显著。

数据显示,2017年全省就业人口达4 757.8万人,与2016年相比增加1.6万人,城镇新增就业148.6万人,较2016年增长3.7%;新增转移农村劳动力26.3万人。失业人员再就业80.6万人,其中就业困难人员就业14.4万人。在全国率先启动实施重点群体免费接受职业培训行动,2017年共免费职业培训18.28万人,企业职工岗位技能提升培训147.47万人、城乡劳动者就业技能培训64.48万人、创业培训31.78万人,为25.15万新生代农民工提供了具有针对性的岗前、提升和转岗培训,并由此带来了全省创业活力的提升。据统计,2016年共扶持城乡劳动者自主创业22.82万人,2017年共支持29.1万人成功自主创业并带动就业122.93万人,其中引领大学生创业3.76万人,扶持农村劳动力创业9.39万人;2018年第一季度江苏新设立的市场主体达35.5万户,同比增长12.6%。在各项政策的有效推动下,江苏城镇登记失业率持续低位运行,2010—2016年均值保持在3.08%,2017年为2.98%。

作为影响生活质量的重要因素,"十二五"以来江苏居民收入水平持续提高,收入的增长主要得益于创新创业、企业用工需求稳定、住房出租收入和土地流转承包收入的提高。数据显示,2017年江苏人均可支配收入达到35 024元,扣除价格因素,实际增长7.4%,高出GDP增速0.2个百分点;绝对值比全国平均数高出9 050元,位居全国第五。其中,城乡居民人均可支配收入分别为43 622元和19 158元,消除物价指数后,分别比2010年增长了59.15%和76.22%,年均实际增速分别为6.86%和8.43%。各项惠农政策的实施以及非农产业的快速发展促进了农民收入的增长,2010—2017年农民人均可支配收入年均实际增速较城镇居民高1.57个百分点,由此带来城乡间收入差距的逐步缩小。2017年江苏城乡居民人均可支配收入之比为2.28:1,比2010年下降了0.24。收入水平的持续提高必然带来了人民群众财富的不断积累。2017年江苏省人均储蓄余额57 400元,消除物价指数后,较2010年增长了62.3%,年均实际增长7.13%。

2. 居民消费水平持续提高,消费质量不断提升

"十二五"以来,江苏城乡居民收入的平稳增长,消费环境的不断改善,促进了居民消费水平的持续提高和消费结构的优化升级。数据显示,2017年江苏省城乡居民人均消费支出分别为27 726元和15 612元,消除物价指数后,较2010年分别提高了61.65%和100.1%,年均实际增速7.10%和10.42%,农村居民生活消费支出增速快于城镇居民。恩格尔系数是判断居民消费结构变动的一项重要指标,根据联合国粮农组织的标准划分:恩格尔系数在60%以上为贫困,在50%—59%为温饱,在40%—49%为小康,在30%—39%为富裕,30%以下为最富裕。江苏城乡居民的恩格尔系数分别由2010年的36.5%和38.1%下降至2017年的27.5%和28.9%,标志着江苏城乡居民生活水平的进一步提高。按照联合国粮农组织的标准,"十二五"以来江苏城乡居民已经实现由富裕水平向最富裕水平的转变。除了城乡居民收入水平不断提高的作用外,城乡居民由对最基本的温饱追求转而追求更高层次的消费观念的改变,也是恩格尔系数下降的重要推力之一。

随着消费水平不断提高,江苏居民消费从满足吃、穿等生存型消费,逐渐向注重健康、教育等发展型消费和注重娱乐、享受等享受型消费发展,高品质教育、体育娱乐、医疗保健市场迅速扩张,个人护理、教育培训方面投入加大。数据显示,2017年江苏省城乡居民人均体育消费支出为2 028元,各类保健器材和滋补保健品等消费支出不断提升。2017年江苏居民人均医疗保健支出1 511元,扣除物价指数后,较2012年增长22.45%,年均增速4.13%。其中,城镇居民医疗保健支出1 574元,较2010年增长63.52%,年均增长7.28%;农村居民人均医疗保健支出1 395元,较2010年增长232.19%,年均增长18.24%。家政等享受型消费支出快速增长,2017年江苏城镇居民人均生活用品及服务支出1 709元,扣除物价指数后,较2013年增长50.55%,年均增速10.77%。生活质量的不断提高激发了人民群众的知识需求,尤其是对子女教育、儿童兴趣的培养以及成人的知识更新,城乡居民教育投入不断增加。2016年

江苏居民人均教育费用支出1 203元,比2013年名义增长20.5%。2017年城乡居民人均教育文化娱乐支出分别为3 450元和1 450元,扣除物价指数后,分别较2010年增长了35.38%和33.92%,年均实际增速4.42%和4.26%。随着城乡居民收入不断提高,汽车日益进入城乡家庭,城乡居民每百户汽车拥有量逐年提高,2017年城乡居民平均每百户汽车拥有量为47.5辆和26.6辆,分别是2010年的3.43倍和8.87倍。

3. 居住质量与人居环境持续优化

2017年江苏城镇居民人均住房面积为40.6平方米,农村居民人均住房面积为57.3平方米,分别为2016年全国平均水平的1.11倍和1.25倍。其中,城乡居民人均住房面积分别比2010年增长了21.59%和23.68%,年均增速分别为2.83%和3.08%。居住质量不断提升。2017年农村居民中钢筋混凝土和砖混材料结构的住房比重为74.2%,比2010年提高15.9个百分点,比2016年全国平均水平高出10.2个百分点。截至2017年年底,江苏约80万户棚户区居民改善了居住条件。人居环境不断优化。2016年,全省新增城市绿地4 800公顷,城市(县城)建成区绿地率达39.5%,绿化覆盖率达42.6%,人均公园绿地面积达14.3平方米,较2010年增长了7.6%,均处于全国领先地位。公共厕所由2010年的9 475座增加到2016年的12 137座,增长了28.1%;加快雨污分流和老旧污水管网改造,实施建制镇污水处理设施全覆盖工程。大力推进美丽宜居乡村建设、村庄生活污水治理、农村生活垃圾治理,农村人居环境持续改善。2016年,江苏城镇、农村地区分别有97.6%、94.6%的户所在的社区饮用水经过了集中净化处理,分别比2013年提高2.7个和5.0个百分点。2016年,城镇和农村分别有98.3%、96%的户所在的社区内垃圾能集中处理,分别比2013年提高1.7个和15.3个百分点。

生态环境不断优化,主要污染物排放强度大幅下降,资源能源效率不断提升。工业废水排放总量由2010年的26.38亿吨下降至2017年的17.26亿吨,下降了34.59%,单位GDP的工业废水排放强度降速更快,由2010年的0.75千克/元下降至2017年的0.28千克/元,降幅达到

61.2%;工业废气排放总量由 2010 年的 312 万吨下降至 2017 年的 132 万吨,下降了 57.78%,单位 GDP 工业废气排放强度由 2010 年的 8.59 千克/万元下降至 2017 年的 2.12 千克/万元,降幅为 75.4%;工业烟(粉)尘排放总量由 2010 年的 45.02 万吨下降至 2017 年的 39.08 万吨,下降了 13.19%,单位 GDP 工业烟(粉)尘排放强度由 2010 年的 1.24 千克/万元下降至 2017 年的 0.63 千克/万元,降幅为 49.3%;能源消费总量 2010 年 28 246 万吨,2017 年 32 697 万吨,单位 GDP 能源消费量由 2010 年的 0.76 吨标准煤/万元下降至 2017 年的 0.50 吨标准煤/万元,降幅达 33.2%。

4. 民生投入不断增长,公共服务再上新台阶

党的十八大以来,江苏各级政府高度重视民生工作,加大民生领域的投入力度,企业退休人员养老金和基础养老金连年上调,最低生活保障标准多次提高,逐步建立和完善城乡社会保障一体化制度,加强对困难群众的救助,着力推进精准扶贫,加快贫困人口脱贫步伐。2017 年,江苏省一般预算支出中,社会保障和就业、教育、医疗卫生支出分别为 1 047 亿元、2 004 亿元和 797 亿元,扣除物价指数后,分别较 2010 年增长了 141%、94% 和 167%,年均实际增长 13.36%、9.92% 和 15.08%,在一般预算支出中的比重分别由 2010 年的 7.50%、17.82% 和 5.14% 提高至 2017 年的 9.86%、18.87% 和 7.50%。2017 年以上三项民生支出较 2010 年增长了 117.68%,年均实际增速 11.75%,在一般预算支出中的比重由 2010 年的 30.46% 提高至 2017 年的 36.23%。投入力度的加大,使得全省基本公共服务水平不断提升。2017 年,江苏高中阶段教育毛入学率达到 99.3%,高等教育毛入学率达 56.7%,分别较 2010 年提高了 3.3 个和 14.7 个百分点;学前三年教育毛入园率达 98%,高出全国水平 20 多个百分点。在 2014 年的国家基础教育教学成果奖评比中,江苏获奖级别及总数位居全国第一。2017 年全省每万人拥有床位数为 51.9 张,每万人拥有医生数为 25.6 人,分别较 2010 年增长了 64.8%、56.1%,基本实现 2016 年城镇地区有 84.4% 的户所在社区有卫生

站,农村地区有92.6%的户所在自然村有卫生站,分别比2013年提高2.7个和7.6个百分点,覆盖城乡的"15分钟健康服务圈"已初步形成。2016年末,全省参加基本养老保险职工人数、失业保险人数、基本医疗保险人数分别较2010年增长了81.32%、33.32%和34.75%,城乡居民基本养老保险基础养老金最低标准提高到125元/人·年,城乡居民医保人均财政补助最低标准提高到470元/人·年。实现了年收入4 000元以下人口的整体脱贫,并进一步将扶贫标准提升到6 000元。

二、"十二五"以来人民生活质量的综合评价

生活质量包含的内容比较广泛,单一指标往往难以全面地测量、评价人民生活质量的真实状况。因而对生活质量的评价有赖于指标体系的建立。基于此,本章在选取生活质量评价指标的基础上,采用熵值法,对"十二五"以来江苏省人民生活质量及其变动趋势进行了分析。

1. 评价指标的选取与构建

生活质量评价应该综合考虑生活质量的影响因素,从不同的层面出发,选择若干具有代表性意义的指标进行综合评价,这些指标不仅能完整地反映生活质量不同层面的依存关系,还能精确描述生活质量的变化机制,以科学、全面地测度居民生活质量。根据人民生活质量的概念及时代内涵,参考已有的文献,借鉴国家提出的小康生活质量量化标准和《江苏基本实现现代化指标体系(2013年修订)》,并根据数据的可获得性,本文从经济、社会、生态三大层面,从就业、收入与消费(X1)、生活条件(X2)、社会事业(X3)、生态环境(X4)等4个层面,构建了江苏省居民客观生活质量评价的指标体系,以全面、客观地反映"十二五"以来江苏人民生活质量及其变动。各指标的具体情况参见表19-1。

表 19-1 江苏省人民生活质量的综合评价指标

一级指标	代码	二级指标	单位	属性
就业、收入与消费 X1	X11	城镇就业率	%	正指标
	X12	城镇居民人均可支配收入	元	正指标
	X13	农民人均可支配收入	元	正指标
	X14	人均储蓄存款余额	元	正指标
	X15	城镇人均生活消费支出	元	正指标
	X16	农村人均生活消费支出	元	正指标
	X17	城镇居民家庭恩格尔系数	%	逆指标
	X18	农村居民家庭恩格尔系数	%	逆指标
生活条件 X2	X21	城镇居民人均年度住房面积	m^2/人	正指标
	X22	农村居民人均年度住房面积	m^2/人	正指标
	X23	城镇每百户拥有家用汽车数	辆/百户	正指标
	X24	农村每百户拥有家用汽车数	辆/百户	正指标
	X25	城镇每百户家用电脑拥有量	台/百户	正指标
	X26	农村每百户家用电脑拥有量	台/百户	正指标
社会事业 X3	X31	参加基本养老保险职工比例	%	正指标
	X32	每万人拥有病床数	张	正指标
	X33	每万人拥有医生数	人	正指标
	X34	平均每一教师负担小学生数	人	逆指标
	X35	平均每一教师负担中学生数	人	逆指标
	X36	平均每一教师负担大学生数	人	逆指标
生态环境 X4	X41	工业废水排放强度	千克/元	逆指标
	X42	工业废气排放强度	千克/万元	逆指标
	X43	工业烟(粉)尘排放强度	千克/万元	逆指标
	X44	工业固体废物排放强度	千克/万元	逆指标
	X45	能源消耗强度	吨标准煤/万元	逆指标

需要说明的是,生态环境层面的二级指标,如工业废水排放强度、工业废气排放强度、工业烟(粉)尘排放强度,其计算方法为:工业废水排量总量、工业废气排放总量、工业烟(粉)尘排放总量与国内生产总值(GDP)的比值;能源消耗强度为能源消耗总量与国内生产总值(GDP)的比值。同时,为了增强可比性,以2005年为基期,分别采用城乡居民物价指数对城乡居民人均可支配收入、城乡居民人均生活消费支出进行了调整;采用居民物价指数对人均储蓄存款余额进行了调整。

2. 评价方法的选取

生活质量的测度是一个多指标综合评价问题,就业、收入与消费(X1)、生活条件(X2)、社会事业(X3)、生态环境(X4)四个层面及其二级指标包含的信息可能有重复,即各指标间可能存在相关性。因此,本文的初衷是采用因子分析法,对指标体系进行降维并提取公因子,然后用方差贡献率作为权重,以解决人为赋权带来的随意性和主观性,但因子分析法要求样本量至少要在30个以上,本书的样本量显然不符合要求。熵值法同属于客观赋权的方法之一,且其对样本量的要求较低,适用于本书样本量小的特点。该方法的优点在于利用各项指标观测值所提供的信息大小,计算出各个指标的权重,从而克服了层次分析法(AHP)计算中主观赋权的不足。基于此,利用熵值法,计算"十二五"以来江苏省人民生活质量的综合得分,以判断2010年以来江苏居民生活质量及其构成的变动情况。

熵值法的计算过程如下:

① 数据的非负化处理:熵值法不存在量纲的影响,因而不要进行标准化处理。但如果数据中存在影响方向不同的指标,则需要进行非负化处理,同时为了避免求熵值时对数的无意义,需要对数据进行平移,具体公式如下:

对于正向指标:

$$X'_{ij} = \frac{X_{ij} - \min(X_{1j}, X_{2j} \cdots\cdots X_{nj})}{\max(X_{1j}, X_{2j} \cdots\cdots X_{nj}) - \min(X_{1j}, X_{2j} \cdots\cdots X_{nj})}$$

对于逆向指标:

$$X'_{ij} = \frac{\max(X_{1j}, X_{2j} \cdots\cdots X_{nj}) - X_{ij}}{\max(X_{1j}, X_{2j} \cdots\cdots X_{nj}) - \min(X_{1j}, X_{2j} \cdots\cdots X_{nj})} + 1$$

② 计算第 j 项指标下第 i 个方案占该指标的比重,公式表示为:

$$p_{ij} = \frac{X'_{ij}}{\sum_{i=1}^{n} X'_{ij}} \quad j = (1, 2, \cdots, m)$$

③ 计算第 j 项指标的熵值,公式为:

$$e_j = -k \sum_{i=1}^{n} p_{ij} \ln(p_{ij}) \quad k = 1/\ln(m) > 0, \text{满足} \ e_j \geqslant 0, m \text{ 为样本数}$$

④ 计算第 j 项指标的差异指数,用公式表示为:

$$g_j = 1 - e_j, g_j \text{ 越大越重要}$$

⑤ 求权重,用公式表示为:

$$m_j = \frac{g_j}{\sum_{j=1}^{m} g_j} \quad j = (1, 2, \cdots, m)$$

⑥ 计算各年度人民生活质量的综合得分,用公式表示为:

$$S_i = \sum_{j=1}^{8} W_j \times X'_{ij}$$

3. 计算结果

表 19 - 2 基于熵值法得到的江苏居民生活质量的指标权重　　单位:%

一级指标	代码	二级指标	权重	综合权重
就业、收入与消费 X1	X11	城镇就业率	3.92	34.03
	X12	城镇居民人均可支配收入	3.51	
	X13	农民人均可支配收入	3.64	
	X14	人均储蓄存款余额	3.82	
	X15	城镇人均生活消费支出	4.12	
	X16	农村人均生活消费支出	4.27	
	X17	城镇居民家庭恩格尔系数	5.53	
	X18	农村居民家庭恩格尔系数	5.22	

续表

一级指标	代码	二级指标	权重	综合权重
生活条件 X2	X21	城镇居民人均年度住房面积	4.53	22.89
	X22	农村居民人均年度住房面积	3.86	
	X23	城镇每百户拥有家用汽车数	3.38	
	X24	农村每百户拥有家用汽车数	4.34	
	X25	城镇每百户家用电脑拥有量	2.59	
	X26	农村每百户家用电脑拥有量	4.19	
社会事业 X3	X31	参加基本养老保险职工比例	5.32	25.98
	X32	每万人拥有病床数	3.84	
	X33	每万人拥有医生数	3.93	
	X34	平均每一教师负担小学生数	4.99	
	X35	平均每一教师负担中学生数	2.96	
	X36	平均每一教师负担大学生数	4.94	
生态环境 X4	X41	工业废水排放强度	3.21	17.1
	X42	工业废气排放强度	2.71	
	X43	工业烟（粉）尘排放强度	3.52	
	X44	工业固体废物排放强度	4.23	
	X45	能源消耗强度	3.43	

由表19-2可知，江苏居民生活质量4个层面的构成要素中，就业、收入与消费（X1）、生活条件（X2）、社会事业（X3）、生态环境（X4）的权重依次为34.03%、22.89%、25.98%和17.1%。在确定了各级指标权重的基础上，我们进一步计算了2010—2017年江苏省居民生活质量四个主要构成部分的比重和生活质量综合指数，如图19-1和图19-2所示。

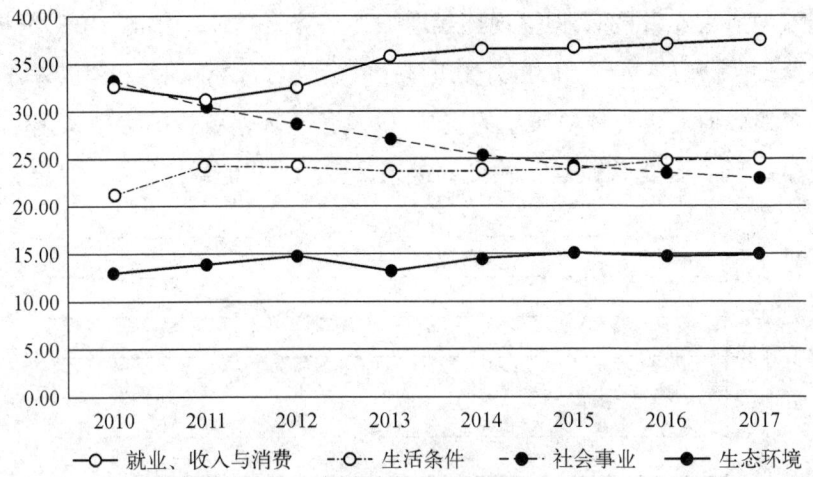

图 19-1 江苏省居民生活质量的要素构成及其变动

从居民生活质量的构成来看，就业、收入和消费水平是江苏居民生活质量最重要的内容，其次为以社会保障、教育、医疗卫生为核心的社会事业，它们构成了居民生活质量的"隐形财富"，而以房、车为代表的生活条件，则是居民生活质量的"外在显示"，生态环境则是居民生活高质量的重要基础。图 19-1 进一步验证了该结论。从中可以看出，2010—2017 年，就业、收入和消费在综合指数中占比最高，约在 1/3 左右，且呈现逐年增加的趋势，2017 年占比 37.46%，较 2010 年提高了近 5 个百分点，说明"十二五"以来江苏居民就业质量得到较大改善，收入和消费水平获得较快提升。尽管"十二五"之初，社会事业在居民生活质量综合指数中的比重居于首位，却呈现逐年下降的趋势，由 2010 年的 33.15%下降至 2017 年的 22.89%，下降了近 11 个百分点；与之相反，江苏居民生活条件自"十二五"以来逐渐改善，在综合指数中所占比重由 2010 年的 21.2%提升至 2017 年的 25.05%，超过以社会保障、教育、医疗卫生为代表的社会事业，成为居民生活质量综合指数的第二大构成要素。这一方面表明"十二五"以来江苏城乡居民的物质生活条件获得较大程度的改善，另一方面，是否能说明"十二五"以来江苏社会事业的发展滞后于人民物质生活条件的改善，则仍需更多数据的检验。生态环境在居民生活质量中所占比重最低,但呈现逐年增加的趋势,由2010年的12.99%提升至2017年的14.79%,提升了近2个百分点,这说明"十二五"以来,随着各级政府对生态环境质量的重视,以及各项环保政策的有效实施,江苏生态环境质量不断提升,由此促进人民生活质量的提高。

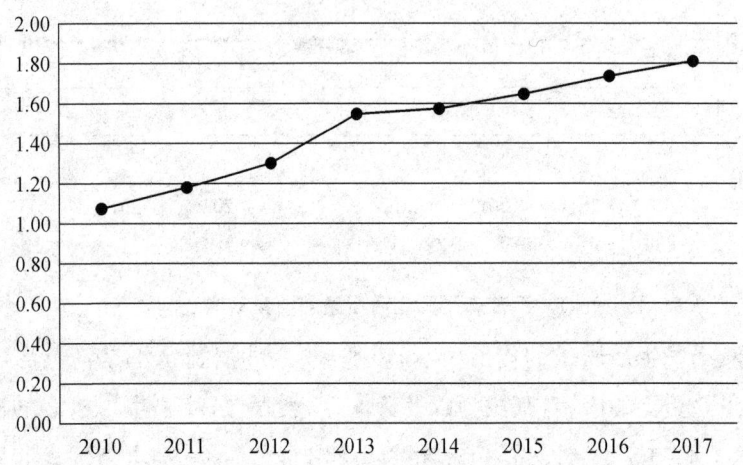

图19-2 熵值法计算的2010—2017年江苏省居民生活质量综合指数

由图19-2可知,由熵值法计算的居民生活质量指数由2010年的1.08增加至2017年的1.81,提高了68.17个百分点。说明"十二五"以来,江苏居民生活质量得到了较大水平的提升,这与前文结论相吻合。

第三节 人民生活高质量面临的挑战与存在的问题

"十二五"尤其是十八大以来,江苏人民生活质量得到了较大的提升,但与发达国家或先进地区相比,仍存在较大差距。特别是进入"十三五",国内外宏观经济形势复杂多变,中国经济则处于增速换挡期、结构调整阵痛期、前期刺激政策消化期的三期叠加期,江苏省经济社会发展也处于转型升级关键期。在此种背景下,持续提升人民生活质量面临诸多的困难与挑战。

一、困难与挑战

1. 经济社会发展进入转型期

判断一个国家(地区)是否进入后工业化阶段的标志：农业产值的比值在整个GDP中所占的比例小于10%；二产在GDP中所占的比例小于三产；制造业增加值占总商品增加值比重大于60%；人口城市化率75%以上；第一产业就业人员占就业人口比低于10%。2017年，江苏省农业产值比重4.7%，第三产业产值比重高出第二产业4.5个百分点，城镇人口占总人口的比例为68.8%，第一产业就业人员占比为16.8%。说明江苏经济正在步入后工业化时期的过程中。同时，社会发展正面临从传统型向现代型的转变，从传统社会向工业的、城镇的、开放的现代型社会的转型。改革开放以来，江苏经济发展速度和经济总量位居全国前列，但在经济社会转型的过程中，难以避免地出现了社会结构分化、贫富差距扩大等问题，一些掌握文化资本、政治资本和经济资本的总体性资本精英集团迅速壮大，掌握了较多的社会资源，在医疗、教育、住房等基本消费品领域具有较强的购买力；而农民、农民工、城市失业下岗人员等弱势群体则难以共享经济社会发展的成果。凯恩斯绝对收入假说表明，边际消费倾向随收入水平的提高而呈现递减规律。在财富向少数人集中的背景下，居民的总体消费倾向将会降低，"有钱不敢花"与"无钱可花"现象并存，造成整个经济的消费需求不足，进而影响经济的持续发展，并最终影响到居民生活质量。在经济社会转型期，如果我们无法保证在精英快速增长的过程中，社会弱势群体也能受益、其基本权益得到保障，那么人民的生活质量就不可能是高品质的。

2. 生态环境的硬性约束不断增强

伴随着经济社会的快速发展，人口膨胀、资源短缺和生态环境破坏等问题不断出现，资源的制约和生态环境的不断恶化，成为现阶段制约江苏人民生活高质量的重要短板。如生活垃圾、工业污染物的排放、空气质量问题、水资源污染等问题，直接影响到城乡居民的生活质量。《2017年江苏省环境公报》显示，2017年全省生态环境状况指数为66.4，较2016年下降了0.4个百分点，各设区市生态环境状况指数处于61.8—70.2之间。2017年江苏省环境空气质量达标率为68.0%，较2016年下降了2.2个百分点；13个省辖市环境空气质量均未达到《环境空气质量标准》(GB 3098-2012)二级标准，达标率介于48.2%—79.2%之间，$PM2.5$、$PM10$、O_3和NO_2是超标的主要污染物；2017年共发生7次重污染天气过程，发布蓝色预警7次，其中2次升级为黄色预警，改善空气质量势在必行。水污染和农业面源污染问题同样不容小觑。数据显示，2016年江苏化肥使用量为45.46公斤/亩，为世界平均水平的5.17倍，而实际利用率只有40%—56%，远低于国际水平；2015年农药使用量为1.1公斤/亩，已经超过发达国家安全施用量上限的2倍多。同时，农用塑料薄膜使用量达11.39万吨，而连续使用5年地膜，作物减产可高达24.70%。在江苏的矿区和苏南工业发达地区，由企业搬迁后遗留的土壤受重金属和难降解有机物的污染严重；苏北一些地方片面追求经济发展，承接了部分长三角地区"腾笼换鸟"的高污染、高能耗企业，某地甚至出现化工园区偷埋排污管事件，将未经任何处理的工业污水直接排放到当地水源，造成了严重的水污染和土壤污染。《2017年江苏省环境公报》同时表明，在全省758个土壤环境质量国控点位中，90.2%达到《土壤环境质量标准》(GB 15618-1995)二级标准，仍有8.5%、0.5%、0.4%和0.4%的土壤分别处于轻微污染、轻度污染、中度污染和重度污染。自然环境是人类生存和发展的物质基础，江苏省环境形势存在的问题，已经或将严重威胁到全省居民生活质量的提升。

二、存在的主要问题

1. 劳动报酬在GDP中占比偏低，经济增长未能完全实现"藏富于民"

初次分配主要解决资本和劳动者的利益分配问题。一般而言，资本和劳动力按照边际生产力进行分配,资本所有者和劳动者分别得到资本和劳动的贡献。因而国民经济初次分配中,劳动者报酬占 GDP 的比重是衡量一个国家(地区)初次分配水平、反映民生民富的重要指标。

表 19-3 江苏国民收入结构中劳动报酬比重的国内外比较   单位:%

美国	53.1	印度	28.5
英国	53.8	墨西哥	27.6
德国	51.6	中国	48.0
法国	53.4	江苏	43.6
日本	52.0	浙江	46.8
韩国	45.9	广东	48.6

备注:国外数据均基于 OECD 数据库计算所得,其中日本、墨西哥为 2011 年的数据,其余国家为 2012 年。全国数据是根据《中国统计年鉴 2016》计算,江苏、浙江、广东根据《中国统计年鉴 2018》计算。

研究表明,各国劳动者报酬占 GDP 比重与经济发展水平呈现较强的正相关关系。根据联合国公布的国民核算数据,对 29 个样本国家数据进行测算,两者之间相关系数达 0.81。这与发达国家劳动相对资本稀缺,劳动力价格较高有关,而发展中国家或地区为了加快经济发展,往往实行投资优先的增长模式,同时为了降低成本,工人工资和农产品价格往往很低,因而劳动份额较低。由表 19-3 可知,江苏省劳动报酬占 GDP 比重不仅低于美、英、德、法、日等发达国家,也低于全国平均水平,分别较同处东南沿海地区的浙江省和广东省低 2.3 个和 4.9 个百分点。这是收入增速长期低于经济增速的结果。统计数据显示,1990 年以来,江苏地区生产总值的名义值增长了 60 多倍,而同期城乡居民人均收入名义值仅增长了 30 倍和 22 倍,说明经济发展成果并没有真正惠及城乡居民,反映出由于居民可支配收入低、公共服务体系和社会保障体系薄弱,导致居民预防性储蓄意向强烈,消费需求受到一定的抑制。2017 年,江苏省居民消费占 GDP 的比重为 37.1%,略高于浙江省,较广东省低 1 个百分点,仅为美国、英国的 40% 左右,甚至低于墨西哥(65%)、印度(57.7%)、马来西亚(48%),这必然会直接影响江苏人民生活质量的进一步提升。

2. 公共服务供给水平有待提升,居民生活质量"隐形财富"不足

公共服务是政府调节收入分配的重要手段。与发达国家完善的公共服务体系相比,江苏公共服务供给明显不足。数据显示,2017年,江苏省教育、医疗卫生、社会保障和就业三项公共服务支出3 847.87亿元,占政府一般预算支出的比重合计为36.2%,高出广东省近1个百分点,但比浙江省低1.2个百分点,甚至低于人均0—3 000美元国家6.5个百分点;与人均GDP 6 000—10 000美元国家和人均GDP 10 000—20 000美元国家相比,分别低19.5个和8.2个百分点。公共服务不均等现象严重,主要表现在资源占有不均、服务水平不等和权益保障失衡等三大方面,体现为不同地域、不同身份的人们在教育、医疗卫生、社保、就业等方面享有完全不同的政策,享受不同的公共服务。

表19-4 江苏省民生支出比重的国内外比较　　　　　　单位:%

人均GDP	医疗卫生	教育	社会保障	三项之和
0—3 000美元	8.7	13.2	20.8	42.7
3 000—6 000美元	12.2	12.6	29.2	54.0
6 000—10 000美元	12.7	11.4	31.5	55.7
10 000—20 000美元	13.8	12.9	27.7	54.4
20 000美元以上	13.4	12.7	32.7	58.9
江　苏	9.86	18.87	7.50	36.2
浙　江	7.76	18.99	10.65	37.4
广　东	8.70	17.13	9.47	35.3

资料来源:国际数据来源于陈昌盛、余斌《优化我国收入分配格局的思路和政策建议》,《团结》2010年第4期;江苏、浙江、广东数据分别来自《中国统计年鉴2017》及各省2017年的统计年鉴,其中社会保障支出包含了就业支出。

由于公共服务供给不足,居民用自身收入来支付快速增长的教育、社保等支出。数据显示,2017年江苏省城乡居民用于文化教育娱乐用品及服务支出的比重分别为12.4%和9.37%,而发达国家平均水平不到

4%,其中,德国和英国分别为1.1%和1.5%,美国和日本分别为3%和4.2%。尽管江苏省教育支出在GDP中所占比重较高,但教育资源分布不均问题突出,城乡之间、学校之间占有和支配教育资源的状况不平衡,且优质教育资源总量供给不足,"上好学"的问题突出,造成了"入园难"、中小学生课外负担重、择校热、大班额、社会机构办学不规范等问题。尤其是城市扩张导致了人口分布的变化,大量农业转移人口及其子女进入城市务工经商,而基本公共服务却没有发生相应的地域迁移,尤其是在义务教育、公共医疗等方面,成为影响社会公平、公正的焦点问题,最终必将影响居民生活高质量。

3. 民生投入力度有待加大,医疗卫生和社会保障的短板问题突出

经济发达国家一般都有完善的社会保障制度,目的在于解决因失业、疾病和年老及各种天灾等因素所带来的贫富不均问题。与之相比,发展中国家长期以来重投资轻服务、重经济轻民生,在很多公共服务领域过度依赖市场,导致公共服务的投入不足、供给不足。尽管江苏省地处我国经济发达的沿海地区,但亦存在投入不足、保障水平有限的情况。数据显示,社会保障(不含卫生支出)占政府财政支出的比重(2006年),卢森堡高达62.41%、德国为46.71%、英国为35.82%、日本为31.68%,16个人均GDP在10 000美元以上国家的平均水平为33.84%。人均GDP处于3 000美元左右的国家,如哈萨克斯坦、保加利亚、白俄罗斯、突尼斯,社保支出占政府财政支出的比重分别为19.68%、34.7%、28.8%和23.3%。与之相比,江苏省公共财政中社会保障支出比重明显偏低,2017年江苏社会保障和就业支出占全省公共财政预算支出的比重为7.5%,不仅低于浙江和广东,且仅为人均GDP 6 000—10 000美元国家和人均GDP 10 000—20 000美元国家的23.8%和27.1%。投入的相对不足,使得全省社会保障水平较低,城乡差距较大。尽管江苏在全国率先试行了城乡统筹的养老保险制度,但城乡差距仍然较大。据调查,2016年全省城镇职工的退休养老金平均2 620元/月,即使是境况相对较好的苏州地区被征地农民,目前每月可领取的养老金在900元左右。

城乡居民的医疗保障水平差距也较大,2016年全省职工平均工资72 684元,按个人2%、单位9%的医疗保险筹资水平计算为人均7 995元,是2016年新农合筹资标准的近14倍。

医疗卫生的短板问题依然突出。数据显示,2017年江苏医疗支出比重为9.86%,分别较浙江省、广东省高出2.1个百分点和1.16个百分点,比人均GDP 6 000—10 000美元国家和人均GDP 10 000—20 000美元国家低2.84个和3.74个百分点,医疗卫生资源供给的不足使得居民医疗支出比重偏高。2017年,江苏省居民用于医疗保健的消费支出比重为8.9%,而发达国家平均不到5%。同时,医疗资源过度集中在大城市大医院,基层医疗水平相对落后、专科发展不平衡、"看病难、看病贵"问题仍然突出,导致很多低收入人口因病致贫、因病返贫。

4. 发展不均衡,居民间生活质量存在较大的群体差距

"精准扶贫"等一系列惠民政策的实施,促进了中低收入群体收入的快速增长,但居民间的收入差距仍然较大。2017年江苏城乡收入差距为2.27∶1,仍高于世界平均水平(1.58∶1);高收入户与低收入户间人均可支配收入比为7.76∶1,且农村高收入户的财产性收入保持高速增长,2010—2016年农村高收入户的财产性收入增速为9.2%,高出低收入户2.5个百分点;苏南地区居民人均可支配收入分别为苏中和苏北地区的1.47倍和1.93倍。截至2016年年底,仍有200多万人口的年收入在6 000元以下。财富收入差距扩大,部分居民拥有多套住房,而大量新市民特别是年轻人,买房难、租房贵问题突出,苏北部分农村住房条件较差。可以预见,随着城乡居民在收入、财产等方面差距的扩大,"马太效应"将会导致不同群体之间生活质量差距的进一步拉大。

第四节 人民生活高质量的发展路径

推动人民生活迈向高质量,要求我们必须深入贯彻习近平新时代中国特色社会主义思想和党的十九大精神,牢固树立以人民为中心的发展思想,坚定不移把增进人民福祉、促进人的全面发展作为工作的出发点和落脚点,在做大"蛋糕"的同时把"蛋糕"分好,让改革发展成果更多更公平惠及全体人民。为此,需要建立公平共享的收入分配制度,在积极转变经济发展方式的同时,大力提升公共服务供给水平,尽快补齐民生发展的短板,让民生"难点"成为撬动社会发展的"支点";持续深化收入分配制度改革,不断缩小人民生活质量的群体差距,让全省人民享受更多发展成果,更好满足江苏人民对美好生活的新期待。

一、建立公平共享的收入分配制度,实现发展成果人民共享

党的十八大报告指出:"实现发展成果由人民共享,必须深化收入分配制度改革",这是解决好人民最关心的利益问题、提高人民生活质量一个重大的基础性制度建设。有效地优化收入分配机制与结构,首先需要转变政府职能,切实减少政府对经济领域的直接干预,强化公共服务和社会管理职能,在调节收入分配差距上发挥更大作用;实现由投资型财政向公共服务型财政的转变,大幅度提高政府在社会保障、公共医疗、公共教育、环保、能源、科技等在内的公共产品和公共服务支出的比重,增强公共服务向城镇低收入群体和农村居民的倾斜,充分发挥其调节居民收入差距的能力。与此同时,完善技能人才、科研人员、企业经营管理者、新型职业农民等重点群体的收入决定机制,拓宽其增收渠道,建立技能人才职业资格、职业技能等级与相应职称比照认定制度;赋予创新团队和领军人才更大的人财物支配权和技术路线决策权。优化税制结构,

逐步提高直接税在税收中的比重。建立和完善遗产赠予税、特别消费税、个人大额财产税等调节收入分配的收入机制,形成以个人所得税为主体,遗产赠予税、大额财产税、特别消费税为补充的个人收入税收调节体系,充分校正初次分配不公的状况,以维护社会公平正义与和谐稳定,实现发展成果由人民共享。

二、多渠道增加城乡居民收入,夯实人民生活高质量的物质基础

收入是提高生活质量的重要基础。因此,提高人民生活质量最重要的前提便是城乡居民收入水平的提高。为此,需要在加快经济发展的同时,转变经济发展方式,深入推进经济体制改革,使居民收入增长速度与经济增长速度相协调。坚持把就业作为民生之本,大力支持民营经济和中小企业发展,提升就业质量,建立健全职工工资正常增长机制和支付保障机制,增加居民工资性收入;拓宽小微创业者、有劳动能力的困难群众等重点群体就业渠道,进一步优化环境、改进服务、强化政策支持,充分调动创新创业的积极性,提高经营性收入;拓宽城乡居民的投资渠道,提升居民财产的获利能力,增加财产性收入来源;持续提升城乡劳动者收入水平,坚持在经济增长的同时实现居民收入同步增长,在劳动生产率提高的同时实现劳动报酬同步提高。

三、构建全覆盖的民生事业保障网,提高人民生活高质量的"含金量"

按照兜底线、织密网、建机制的要求,全面构建覆盖全民、城乡统筹、权责清晰、保障适度、可持续的多层次社会保障体系,不断提高公共服务供给水平,创新供给方式,鼓励社会力量参与基本公共服务供给。深入实施"健康江苏"战略,强化基本医疗卫生服务的公益性与可及性,加快形成覆盖城乡居民的公共卫生服务、医疗服务、医疗保障和药品供应保

障"四位一体"的基本医疗卫生体系,加大全科医生多方培养力度,构建不同层级医院间人才技术合作交流机制,努力为人民群众提供全方位、全周期的医疗卫生服务。积极推进教育现代化、均衡化,以公平和质量为核心,遵循教育发展规律,突出问题导向,稳妥有序推进教育领域改革,高水平发展15年基础教育,健全城乡一体的义务教育发展机制,加快发展学前教育和继续教育,完善现代职业教育体系,形成从学前教育到老年教育、从学校教育到社会教育的终身教育体系,全面提升人民群众对教育的满意度。加快推进住房保障和供应体系建设,推动住有所居向住有宜居迈进。坚持政府主导与社会参与、家庭养老与社会养老、公益性服务与经营性服务相结合,基本建立以居家养老为基础、社区服务为依托、机构养老为支撑、信息服务为辅助,城乡一体化、投资多元化、管理规范化、队伍专业化的社会养老服务体系。注重不同民生政策的统筹衔接,如社会救助和扶贫政策的衔接、社会救助和社会保险的衔接、养老和医疗的衔接、教育和就业的衔接等,努力构建全覆盖、无死角的民生事业保障网。

四、推进基本公共服务均等化,提升人民群众的"获得感"

衡量地区公共服务水平通常有两个维度:一是公共服务标准化,二是公共服务均等化,前者要求不断提高城乡基本公共服务整体水平,后者要求促进基本公共服务在城乡之间合理分布。以标准化为路径,以均等化为目标,创建全省统一的基本公共服务供给制度,有效破解省内基本公共服务不平衡问题,普遍增加群众的"隐形财富"。大力推进基本公共服务标准化,落实基本公共服务清单和基层基本公共服务功能配置标准,建立涵盖省、市、县三级基本公共服务标准体系,尤其是在社区服务、养老服务、残疾人服务、医疗服务等领域,要制定和实施更为具体、更为精细的标准,通过"一把标尺",规范提升公共服务供给水平。同时统筹考虑未来人口变化、城镇化趋势等各方面因素,重构公共服务格局,加大对贫困村居、服务短板、弱势群体的倾斜力度,逐步弥合城乡之间、行业之间、群体之间的差距,促进公共服务均等化。加大教师轮岗交流力度,促进教师资源的均衡化,着力解决区域、城乡、校际之间教育资源分布不均问题。深入对接乡村振兴战略,对农村居民实施更加公平的公共服务和社会福利,更大力度发展农村民生事业,加大对农村义务教育的投入,大力发展农村卫生、养老服务业,着力提升农村社会救助水平,完善新型农村合作医疗制度和农村最低生活保障制度,不断扩大和优化农村公共服务供给。

五、增加对困难群体的转移支付,缩小居民间生活质量的差距

保障民生,关键是保住基本、补上短板、兜牢底线。加大财政对经济薄弱地区和农村居民的转移支付力度,重点加大对欠发达地区农村居民以及城市中低技能劳动者、失业人员、无养老金和养老金偏低人员的支持。统筹城乡社会救助体系,落实好低保、特困人员供养、医疗救助、临时救助、教育救助、住房救助等各项救助政策,发挥好社会救助的兜底脱贫功能,加强医疗救助与基本医疗保险、大病保险等制度的有效衔接,综合用好政府救助、慈善救助等措施。深入推进精准扶贫、精准脱贫,聚焦重点区域和特殊贫困群体,建立持续稳定的扶贫政策体系,增强贫困地区"造血"功能。推进低保政策和扶贫政策衔接,对贫困人口应保尽保。为中低收入群体、新市民群体提供多元渠道的住房权利保障机制,除加快专业租赁房市场的供给外,增加共有产权住房、中小户型商品房、保障性廉租住房等住房产品供给,确保江苏人民住有所居的机会平等。

参考文献:

[1] 王亚南、祁述裕、张继焦、朱岚、刘婷、方彧:《中国人民生活发展指数检测报告》,社会科学文献出版社 2017 年版。

[2] 王亚南、祁述裕、张继焦、朱岚、刘婷、赵娟:《民生指数报告:中国人民生活发展指数检测报告》,社会科学文献出版社2018年版。
[3] 冯立天:《中国人口生活质量研究》,北京经济学院出版社1992年版。
[4] 卢淑华、韦鲁英:《生活质量主客观指标作用机制》,《中国社会科学》1992年第1期。
[5] 曾文、张小林等:《江苏省县域城市生活质量的空间格局及其经济学解析》,《经济地理》2014年第7期。
[6] 田永霞、刘晓娜等:《基于主客观生活质量评价的农村发展差异分析——以北京山区经济薄弱村为例》,《地理科学进展》2015年第2期。